21世纪经济管理教材

资本运营与公司治理

（第三版）

曾江洪 ◎ 编著

清华大学出版社

北 京

内 容 简 介

本教材自2014年第二版出版以来，深受读者欢迎，一再重印，并已被更多高校选为教材。

本次修订在尽量保持第二版的“原版特色、组织结构和内容体系”不变的前提下，结合资本市场最新的发展趋势，努力在学科理论、政策背景、企业实务等内容的时效性方面有所更新和充实，把握相关领域新动向、新特点，更新学习案例与背景资料，力求达到理论与实际结合更紧密的效果；结合各章内容，在章末“思考与练习”部分增加客观题，以便于读者自我检测；在“案例分析”部分更新资本市场案例，拓展读者视野；修正了第二版中排版、编辑、语言措辞等方面存在的纰漏和差错，使全书语言更流畅，层次更鲜明，详略更得当。

图书在版编目（CIP）数据

资本运营与公司治理 / 曾江洪编著. —3 版. —北京：清华大学出版社，2019（2025.4重印）
（21 世纪经济管理教材）
ISBN 978-7-302-52864-7

I. ①资… II. ①曾… III. ①资本运营-教材 ②公司-企业管理-教材 IV. ①F270 ②F276.6

中国版本图书馆 CIP 数据核字（2019）第 082241 号

责任编辑：刘志彬
封面设计：李伯骥
责任校对：宋玉莲
责任印制：宋 林

出版发行：清华大学出版社
网 址：https://www.tup.com.cn，https://www.wqxuetang.com
地 址：北京清华大学学研大厦 A 座 邮 编：100084
社 总 机：010-83470000 邮 购：010-62786544
投稿与读者服务：010-62776969，c-service@tup.tsinghua.edu.cn
质量反馈：010-62772015，zhiliang@tup.tsinghua.edu.cn
课件下载：https://www.tup.com.cn，010-62770175 转4506
印 装 者：三河市铭诚印务有限公司
经 销：全国新华书店
开 本：185mm×260mm 印 张：21.25 字 数：486 千字
版 次：2010 年 4 月第 1 版 2019 年 7 月第 3 版 印 次：2025 年 4 月第 8 次印刷
定 价：49.00 元

产品编号：083080-01

第三版前言

从世界范围来看，资本市场的产生和发展是与社会化大生产紧密相连的。资本市场不仅是企业筹集资本的场所，更是全社会资源实现重组和优化配置的大机器，同时还起到完善公司治理结构的重要作用。世界历史发展的经验也揭示了资本市场在国家发展和国际竞争中的重要作用。

我国正处于转轨经济阶段，优化经济结构和提高经济效益是我国经济发展的重要内容。推进资本市场改革开放和稳定发展已成为我国的基本国策。集中统一的资本市场对于打破要素市场分割，实现资源的跨行业、跨地区、跨产业优化配置具有至关重要的作用。

资本运营是一个内涵非常丰富的词，也是一个很形象的词。主要就是指企业通过资产重组、兼并收购、私募融资、股票上市、对外投资等手段来把自己做强做大，最终达到资本最大增值的目的。建立起良好的公司治理结构，将资本运营作为企业发展壮大的重要手段，通过有效地整合内外资源以提高自身竞争力，是我国企业的必然选择。企业管理者应该精通资本运营及公司治理的相关理论及实务，深入地了解国内外资本运营与公司治理的经验与教训，不断研究资本战略和金融创新，创造性地运作各类资产，在瞬息万变的市场经济中，把握先机赢得持续发展的能力。

综观当今世界大多数优秀企业的发展历程，资本运营都发挥了非常重要的作用。英博收购雪津，波音麦道合并，塔塔收购英荷科鲁斯钢铁集团，阿里巴巴并购雅虎中国，国美并购永乐，联想收购IBM PC业务，吉利收购沃尔沃等，资本运营的身影在各行各业中无处不在，已成为行业资源整合的必由之路。当前，我国也有越来越多的企业将资本运营纳入了企业的发展战略。如果资本运营运用得当，则能起到事半功倍、快速将企业做大做强的作用，但不当的资本运营也会诱发企业管理危机或财务危机。因此，企业管理者需要深刻地认识到资本运营的“双刃剑”的作用，合理运用资本运营，避免顾此失彼。

公司治理问题产生于现代公司的产权制度和治权制度的两次分离。进入21世纪以来，国内外资本市场发生的一系列重大事件也证明了公司治理问题已经成为世界普遍关注的焦点问题。众所周知，从安然事件、雷曼兄弟倒闭、美林被收购，通用汽车破产等国际重大事件的发生，到全球金融危机，这些问题的最终根源都指向了公司治理。国外甚至有人断言，20世纪是管理的时代，21世纪则是治理的时代。因此，建立合理的公司治理结构是每一个中国企业保持高效、健康、稳定、可持续发展的头等大事。

随着多层次资本市场的发展和完善，我国企业发展已经步入了一个新阶段，企业对资本运营与公司治理相关理论与实务知识的渴求也越来越强烈。如何借鉴发达国家的经验与教训，实现快速健康成长，促进国家经济发展，已经成为政府、企业界及理论界所面临的共同课题。本书作为国内第一本将资本运营与公司治理相关知识糅合在一起的教材，致力于将相关知识系统全面而又不失重点地呈现在读者面前。

本书共分为五篇。第一篇“基础理论”介绍了基础知识，第二篇到第五篇则以专题的形式介绍企业改制与上市、资本的重组、风险投资和公司治理等内容。

第一篇“基础理论”篇共分为两章：“资本与资本市场”和“企业与资本运营”，主要介绍资本运营的一些基本概念与基础理论。第一章介绍了资本的性质、具体构成和表现形态，重点介绍了资本市场的构成与作用。第二章指出企业是资本运营的直接运作主体，指出资本运营的基本内容包括资本的筹集、资本的投入、资本的运动与增值、资本增值的分配等，同时对资本运营的几种主要模式分别做了介绍。

第二篇“企业改制与上市”，主要介绍了企业在资本运营过程中，筹集资本的一种重要手段——发行股票与上市。在此基础上，阐述了股份制企业首次公开发行及上市的具体方法和路径——直接上市和间接上市（买壳上市），介绍了企业需达到的条件和需执行的程序，以及对上市地点的选择等，其中包括了创业板上市的条件及程序的介绍。

第三篇“资本的重组”，对企业资本运营的重要方式——企业并购以及企业的剥离与分立进行了系统的介绍。“企业并购”一章阐述了企业并购相关的概念，对企业并购的发展历程进行了较详细的介绍，着重介绍了并购的战略实施的重点及常见的并购手段，对并购后的整合与反并购的策略进行了探讨分析；“剥离与分立”一章则是对企业进行资产剥离与分立分别进行了系统介绍，并对两者进行了比较分析。

第四篇“风险投资”，以现代重要投融资行业——风险投资为主题。本篇在讲述风险投资发展史的基础上，对风险投资相关概念进行了界定，分析了我国风险投资发展中所存在的问题，着重介绍了风险投资的运作流程，指出风险投资运作过程中应注意的关键问题，还介绍了企业应如何获得风险投资等。

第五篇“公司治理”，通过对企业制度演进的阐述，分析了公司治理问题存在的必然性，继而介绍了公司治理的理论框架、基本原则，并对公司治理的几种典型模式进行对比，也分析了我国公司治理的现状和问题。内部治理部分，主要讨论了股东大会、董事会和监事会的运作模式与职责；外部治理部分，主要从信息披露、市场监控机制、利益相关者监督和机构投资者治理四个角度对外部治理机制进行探讨。最后，指出建立经营者激励与约束机制的重要性，提出经营者绩效考核与薪酬体系的建立，其中重点介绍了长期激励方式——股权激励。

本书自 2014 年 8 月第二版出版至今已四年多，其间很受读者欢迎，一再重印，并已被更多高校选为教材。为了与时俱进，清华大学出版社邀请编者对原书进行修订，以出版《资本运营与公司治理》第三版。

本次修订在尽量保持第二版的“原版特色、组织结构和内容体系”不变的前提下，结合资本市场发展的最新趋势，努力在学科理论、政策背景、企业实务等内容的时效性方面有所更新和充实，把握相关领域新动向、新特点，更新学习案例与背景资料，力求达到理论与实际结合更紧密的效果；结合各章内容，在章末“思考与练习”部分增加客观题；修正了第二版中排版、编辑、语言措辞等方面存在的纰漏和差错，使全书语言更流畅，层次更鲜明，详略更得当。

在此次修订编写过程中，编者参阅了国内多位专家、学者的资本运营、公司治理相关的著作或译著，也参考了同行的相关教材和案例资料，并接受了一些热心读者反馈的修改意见或建议。在此，我们对他们表示崇高的敬意和衷心的感谢！此外，我的研究生丁宁、李玉环、王庄志、陈晔、吴号等协助我收集和整理了大量的文献资料，在此也一并表示感谢！

由于水平有限，编者深知本书仍存在很多不足与错误，尚希各位专家、同行和读者不吝指正。

编　者

CONTENTS 目 录

第一篇 基础理论

第二篇 企业改制与上市

第三篇　资本的重组

第四篇　风险投资

第五篇　公司治理

第一篇

基础理论

第一章
资本与资本市场

学习目的

- 掌握资本的性质；
- 了解资本的来源及其存在的形态；
- 了解资本市场的构成及其功能；
- 把握我国资本市场的发展趋势。

引　言

20世纪90年代以来，通过资本运营实现“一夜暴富”的众多传奇故事，不仅成为中国普通老百姓茶余饭后的谈资，还走进大学，成为学生课堂里的重要讲授内容。在现实经济生活中，资本“风暴”正在无情地颠覆着人们的传统思维方式。一个拥有世界人口数量最多的国家，几代人正在亲身实践着，同时也在不断发掘资本的内涵，完善对资本的认识。事实上，正是邓小平所倡导的富民强国政策，唤醒了沉睡已久的国人对资本和财富梦的追求。

如果说金融是现代经济的核心，那么，资本市场则是整个金融市场的中枢。在市场诸要素中，只有资本最具有凝聚力，因此，资本市场发达的国家，能更为有效地利用、凝聚其他资源，使经济中的资本形成更有效率，经济更具竞争力。大力发展资本市场有利于完善我国市场经济体制，发挥资本市场优化资源配置的功能，可以将社会资金有效转化为长期投资，有利于国有经济的结构调整和战略性改组，加快非国有经济发展，从而提高国家竞争力。我国已将发展资本市场提升到国家战略任务的高度。

要把握好资本运营之道，就得先对资本的性质及资本市场的功能等进行深入的了解。

第一节　资本的性质与构成

一、资本的性质

在中国，“资本”这个词最早可追溯至元朝，其时萧德祥写的戏曲作品《杀狗劝夫》里有句唱词："从亡化了双亲，便思营运寻资本，怎得分文？"，显然，它在这句话里的意思是做生意的本钱。

西方资产阶级经济学和马克思主义政治经济学都对资本理论做过很多深刻的论述。古典经济学派代表亚当·斯密在其著名的《国富论》中提出："资本是人们为了生产而积蓄起来的财富，其按周转方式分为固定资本和流动资本；按形态分为工业资本、商业资本以及借贷资本"。根据马克思主义政治经济学的观点，资本是一种可以带来剩余价值的价值，它在资本主义生产关系中是一个特定的政治经济范畴，体现了资本家对工人的剥削关系。D.格林沃尔德所编的《现代经济词典》中将资本解释为"资本是一家公司的总财富或总资产，不仅包括有形资产，而且包括商标、商誉和专利权等无形资产"。

资本具有二重属性，一是自然属性；二是社会属性。其自然属性是指资本一定要实现增值的问题，其社会属性是指资本归谁所有的问题。资本的存在是由其自然属性决定的，资本的社会属性也是由其自然属性决定的。资本的自然属性存在于资本的使用价值之中，属于生产要素方面的关系，是构成企业生产力的重要组成部分。资本的自然属性是通过资本本身的周转使资本得到增值，取得收益；而其社会属性则是为了通过资本的所有权获得资本收益的分配权。资本的自然属性决定了资本内在的逐利性，资本总是要向那些能够获得最高额利润的产业或产品集中；资本总是要通过竞争表现自己的活跃，并在社会经济生活中的各个领域都具有强大的渗透力；小资本不甘心被大资本吃掉，它们就要联合起来维护自己的安全并争取在竞争中处于有利地位，其结果就会导致股份制经济；资本总是要通过形态的变化使自己规避风险，获得最大的收益；资本通常喜欢不断地扩张，等等。

除此之外，资本还具有以下特点：

（1）流动性。资本在运动中不断地改变形态，资本增值只能在运动中实现。

（2）风险性。由于外部环境变幻莫测，资本增值受环境影响具有不确定性。

（3）多样性。资本可以以货币资本、实物资本和无形资本等多种形态存在。

资料 1-1　资本主义的演进

资本主义 1.0 是自由放任主义的盛世。从《国富论》到大萧条，自由放任主义思想一直统领着经济学和经济政策。资本主义 2.0 是大萧条的产物，它认识到了政治与经济的相互依赖性，赋予了政府进行宏观经济管理和引导行业发展的职能。至 20 世纪 70 年代的恶性通胀时期，资本主义 2.0 宣告瓦解。资本主义 3.0 时代是从里根总统和撒切尔夫人上台开始的，它奉行市场原教旨主义。在这个时期，社会不平等加剧，金融业繁荣发展。2008 年的金融危机触发了又一场"大改版"，我们面临的前景不是资本主义的灭亡，而是一种新式资本主义的诞生——资本主义 4.0，它既摒弃自由放任主义，也否定一切源自有效市场和理性预期的经济模型。它限制政府开支，但更偏好凯恩斯主义的经济刺激政策，而非力求达到预算平衡的节俭政策。它赞成自由市场，但并非不加批判。它着意减轻社会不平等现象。最重要的是，资本主义 4.0 是务实的。

资本主义是一种适应性体系，其形成与改良都是通过一种不断变化的相互作用实现的——技术进步的箭头与重复性的金融循环两者之间的相互作用。因此，资本主义的经济与政治格局总是处于演变之中。尽管这一体系总会受到金融危机侵袭，但它却可以对抗马尔萨斯以及新法西斯主义分子的各种灭亡预言。所以毫无疑问，在未来的几十年乃至几百年内它仍会继续与这些势力抗衡。

资料来源：卡列茨，胡晓姣．资本主义 4.0［M］．中信出版社，2011.

二、资本的构成

在经济理论和实践中，人们对资本的理解可以分为三个层次。

第一个层次的理解认为，企业资本就是指企业的资本金，即投资者投入企业的资本，是开办企业的本钱，也就是企业在工商行政管理部门登记的注册资本。我国长期以来都坚持实收资本与注册资本一致的原则，近年才开始放宽注册资本登记条件。除法律、法规另有规定外，取消公司最低注册资本的限制；不再限制公司设立时股东（发起人）的首次出资比例和缴足出资的期限；公司实收资本不再作为工商登记事项；注册资本由实缴登记制改为认缴登记制，等等。

资本金按投资主体的不同，分为国家资本金、法人资本金、个人资本金和外商资本金等。投资者可以用货币、实物、无形资产等形式投入资本。企业可以采用吸收直接投资和发行股票等方式筹集资本金。企业对所筹集的资本，依法享有经营权，可以长期使用。在经营期内，投资者对其投入企业的资本，可以依法转让，但不能任意抽回，这有利于企业的长期稳定经营。

任何一个企业，都要先有一定数额的自有资本金，才能向外界借款。因为在市场经济条件下，债权人往往要根据企业资本金的规模和生产经营状况来分析企业的偿债能力，以决定企业是否可以取得借款以及能够取得多少借款。企业有了一定数额的资本金，在充满风险的市场竞争中，就有了承担亏损的能力。换句话说，企业有了资本金，才能以本负亏。从这个意义上来看，资本金是企业实现自主经营、自负盈亏、自我发展的前提条件。

第二个层次的理解认为，企业资本是指企业所有者（股东）权益，即不仅包括上述的资本金（实收资本），而且还包括资本公积、盈余公积和未分配利润等。

资本公积是一种资本储备形式，或者说是一种准资本。它主要是由投资者实际出资额超过其应缴付的资本金的差额、资本汇率折算差额、企业接受捐赠的实物资产、资产评估增值等途径形成。公司按规定可以将资本公积金转增股本，但其中接受捐赠的实物资产和资产评估的增值部分等不能转作资本。

盈余公积，是企业从税后利润中提取的积累资金。盈余公积金按其用途不同，又分为公益金和一般盈余公积两种。公益金主要用于集体福利设施，一般盈余公积可用于弥补亏损、分配股利、转增股本等。

未分配利润是指企业尚未分配的净利润。它有两层含义：一是这部分利润尚未分配给企业投资者；二是这部分净利润未指定用途。未分配利润在未分配前可以由企业自主运用。

企业经营得越好，经济效益越高，实现的利润越多，就能提取更多的盈余公积，分配更多的股利，产生更多的未分配利润，具有更大的抗风险能力，得以更快地发展。盈余公积和未分配利润都是企业实现的资本增值，可以作为资本加以运用。

第三个层次的理解认为，企业的资本不仅包括企业所有者权益，而且还包括借入资本。企业借入资本主要有以下几种来源：

（1）从企业外部取得的各种借款，包括银行借款和发行债券借款。企业通过借款所获得的货币与企业资本金形成时获得的货币虽然来源不同，但在企业生产经营中发挥的作用是相同的，都可用于购买材料、设备、支付工资费用等。劳动者利用生产资料进行劳动，生产出产品，销售后收回货币，形成利润，实现增值。因此，企业借入的货币从其在生产经营中的作用来看，也是企业的资本。企业所有者权益是企业的自有资本，而企业借入的用于生产经营的货币则是企业的借入资本。

（2）通过补偿贸易方式和融资租赁方式获得固定资本而形成的长期应付款。企业需要某种设备，除了可以用自有资本中的货币或借入的货币购买以外，还可以采用补偿贸易方式或融资租赁方式获得。当企业采用补偿贸易方式引进设备时，按照设备的价款以及国外运杂费的外币金额和规定汇率折合为人民币数额记账，企业一方面增加了固定资产；另一方面增加了“长期应付款”，这种应付款在设备投产后，按照合同用生产出来的产品分若干年作价偿还。企业通过融资租赁获得固定资产时，一方面增加了固定资产；另一方面增加了“长期应付款”（应付融资租赁费）。租赁的设备投入使用后，应付融资租赁费按合同规定分若干年支付。

这里所说的补偿贸易和融资租赁两种方式与前述银行借款和发行债券借款两种方式有所不同，不是先借款去买设备然后再用货币还借款本息，而是先获得设备，形成长期应付款，以后分期补偿或还款，但它们都是以信用为基础的资金融通，其实质是相同的。

（3）其他各种应付款。企业在生产经营中会形成各种应付款，例如，应付票据、应付账款、预收账款、应付工资、应付福利费、应付股利、应交税金和其他应付款。企业的各种应付款是企业应付给有关单位、个人的货币，尚未支付而被企业暂时占用在生产经营之中，与企业的各种应收款有一定的对应关系。许多应付款的形成和偿还有一定的规律，其数额有一定的稳定性，在没有到偿还期之前，企业可以合理运用，因而可视为借入资本。企业的各种应付款在资产负债表的右上方，分为流动负债和长期负债两类。

对于资本构成的理解，这三个层次其实依次包含了资产负债表右边的负债和所有者权益两个栏目（见表 1-1）。我们赞同第三个层次的看法，即认为企业资本不仅包括自有资本，而且包括借入资本。自有资本也称权益资本，是企业资本运营的基础，是企业赖以自主经营、自负盈亏的本钱，也是企业获取借入资本的基本前提，因而企业首先必须要具有一定规模的自有资本。借入资本也称负债资本或他人资本，企业合理使用借入资本，可以扩大企业的生产规模，提高自有资本的经营效益，但使用借入资本，必须按期还本付息，企业面临着财务风险。企业应该合理、巧妙地运用借入资本，既要提高经营效益，又要降低财务风险。

表 1-1　资产负债表

资　产	负　债
流动资产 长期投资 固定资产 无形资产 其他资产	流动负债 长期负债 所有者权益 实收资本 资本公积 盈余公积 未分配利润

三、资本的表现形态

新建立的企业，最初从各方面筹集的资本，表现为货币资本、实物资本和无形资本等。企业投入生产经营以后，资本形态不断地发生变化，例如，货币资本转化为实物资本和无形资本，实物资本和无形资本再转化为货币资本。在资本运用过程中，还会出现对外投资和应收款等形式。

（一）货币资本

货币资本是指处于货币形态的资本，包括企业的现金、银行存款和其他货币资金。其他货币资金包括企业的外埠存款、银行汇票存款、银行本票存款、信用卡存款、信用保证金存款等。

（二）实物资本

实物资本指表现为实物形态的各种资本，包括存货和固定资产。存货包括企业在库、在途、加工中的各种材料、商品、在产品、半成品、包装物、低值易耗品、分期收款发出商品、委托代销商品等，固定资产包括房屋、建筑物、机器设备、运输工具等。

（三）无形资本

无形资本指不具有实物形态的各种资本，具体包括企业拥有的专利权、非专利技术、商标权、著作权、土地使用权和商誉等各种无实物形态的资本。

（四）对外投资

对外投资指企业对外投出的各种股权性质和债权性质的投资，按期限长短可分为短期投资和长期投资。短期投资指企业购入能随时变现并且持有时间不准备超过一年（含一年）的投资，包括各种股票、债券等；长期投资指企业投出的期限在一年以上（不含一年）各种股权性质的投资（包括购入的股票和其他股权），以及企业购入的在一年内（不含一年）不能变现或不准备随时变现的债券和其他债权投资。

（五）应收款

各种应收款包括应收票据、应收账款、预付账款、应收股利、应收利息和其他应收款。

企业应收款是企业的资本在经营过程中被其他有关单位、个人临时占用的部分。

在资产负债表的左方（见表 1-1），企业资本的各种形态（资产），按其流动性由大到小排列，分为流动资产（包括货币资金、短期投资、各种应收款、预付账款、存货、待摊费用等）、长期投资（长期股权投资、长期债权投资）、固定资产（包括房屋、建筑物、机器、机械、运输工具以及在建工程等）、无形资产及其他资产（开办费、长期待摊费用等）。

四、资本概念的新发展

近年来，“资本”这个概念的内涵和外延都有了很大发展，目前流行的说法还包括知识资本、人力资本和社会资本等。

（一）知识资本

知识资本是指企业所拥有的知识财产的价值，可以被看作是公司所拥有的全部股本或以知识为基础的资产净值。这样，知识资本可以看作是知识转换过程的最终结果，也可以看成是转化为公司知识产权和智力资本的知识本身。知识产权具有明确的定义，它把产权权利赋予专利、商标和版权等具体财产中。在知识资本中，这些财产是在会计结账中被正式认可的唯一形式。而智力资产就是那些以知识为基础的项目，它们会在未来给拥有这些项目的公司产生源源不断的利益和优势。包括技术、管理和咨询程序，也可以包括专利化的知识产权。

用知识的眼光来看待企业，企业的组织就被看成是一个对知识进行整合的机构，生产中的关键投资和价值基本来源都是知识；人类的全部生产力都离不开知识，机器只不过是知识的体现而已。

（二）人力资本

人力资本是指存在于人体之中的具有经济价值的知识、技能和体力（健康状况）等质量因素之和。20 世纪 60 年代，美国经济学家舒尔茨和贝克尔首先创立了比较完整的人力资本理论，这一理论有两个核心观点：一是在经济增长中，人力资本的作用大于物质资本的作用；二是人力资本的核心是提高人口质量，教育投资是人力投资的主要部分。

人力资本，比物质、货币等硬资本具有更大的增值空间，特别是在当今后工业时期和知识经济初期，人力资本将有着更大的增值潜力。作为“活资本”的人力资本，不仅具有创新性、创造性，而且具有有效配置资源、调整企业发展战略等市场应变能力。围绕人力资本进行投资，对 GDP 的增长具有更高的贡献率。

（三）社会资本

社会资本是指个人或组织可以用来摄取稀缺资源并由此获益的社会交往和联系。尽管社会资本是无形的，而且其形式也各不相同，它还是有着自己的显著特征。其不同于实物资本、人力资本、金融资本等，主要表现在以下几方面：

（1）社会资本具有公共物品的特性。这是社会资本与其他资本最基本的差别。社会资本更具有集体而不是个人的特性。虽然社会资本可以为个人所用，但这种资本形式并不完全受个人支配。社会资本不像金融资本那样容易转移，也不像人力资本那样具有流动性。

（2）社会资本具有不可转让性或者说不可让渡性。每个人拥有的社会资本都是独特的。社会资本与拥有者共存，并有其使用范围。

（3）利用得越多，社会资本价值就越大。不同于物质资本，社会资本不会由于使用而减少但会由于不使用而枯竭。它具有可再生性，是非短缺的，会由于不断消费和使用增加价值。

（4）社会资本具有生产的不可模仿性。社会资本更多地表现为历史制度的沉淀，即人们共同遵守的行为准则、规范、情感等；它是社会大众或绝大多数人认可的价值观体系和文化资源，是一种“以人为本”的人文环境。它决定了社会资本的积累很难通过外部干预和主观努力而形成。

国外研究经验证明，社会资本能够减少不确定性和交易成本，提高交易效率，鼓励专业化，增加人力资本、物质资本和观念创新上的投资。社会资本决定了生产（制造）和掠夺（拿走）之间的权衡。

资料 1-2　企业家雇佣资本理论

在经济学企业理论中，所谓“雇佣”，实质上就是企业所有权配置的问题。获得确定的契约收入者，被视为处于被雇佣地位；拥有剩余控制权和剩余索取权者，被视为处于雇佣地位。依据资产专用性学派的结论，其中控制权的安排是识别企业所有权配置的关键。控制权的配置也是识别雇佣与被雇佣关系的关键。

在当代经济中，企业家才能较诸资本有着更大的稀缺性。当今是倍速经济时代，技术革新和市场变迁瞬息万变，企业规模日趋扩大，管理的难度和复杂性越来越高，企业经营面临的不确定性不断增大。在这种情况下，能够胜任现代公司经营、获取资本增值的人才变得更加稀缺。另一方面，由于持续的生产力水平提高和经济增长，社会如今已积累起巨大的财富，这些财富表现为社会性的富裕资本，随着金融深化和资本市场的发展，资金融通的途径、方式、工具和机制高度发达，金融效率大幅度提高。在这种情况下，资本变得相对充裕。资本的相对充裕导致企业家更显稀缺。

要素的重要性和稀缺性是企业契约当事人博弈较量的关键力量。在现代经济中，企业家才能的重要性和稀缺性，决定了企业家在与资本的博弈中拥有显著优势。因此，企业家应该能够获得更多的企业所有权。“企业家雇佣资本”是企业家重要性和稀缺性的自然结果。

资料来源：王明夫．资本经营论［M］．中国人民大学出版社，2004.

第二节　资本市场

无论是从国家竞争的层面，还是从企业竞争的层面，资本市场所起的重要作用都是不可忽视的。对金融经济史的研究显示：在 18 世纪到 19 世纪的欧洲竞争中，英国最后战胜了法国，这得益于英国相对发达的资本市场为其工业革命和海军建设提供了大量廉价的资本；19 世纪到 20 世纪的欧美竞争中，美国也是借助其发达的资本市场，完成了从重工业化到新经济崛起的一系列转换而胜出的；大清国的 GDP 是当时英国的 4 倍和日本的 5 倍，却在与英的鸦片战争和与日的甲午战争中输了，原因之一是英、日这两个国家都能利用资本市场发行战争债券筹到足够的军费。

我国必须尽快建立和发展起多层次的资本市场，提升我国企业在全球化大背景下的竞争力，不断推动我国创新创业的步伐，使我们为人类文明的进步做出更大的贡献，实现中华民族的伟大复兴，把我们未来的命运掌握在自己手里。

一、资本市场的构成

资本市场是指筹措中长期资本的市场，是中长期资本需求与供给交易的总和。它既包括证券市场，也包括中长期信贷市场和非证券化的产权交易市场。证券市场包括发行市场和流通市场两部分，其各自的交易方式均不相同。在证券市场上，交易对象主要是股票债券、投资基金，它们的交易及运行机制各不相同。

资本市场的交易主体可以分为三类：一是资本的需求者，如股票和债券的发行企业、企业并购中的收购方等，它们都是想通过资本市场来吸收资本，以此来壮大自己的经营规模，发展自己的企业实力；二是资本的供给者，即通常我们所说的投资者，这些投资者都拥有可以转化为资本的各类经济资源，都在寻找可以实现尽可能大的资本增值的机会；三是资本交易的中介主体。在发达的市场经济中，存在着不同性质的资本交易的中介主体。

资本市场的交易对象就是资本。具体地根据资本的不同形态来划分，最普通的划分方法是货币资本、金融资本和实物资本。在资本市场上，资本的形态也不断地随着交易过程和运动过程的进行而发生变化，资本的增值过程也就是在这个转化过程之中完成的。

（一）信贷市场

信贷市场主要是银行信贷市场。银行信贷可以分为商业银行信贷和政策性银行信贷。商业银行是依照商业银行法和公司法设立的吸收公众存款、发放贷款、办理结算等业务的企业法人，它以效益性、安全性、流动性为经营原则，实行自主经营、自担风险、自负盈亏、自我约束。商业银行根据国民经济和社会发展的需要，在国家产业政策指导下开展贷款业务。商业银行对借款人的借款用途、偿还能力、还款方式等进行严格审查。借款人一般应提供担保，经商业银行审查、评估，确认借款人资信良好，确能偿还贷款的，可以不提供担保。而政策性银行是由财政注资，国家全资拥有的银行，贯彻国家产业政策。目前我国的政策性银行主要有中国国家开发银行、中国农业发展银行和中国进出口银行。国家开发银行的主要任务是根据国民经济的战略规划，利用各种现代金融工具筹集和引导境内外资金，集中力量支持对国民经济发展有重大影响的建设项目，促进国民经济持续、快速、健康发展，其贷款主要投向基础设施、基础产业和支柱产业的国家重点建设项目。发放基本建设贷款、技术改造贷款、外汇固定资产贷款和外汇固定资产贷款和外汇流动资金贷款等。中国农业发展银行的主要任务是按照国家的法律、法规和方针、政策，以国家信用为基础，筹集农业政策性信贷资金，承担国家规定的农业政策性和经批准开办的涉农商业性金融业务，代理财政性支农资金的拨付，为农业和农村经济发展服务。中国进出口银行的主要任务是贯彻执行国家产业政策，对外经贸政策和金融政策，为扩大我国机电产品、成套设备、高新技术产品出口和促进对外经济技术合作与交流，提供政策性金融支持，发放出口卖方信贷、出口买方信贷、境外加工贸易贷款、境外投资贷款和境外承包工程项目贷款等。

商业银行贷款和政策性银行贷款同属银行信贷融资，但其基础和目标有差别。商业银行贷款以商业信用为基础，而政策性银行贷款以国家信用为基础。商业银行作为自担风险、自负盈亏的企业法人，其贷款以效益性作为首要经营原则，努力提高盈利水平，而政策性银行信贷不以盈利作为主要目标责任，其贷款利率、期限等与商业银行相比有较大的优惠，实行“保本微利”，保持一定的盈利水平。

当前，我国银行要在继续防范和化解金融风险的同时，加大对经济发展的支持力度，优先为国债项目提供配套贷款，增加对有市场、有效益、有信誉企业的贷款，加大对农业和农村经济、中小企业和服务业的信贷支持。

（二）证券市场

证券市场交易的对象是各种有价证券，主要包括股票和债券两类。有价证券本身没有价值，但它是代表财产所有权的凭证，是一种虚拟资本，能为其持有者带来一定的收益，因而能在市场上买卖，且有价格。

证券市场是证券发行和流通的场所。按证券种类，主要分为股票市场和债券市场。按市场的功能，可分为发行市场和流通市场。

证券发行市场，又称为一级市场，是证券初次交易的市场，是通过发行证券进行筹资活动的市场，一方面为资本的需求者提供筹资的渠道；另一方面为资本的供应者提供投资场所。发行市场是实现资本职能转化的场所，通过发行股票、债券，把社会闲散资金转化为生产资本。

证券发行市场由发行者（筹资者）、购买者（投资者）和承销商组成。筹资者可以是公司企业、金融机构，也可以是国家政府等，投资者可以是机构法人，也可以是社会公众（自然人），承销商是在证券市场上协助筹资者将证券销售给投资者的中介机构，承销商由证券公司或投资银行担任。

证券流通市场，又称为二级市场，是已发行证券进行转让的市场，它一方面为证券持有者提供随机变现的机会；另一方面又为新的投资者提供投资机会。与发行市场的一次性行为不同，在流通市场上证券可不断地进行交易。

发行市场是流通市场的基础和前提，流通市场又是发行得以存在和发展的条件。没有发行市场，流通市场就成为无源之水，无本之木。发行市场的规模决定了流通市场的规模，影响着流通市场的交易价格，在一定时期内，发行市场规模过小，会使流通市场供不应求，证券价格过高；发行规模过大，证券供过于求，对流通市场形成压力，使证券价格低落，市场低迷，反过来影响发行市场的筹资。可见，发行市场和流通市场是相互依存、互为补充的整体。

根据市场的组织形式，证券流通市场又可进一步分为场内交易市场和场外交易市场。

证券场内交易市场是证券集中交易的场所，如我国的上海证券交易所和深圳证券交易所。我国的证券交易所是根据国家的有关法规注册登记，经政府批准设立的，有严密的组织，严格的管理工作，有进行集中交易的固定场所。在证券交易所内买卖证券所形成的市场，就是场内交易市场。证券交易所作为证券交易的组织者，本身不参加证券的买空卖空和价格的决定，只是为证券买卖双方创造条件，提供服务，并进行监督。

证券场外交易市场是在证券交易所以外的各证券经营机构的柜台上进行的证券交易市场，也叫柜台交易市场。在柜台交易市场中，证券经营机构既是交易的组织者，又是交易的参与者。目前，我国债券流通市场由三部分组成，即沪、深证券交易所市场、银行间交易市场和证券经营机构柜台交易市场。由于柜台交易市场非常分散，因此不便于投资者及时掌握时刻变动的证券交易行情。20 世纪 60 年代末以来，一些国家利用电子计算机系统将全国各地的柜台交易市场连结起来，建立全国范围的自动报价系统，例如，美国的全国证券交易商协会自动报价系统（NASDAQ）。

（三）产权市场

产权市场是产权有偿转让的场所或领域。产权是指法定主体建立在财产所有权基础上的、对构成企业生产经营要素的财产所依法享有占有、使用、收益和处分的权利。产权转让是指两个以上的法定主体之间所发生的财产所有权及其派生的占有权、使用权、收益权和处分权等各项权能的部分或全部有偿转让的法律行为。所谓有偿转让，是指按照市场机制，运用经济方式，通过市场交易进行的转让。产权转让可以是财产所有权及其派生的四项权能一起转让，也可以是在财产所有权不变的条件下，其他四项权能一起转让，即经营权的转让，还可以是在财产所有权不变的条件下，其他四项权能的部分转让，例如只转让使用权等。产权市场概念有广义和狭义的理解之分。从广义来看，产权市场包括证券化的产权市场（股票市场）和非证券化的产权市场，但在一般情况下，人们往往从狭义看，把产权市场理解为非证券化的产权交易市场。我国的产权交易市场萌芽于 20 世纪 80 年代末，经过 20 多年的发展，目前全国大部分省市已建立了有形的产权交易市场，不同规模的产权交易所（中心）已达 300 多家。产权交易市场的功能在于沟通产权卖方和买方的联系，使产权交易顺利进行。产权交易通过企业收购、兼并、拍卖和租赁等方式进行。产权交易从形式上看是一种权利的转让，从实质上看则是一种生产要素的转移与重组。发育健全和完善的产权交易市场，有利于增强企业之间的联系和信息交流，推动生产要素合理流动，搞好资产重组，盘活存量资产，促进资源优化配置和企业规模效益提高。

（四）投资银行

1. 投资银行的定义

投资银行是最典型的投资性金融机构，一般认为，投资银行是在资本市场上为企业发行债券、股票，筹集长期资金提供中介服务的金融机构，主要从事证券承销、公司并购与资产重组、公司理财、基金管理等业务。其基本特征是综合经营资本市场业务。

美国著名金融专家罗伯特·库恩（Robert Kuhun）依照业务经营范围大小，对投资银行给出了四个层次的不同定义：

（1）广义投资银行：指任何经营华尔街金融业务的金融机构，业务包括证券、国际海上保险以及不动产投资等几乎全部金融活动。

（2）较广义投资银行：指经营全部资本市场业务的金融机构，业务包括证券承销与经纪、企业融资、兼并收购、咨询服务、资产管理、创业资本等，与第一个定义相比，不包括不动产经纪、保险和抵押业务。

（3）较狭义投资银行：指经营部分资本市场业务的金融机构，业务包括证券承销与经纪、企业融资、兼并收购等，与第二个定义相比，不包括创业资本、基金管理和风险管理工具等创新业务。

（4）狭义投资银行：仅限于从事一级市场证券承销和资本筹措、二级市场证券交易和经纪业务的金融机构。

投资银行在各国的称谓不尽相同。在美国称投资银行，在英国称商人银行，在法国称实业银行，在我国称为证券公司。

2. 投资银行的业务①

投资银行是以证券承销（以及在承销基础上的证券经纪业务）为本源，其他的投资银行业务都是在这一业务基础上形成和发展起来的。投资银行的业务主要有以下几项：

（1）证券承销。证券发行市场是由证券的发行者（发行主体）、认购者（投资主体）和承销者三方构成的。承销者是指联系发行主体和投资主体的金融中介机构，它们本身并不从事投资业务，仅仅是协助政府或企业发行证券，并帮助投资者获得这些证券。投资银行从事证券承销业务，其承销过程包括：①投资银行对证券发行者提供发行证券种类、时间和条件等方面的建议；②当证券发行申请经国家证券管理机关批准后，投资银行与证券发行者签订证券承销协议；③协议签订后，投资银行组织销售网络，将证券销售给广大社会公众。

投资银行承销证券获得的报酬，一种是差价，即承销商支付给证券发行者的价格与承销商向社会公众出售证券的价格之间的差价；另一种是佣金，按发行证券金额的一定百分比计算。

（2）证券交易。投资银行的证券交易活动包括：①在证券承销之后，投资银行要为该证券创造一个流动性较强的二级市场，并尽量使该证券的市场价格稳定一个时期；②经纪业务。投资银行接受客户（证券的买方或卖方）的委托，按照客户的指令，促使证券买卖双方达成交易，并据此收取一定的公积金；③投资银行利用本身拥有的大量资产和接受客户委托管理的资产进行证券交易，通过选择买入和管理证券组合并卖出证券获得投资收益。

（3）私募发行。前面所说的证券承销，实际上就是证券的公募发行。私募发行是

① 夏乐书等. 资本运营理论与实务（第2版）[M]. 大连，东北财经大学出版社，2004：50-53.

将证券配售给少数特定的投资者。其发行的对象主要有两类：一类是个人投资者，如公司的股东、职工和重要客户等；另一类是机构投资者，如大的金融机构或与发行者有密切业务往来的企业等。证券私募发行者一般是一些风险较大的新企业、小企业以及投机性的公司。投资银行在证券私募发行方面的作用主要是：①与证券发行者、投资者共同商讨证券的种类、定价和条件等事宜；②为证券发行者寻找合适的机构投资者，并按优劣排列顺序，供发行者选择；③充当证券发行者的顾问，提供咨询服务。投资银行办理上述证券私募发行业务，一般按私募证券金额的一定比例收取报酬。

（4）企业兼并与收购。企业并购是企业产权交易的重要内容，投资银行在企业产权交易双方（买方和卖方）中充当中介，为企业并购双方提供服务。投资银行参与企业并购的主要方式是：①寻找兼并与收购的对象；②向并购者和被并购者提供买卖价格或非价格条款的咨询；③帮助并购者采取行动抵御恶意性吞并企图；④帮助并购者筹措必要的资金，以实现并购计划。

投资银行在企业兼并收购方面发挥很大作用，企业兼并、收购业务为投资银行带来巨额收益，已成为投资银行的一项主要业务活动。

投资银行办理企业兼并收购业务应收取的报酬（咨询费或聘请费）根据并购交易金额大小、交易的复杂程度、投资银行提供服务的水平等因素决定。

（5）基金管理。基金是一种大众化的投资方式，它由基金发起者通过发售基金份额，吸收许多投资者的资金形成基金，聘请有专业知识和投资经验的专家，运用基金进行证券组合投资，定期将收益按投资受益凭证分配给投资者。在美国称为“共同基金”，在英国称为“单位信托基金”，在日本称为“证券投资信托基金”。投资银行在基金管理方面的业务包括：①投资银行可以作为基金发起者发起和建立基金，并管理自己建立的基金；②投资银行可以作为承销者，帮助其他基金发起者向投资者发售投资受益凭证，也可以接受基金发起者的委托，帮助其管理基金，从基金发起者处获得一定报酬。

（6）风险投资。即创业投资，是指为新兴公司在创业期和拓展期融通的资金。新兴公司运用新技术生产新产品，其市场潜力大，预期利润很高，但风险也很大，很难从商业银行获得贷款，也不能公开发行股票融资。而投资银行的风险资本业务能够帮助新兴公司解决困难，其办法是：①投资银行向新兴公司投资，成为新兴公司的股东。有些投资银行设有风险基金或创业基金，用于向新兴公司提供创业资本。②通过私募发行证券（股票）为新兴公司筹集资本。投资银行为新兴公司私募发行证券时，常用其风险基金购买证券，由于新兴公司风险很大，因而投资银行往往要求证券发行者支付很高的私募发行报酬。投资银行还要求证券发行者提供认股权证，一般规定在私募后 5 年内，投资银行有权按私募发行价的 120%购买该公司发行股票，并上市交易。这类股票上市后，市价将会成倍地上涨，这时，投资银行就可以用较低的价格购买到市价很高的股票，从而获得巨额利润。如果该公司经营不善，股票价格低，投资者就可以不使用认股权证。

此外，投资银行还有项目融资、衍生产品、租赁、咨询服务、现金管理、证券保管与抵押等业务。

二、资本市场的功能

经济发达的国家都有着成熟和完善的资本市场，资本市场是市场经济的有机组成部分。从总体上讲，资本市场通过资本的交易来对社会经济资源进行优化配置。它通过对货币资本、金融性资本和实物资本的运营，把社会资本配置到效率最高的地方去。由于在市场经济中，资本是社会经济资源的主要成分之一，因此资本市场的资源配置功能是非常强大的。

在我国的现阶段，市场经济建设过程中的资本市场除一般的资源配置功能以外，还承担着推进经济体制改革，特别是国有企业改革的重任。因此，讨论我国的资本市场又必须看到它特别的一面。具体来说，资本市场有以下功能：

（一）融资功能

融通和筹集资金是资本市场最基本的功能。从历史上看，资本市场最初的产生，就是为了满足企业和政府筹集资金的需要，因此，集资功能是资本市场最原始也是最基础的功能。资本市场可以把公司的股权和债权证券化，成为股票和债券。

资料 1-3　资本市场与日不落帝国

英国之所以能在 18 世纪战胜法国成为世界霸主，原因之一就在于英国有更发达的金融技术和资本市场，让它更能将未来收入提前变现。

那时欧洲战争不断，各国都要靠借国债发展军力，谁能借到更多、更便宜的钱，谁就能拥有更强的军队，特别是海军。1752 年时，英国政府的公债利率大约为 2.5%，而法国公债利率是 5%左右。1752 年到 1832 年，法国政府支付的公债利息基本是英国公债利息的两倍。这意味着什么呢？要知道在 18 世纪中，英国每年的财政收入有一半是用来支付国债利息的，也就是说，假如那时英国的国债利息跟法国的一样高，那么英国要么必须减少借债、要么就把每年的所有财政收入都用来支付利息，前者会使英国的军力下降，而后者会使其政府破产。两种可能的结局中，哪种都不好。但因为英国有着比法国远为发达的证券市场，使英国不仅能以未来收入为基础融到更多国债资金发展国力，而且需要支付的融资成本也比法国低一半。更强的证券化能力使英国可以筹到更多的钱用于发展国家实力，使英国从 18 世纪到 20 世纪初都一直拥有世界最强大的海军，让不到两千万人口的英国主宰世界两个世纪。

谁能以更低的成本把更多的未来收入作证券化变成今天的钱，谁就能在未来拥有最多的发展机会。因此，证券融资不只是简单地把未来的收入提前花，更是为未来创造更多更大的发展空间，甚至会决定竞争中的输赢。

资料来源：陈志武. 金融技术、经济增长与文化［J］. 国际融资，2005（5）：46-52.

（二）投资功能

证券化了的资本可以更好地流通，这也使得资本的社会化和公众化极大地发展起来，公众可以通过证券市场参与投资，购买公司的股票（债券），成为公司的股东（债权人）。资本市场在拓宽了公司融资渠道的同时，也培养出大批的投资者，催生出各种流派的投资理论和方法，主流的包括以巴菲特为代表的“价值投资”派，以戴若·顾比为代表的“趋势交易”派等等。

资料 1-4　标普 500 指数原始成分股中的最佳公司

美国沃顿商学院的西格尔教授分析了从 1957 年到 2003 年，这 46 年间美国标准普尔 500 指数成分股的涨幅，涨得最好的 20 家公司中，有 11 家是知名品牌消费品公司，6 家医药公司，其中：

2 家烟草公司：菲利普·莫里斯上涨 4625 倍，富俊上涨 580 倍。

2 家食品公司：亨氏公司上涨 635 倍，通用磨坊上涨 387 倍。

2 家饮料公司：可口可乐上涨 1051 倍，百事可乐上涨 865 倍。

3 家糖果公司：小脚趾圈上涨 1090 倍，绿箭上涨 603 倍，好时上涨 507 倍。

2 家个人护理用品公司：高露洁上涨 760 倍，宝洁上涨 513 倍。

6 家医药行业公司：雅培上涨 1280 倍、百时美施贵宝上涨 1208 倍、辉瑞上涨 1054 倍、默克上涨 1002 倍、先灵葆雅上涨 536 倍、惠氏上涨 460 倍。

资料来源：杰里米 J.西格尔等．投资者的未来［M］．机械工业出版社，2010.

（三）定价功能

一般来说，如果市场是竞争性的，则它所进行的资源配置就是有效率的，也可以说市场上的供求关系确定的资源价格反映了它的稀缺性。商品市场为其交易对象确定了市场价值，同样，资本市场也为资本确定了相应的市场价值。由于资本市场中交易对象的收益大多与其面临的风险性大小有关，因此这样的定价过程也被称为风险定价。

在现实生活中，不可能有一个万能的或相应的机构能够对不断变动的市场风险和相应的资本价格给出准确的答案，而资本市场就提供了这个功能，在无数的市场参与者的共同活动中，资本的价格以一种几乎自然的方式被决定了下来。

（四）分散风险功能

资本社会化和公众化的过程，使企业在实现直接融资的同时，也将风险分散出去了，就不会将风险集中到创业者身上，也不会集中在银行这类提供间接融资的传统金融机构。同时，对于投资者而言，资本的流动性也为风险的规避提供了便利。

（五）优化资源配置

首先，资本市场可以运用其多样化的交易工具，为交易者提供极大的便利。通过它的竞争机制、价格机制、风险机制等将社会资本配置到最适宜的地方去，即把增量资本向经济效益好的或新兴的朝阳产业输送，不断促进这些优秀产业或企业的发展壮大。

其次，借助于资本市场中的证券市场和实物资本市场，资本运营的参与者又可以对社会存量资本进行有效配置。无论是通过证券市场还是直接进行资产收购和兼并，社会各行业、各企业之间的资产规模会发生变化，从而形成适合不同经济效益要求的横向兼并、纵向兼并和混合兼并活动。这样也就从整体上优化了国民经济的整体经济效益。

资料 1-5　美国培育新兴产业的经验

PC、电信、互联网、生物科学成了近 30 年来引领美国经济发展的最重要的四个产业，它们都是通过市场，尤其是资本市场发现的，它们的成长和壮大也是得益于资本市场的推动。

资本市场将人类经济活动中的很多要素转化为证券，公司的股份成为股票，信用成为债券，人的潜能成为期权，在电子平台上迅速地交换。市场参与者在买卖证券、寻求自身利益的同时，客观上推动了社会资源配置的优化。

有效的市场化资源配置方式，是美国经济得以迅速崛起，并在高科技浪潮中步步领先的重要原因。政府要做的就是去优化要素市场，优化科技和资本，优化风险投资、私募股权投资和资本市场的对接机制。

资料来源：祁斌．资本市场与中国经济社会发展［J］．中国流通经济，2012，26（9）：36-42.

（六）促进企业改制

在我国的现阶段，大力发展资本市场有助于推进企业体制的改革。当前我国的国有企业改革出现了许多困难，国有企业的产权结构和内部治理结构不合理是其根本原因。从现代企业理论来看，融资结构不合理又是导致产权结构不合理和内部治理结构不合理的主要原因之一。发展资本市场可以对企业体制的改革起到积极推进的作用：一方面，它可以加快国有企业的公司制改造，这是国有企业进入资本市场的先决条件，它必须根据《公司法》的要求来进行规范的公司制改造。在这样的基础上，通过在资本市场上吸收资本，则相应地就会引起企业的产权结构和内部治理结构的变化；另一方面，它可以通过资本流动机制促进国有企业的战略性改组，在资本市场上，等量资本拥有等量的权利，因此当前我国国有企业的战略性改组完全可以由资本市场来决定其走向，这为国有资产进行合理布局提供了相应的资本流动机制。

第三节　我国资本市场的发展

20 世纪 70 年代末期以来的中国经济改革大潮，推动了资本市场在中国境内的萌生和发展。在过去的十多年间，中国资本市场从无到有，从小到大，从区域到全国，得到了迅速的发展，在很多方面走过了一些成熟市场几十年甚至是上百年的道路。尽管经历了各种坎坷，但是，中国资本市场的规模不断壮大，制度不断完善，证券期货经营机构和投资者不断成熟，逐步成长为一个在法律制度、交易规则、监管体系等各方面与国际普遍公认原则基本相符的资本市场。

一、我国资本市场的发展历程[①]

回首近 40 年来的发展历程，依据不同的时代特点和特殊的历史事件，中国资本市场的发展可分为以下几个阶段：

（一）中国资本市场的萌生（1978—1992）

1978 年 12 月，中国共产党十一届三中全会召开，将改革开放作为基本国策，经济建设为基本任务。经济体制不断改革，企业对资金的需求日趋多样，中国资本市场开始萌生。20 世纪 80 年代初，最初的股票伴随着一些企业的股份制改革开始出现，国债、企业债和金融债相继发行。1990 年 12 月，上海证券交易所、深圳证券交易所先后开始营业。伴随着一、二级市场的初步形成，证券经营机构的雏形开始出现。1987 年 9 月，中国第一家专业证券公司——深圳特区证券公司成立。1990 年 10 月，期货交易开始试点，郑州粮食批发市场开业并引入期货交易机制，成为中国期货交易的开端。在这个阶段，源于中国经济转轨过程中企业的内生需求，中国资本市场开始萌生。在发展初期，市场处于一种自我演进、缺乏规范和监管的状态，并且以区域性试点为主。深圳“8·10 事件”[②]的爆发，是这种发展模式弊端的体现，标志着资本市场的发展迫切需要规范的管理和集中统一的监管。

资料 1-6　中国第一支股票——飞乐音响

1984 年 11 月 18 日的上海《新晚报》第一版刊登了这样一条消息：上海飞乐音响公司 18 日开业接受个人和集体认购股票发行 1 万股，每股 50 元。当年 12 月，飞乐音响正式由上海静安证券营业部代理发行股票 1 万股，计 50 万元。其中单位和个人的购买比例为各占 50%。时隔 25 年后的飞乐音响（600651）承继上扬态势。2009 年 11 月 18 日，开盘价 8.70 元，盘中一度冲高至 9.18 元，最终收盘为 9.06 元，上涨 3.54%。自 11 月 2 日以来，飞乐音响从 6.08 元到 18 日的 9.06 元，短短 13 个交易日内上涨了 49%。

从新中国第一张有价证券问世到今天拥有上千支股票的 A 股市场，中国证券市场已走过了 29 年光阴。被股民们称为“小飞乐”的飞乐股票见证了新中国的多个第一：它是新中国第一支名副其实的股票，第一张被外国人拥有的股票，上海第一批柜台交易的股票，上海证券交易所第一批上市流通的股票。

资料来源：新浪财经/https://finance.sina.com.cn

（二）全国性资本市场的形成和初步发展（1993—1998）

1992 年 10 月，国务院证券管理委员会和中国证券监督管理委员会（以下简称“国务院证券委”和“中国证监会”）成立，标志着中国资本市场开始逐步纳入全国统一监管框架，区域性试点推向全国，全国性市场由此开始发展。1998 年 4 月，国务院证券

① 根据《中国资本市场发展报告》及相关资料整理。

② 1992 年 8 月 10 日，在深圳有关部门发放新股认购申请表的过程中，由于申请表供不应求，加上组织不严密和一些舞弊行为，导致申购人群有了游行抗议等过激行为。

委撤销，中国证监会成为全国证券期货市场的监管部门，建立了集中统一的证券期货市场监管体制。在监管部门的推动下，《股票发行与交易管理暂行条例》、《公开发行股票公司信息披露实施细则》等一系列相关的法律法规和规章制度出台，资本市场法规体系初步形成。资本市场得到了较为快速的发展，证券中介机构也随之增加，到1998年年底，全国有证券公司90家，证券营业部2412家。同时，对外开放进一步扩大，推出了人民币特种股票（B股）。然而，各种体制和机制缺陷带来的问题也在逐步积累，迫切需要进一步规范发展。

（三）资本市场的进一步规范和发展（1999—2007年）

1999年《证券法》的实施及2006年《证券法》和《公司法》的修订，使中国资本市场在法制化建设方面迈出了重要的步伐，标志着资本市场走向更高程度的规范发展，也对资本市场的法规体系建设产生了深远的影响。“琼民源”“银广夏”等一批大案的及时查办对防范和化解市场风险、规范市场参与者行为起到了重要作用。2004年1月，国务院《关于推进资本市场改革开放和稳定发展的若干意见》的出台标志着中央政府对资本市场发展的高度重视。以股权分置改革为代表的一系列基础性制度建设使资本市场的运行更加符合市场化规律。合资证券经营机构的出现和合格境外机构投资者等制度的实施标志着中国资本市场对外开放和国际化进程有了新的进展。同时，债券市场得到初步发展，中国债券市场规模有所增加，市场交易规则逐步完善，债券托管体系和交易系统等基础建设不断加快。中国资本市场也在2006年出现了转折性的变化。

（四）资本市场全面发展创新阶段（2008年至今）

在国民经济持续快速健康发展、市场资金流动性比较宽松的背景下，国家采取的各项决策和治理措施成效显著，资本市场开始全面复苏，步入了良性发展轨道。在这个阶段，改革创新成为主流手段。2009年10月30日，中国创业板正式上市，为中小企业，尤其是高成长性企业提供了融资渠道，是中国调整产业结构、推进经济改革的重要手段，为自主创新国家战略提供融资平台建设，为多层次的资本市场体系建设添砖加瓦。2010年，国务院批准同意开展证券公司融资融券业务试点和推出股指期货品种。融资融券、股指期货等市场创新的实施，是实现稳定股市交易手段的变革，也为打造蓝筹股市提供了条件，中国证券市场开始走向成熟。2012年，国家外汇管理局深化资本项目外汇管理改革，推动资本市场开放和跨境人民币业务发展，鼓励支持资管业务、自营业务等业务创新，并建立起相应的管理机制，不仅丰富了我国资本市场的产品结构，增强了市场活力，也满足了不同投资者的投资需求，是我国资本市场不断发展的必然趋势。为进一步推动我国资本市场对外开放，沪港通、深港通先后于2014年和2016年正式启动，建立了上海、深圳与香港股票市场交易的互联互通机制。

二、我国资本市场的发展特点

（一）资本市场规模不断壮大

自1990年上海和深圳证券交易所成立以来，特别是进入21世纪的最近十年，中国资本市场在探索中前进，在改革中创新，实现了跨越式发展，取得了令人瞩目的成就。

2002 年年底，沪深股票市场仅有 1223 家上市公司，总市值 3.8 万亿元人民币，GDP 为 12.17 万亿元，经济证券化率仅为 32.67%。历经 15 年发展，截至 2017 年年底，沪深两市共有上市公司 3485 家，比 2002 年年末翻了 3 倍；股票总市值 63.18 万亿元，比 2002 年年末增长了 17 倍；2017 年 GDP 为 82.71 万亿，经济证券化率达到 76.39%。在世界交易所联合会（WFE）的全球市值排名，我国内地资本市场由 2002 年的第十三位跃居至目前的第二位，仅次于美国，同我国实体经济规模全球第二的排名相适应（见图 1-1）。

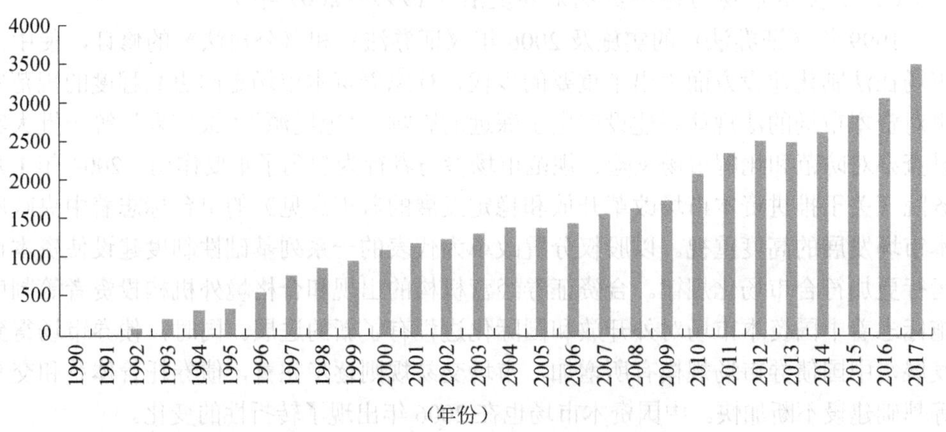

图 1-1　1990—2017 年我国上市公司数量（单位：家）

资料来源：万得资讯（Wind 资讯）

（二）多层次资本市场体系日益完善

在资本市场上，不同的投资者与融资者都有不同的规模大小与主体特征，存在着对资本市场金融服务的不同需求。投资者与融资者对投融资金融服务的多样化需求决定了资本市场应该是一个多层次的市场体系。

建立和完善多层次资本市场体系，既是我国经济发展、产业成长的实际需要，也有利于扩展资本市场本身的广度和深度。经过多年的探索、规范及发展，我国已经初步形成以主板、中小板、创业板、代办股份转让系统和区域性股权交易市场为主体的多层次资本市场体系，为实体经济的持续快速发展提供了强大的原动力。截至 2017 年年底，沪深市场主板、中小板、创业板上市公司分别为 1886 家、889 家和 710 家，在区域性股权转让市场和产权交易市场挂牌的企业数千家。多层次资本市场服务实体经济，支持中小企业与自主创新。

多层次资本市场体系主要包括以下部分。

（1）主板市场。从总量与规模上看，沪深市场仍是未来我国多层次资本市场体系的主要组成部分。继续吸纳符合条件的优质公司上市，同时应鼓励 H 股和境外上市公司到 A 股市场发行上市。

（2）中小企业板。中小企业板是深圳证券交易所开设的，介于主板和创业板之间的一个市场体系，以传统行业的中小型公司为上市主体，门槛比创业板略高。中小板市场是中国特殊时期的产物，是我国构建多层次资本市场的重要举措。

（3）创业板市场（高成长企业市场）。创业板市场是多层次资本市场体系中的重要组成部分，能为较好成长性和较高科技含量的中小企业增加融资渠道，更好地发挥提升产业功能，提高经济增长的活力。2009 年 10 月，创业板市场正式启动。从 2009 年首批 28 家创业板公司上市，截至 2017 年年底，在不到 9 年的时间里，创业板公司已迅速扩容至 710 家，增长迅速。创业板市场主要面向符合新规定的发行条件但尚未达到现有上市标准的成长型、科技型以及创新型企业。

（4）三板市场（场外交易市场）。包括柜台市场和场外交易市场，主要解决中小企业在筹集资本性资金方面的问题，以及这些企业的资产价值（包括知识产权）评价、风险分散和风险投资的股权交易问题。作为我国多层次证券市场体系的一部分，三板市场一方面为退市后的上市公司股份提供继续流通的场所，另一方面也解决了原 STAQ、NET 系统历史遗留的数家公司法人股流通问题。三板市场包括“老三板”市场和“新三板”市场两个部分：“老三板”市场包括原 STAQ、NET 系统挂牌公司和退市公司；“新三板”市场是指自 2006 年起，专门为高新技术企业开设的非上市股份有限公司股份报价转让系统。2013 年 6 月国务院决定加快发展多层次资本市场，将中小企业股份转让系统试点扩大至全国，鼓励创新、创业型中小企业融资发展。

（5）四板市场：区域性股权交易市场（区域股权市场）是为特定区域内的企业提供股权、债券的转让和融资服务的私募市场，一般以省级为单位，由省级人民政府监管。四板市场是我国多层次资本市场的重要组成部分，亦是中国多层次资本市场建设中必不可少的部分。对于促进企业特别是中小微企业股权交易和融资，鼓励科技创新和激活民间资本，加强对实体经济薄弱环节的支持，具有积极作用。

这种多层次的资本市场能够对不同风险特征的筹资者和不同风险偏好的投资者进行分层分类管理，以满足不同性质的投资者与融资者的金融需求，并最大限度地提高市场效率与风险控制能力。

（三）交易品种结构有待改善

目前，我国资本市场的产品品种向多元化发展，产品结构日益完善，交易品种主要包括股票、债券、基金和期货。其中，公司债券、可转换债券、期货的交易规模不断扩大。

（1）直接融资相对于间接融资严重滞后。2016 年，我国债券融资占直接融资的比重达 71%，债券融资规模为股票融资规模的 2.42 倍，债券融资成为我国直接融资的主渠道之一。但总体来说，我国资本市场直接融资比例仍然较低。从直接融资占总融资额比重来看，2016 年，美国直接融资占总融资额的 89.7%，日本是 40%多，欧元区 76.7%，而我国直接融资占比只有 24.639%，明显低于美国等成熟市场。

（2）债券市场发育滞后。尽管我国债券市场总体规模迅速扩大，但在市场发育程度方面，与西方成熟市场都存在较大差距，主要表现在：①2017 年，我国债券余额为 74 万亿元，占 GDP 的 89.5%，仍低于发达国家的平均水平。②我国的国债比重较低。2017 年中国国债余额为 13.48 万亿元，仅相当于 GDP 的 16.29%左右，相对而言，西欧国家普遍都在 60%左右，这说明我国的国债还有很大的拓展余地。③公司债券发展落后。尽管2017年我国公司债券发行量相比2012年增长了52.7%，但其占GDP比重仅为6.6%，与各主要资本市场公司债占GDP比重45.2%的平均值相去甚远；其发行量只占债券市场发行总额的13.5%，而在美国公司债占债市规模的20%以上，我国公司债仍需进一步发展。

（3）期货期权品种创新相对不足。尽管近两年我国资本市场陆续推出多个期货期权新品种，如乙二醇期货、苹果期货、白糖期权、豆粕期权等，目前期货品种总数已经达到50多个，覆盖农产品、金属、建材、能源、化工和金融等领域的期货品种体系已初步形成，但至今尚未推出汇率期货、利率期货、货币互换、股权互换等在发达国家已广泛交易的衍生工具。目前，中国期货交易所正积极研发上市更多期货、期权新品种，包括纸浆、红枣、20号标准橡胶、两年期国债、生猪、尿素以及铜期权等，这些关乎国计民生的大宗期货合约的推出，也将给我国期货市场带来深远的影响。

（四）包容性不足

香港回归祖国十周年时，耶鲁大学金融经济学教授陈志武曾经撰文指出，香港金融市场的发展不足在于其包容性不足，其上市公司多是来自香港特区本地和内地的，其他国家和地区的还太少，长此以往，香港将失去其世界金融中心之一的地位。

而近年来，北美与西欧之间证券交易所的跨国并购盛行，比如纽约证交所并购了EuroNext、纳斯达克并购伦敦证交所，这是全球金融业竞争的新趋势，现代交通运输工具以及通信手段使交易所跨国运行成为现实。

中国要想将上海打造成为新的世界金融中心之一，就必须提高其包容性，提升其辐射力，所以在上交所推出国际板就是必然的选择，即不仅要允许国外资金来投资我们的企业，也要允许国外企业来我们这里融资。同时，国际板的推出，还有利于中国资本市场的公司治理和监管环境的改善；有利于人民币的国际化；有利于扩大国内投资者的选择空间。

（五）正从“货币池”转向“资产池”①

随着我国资产证券化进程的快速发展，各项制度的逐步完善，以及全球经济的繁荣，我国资本市场将逐步进入一个全新的发展时代，即从“货币池”迈向“资产池”，逐步成为全社会资源配置的经济平台。

金融结构发生变化，金融功能也跟着变化。在资本市场尚不存在或者是发展初期时，金融体系的主要功能是提供支付清算和充当资金媒介，也就是发挥“货币池”的作用，以流量的方式调节经济运行，以媒介的方式配置资源。然而，伴随着资本市场的不断发展，尽管提供支付清算、充当资金媒介依然作为金融体系的功能存在且发挥着重要作用，但金融体系也产生了一些新的功能，主要包括分散风险和财富储备，甚至将这些新功能慢慢发展成为主导的核心性功能。由于资本市场所具备的分散风险和财富储备的功能，我们认为资本市场实质上发挥着“资产池”的作用，而非“货币池”。资本市场的功能从“货币池”逐步转向“资产池”，这表示资本市场即将成为全社会的财富（资产）管理中心，而基于风险管理的资产增值服务将是最高端的金融服务。

① 吴晓求．再造中国资本市场［J］．证券导刊，2006（2）：24-26.

从当前的现实情况来看，中国的资本市场还不完全具备“资产池”的功能，市场透明度不够，市场的宽度和厚度也表现出严重不足。市场宽度不足，指的是金融产品品种单一，组合空间相对狭小；市场厚度不足，指的是资产的规模较小，流动性较差。显然，品种缺乏、规模不足、流动性较差的资本市场无法真正发挥“资产池”的功能。因此，我国的资本市场除了发展股票市场，提高市场透明度外，还要通过大力发展公司债券市场来拓展市场宽度，通过增加一些规模大、业绩优而稳定的公司证券资产来增强市场厚度。

最近十年来，中国资本市场在很多领域取得了巨大进步，市场机制和市场环境持续得到完善，中国资本市场与成熟市场之间的差距在不断缩小。

总结与复习

资本具有“二重性”，即自然属性与社会属性。

企业资本不仅包括自有资本，而且还包括借入资本。

资本的表现形态主要有货币资本、实物资本、无形资本、对外投资、各种应收款等。广义上还包括知识资本、人力资本、社会资本等。

资本市场是指筹措中长期资本的市场，是中长期资本需求与供给交易的总和。它既包括证券市场，也包括中长期信贷市场，还包括非证券化的产权交易市场。

投资银行是在资本市场上为企业发行债券、股票，筹集长期资金提供中介服务的金融机构，主要从事证券承销、公司购并与资产重组、公司理财、基金管理等业务。其基本特征是综合经营资本市场业务。

我国资本市场的发展特点是：资本市场规模不断壮大、多层次资本市场体系有待完善、交易品种结构有待改善、包容性不足、正逐步从“货币池”转向“资产池”。

第 1 章　即测即练题

思考与练习

1. 资本的社会属性与自然属性分别是什么？
2. 中小企业板和创业板的区别是什么？
3. 资本市场的功能有哪些？我国资本市场的功能发挥得如何？
4. 课外查资料，分析我国资本市场的特点和最新的发展趋势。

本章案例分析

资本市场与大国崛起

华尔街，纽约曼哈顿岛南端的一个金融区，是美国资本市场的代名词，美国金融服务业的代名词。简单来讲，资本市场包括股市和债市两个方面。根据美联储的数据，2006 年年底，美国的股市规模大致是 20 万亿美元，相当于美国 GDP 的 150%。美国的债市规模大致是 27 万亿美元，相当于美国 GDP 的 207%。两者之和相当于美国经济 GDP 的 350%。因此很多人把华尔街比作一个金融帝国，或者说它富可敌国也不为过。

我们先回顾一下华尔街的发展历史，从 1792 年的《梧桐树协议》到现在，大概 200 多年的历史，可以分成三个阶段：童年期、青年期和成年期。在回顾华尔街历史的过程中，我们可以把握两条主线，第一条是看看华尔街在美国社会和美国经济发展中的作用；第二条是华尔街自身不断发展，不断演变，不断改革的过程。

1. 童年期（1792 年到 19 世纪末期）

华尔街的起步来源于纽约曼哈顿岛的南端。纽约作为天然的深水港，加上欧洲移民带来的欧洲先进资本主义文化，纽约开始走向繁荣的贸易中心。当时出现的生意人，即经纪人，通过买卖各种物品，赚取差价来谋生，这就是股票经纪人的前身。为了维持一个价格同盟，制订了《梧桐树协议》，规定每个证券的出售不能收取低于 2.5‰的佣金，这个价格同盟，演变成纽约交易所的前身，华尔街就从这里开始起步。

美国刚建国时期，大量银行开始设立，他们通过华尔街进行融资。南北战争时期，由于大量的财力消耗，双方均陷入了财政困境，南方大量印钞，结果引发了非常剧烈的通货膨胀，北方则选择了发行国债，发行战争债券，通过债券募集了大量的资金，以致后期北方募集资金的速度已经远远超过了它需要军费花费的速度。由此可以看出，华尔街一问世，它就开始与美国的经济结合，而且还立刻成了大规模运河和铁路建设的一个重要资金渠道。也使得美国这么一个地域辽阔、运输非常不便的新兴国家迅速整合成一个一体化的经济实体。

这个阶段，华尔街自身的发展，还处在一个非常原始的阶段，处在一个摸索期，它完全是一个自我演进的过程。美国联邦政府没有意识到政府在市场监管中应该有所作为，而且当时也没有什么法律，所以在相当长的一段时间里，上市公司可以不公布财务信息，市场是高度投机、高度混乱的，是庄家的天下。而且当时政治非常腐败，很多政府官员和市场的庄家相互勾结。这样的市场很容易出现大问题，所以当时市场经常出现各种崩溃。

2. 青年期（19 世纪末期到 20 世纪三四十年代）

到了 19 世纪末期，市场中的经纪人开始觉醒。因为他们的利益需要市场长期稳定发展，他们团结起来，开始强迫上市公司披露信息，且披露真实的信息需要独立第三方，于是有了现代注册会计师的出现。从这次经纪人的革命，我们可以看到，通过市场自己的力量，华尔街实现了一次修正。上市公司开始公开披露信息，华尔街步入一个相对来说更加规范的阶段，即青年期。

在这个阶段，发生了两个重要事件，一是美国的重工业化。在 19 世纪末期的二三十年内，美国经济快速进入了重工业化阶段，由 1860 年美国大部分的钢铁产品还需进口，到 1900 年美国的钢铁产量已超过英国、法国、普鲁士、俄罗斯、欧洲列强的总和。它的实现是由于很多钢铁公司一出现，就迅速地通过资本市场上市，来融资和发行债券，然后进行扩张，因此很快便超过了欧洲列强。

美国通过华尔街这个融资渠道，在世界舞台上开始崛起。1900 年，美国的经济总量超过了英国；1913 年，美国人均 GDP 超过了英国，美国成了世界第一强国。这个时期的华尔街依靠自身发展，联邦政府依然没有认识到政府应对市场进行监管，相应的法律还没有出台。到了 20 世纪 20 年代，股市进入一个非常繁荣的时期，连续 8 年的牛市，很多投资者忘记了风险，当时的保证金制度是你可以花 1 万美元买 10 万美元的股票。

接着，另一重大事件发生了。1929 年 10 月 29 号，黑色星期二，这一天美国的股市大跌了 22%，这是历史上单日下跌比例最大的一天。随后的三年中，股市下调了 89%。当时的美国无线电公司，它的股票在三年之内从 500 美元跌到了 3 美元。随后美国来到了 20 世纪 30 年代的经济大萧条时期，这对美国社会和美国经济造成了非常沉痛的打击。

3. 成年期（20 世纪三四十年代至今）

美国政府痛定思痛，从罗斯福新政开始，对金融体系进行了改革和重建，颁布了一系列法律。比如，美国政府在 1933 年颁布了《联邦证券法》，在 1934 年颁布了《证券交易法》以及成立了美国证监会。

在“二战”以后，美国的经济走向繁荣，华尔街发挥着举足轻重的作用，尤其是 20 世纪 70 年代以后，美国的高科技产业崛起。1971 年英特尔公司上市，1980 年苹果公司上市，1986 年微软公司上市，同一年甲骨文公司上市，使得美国的计算机行业，在全世界取得了比较领先，甚至垄断的地位。1990 年思科公司上市和 1996 年朗讯公司上市，推动了美国在通信行业里的迅猛发展。1990 年雅虎公司上市，1997 年亚马逊公司和 2004 年 Google 公司上市，使得美国成为网络科技当仁不让的超级弄潮儿。

由此可见，在过去的三四十年中，美国依靠资本市场推动，成功地实现了经济转型。一轮又一轮的高科技浪潮，帮助美国经济成功实现了产业升级，其中一个最核心的就是以华尔街和硅谷为代表，美国实现了高科技和资本的结合。经过了 19 世纪末期经纪人的革命和 20 世纪 30 年代罗斯福的金融新政之后，美国资本市场的自身发展也进入了一个相对比较规范的阶段。然而，即便如此，在大家熟知的 10 年牛市的“沸腾 90 年代”，美国华尔街还是出现了各种各样的问题。如 1994 年墨西哥比索危机，1997 年东南亚金融危机，“9・11”事件、安然事件、世通事件，2008 年的次贷危机。可见，华尔街仍然不断地出现新的问题，新的挑战，且由于经济全球化，风险也在全球扩散、传递。未来如何面对华尔街和全球金融体系带来的新问题、新挑战，成为人们新的关注。

在美国经济的崛起以及大国的竞争中，华尔街的作用举足轻重。1913 年到 1918 年这五年期间，发生了三件事情：美国纽约股票交易所的规模超过了伦敦股票交易所；纽约取代伦敦，成为全球第一大金融中心；美国人均 GDP 超过英国，真正成为世界第一强国。这三件事情在同一时期发生，再清楚不过地说明了虚拟经济和实体经济的一个良性互动，对于现代经济的发展或者现代大国的发展有着多么重要的意义。

然而，华尔街的发展并非一帆风顺。如 1929 年股市的崩溃，即黑色星期二那一天，在一个小时的交易时间内，全美国有 11 个经纪人跳楼，随后股市下跌了将近 90%。另外，我们认识到美国的发展是典型的自下而上的模式。它通过市场最开始的自我演进，发展到一定程度后发现市场自我发展不可能完善，才引入了政府制度的建设和监管机构的成立。政府长期缺位是美国资本市场发展中一个很大的失误。因此，在我国的资本市场建设者中，我们要看到这些经验和教训，找到政府和市场制度的平衡。

透析美国资本市场，启发我国的经济崛起。我们要看到，资本市场首先是一个机制，一个将人类本性转化成社会前进动力的机制。华尔街历史上，依靠自己能力成为华尔街最富有的女人海蒂格林，认真地选择股票，认真去投资，通过自己的一买一卖，对上市公司实现优胜劣汰，最终成为一个非常成功的投资家。当成千上万的人做这件事情谋求利益的时候，就推动了社会的进步。随着华尔街的演进，这些人变成了后来的投资银行业和基金行业，由成千上万的投资银行家和基金经理组成，资本市场即美国社会资源配置的一个核心机制。其次，资本市场由许多寻求利益的人组成，是一个非常人性的市场。人性的很多弱点，比如自私、贪婪、恐惧、非理性等，这些都在华尔街历史上反复上演。最后，尽管资本市场有很多的缺陷和问题，但是适当的监管和合理的制度，能有效帮助资本市场发展，推动社会的巨大进步。例如资本市场的出现，证券的出现，使得人类有可能对未来进行定价。有人通过股票对公司的未来进行定价；信用可以变成债券进行定价；一个人的权利、义务、未来的价值等人力资源都可以变成期权。人类社会所有这些重要的生产元素，全都可以通过证券化进到资本市场，在这个电子的无纸平台上，实现瞬间交换。这对推动国家经济的发展是非常重要的。在这里，我们通过一个明显的事实比较来进行说明。过去的30年中，美国一轮一轮的高科技浪潮带动了美国经济的崛起，美国就再次快速增长，而这个过程中，欧洲相对来说就止步不前。2007年，欧盟的GDP大约与美国的GDP相当，但是欧盟自己的研究报告，核心竞争力报告承认，欧盟在科技研发和新技术方面与创新能力方面，落后美国28年。当年撒切尔夫人有句非常深刻的话，她说欧洲的高科技产业落后于美国，并不是因为欧洲的技术水平低下，而是因为欧洲风险投资和资本市场落后于美国10年，现在看来还不只是10年，而是28年。因此，资本市场的发展对于国家经济的长期可持续发展，有着至关重要的影响。

我们再回顾一下历史，探寻在过去的几个世纪中，大国的崛起，有着怎样的普遍规律？16、17世纪西班牙和葡萄牙崛起，是因为掌握了当时比较先进的文化——航海文化，迅速成为当时欧洲最强大的国家。17世纪的荷兰掌握了当时最先进的文化——资本主义文化、商业文化，阿姆斯特丹成为欧洲最繁荣的城市，荷兰弹丸之地实现了崛起。18世纪之后，英国率先进入了工业革命，在强大海军的支撑下，成为日不落帝国。19世纪至20世纪，美国掌握了当时最先进的文化——资本市场文化，实现了崛起。我们可以看到，大国崛起的过程中有一个普遍的规律，就是它掌握了当时最先进的经济文化和经济制度，因而能迅速实现崛起。面对21世纪的全球竞争，我们中国的发展，也应该尽量去了解资本市场，去建设这个市场，并且让它来推动我们中国经济的崛起。

资料来源：祁斌《资本市场与大国崛起》

问题：

请结合材料，探讨资本市场在大国崛起过程中所起的作用。

第二章
企业与资本运营

学习目的

- 了解企业的组织形式和承担的法律责任；
- 了解公司制企业的特点；
- 了解资本运营的内涵及其分类；
- 把握资本运营各种模式的要点。

引　　言

企业作为资本运营的主体，是资本生存、增值和获取收益的客观载体。而处于不同生命周期中的企业，对资本的需求和运作也表现出多样性特点。资本运营是企业实现资本增值的重要手段，是企业发展壮大的重要途径。纵观当今世界500强企业的发展历程，资本运营都发挥了至关重要的作用。在我国，越来越多的企业认识到了既要重视生产经营，也要注重资本运营，两者共同推动着企业的发展。企业对生产经营进行组织和管理，实质上是对资本进行运筹与规划，都必须借助于资本形式的转换。在某种意义上，企业生产经营可以视为资本运营的实现形式，资本运营是在为生产经营服务。同时，资本运营在企业规模扩张、产品结构的调整、资本结构优化、盘活存量资本、推动企业体制改革等方面也具有较强的促进作用。

第一节　企业的形式

在发达的市场经济国家中，企业是资本运营的直接操作主体，它直接承担着资本运营的收益、损失和风险。国家是资本运营的监督主体，它服务、监督和规范资本运营的活动。

企业是以营利为目的、向社会提供产品和服务的经济组织。按照市场经济的要求，企业的组织制度形式不应按所有制性质划分，而应按照企业财产的组织形式和承担的法律责任来划分。国际上通常将企业分类为：个人业主制企业、合伙制企业和公司制企业三种基本的企业制度。企业制度是对企业微观构造及其运作机制所作的规范，包括企业的产权制度、法人制度、组织制度和管理制度。

（一）个人业主制企业

个人业主制企业又称个人企业，由业主个人出资兴办，业主自己直接经营，业主享有企业的全部经营所得，同时对企业的债务负无限责任，如果经营失败，出现资不抵债时，业主要用自己的家财来抵偿。这种企业在法律上为自然人企业，不具备法人资格。

这种企业一般规模较小，内部管理结构简单。它的优点是：①建立和歇业的程序简单；②产权转让比较自由；③经营者和所有者合一，经营灵活，决策迅速；④利润独享，保密性强。它的缺点是：①企业本身财力有限，偿债能力小，取得贷款的能力较差；②难以从事需要大量投资的大规模工商业活动；③业主要承担无限责任，风险太大；④企业管理水平有限，企业生命力弱，如果业主无意继续经营，或因业主死亡、犯罪或遇其他各种意外，企业的业务就会中断。

这种企业一般只适宜于投资额小、技术工艺比较简单、经营管理不太复杂的小型工商企业，我国近年大量出现的私营企业大多属于这种类型。在现代经济生活中，虽然大企业唱主角，但在企业数量上，个人业主制企业占大多数，例如，美国企业总数的 75%属于这种企业形式。

（二）合伙制企业

这种企业是由两个或两个以上的个人共同出资、共同经营、共负盈亏、共担风险的企业。合伙制企业在建立时，合伙人必须签订“合伙经营协议”，其主要内容包括：各业主的责任（包括出资额、出资形式和出资期限，承担哪些无限责任或有限责任，以及主要业务的分工等）；原合伙人退出和新合伙人加入办法；利润分配办法；企业关闭后资产和负债的分配。

合伙人可以分为普通合伙人、有限合伙人和其他合伙人。普通合伙人在企业中实际从事经营管理工作，有权代表企业签订合同，对企业债务负无限责任。每个合伙企业至少应有一个普通合伙人。如果企业的全部合伙人都是普通合伙人，则该企业就称为普通合伙企业；有限合伙人对企业债务以出资额为限，只负有限责任，有限合伙人在企业经营管理中不起大的作用，谁是有限合伙人应在合伙经营协议中指明；其他合伙人主要包括不参加具体管理的合伙人、秘密合伙人（在经营决策中起很大作用，但人们并不知道他是合伙人）、匿名合伙人（只出资，但不为人知，参加利润分配，但不参加企业管理），名义合伙人（只是名义上参加合伙，但实际上既不出资，也不参加管理）。

合伙制企业在法律上也是自然人企业，不具备法人资格。与个人业主制企业相比，合伙制企业的优点主要是：①可以从多个合伙人筹集资本，创办较大的企业；②多个合伙人集思广益，共同决策，合理分工，使企业的决策能力和管理水平有所提高；③多个普通合伙人对企业债务负完全责任，有利于提高债权人对企业的信任程度，每个出资者的经营风险也相应减少。而其缺点主要是：①合伙制企业是根据合伙人共同签订的协议建立的，当某一原有的合伙人退出，或某一新的合伙人加入，都必须重新确定新的合伙关系，比较复杂、麻烦；②由于多个普通合伙人都有权代表企业从事经济活动，各项决策都需要得到各普通合伙人的同意，因而很容易造成决策上的延误；③产权转让比较困难，须经合伙人一致同意；④企业的发展不稳定，易于解体。发生下列某一情况都可能使企业解散：某一合伙人丧失行为能力或死亡、退出、犯罪；合伙协议规定的经营期限已届满，或预定的经营项目已完成；甚至某一人要加入合伙企业，由于原合伙人意见分歧而使合伙企业解散。

与公司制企业相比，合伙制企业的优点是设立程序比较简单，缺点主要是：①普通合伙人对企业债务负无限清偿责任，风险太大；②企业规模有限。

合伙制企业一般只适宜于投资额不大，生产技术工艺不太复杂的中小型企业，这种企业的数量比个人业主制企业少，例如，在美国合伙制企业约占企业总数的7%。

（三）公司制企业

公司制企业是根据公司法的规定依法成立、具有法人资格、以营利为目的的企业，它与个人业主制企业和合伙制企业的一个重要区别，就在于它是法人，具有法人资格。公司制企业是现代企业制度的高级形式，我们所要建立的现代企业制度，主要指的就是现代公司企业制度。

在经济发达国家，公司制企业虽然在数量上远远少于个人业主制企业，但在经济活动中却占据支配地位，例如，美国的公司制企业只占全部企业总数的16%，但其资产与销售额居首位，分别占全部企业的85%和89%，利润占70%以上。现在世界上的大企业几乎都是公司制企业。

公司制企业主要包括有限责任公司和股份有限公司两种形式。有限责任公司是指两个以上股东共同出资，每个股东以其所认缴的出资额为限对公司承担责任，公司以其全部财产对公司的债务承担责任的企业法人。其基本特征是：公司的全部财产不分为等额股份；公司向股东签发出资证明书，不发行股票；公司股份的转让有严格限制；对股东人数有一定限制；股东以其出资比例，享受权利，承担义务。股份有限公司是指全部注册资本由等额股份构成并通过发行股票（或股权证）筹集资本的法人企业。其基本特征是：公司的资本总额平分为金额相等的股份；股东以其所持的股份为限对公司承担有限责任，公司以其全部资产对公司债务承担责任；经批准，公司可以向社会公开发行股票，股票可以交易或转让；股东数不得少于规定的数目，但没有上限；每一股有一股表决权，股东以其持有的股票享受权利，承担义务；公司应将经注册会计师审查验证过的会计报告公开。

与个人业主制企业和合伙制企业相比，公司制企业的优点主要是：

（1）具有筹资优势。公司制企业，特别是股份有限公司，可以通过发行股票和债券等方式筹集巨额资本，把社会上分散的单个资本集中起来，形成规模巨大的企业，有利于企业有效地开展资本运营，提高企业规模经济效益。

（2）拥有独立的法人财产。公司制企业虽然出资者是多元的、分散的，但出资者投入企业的财产经过法定程序成为法人财产后，就具有整体性、统一性和独立性。对出资者来说，任何一个出资者都不能直接支配企业的法人财产，只能按其投入企业的资本额享受所有者权益，并对企业负有限责任。对企业来说，公司制企业作为法人，拥有法人财产权，即依法享有对法人财产的占有、使用、收益和处分权。企业的法人财产由董事会统一支配，独立运用，形成了经营决策权的高度集中，有利于企业资源的统一使用和合理调配，有效地开展资本运营。

（3）实行有限责任制度。由于公司是法人，拥有自己独立的法人财产，因此，公司自己的债务或亏损，只应由公司本身负担，而不应由股东负担，股东对公司的债务和亏损只负有限责任；以其投资额为限，即使公司破产，股东的其他财产不受影响。对于出资者来说，从承担无限连带责任到只承担有限责任，是企业制度上的一个很大的变化。实行有限责任制度，使出资者的风险大为减少，解除了投资者的后顾之忧，使他们放心大胆地投资，这有利于公司筹集资本、大大促进了生产力的发展。

（4）实现所有权与经营权分离。在个人业主制企业和合伙制企业中，所有者就是经营者，二者是合一的。但在大型的公司制企业中，所有者不一定必然成为企业法人财产的经营者，企业经营者也不一定就是其所在企业的所有者，而很可能是支薪的经理人员。由于科学技术进步和生产社会化，企业经营管理工作也相应复杂化和科学化，企业经营管理已成为一种高级的劳动，需要由具有专门知识和特殊才能的专门人才来承担。那些拥有资本但无经营能力的人，就可以雇用那些有经营能力但无资本的人，这就导致所有者与经营者的分离。所有者聘请受过专门训练和有实践经验的专家（企业家）来经营管理企业，并对经营者实行有效的激励和约束，这有利于提高企业的经营管理水平，也有利于职业经理人阶层的形成。

（5）所有权转让方便。公司制企业有一套规范的、严密而灵活的产权转让制度。股份有限公司和有限责任公司的股权都可以按公司法的规定予以转让，上市公司股东持有的股票还可以随时通过证券市场转让出去。所有权转让越方便，就越有利于资本的筹措和运用。

（6）具有规范而严密的组织结构。在市场经济发展中，公司制企业已形成了一套完整的、科学的组织制度，由股东会、董事会和经理及监事会组成，实行董事会领导下的总经理负责制，它们分别行使公司决策权、执行权和监督权，三权分立，相互制约，形成以资本效益为基础的激励与约束机制和风险规避制度，有利于企业的生产经营和资本运营的有效进行。

（7）公司发展稳定。由于公司是法人企业而不是自然人企业，它拥有由股东出资形成的全部法人财产权，依法享有民事权利，承担民事责任，成为独立的有机体，摆脱了对股东的依附与束缚，无论股东发生什么变化，公司的存在和发展不会因此有太大波动。公司除了自愿终止或破产以外，其他因素都不会影响公司的存续和发展。

但公司制企业也存在一些缺点，主要是：

（1）设立程序较复杂，创办期较长，开办费用较多。

（2）国家法律法规的约束机制较为严格。国家对公司的开办、股票发行与上市、产权转让、合并、分立、破产清算和财务制度都制定了一整套法律法规，公司必须严格执行。

（3）保密性较差。公司法规定，公司必须定期公布财务信息，向股东大会报告经营情况。

上面三种基本的企业制度，在资本运营方面必然存在着差别。由于公司制企业具有规模较大、制度较先进、经营机制较灵活和组织较严密等优点，因而其资本运营的内容更丰富、方法更科学、效率更高。

资料 2-1　公司的力量有多大?

从 17 世纪到 20 世纪 70 年代，被经济学家认为改变了人类生活的 160 种主要创新中，80%以上都是由公司完成的。今天，全世界 70%的专利和 2/3 的研究开发经费出自跨国公司。

《福布斯》杂志评选出来的“2009 年全球最有权力人物排行榜”显示，前 10 名中有 5 名出自公司，在财力、影响力和权力的综合考量后，他们的名字和国家首脑、宗教领袖及王室成员列在一起。

2008 年 9 月，有着 158 年历史的公司——雷曼兄弟申请破产保护，全球股市应声下跌。10 月，金融海啸开始蔓延，整个世界陷入了麻烦。冰岛、希腊等几个国家陷入破产困境；中国紧急启动 4 万亿元“输血”计划。

如今，一次国事访问，往往也是一次商务谈判，总统身后的显赫人物，不是大将军而是大老板。影响现代世界格局的，不再单单是政治的力量，还加上了公司的订单。

在经济全球化的过程中，公司充当了国家征服世界的先锋。公司力量的变化，是世界性大国崛起与衰落的风向标。

公司的影响越来越大，人们甚至开始担心，最终有一天，公司会收购国家。

资料来源：CCTV 十集大型纪录片《公司的力量》

第二节　资本运营的内涵

一、资本运营的含义

“资本运营”是 20 世纪 90 年代诞生于我国的一个经济学新名词，西方经济学中并没有这一概念。

所谓资本运营是指以利润最大化和资本增值为目的，以价值管理为特征，将本企业的各类资本，或在企业内部各部门之间，或与其他企业之间进行流动与重组，实现生产要素的优化配置和产业结构的动态重组，以使本企业的价值最大化。

简单来说，资本运营是以资本最大限度增值为目的，对资本及其运动所进行的运筹和经营活动。它有两层意思：

第一，资本运营是市场经济条件下社会配置资源的一种重要方式，它通过资本层次上的资源流动来优化社会的资源配置结构。

第二，从微观上讲，资本运营是利用市场法则，通过对资本的技巧性运作，实现资本增值、效益增长的一种经营方式。

一般认为，广义的资本运营既包括金融资本运营、产权资本运营与无形资本运营，又包括产品的生产与经营；既包括存量资本运营，也包括增量资本运营。狭义的资本运营主要指企业在资本市场上所进行的各种交易行为，包括企业的股份制改造和上市、资产重组、企业的并购与分立、资产的剥离与出售、产权投资等。

二、资本运营与生产经营的关系

为了更好地理解资本运营的含义，我们有必要对资本运营和生产经营的关系做一说明。

（一）资本运营与生产经营的联系

资本运营和生产经营密不可分，都属于企业经营的范畴，二者之间存在着极为密切的联系：

（1）目的一致。企业进行资本运营的目的是追求资本的保值增值，而企业进行生产经营，根据市场需要生产和销售商品，目的在于赚取利润，以实现资本增值，因此生产经营实际上是以生产、经营商品为手段，以资本增值为目的的经营活动。

（2）相互依存。企业是一个运用资本进行生产经营的单位，任何企业的生产经营都是以资本作为前提条件。如果没有资本，生产经营就无法进行；如果不进行生产经营活动，资本增值的目的就无法实现。因此，资本运营要为发展生产经营服务，并以生产经营为基础。

（3）相互渗透。企业进行生产经营的过程，就是资本循环周转的过程，如果企业生产经营过程供产销各环节脱节，资本循环周转就会中断；如果企业的设备闲置，材料和在产品存量过多，商品销售不畅，资本就会发生积压，必然使资本效率和效益下降。

（二）资本运营与生产经营的区别

虽然资本运营与生产经营有着密切的联系，但是二者还是有一定的区别，主要体现在以下几个方面：

（1）经营对象不同。资本运营的对象是企业的资本及其运动，资本是可以带来增值的价值。投资者对企业投资，可以用货币、实物、技术、土地使用权等形式出资，企业对于投入的实物、技术、土地使用权等各种出资，都要评估作价以货币统一表现出来。资本运营侧重的是企业经营过程的价值方面，追求资本增值。而生产经营的对象则是产品及其生产销售过程，经营的基础是厂房、机器设备、产品设计、工艺、专利等。生产经营侧重的是企业经营过程的使用价值方面，追求产品数量、品种的增多和质量的提高。

（2）经营领域不同。资本运营主要是在资本市场上运作，资本市场既包括证券市场，也包括非证券的长期信用资本的借贷，广义上还包括非证券的产权交易活动。而企业生产经营涉及的领域主要是产品的生产技术、原材料的采购和产品销售，主要是在生产资料市场、劳动力市场、技术市场和商品市场上运作。

（3）经营方式不同。资本运营要运用吸收直接投资、发行股票、发行债券、银行借款和租赁等方式合理筹集资本；要运用直接投资、间接投资和产权投资等方式有效地运用资本，合理地配置资本，盘活存量资本，加速资本周转，提高资本效益。而生产经营主要通过调查社会需求，以销定产，以产定购，技术开发，研制新产品，革新工艺和设备，创名牌产品，开辟销售渠道，建立销售网络等方式，达到增加产品品种、数量，提高产品质量，提高市场占有率和增加产品销售利润的目的。

所以，在市场经济条件下，企业家既要精通生产经营，又要掌握资本运营，并把二者密切地结合起来，生产经营是基础，资本运营要为发展生产经营服务。通过资本运营，搞好融资、并购和资产重组等活动，增加资本积累，实现资本集中，目的是要扩大生产经营规模，优化生产结构，提高技术水平，以便更快地发展生产经营。只有生产经营搞好了，生产迅速发展了，资本运营的目标才能实现。

第三节　资本运营的内容与分类

一、资本运营的内容

（一）资本的筹集

企业进行生产经营和资本运营的前提条件是要有足够的资本，因此，资本筹集是资本运营的首要环节。资本的筹集是指企业作为筹资主体根据其生产经营、对外投资和调整资本结构等需要，通过筹资渠道和金融市场，采用恰当的方式，经济有效地筹措和集中资本的活动。一个企业从创建到生存发展的整个过程都需要筹集资本。企业最初创建就需要筹集资本金，以获得设立一个企业必需的初始资本；企业在生存发展过程中，都需要始终维持一定的资本规模，由于生产经营活动的发展变化，往往需要追加筹资，如扩大经营规模、研发新产品、进行技术改造等；企业为了稳定一定的供求关系并获得一定的投资收益，对外开展投资活动，往往也需要筹集资本，如向供应厂商投资并获得控制权；企业经营不善，造成产品积压、周转不灵或销售亏损，也需筹集资本，以补充资本的不足。

我国目前资本的提供者众多，数量分布广泛，为企业筹集资本提供了广泛的资本来源。企业的筹资渠道主要有以下七种：政府财政资本、银行信贷资本、非银行金融机构资本、其他法人资本、民间资本、企业内部资本和国外资本。企业可以采用吸收直接投资、发行股票、发行债券、发行商业本票、银行借款、租赁、企业内部积累等方式来筹集所需要的资本。企业进行资本的筹集应在防范筹资风险的前提下，从多渠道来源，以尽可能低的资本成本，用较灵活简便的方式，及时、适量地获得企业经营所需的资本，并保持资本结构的合理性。

（二）资本的投入

资本的投入是指将所筹集的资本投入使用，从事生产经营和资本运营活动，以达到经营目的并获得良好经营效益。企业投资是进行资本运营的一个关键性环节。在市场经济条件下，企业能否把筹集到的资金投入收益高、回收快、风险小的项目上去，对企业的生存和发展是十分重要的。通常，会计上的投资是指对外投资，而资本运营中的投资既包括了对外投资，也包括了对内投资。

企业投资的根本目的是为了谋求利润，增加企业价值。企业能否实现这一目标，关键在于企业能否在风云变幻的市场环境下，抓住有利的时机，作出合理的投资决策。投资决策应根据企业的发展战略，认真进行市场调查，及时捕捉投资机会；建立科学的投资决策程序，认真进行投资项目的可行性分析；及时足额地筹集资金，保证投资项目的资金供应；认真分析风险和收益的关系，适当控制企业的投资风险。

投资方向主要是实业投资、金融商品投资和产权投资等。实业投资是指以实业（工业、农业、商业等）为对象的投资，通过建立和经营企业，从事生产、流通等经营活动；金融商品投资是指为了获得收入和资本增值而购买金融商品（货币商品，如证券、票据、外汇等）的投资活动；产权投资是指以产权为对象的投资活动，主要形式有兼并和收购企业、参股、控股、租赁等。

（三）资本的运动与增值

企业将筹集的资本按投资决策投入使用，便开始了资本运动过程，资本在运动中实现增值。资本的循环是资本运动最简单、最基本的形式。

以生产性企业为例，在运动的总过程中，资本要实现增值，必须依次经历购买阶段、生产阶段和售卖阶段，依次采取货币资本、生产资本和商品资本三种形式，最后实现价值的增值。

购买阶段，即资本所有者以购买者的身份出现在市场上，用货币购买商品——生产资料和劳动力。这一阶段可表示为：$G—W$，其中 G 代表货币，W 代表商品。生产阶段，即资本所有者以生产组织者身份，把购买的生产资料和劳动力结合起来进行生产，这一阶段可表示为 $W—P—W'$，其中 P 代表生产，虚线表示流通过程的中断，W' 代表包含剩余价值的商品资本。售卖阶段，即资本所有者又以商品出售者的身份回到市场，把新商品销售出去，收回一定数量的货币，这一阶段可表示为 $W'—G'$。G'大于 G 的数额即资本增值额。

（四）资本增值的分配

借入资本在运营中实现的增值，一部分以利息形式支付给贷款者，其余部分与企业自有资本运营实现的增值合并，作为企业投资者（所有者）的利润，按规定缴纳所得税，从税后利润中提取盈余公积金和公益金，然后向投资者分配利润。股份有限公司除了以现金支付股利以外，还可以采用股票股利方式，即将应付普通股股利转作股本。企业还可以将盈余公积转增资本金，从而扩大资本运营的规模。

二、资本运营内容的分类

（一）按所获资本的时间点分类

1. 存量资本运营

存量资本运营指对企业现有资产所进行的运筹和经营活动。通过企业联合、兼并、收购、出售、资产剥离、企业分立、股份制、租赁、承包、破产等方式，促进存量资产合理流动、重组和优化配置，把存量资产盘活，充分发挥作用。

2. 增量资本运营

增量资本运营指对新增投资所进行的运筹和经营活动，包括投资方向选择、投资决策、资本筹措和投资管理等。

（二）按资本运营的方式分类

1. 外部交易型资本运营

外部交易型资本运营指通过资本市场对资本进行买卖，以重组和优化资本结构，包括组建合资企业、私募融资、兼并与收购、发行公司债券、股票发行与上市等。

2. 内部管理型资本运营

内部管理型资本运营指在现有资本结构下，通过整合内部资源，包括控制成本、提高生产效率、开发新产品、采用新技术，拓展新市场、调整组织结构、提高管理能力等方式，努力降低资本耗费，加速资本周转，维持并发展企业竞争优势，提高资本效率和效益，增加资本积累。

（三）按资本运营的对象分类

1. 实业资本运营

实业资本运营，是指企业将资本直接投放到生产经营活动所需固定资产和流动资产之中，以形成从事产品生产或者提高服务的经济活动能力的一种资本运营方式。其目的是运用资本投入所形成的实际生产经营能力，以获取利润并使资本实现保值、增值。

2. 金融资本运营

金融资本运营，是指企业以金融资本为对象而进行的一系列资本营运活动，一般不涉及企业的厂房、原料、设备等具体实物运作。它主要以有价证券为表现方式，如股票、债券等，也可以是企业所持有的可以用于交易的一些商品或其他种类的合约，如期货合约和其他金融衍生品。企业在从事金融资本运营活动时，自身并没有参加直接的生产经营活动，收益上来自有价证券的价格波动及其本身的固定报酬，如股息、红利等。

3. 产权资本运营

产权资本运营，是指通过收购或出让产权而进行的资本运营。产权资本运营的对象是产权，其经营的方式是产权交易。通过产权交易，可以使企业资本得到集中或分散，从而优化企业的资本结构，为企业间接带来收益。

三、资本运营的模式

随着我国市场经济的发展和成熟，传统的企业增长方式已无法适应现今的发展要求。企业只有以资本形式，优化配置，增强核心竞争力，才能最大限度地实现增值。企业的资本运营可以具体分为资本扩张与资本收缩两种运营模式。

（一）扩张型资本运营

扩张型资本运营，是指在现有的资本结构下，通过内部积累、追加投资、兼并收购等方式，使企业实现资本规模的扩大化。根据产权流动的不同轨道可将资本扩张分以下三种类型：

（1）横向资本扩张，是指交易双方属于同一产业或部门，产品相同或相似，为了实现规模经营而进行的产权交易法。横向型资本扩张可以减少竞争者的数量，增强企业的市场支配能力，也可以解决市场有限性与行业整体生产力不断扩大的矛盾。

资料 2-2　青岛啤酒的扩张

青岛啤酒集团（以下简称青啤集团）的扩张就是横向型资本扩张的典型例子。20 世纪 90 年代后期，青啤集团公司抓住国内啤酒行业竞争加剧、一批地方啤酒生产企业效益下滑、地方政府积极帮助企业寻找“大树”求生的有利时机，按照集团公司总体战略和规划布局，以开发潜在和区域市场为目标，实施了以兼并收购为主要方式的低成本扩张。青啤集团依靠自身的品牌资本优势，先后斥资 6.6 亿元，收购资产 12.3 亿元，兼并收购了省内外 14 家啤酒企业。不仅扩大了市场规模，提高了市场占有率，壮大了青啤的实力，而且带动了一批国企脱困。2003 年，青啤产销量达 260 万吨，跻身世界啤酒界十强，利税总额也上升到全国行业首位，初步实现了做“大”做“强”的目标。

资料来源：MBA 智库百科/https://wiki.mbalib.com

（2）纵向资本扩张，是指交易双方处于生产、经营不同阶段的企业或者不同行业部门，是直接投入产出关系的产权交易方法。

资料 2-3　联手易居上市 新浪纵向扩张

2008 年 2 月 5 日，新浪和易居中国联合组成合资公司新浪乐居。该合资公司主要负责经营新浪房产和家居频道，易居中国通过其所拥有的克而瑞信息系统，为合资公司运营提供专业房产信息数据以及相关的网络产品。

经过一段时间整合，新浪乐居已羽翼丰满，随着资本市场的回暖，新浪和易居中国计划整合资源，打包上市。2009 年 7 月 24 日，新浪和易居中国联合对外宣布，易居旗下的房地产信息咨询业务将与新浪房地产网络业务合并，并准备向美国证交会秘密递交上市说明书。如果上市成功，新浪必将进一步巩固其在中国房地产网络广告市场中的市场地位，并扩大其媒体影响力。与此同时，新浪房地产网络业务的纵深拓展也将得到进一步发展，合资业务上市也成为其开拓垂直领域的一个成功“样本”。新浪乐居在新浪旗下带来的收入有限，但通过整合全面的房产信息和交易数据，以及新浪的内容优势和品牌影响力，新浪有望从中获得更大的价值。

资料来源：21 世纪经济报道/http://www.21jingji.com

（3）混合型资本扩张，是指两个或两个以上相互间没有直接投入产出关系和技术经济联系的企业间所进行的产权交易方法。混合资本扩张被认为有利于分散投资风险，提高企业的市场适应力。

资料 2-4　美的集团的资本扩张

美的集团一直是我国白色家电业的巨头，2011 年的销售额达 1380 亿元。在前 20 多年的发展历程中，美的从来没有偏离过家电这一主线。专业化的路线使美的风扇做到了全国最大，使空调、压缩机、电饭锅等产品做到了全国前三名，巨大的规模造就了明显的规模优势。与此同时，美的在资本、品牌、市场渠道、管理和人才优势等方面也积累到了具备多元化经营、资本化运作的能力。审时度势之后，美的毅然做出了从相对单一的专业化经营转向相关多元化发展的战略决策。2003 年 8 月和 10 月美的先后收购了云南客车和湖南三湘客车，正式进入汽车行业。此后不久，又收购了安徽天润集团，进军化工行业。在未来的几年中，美的将以家电制造为基础平台，以美的既有的资源优势为依托，以内部重组和外部并购为手段，通过对现有产业的调整和新产业的扩张，实现多产业经营发展的格局，使美的最终发展成为多产品、跨行业、拥有不同领域核心竞争能力和资源优势的大型国际性综合制造企业。

资料来源：MBA 智库百科/https://wiki.mbalib.com

（二）收缩型资本运营

收缩型资本运营是指为了追求企业价值最大化以及提高企业运行效率，企业把自己拥有的部分资产、子公司、某部门或分支机构转移到公司之外，缩小公司的规模。收缩型资本运营是扩张型资本运营的逆向操作，主要实现形式有：

（1）资产剥离，是指企业把所属的部分不适应企业发展战略的资产出售给第三方的交易行为。

资料 2-5　中国人寿的资产剥离

中国人寿在上市前，进行了大量的资产剥离。2003 年 8 月，原中国人寿保险公司一分为三：中国人寿保险（集团）公司、中国人寿保险股份有限公司和中国人寿资产管理公司。超过 6000 万张 1999 年以前的旧保单全部被拨归给母公司——中国人寿保险（集团）公司，而约 2000 万张 1999 年以后签订的保单，则以注资的形式被纳入新成立的股份公司。通过资产剥离，母公司——中国人寿保险（集团）公司承担了 1700 多亿元的利差损失，但这为中国人寿保险股份有限公司 2003 年 12 月在美国和香港两地同时上市铺平了道路。

资料来源：MBA 智库百科/https://wiki.mbalib.com

（2）公司分立，是指公司将一部分资产和业务分离出来，成立一个新公司的做法。西方国家通常将公司分立分为标准式分立、解散式分立、换股式分立三种形式。

资料 2-6　联想集团的战略调整

2000 年，联想集团实施了有史以来最大规模的战略调整，对其核心业务进行拆分，分别成立新的“联想集团”和“神州数码”。2001 年 6 月 1 日，神州数码股票在香港上市。神州数码从联想中分拆出来具有一箭双雕的作用。分拆不但解决了事业部层次上的激励机制问题，而且由于神州数码独立上市，联想集团、神州数码的股权结构大大改变，公司层次上的激励机制也得到了进一步的解决。

资料来源：MBA 智库百科/https://wiki.mbalib.com

（3）股份回购，是指股份有限公司为了达到股本收缩或改变资本结构的目的，购买本公司发行在外的股份的内部资产重组行为。

资料 2-7　丽珠集团的股份回购

2008 年 6 月 5 日，丽珠集团公告，拟通过深圳证券交易所以集中竞价交易方式回购丽珠 B 股，在回购资金总额不超过 1.6 亿港元，回购价格不超过 16 港元/股的条件下拟回购 B 股 1000 万股，占公司已发行 B 股股份和总股份的 8.18%和 3.27%。自 2008 年 12 月 5 日首次实施回购 B 股方案，丽珠集团以 1.16 亿港元的代价从二级市场回购 1031.36 万股 B 股，占总股本 3.37%。每股回购价格居于 8.38 港元至 15.85 港元之间，平均价位 11.25 港元。回购的直接动因是因为丽珠 B 股股价持续下跌，已接近每股净资产，公司认为股价被严重低估。该回购计划总体是成功的。从 2008 年 10 月 27 日的最低价 5.44 港元升至 2009 年 12 月 21.28 港元的历史高价，一年时间，丽珠 B 股股价增值 2.91 倍。而从 5.44 港元至 15.89 港元的回购上限，丽珠 B 股也涨了 1.92 倍。丽珠集团公开市场的回购有助于拉动股票需求量，提升估价，改善公司的资本结构，并向市场传递信号，让投资者看到公司的发展前景和盈利能力。

资料来源：南方财富网/www.southmoney.com

第四节　资本运营的意义

一、资本运营对企业发展的意义

企业作为运用资本进行生产经营的主体，是资本生存、增值和获取收益的客观载体。企业对生产经营进行组织与管理，实质上是对资本进行运筹与规划，任何企业的生产经营都是根植于资本运作的基础之上，都必须借助于资本形式的转换。在某种意义上，企业生产经营可以视为资本运营的实现形式，资本运营是在为生产经营服务。

（1）资本运营有助于企业规模的扩张。资本运营要求最大限度地支配和使用资本，以较少的资本调动支配更多的社会资本，企业不仅运用内部资源，通过企业内部资源的优化组合达到资本增值的目的，而且运用兼并、收购、参股、控股、吸收投资等方式，实行资本的扩张，将企业内部资源与外部资源结合起来进行优化配置，促使资本集中和生产规模扩张，形成规模经济，获取规模经济收益，发展壮大企业实力。

（2）资本运营有助于推动企业产品结构的调整。企业在不断变化的经济环境中，面临着巨大的市场风险。为适应经济发展的内在需求，企业必须以市场为导向，不断调整自身的产业结构，以求在千变万化、日新月异的市场竞争中获取生存权和发展权，增加市场控制力和影响力。资本运营可以使企业借助资本市场，高效率地调整自身生产经营方向，优化产品结构。当企业处于夕阳产业时，可以通过向新兴行业并购、参股、控股等资本运营方式，迅速进入新兴产业，实现向新兴领域渗透、扩张目标。当企业处于由夕阳产业向朝阳产业转移的过渡时期，可以采取退却型战略，通过产权出售、公司分立等资本运营方式，不断剥离夕阳产业，缩小企业规模，以便集中力量进行新兴产业的扩展，实现产业的转移，从而分散、规避产业结构、需求结构变化给企业发展所带来的巨大风险。

（3）资本运营有助于优化企业资本结构。企业的资本结构主要是由债务资本和权益资本共同组成。企业资本结构的优劣取决于债务资本和权益资本的比例是否合理。当企业的资本结构过于偏向借入资本，企业资本结构就呈现劣化趋势，造成企业负债过重，自有资本严重不足。资本运营则有助于推动企业资本结构由劣化向优化方向转变。股份制作为一种吸收权益性资本的有效方式，可以将一般的货币持有者变为资本的所有者，将小额的、分散的、闲散的社会资本转化为巨额的、集中的、永久的生产资本，可以促使企业债务资本和权益资本的比例趋于合理，同时也分散了投资者的风险。

（4）资本运营有利于盘活企业存量资本。资本运营通过资本的交易，可以使存量资本转换成货币资本而被盘活。在经济活动中，有些资产对于某个企业而言已经没有多大作用了，但对于其他企业可能还有较大作用，通过资本运营可以将本企业不适用的而其他企业适用的资产转让出去，并将转让所得的货币资金投入本企业需要发展的方向上去。

（5）资本运营有利于推动国有企业的体制改革。股份制作为现代企业的一种资本组织形式，是企业资本运营的有效手段，对于推动国有企业体制改革起着革命性的作用。并且资本运营通过跨地区、跨行业、跨所有制的并购和重组，通过股份制改造和企业上市，通过产权交易，可以以资本为纽带，将不同的利益主体聚集起来，形成一个新的共同的利益主体，这有利于国有企业所有权和经营权的分离，有利于形成科学的公司治理结构，有利于提高企业和资本的运作效率。

二、资本运营在国民经济结构调整中的作用

我国的经济结构不合理，已严重影响着我国经济效益的状况。根据系统化的观点，系统的结构决定其功能。从我国经济结构问题的内容来看，存在着三大问题，即产业结构问题、产业组织结构问题和产业区位问题。

在产业结构问题上，一是产业基础比较薄弱，受自然因素的影响比较大。二是某些产业超前发展，众多企业在同一程度上进行低水平竞争，数量上或有一定规模，但质量不高。并且基础工业发展不足，而加工工业则出现畸形发展，影响了整个工业的发展速度和发展质量。三是产业发展滞后，不能满足社会经济发展和人民生活的需要。

在产业组织结构问题上，企业的社会化联系比较薄弱，大而全、小而全的现象还比较严重。同时，各个行业的市场集中度都较低，缺少起支柱作用的大企业。

在产业区位问题上，我国东、中、西部的经济差距在不断加大，与此同时，各地区的产业结构严重趋同，中部地区与东部地区的工业结构相似率，以及西部地区与中部地区的工业结构相似率都高达90%以上。

以上情况的出现，既有我国经济发展水平低的原因，也有计划经济体制导致的投资管理体制不合理的原因，并且三大经济结构问题相互影响，形成了一个难以解开的结。因此，要想从根本上对这种现状加以改变，必须从经济体制改革入手，通过市场经济体制的建设，切断引发经济结构问题的根本原因。但要改变现有的经济结构，就必须要改变现有经济结构内部的资产存量布局，因为经济结构的内涵本身就表现为存量资产在不同行业、不同企业和不同地区的分布状况。因此，资本运营可以成为解决现有经济结构问题的主要手段：

（1）资本运营可以引起社会资本的流动。从我国目前的情况来看，企业和财政的资金都比较紧张，但居民手中的社会资金却比较充裕。一直以来，我国企业都是以间接融资为主，即政府动员人们把钱存到银行，再由银行将这些资金贷放给企业，但现在这种过度依赖间接融资的方式已引发了不少问题。随着资本市场的发展，利用资本市场吸收社会资本，企业到资本市场进行直接融资，既可以改善企业过度负债的问题，还可以对经济结构进行调整。

（2）产权流动可以推动经济结构的调整。从企业的层次来看，经济结构的调整是企业之间的一种资本运营活动，而在这个过程中，产权的流动是核心。在市场经济中，由于企业的所有者和经营者通常是分离的，因此在产权层次上进行重组，就可以较好地解决企业在联合过程中的诸多矛盾。所以改革国有企业的产权制度，大力进行国有企业的产权重组，就可以较好地以此为纽带，带动社会资源的重新配置，从而调整我国的经济结构。

（3）资本运营可以推动国有资产的重组。由于历史的原因，我国国有企业一方面表现出大而全、小而全的特点；另一方面又表现出企业规模普遍偏小的特点。因此，国有企业一方面有必要进行并购式资产重组；另一方面还要进行剥离和分立式资产重组。国有资产的这些重组可以有效地解决经济结构问题，特别是其中的产业组织问题，使我国的产业组织结构保持一个良性的发展趋势。

企业开展资本运营活动的动机就是使资本向有效益的地方转移，资源转移的结果就会促使企业的经济效益向好的方向发展，也会促使全社会经济结构的调整，从而可以提高整个国民经济的效益。因此，有效的资本运营活动可以不断地在动态过程中优化我国的经济结构。

总结与复习

企业制度在法律上有三种类型：业主制、合伙制和公司制。

资本运营是指以利润最大化和资本增值为目的，以价值管理为特征，将本企业的各类资本，不断地与其他企业、部门的资本进行流动与重组，实现生产要素的优化配置和产业结构的动态重组，以达到本企业自有资本不断增加这一最终目的的运作行动。

资本运营与生产经营密不可分，都属于企业经营的范畴，两者既有联系又有区别。

资本运营的基本内容包括资本的筹集、资本的投入、资本的运动与增值、资本增值的分配。

资本运营可按所获资本的时间点分为存量资本运营与增量资本运营；按方式分为

外部交易型资本运营和内部管理型资本运营；按对象分为实业资本运营、金融资本运营和产权资本运营。

资本运营的模式可分为扩张型资本运营模式与收缩型资本运营模式等多种。

第 2 章　即测即练题

思考与练习

1. 与业主制和合作制企业相比，公司制企业的主要优缺点有哪些？
2. 资本运营的具体内容有哪些？请举例说明。
3. 资本运营有哪些常见模式？
4. 结合企业生命周期理论，分析处于不同生命周期的企业应如何利用资本市场。

本章案例分析

案例一：

通策医疗和爱尔眼科的发展比较

通策医疗及爱尔眼科均是专业连锁模式的医疗服务企业，借力于行业和模式的优势，现已成长为口腔医疗及眼科医疗服务的龙头企业。

通策医疗是目前国内第一家以口腔、辅助生殖医疗等服务为主营业务的主板上市公司，目前拥有不同规模的专科医院及医疗网点共 30 家。自 2006 年借壳上市以来，通策医疗市值从 2007 年年底的 20.52 亿元增长为目前的 143.13 亿元（2018 年 6 月 19 日），增长了 7 倍。截至 2017 年，通策医疗营收增长 8 倍，复合增长率为 26.83%；净利润增长 15 倍，复合增长率为 35.24%（其发展历程见表 2-1）。

爱尔眼科则是我国第一家 IPO 上市的眼科医疗服务企业，主要从事各类眼科疾病诊疗、手术服务与医学验光配镜。上市 9 年，爱尔眼科由 2009 年年底市值 65.15 亿元增长至目前 713.99 亿元，增长近 12 倍。上市至 2017 年营收增长近 10 倍，净利润增长近 9 倍，复合增长率均大于 30%。

1. 发展历程比较

表 2-1　通策医疗与爱尔眼科发展历程比较

通 策 医 疗	
2006 年	股权改制，收购杭州口腔医院，进军口腔医疗服务行业
2010 年	参与昆明口腔医院改革
2011 年	与昆明市妇幼保健院签署合作协议，进军辅助生殖行业
2017 年	拟投设妇幼医院投资管理有限公司，计划进军妇幼行业

续表

爱尔眼科	
2003 年	爱尔眼科医院集团成立
2004 年	确立“分级连锁发展模式”，成立长沙爱尔眼科医院
2005 年	成立上海爱尔眼科医院
2009 年	创业板上市，成为眼科医疗行业首家上市企业
2011 年	实施股票期权激励计划；成立爱尔眼视光研究所
2013 年	实施限制性股票激励计划；成立中年南学爱尔眼科医院
2014 年	推出合伙人计划，连锁眼科医院突破 50 家
2015 年	收购香港医疗集团，开启国际化步伐
2016 年	实施限制性股票激励计划
2017 年	收购美国知名眼科中心；收购欧洲最大连锁眼科上市公司巴伐利亚眼科

2. 扩张模式比较

通策医疗：采用“中心医院+分院”模式扩张，以杭口辐射周边

在口腔医疗业务上，通策医疗采用“中心医院+分院”的经营模式不断扩张：先运营一家高等级的“中心医院”，再依托中心医院开设分院，以满足不同区域、不同需求的客户。中心医院的平台对医生的社会地位、学术地位形成支撑，并在区域内形成品牌影响力。以中心医院为基础在附近区域开设分院，可以将品牌影响力快速推开，在较短的时间内积累客户资源、获取市场份额。杭州口腔医院是公司口腔医院的“中心总院”，也是公司最重要的全资子公司，其贡献的利润占集团利润的 68%。目前通策医疗拥有口腔医院超过 25 家，在建口腔医院 4 家，此外拟通过并购基金建设 6 家大型口腔医院。

爱尔眼科：从简单复制到升级复制，实现跨越式扩张

（1）将“三级连锁”升级为“分级连锁”，自上而下进行扩张。成立初期爱尔眼科选择的连锁模式是“三级连锁”：“一级医院—二级医院—三级医院”。为把握基层的市场机遇和发展空间，爱尔眼科将三级连锁模式升级至“中心城市—省会—地级市—县”分级模式，加快向地市和县城下沉网络，加快网点扩张速度，加快优质医疗资源的横向和纵向流动。

（2）由“公司”层面的单轮驱动升级为“公司+产业并购基金”的双轮驱动模式。2014 年以前，爱尔眼科主要以公司的自有资金或在股票市场公开募集资金来新建医院或者收购医院。2014 年开始，爱尔眼科借助产业并购基金，创新外延式扩张模式，转变成为“公司+产业并购基金”的双轮驱动模式，将体内培育周期压至更短，并购基金旗下的医院率先在体外进行培育，医院运营成熟之后再通过募资收购注入上市体系。截至 2017 年，爱尔眼科参与设立的并购基金旗下的眼科医院已超过 120 家。2017 年，共有 9 家并购基金旗下的医院注入上市体系中，大幅提升了爱尔眼科的净利润。

截至 2017 年 10 月，爱尔眼科已在中国大陆 30 个省市区建立 200 多家专业眼科医院，在美国、欧洲和香港开设有 80 余家眼科医院。

3. 盈利状况比较

如图 2-1 和图 2-2 所示，自 2009 年以来，通策医疗和爱尔眼科的营业收入、净利

润均保持快速增长。同爱尔眼科相比，通策医疗的增速、增幅偏小。进一步观察两者 2017 的净利润构成，不难发现，通策医疗的业绩主要依靠于杭州口腔医院，表现出一家医院撑起一家上市公司的特点。而爱尔眼科的盈利结构则趋于平衡，各大分院、子医院齐力助爱尔业绩腾飞。

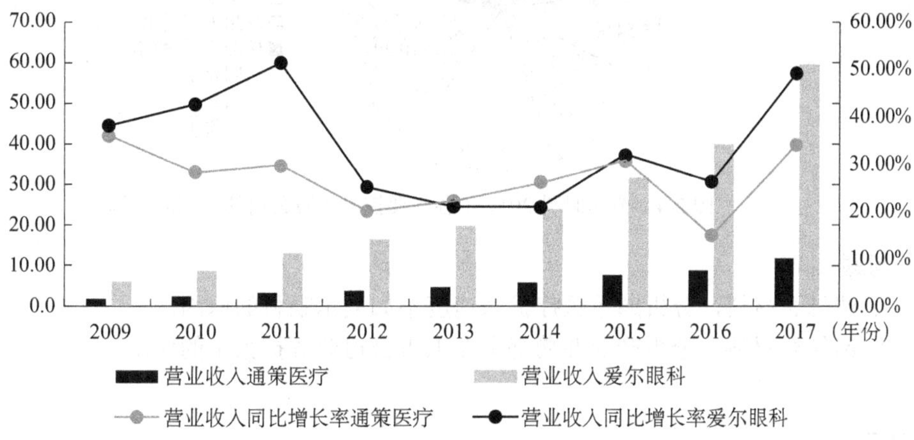

图 2-1　营业收入及增速比较

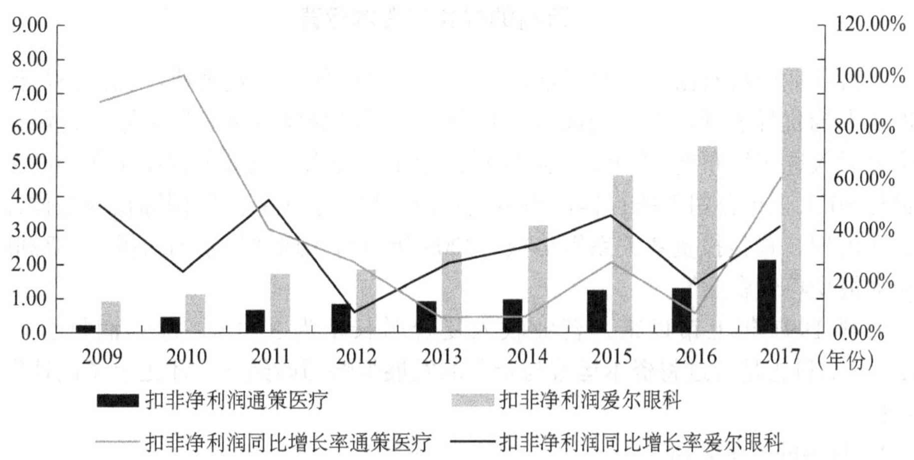

图 2-2　净利润及增速比较

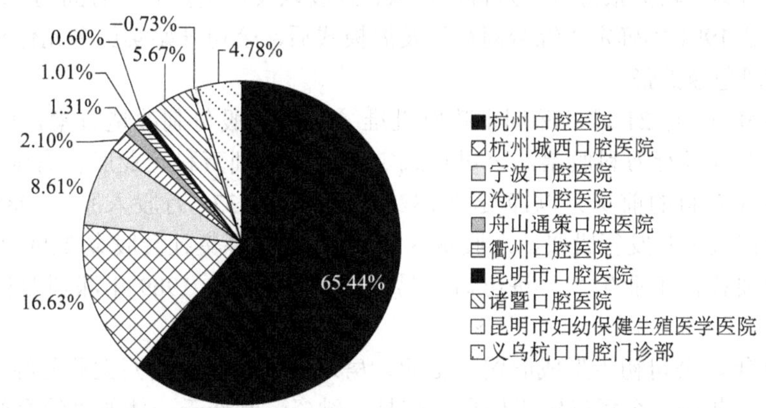

图 2-3　通策医疗 2017 年各主要控股参股公司的净利润比例

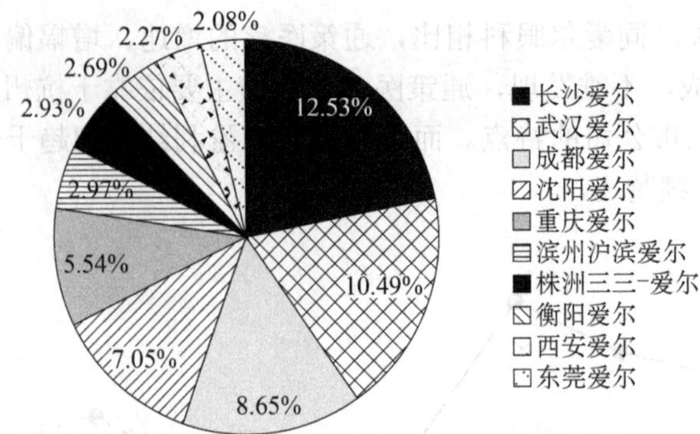

图 2-4　爱尔眼科 2017 年各主要控股参股公司的净利润比例

问题：

1. 请结合材料，分析通策医疗扩张速度不如爱尔眼科的原因。
2. 请结合材料，分析产业并购基金在上市公司业务扩张中的作用。

案例二：

万科的成长与资本运营

万科企业股份有限公司是目前中国最大的专业住宅开发企业，凭借公司治理和道德准则上的优异表现，万科连续六次获得“中国最受尊敬企业”称号，公司在发展过程中先后入选《福布斯》“全球 200 家最佳中小企业”、“亚洲最佳小企业 200 强”、“亚洲最优 50 大上市公司”排行榜，并多次获得《投资者关系》等国际权威媒体评出的最佳公司治理、最佳投资者关系等奖项。2008 年万科入选《华尔街日报》（亚洲版）“中国十大最受尊敬企业”。

万科 1991 年上市以来，营业收入复合增长率为 31.4%，净利润复合增长率为 36.2%。万科正是通过将资本运营与企业的发展战略巧妙结合，才走上了高速发展的快车道的。

1. 万科的扩张之路

万科的第一轮扩张得益于万科发行 A、B 股以及增资扩股，时间为 1988 年至 1993 年，尤其是 1991 年确定“综合商社”发展模式后，公司开始实施多元化和跨地域经营战略，实现急速扩张。

1988 年 11 月 21 日，深圳市政府批准了万科的股份制改造方案，中国人民银行深圳分行批准发行万科股票，公司正式定名为“深圳万科企业股份有限公司”，现代企业公司（万科的前身）以净资产 1324 万元折合 1324 万股入股。1988 年 12 月 28 日，万科首次公开发行股票，总股本为 2800 万股，募集社会股金 2800 万元，所募集的股金主要投向工业生产、进出口贸易和房地产开发。1989 年深圳万科地产有限公司成立。

1990 年，公司初步形成商贸、工业、房地产和文化传播四大业务经营架构。

1991 年年初，公司确定集信息、交易、融资、制造于一体的“综合商社”发展模式。1991年1月29日，万科股票正式在深圳证券交易所上市，代码为0002。

1991年6月，万科通过配售和定向发行新股2862万股，集资1.27亿元，公司总股本增加至7796万股，所募集资金主要投向房地产开发、工业生产、进出口贸易及连锁商贸、影视文化等领域。怀揣这笔资金，万科来到十里洋场上海滩，成功开发了万科在上海的第一个项目——上海西郊花园，艰难挤进上海市场，也开始了万科第一轮全国化的跨地域扩张。

1992年，万科实施跨地域经营。在贸易方面，万科成立贸易经营本部，在武汉和乌鲁木齐开办商场，并增设大连公司、珠海公司、武汉公司、新疆公司和北海公司；在地产方面，香港银都置业、青岛银都花园、天津万兴和万华、上海万科房地产、北海万达房地产等分公司相继成立；进行股权投资的国内公司达到12家；成立万科文化传播有限公司，开展电影、广告、卡拉OK影碟等制作和发行业务。

1992年11月，国务院发布了《关于发展房地产业若干问题的通知》，在政策上鼓励大力发展房地产行业，万科把握住机遇，大力实施跨地域发展战略，在华南经济圈、长江三角洲经济圈、以山东半岛、京津地区和辽东半岛组成的渤海经济圈投资房地产项目和股权投资。

1993年5月28日，万科B股正式挂牌交易，股本为4500万股，募集资金45135万港币，这笔资金对万科具有非同寻常的意义。B股发行帮助万科明确了以扩大资金积累为主的发展目标，厘清了以房地产为主导行业，包括证券（股权投资）、贸易、工业、文化在内的五大业务结构，并使得万科能够在宏观调控的形势下，仍有较充足的资金保障跨地域战略的实施。

2. 自我反思，行业收缩

第一轮扩张后，万科已迅速地发展到拥有55家附属公司和联营公司，遍布全国12个大型城市，业务分为五大类。然而，由于扩张过度，缺乏必要的控制机制，资金问题成为制约万科发展的"瓶颈"。同时，由于国家宏观政策的调控，人行不断提高相关利率，全国工业增长速度回落，新开工项目大幅减少，房地产行业的寒流开始来临。

在扩展过程中出现的一系列问题，如由于跨地域经营、遍地开发的发展，造成资源过度分散等，使得万科开始对行业收缩和自身跨地域开发的现实进行反思。对于万科而言，企业的第一次扩张，带有企业初创时期的冲动和激情，随着改革开放的浪潮，将摊子铺开，业务加大，但却忽视了自身的经营能力，关于企业"多元化"还是"专业化"的战略选择一直都有争论，但对万科来讲，是在寻求一个合理的经营架构以保证企业的持续增长和永续经营。

通过公司业务架构调整，万科放弃了走日本"综合商社"模式的目标，确定了以房地产开发为未来的主导业务，走专业化发展的方向，改变过去摊子平铺、主业不突出的局面。作为一家曾经以多元化经营起步的新兴企业，万科主动变革经营方向是一种适应社会分工大环境的行为。事实也证明，在成功完成业务多元化到专业化的战略调整的过程中，凭借着有节奏的扩张和稳健经营的风格，万科已形成了一整套较为成熟的房地产开发操作模式，逐步确立了自己在房地产开发领域的专业地位。

万科重新确立发展方向，把开发领域集中到了经济发达的地区。1995年下半年，公司决定“重返深圳”。一年半后，成功完成战略调整——由 12 个城市“遍地开花”转向重点经营深、沪、京、津四大城市，重点放在深圳。

1997 年 6 月，基于房地产市场复苏的判断，万科增资配股募集资金 3.83 亿元，重点加大深圳市场的投资开发，募集资金投资于深圳房地产项目开发及土地储备。

1997 年 10 月，集团协议转让下属两个工业项目——深圳万科工业扬声器制造厂和深圳万科供电服务公司，基本完成了对“房地产、连锁商业、影视文化”以外非核心业务的调整。

2001 年，公司出售万佳百货，标志着万科结束转型调整，进入新一轮高速发展时期。

房地产行业作为一个资金密集型行业，资金的需求量巨大，同时，房地产企业的资产规模都偏小，靠自身的留存收益积累发展，成长的速度较慢，因此，在中国目前的金融环境下，房地产公司成长最快的方式就是利用证券市场融资，即所谓的外延式的发展，万科在资本运营方面是给中国其他正面临发展“瓶颈”的企业做了个好榜样。

3. 宏伟目标

2003 年 11 月 26 日，万科发布公告，公司全资附属子公司深圳市万科房地产有限公司拟向新华信托投资股份有限公司申请总额不超过人民币 3 亿元、期限不超过 2 年，利率为年 4.5%的贷款，用于深圳大梅沙万科东海岸项目的开发。作为中国房地产行业的龙头公司，万科采取房地产信托方式融资，一方面表明公司管理层目光敏锐，决策果敢，迅速利用刚刚兴起的融资方法进行输血，减少 121 号令对公司未来发展所面临的资金“瓶颈”的限制；另一方面也再次表明，公司目前正处在快速发展期。本次的融资预算仅仅 3 亿元，对于万科当时的资金缺口是杯水车薪，但它的意义在于开创了一个新的融资渠道，随着各项措施的逐步完善，房地产信托将逐步取代银行贷款，成为房地产开发企业的主要融资渠道。万科的这一举措意味着公司加速多元化的融资步伐，抢占行业发展的高地，一旦万科能够运用多种合规的融资渠道，减缓资金压力，企业的发展无疑将进入快车道。

2004 年下半年，万科发行 19.9 亿元可转换公司债券，筹集资金主要用进一步增加项目储备资源，为未来 3～5 年公司持续发展打好基础和运用已形成的跨地域经营管理模式和品牌优势，进一步扩大市场份额。

2004 年 7 月 5 日，万科发布公告称，公司已与德国银行（Hypo Real Estate Bank International，HI）达成合作协议，由后者出资 3500 万美元，双方共同在中山完成“万科城市风景花园”项目。这一合作表明，万科的境外融资已取得突破性进展，在中国房地产界一直处于领头羊地位的万科，在境外融资方面，又一次站到了潮流的前端。谋求境外融资是国内知名地产商共同努力的方向。在宏观调控的大背景下，对资金极其敏感的房地产业不得不考虑融资渠道的多元化。从目前仅有的几个案例看，以境外基金直接投资房地产项目开发的居多，像这样取得境外贷款的，万科还是第一家。

万科分别于 2005 年 3 月 3 日和 2006 年 8 月 3 日，两次与中桥、上海南都实业投资有限公司、南都集团控股有限公司签署系列协议，分别以总额人民币 18.58 亿元和 17.66 亿元，收购了南都房产集团有限公司、上海南都置地有限公司、镇江润桥置业有限公司、镇江润中置业有限公司、苏州南都建屋有限公司的股权。两次交易完成后，万科A持有浙江南都80%股权，以及上海南都100%股权、镇江润桥100%股权、镇江润中100%股权、苏州南都70%股权。

2006年1月18日，万科与北京市朝阳城市建设综合开发公司签署协议（以下简称朝开），以38900.136万元收购朝开旗下公司北京市朝万房地产开发中心（以下简称朝万地产）的60%股权，通过此举万科进一步扩大其在北京房地产市场的占有率，尤其是通过收购朝万的股权后，万科在北京的土地储备将达到近50万平方米，且有四块土地在核心区域内。

2007年年初，万科与央企中国航空工业第一集团公司进行战略合作，合资组建综合性房地产开发公司，共同开发房地产。该公司注册资本10亿元，一航持股60%，万科占比40%。

……

在过去20多年的发展中，万科通过资本运作成功实现了从业务多元化到业务专业化的调整，这是万科的第一次专业化。在未来10年里，万科将自己定位于精细化——在专注的住宅领域做到更专业、更优秀、更卓越，这是万科的第二次专业化。

毋庸置疑，资本运营使万科提高了核心竞争力，实现了高速发展，并成为一家令人尊重的企业。

资料来源：《证券时报》《中国房地产报》、搜狐财经、新浪网

王石《道路与梦想——我与万科20年》

问题：

1. 请结合材料，讨论资本运营在万科的成长过程中所起的作用。
2. 谈谈你对资本运营的认识，探讨所在企业应如何将资本运营与自身发展相结合。

第二篇

企业改制与上市

第三章 企业改制与重组

学习目的

- 了解股份制与上市的目的与意义；
- 掌握股份制企业如何组建；
- 掌握有限公司如何变更为股份公司；
- 掌握企业改制重组的8种具体模式。

引 言

纵观英国经济近200年来的发展史，可以看出政府和市场在经济活动中的角色分工一直在不停地试验和探索。尤其是在“二战”以后，从1945年到1979年的34年中，英国工党与保守党交替组阁执政，在时间上各半，在英国政坛上平分秋色。在政府干预经济的思想指导下，工党政府在几次执政期间大规模地掀起了国有化的浪潮，编制和实行国家的经济计划，调控生产资源配置。保守党则与工党针锋相对，认为必须加强私人经济来改善英国的经济状况，在几次执政期间把国有企业重新非国有化，以恢复私人企业制度，减少政府在国家经济活动中的作用。英国经验证明，自由放任的市场经济和大规模的政府干预这两个极端都是不可取的。我们应该寻求市场和政府的合理分工，原则上，政府应负责维护经济环境和经济秩序，只在一定程度上介入公共设施等自然垄断行业，除此之外，资本配置应以市场机制为主导。

苏联和东欧的社会主义国家的激进式转轨，造成了国家经济发展速度的急剧下滑、社会秩序混乱，甚至国家分裂的后果。而中国（含越南等亚洲国家）的渐进式转轨则保持了国家经济发展速度的不断上升，也没有造成大的社会动荡，被大多数学者认为是成功的。

中国国有企业管理体制改革的经验表明，长期以来困扰国有企业的政企不分，是由于政府的社会经济管理职能和国有资产所有者的职能不分所致；企业生产经营自主权难以落实，是由于企业财产产权不明晰所致；企业自我调整机制不健全的背后是缺乏产权硬性约束；而企业行为不规范的背后则是所有者缺位。

国有资本从生产领域向公共服务领域转移，国有股份从控股向参股转型，国资管

理从综合管理向分类管理转型，国资布局朝更加证券化、国际化和专业化发展，已经成为我国国有资本和国有企业下一阶段改革的总体思路。

第一节　股份筹资的优势

实行股份制，按股份方式筹资，是资本重新组合的一种方式。通过股份筹资，使企业的自有资本增多，从而适当调整企业的资本结构（自有资本与借入资本的比例），可以优化社会资源配置，改变企业单一的资本构成模式、迅速集中社会闲散资金，促进消费资金向生产资金的转化，有利于促进高科技新兴企业的发展壮大，加快基础设施建设，促进国民经济的进一步发展。

具体说来，股份筹资有以下优点：

1. 迅速集中社会闲散资金，满足企业巨额资金需求

社会大生产要求规模经营，经营一个企业，不仅需要技术和管理人才，还需要一定数额的资本。但是，单个资本、合伙资本都有风险集中、资金量不足的局限性。银行贷款作为企业筹资的主要方式之一，也有其不足之处。从银行角度看，基于风险的考虑，银行一般不愿意发放长期巨额贷款；从企业本身角度看，银行借款具有期限性，需要还本付息，会增加短期内的经营压力，不一定能满足企业长期巨额资金需求。股份筹资，由于其本身的特性，可以迅速吸收社会各类闲散资金，满足企业巨额资金需求。这是什么原因呢？首先，通过股份方式筹资的资本，是公司的自有资本，公司对这些资本可以长期使用，在盈利的情况下，也可以根据企业资金需要的情况，决定是否进行利润分配、何时进行利润分配以及给现金还是送红股的方式进行分配。给企业对资金利用拥有更多的自主权，这些都是银行借款、企业债券等筹资方式所无法比拟的。其次，股份有限公司发行股票的目的是筹集长期资本，但社会上许多购买股票的投资者由于多种原因，并不希望其资金被长期占用，这就出现了资金供给短期性与企业资本需求长期性之间的矛盾。股票流通市场提供了股票随时变现的可能性，既满足了短期资金持有者的投资意愿，又能促进短期闲散资金转化为长期建设资本，从而迅速集中社会闲散资金。股份公司借助于股息和红利以及股票升值的刺激，调动人们投资的积极性，有利于集中社会资金，优化资本有机构成和促进技术进步，因此，股份筹资在迅速吸收社会闲散资金方面起到了其他筹资方式所难以起到的作用。

2. 促进社会消费资金向生产资金的转化

银行作为一种重要的融资中介机构，在吸收社会闲散资金再贷款给企业用于生产经营方面也具有一定的优势，但银行的存贷过程只是将社会消费资金间接地转变为生产资金，在企业归还银行贷款本息而储户提取存款本息时，资金从生产领域退出，又回到了消费领域。而股票的本质是股本凭证，而不是债务凭证，具有不退股的特性，投资者的钱投入企业生产领域后，就不能抽回去了。股份公司通过发行股票筹集的资金，直接用于生产经营而无需承担还本付息的压力。在这种情形下，除非企业清算、解体，进入生产领域的资金不会再回到消费领域，这种直接转换对稳定经济、促进生

产是大有益处的。

3. 通过资本合理流动，优化社会资源配置

如何把有限的社会资源合理而有效地配置于国民经济的各部门和各企业，关系到国民经济发展的前途和运行效率，这就涉及一个社会资本配置的问题。在市场经济条件下，社会资本在各市场主体之间合理流动，推动着其他生产要素的流动和配置，从而提高了生产要素的利用效率。股份筹资作为实现资本流通的主要方式之一，在优化社会资源配置方面具有银行、投资机构等其他方式无法比拟的优越性。在静态环境下，即不考虑市场操纵以及外部经济环境影响的前提下，股票价格的涨跌主要取决于发行股票的上市公司本身的经营业绩、发展前景预期和利润水平。如果某公司业绩良好，利润有逐年增长的势头，则投资者会争相购买这只股票，造成该股票的供不应求，使得该企业以及同类型的其他企业能够再发行股票以筹集资本，从而促使社会资本向该行业流动，反之亦然。这里需要说明的是，上述例子是建立在完全静态的环境下的一种单一理想化的经济运行模式，在现实中，由于市场炒作、操纵以及大的政策环境和市场环境的影响，也有很多股票价格与公司的经营业绩背离的情形出现，但是从整个行业来看，业绩和利润对股票供求关系的影响仍然是起决定性作用的因素，也正是由于股票的价值温度计作用，会促使资本向盈利能力强、经济效益好的行业流动，从而优化资本配置。

4. 优化国有企业资本结构，完善公司治理

过去，国有资本在国民经济中一直占主导地位，由于国有企业的种种弊端和长期不良运营，造成很多国有企业资本金过少，资产负债率偏高，经济效益低下。吸收非国有资本入股，将一些经济效益较好、发展潜力较大的国有企业改组为股份有限公司，从而改变这些企业的资本构成模式，将单一的国有资本构成模式改变成拥有多种经济成分的混合资本模式，有利于优化社会资源配置，从根本上解决国有企业在单一资本模式下政企不分、权责不明、缺乏长期激励的弊端。

5. 有利于促进高科技、新兴产业的发展

与一般产业相比，高科技产业、新兴产业一般具有高风险、高收益的特性，这种特性决定了银行借贷资金不能成为高新技术企业、新兴产业的资金支柱。假定有甲、乙两个企业，甲企业属于新兴的高新技术企业，乙企业属于一般的生产性企业，这两个企业都向银行申请贷款，在银行的资金量有限、在贷款利息率相同的情况下，银行是愿意把贷款发放给甲企业还是乙企业呢？显而易见，基于风险的考虑，银行贷款给乙企业的概率要大得多。采用募股筹资方式，由于投资者（股东）众多，风险分散，可以有效地解决高科技产业、新兴产业的难题，因此，这些企业对于股票筹资市场，尤其是以培植高新技术新兴产业为导向的创业板股票市场反倒具有一定的吸引力。同时，创业企业成功上市后，其创始人的股权往往会有很高的溢价，这种巨大的财富效应会激励更多有才华的人投身到创新创业中去。

6. 有助于加快基础设施建设

国家的基础设施建设需要大量的资金，而国家财政资金往往满足不了这种资金供给的要求。随着国民经济的发展，引入民间资本介入基础设施领域的重要性已经为各级政府部门所逐渐重视。民间资本的分散性决定了单一民间资本投入远远不能满足基

础设施建设的要求，在这种情况下，对于允许民间资本介入的基础设施领域，如地方性高速公路、电站等，采取股份筹资方式集中社会闲散资金投资于这些设施建设，不仅可以缓解国家财政资金供给不足的矛盾，也有利于大大加快本地经济的迅速发展。

资料 3-1　恒瑞医药通过改制上市成为国内创新药龙头企业

恒瑞医药的前身连云港制药厂是一家国企，创立于 1970 年，主要生产红药水、紫药水和片剂等。从中国药科大学化学制药专业毕业的孙飘扬 1990 年被任命为新任厂长，他当时的梦想是将连云港药厂打造成一家制药大厂。

制药大厂需要不断推出新产品，这就需要巨大的研发资金。孙飘扬很清楚，仅靠自身的滚动发展是达不成目标的，必须获得资本市场的支持，上市因此被提上日程。1997 年，连云港制药厂进行股份制改造，改造后的药厂更名为“恒瑞医药”，之后其上市工作有条不紊地推进，2000 年 9 月，恒瑞医药登陆上交所，IPO 募资 4.6 亿元。

上市后不久，孙飘扬斥资 2 亿元在上海设立研发中心，该研发中心参照美国第四大药企 Chiron 的标准建立，达到了世界水平。研发中心的成立大大提高了恒瑞医药的技术水平，其产品的销售也更好，一度拿下国内 20%的抗肿瘤药市场。

随后在“国退民进”的大背景以及股权分置改革的大环境下，孙飘扬成功将这家国企转化为自己的私有化民营企业。恒瑞医药上市后，在资本市场再也没有进行过股权融资。从上市后的公司财务状况分析来看，公司确实也是不需要外部融资。

2005 年前后，恒瑞医药逐步确立胃癌靶向药项目，项目受到国家高度重视，被列为“十一五”“十二五”重大新药创制专项。此后十年，孙飘扬带领科研团队殚精竭虑地研发，终于在 2014 年研发成功，并获批上市，产品被命名为“艾坦”。艾坦是全球第一个用于胃癌治疗的靶向药，也是目前标准化疗失败后的晚期胃癌治疗药物中唯一的被证实有效的小分子靶向药，可以显著延长患者的生存时间。

恒瑞的产品目前已涵盖抗肿瘤药、手术麻醉类用药、特色输液、造影剂、心血管药等领域，其中抗肿瘤、手术麻醉、造影剂等领域市场份额在行业内名列前茅，是国内最大的抗肿瘤药、手术用药和造影剂的研究和生产基地之一。

在同行普遍研发投入仅为营业收入的 2%水平下，恒瑞医药的研发投入为营业收入的 10%。科研团队方面，恒瑞医药的研究人员从一开始的 50 多人，扩大至现在的 2000 多人，包括博士 186 人、硕士以及海归人士 1000 多名，其中 3 人被国家列入“千人计划”。这个豪华阵容在国内药业是别无二家的。

2017 年是公司的收获之年，不仅多个产品获得 FDA 审批通过，在 2018 年开年之初，就卖了 2 个许可，这说明恒瑞的研发速度和研发管线很强大，同时公司的申报能力和市场拓展能力也很强。

恒瑞医药在 2008—2017 年期间，收入年均复合增长率约为 21%，净利润复合增长率约为 25%，总体毛利率基本都在 80%以上，已成为市值超 2000 亿的绩优蓝筹股。

资料来源：百度百家号/https://baijiahao.baidu.com

第二节　股份制企业的组建

一、股份有限公司的设立

（一）设立股份有限责任公司的条件

（1）发起人符合法定人数。设立股份有限责任公司，应当有 2 人以上 200 人以下为发起人，其中必须有过半数的发起人在中国境内有住所。国有企业改建为股份有限责任公司的发起人可以少于 5 人，但应当采取募集设立方式。股份有限公司发起人，必须按照《公司法》规定认购其应认购的股份，并承担公司筹办事务。

（2）发起人认缴和社会公开募集的股本达到法定资本最低限额。原来股份有限公司注册资本的最低限额为人民币 500 万元的规定已取消。股份有限公司注册资本最低限额须高于某个限额的，由法律、行政法规另行规定，如上市公司的注册资本限额为人民币 3000 万元。

（3）股份发行、筹办事项符合法律规定。

（4）发起人制订公司章程，并经创立大会通过。公司章程应载明：①公司名称和住所；②公司经营范围；③公司设立方式；④公司股份总数、每股金额和注册资本；⑤发起人的姓名或者名称、认购的股份数、出资方式和出资时间；⑥董事会的组成、职权和议事规则；⑦公司法定代表人；⑧监事会的组成、职权和议事规则；⑨公司利润分配方法；⑩公司的解散事由与清算办法；⑪公司的通知和公告办法；⑫股东大会认为需要规定的其他事项。

（5）有公司名称，建立符合股份有限公司要求的组织机构。股份有限公司应当建立股东大会、董事会、经理和监事会等公司的组织机构。

（6）有固定生产经营场所和必要的生产经营条件。

（二）股份有限公司设立的方式

我国《公司法》规定的股份有限公司设立方式包括发起设立和募集设立两种方式。其中，发起设立是目前应用最广泛的股份公司设立方式，近年来上市的股份有限公司大多是采用发起方式设立。

1. 发起设立方式

发起设立又称“单纯设立”或“同时设立”，是指由发起人共同出资认购全部股份，不再向社会公众公开募集的一种公司设立方式。发起设立股份有限公司可以采用原企业改制设立、新建设立或有限责任公司依法变更的形式。

发起设立股份有限公司，一般需履行以下程序：

（1）成立筹备机构，负责公司的筹备事宜。筹备机构一般由主发起人负责组建。

（2）聘请审计、评估、法律等中介机构，对拟投入公司的实物资产进行审计、评估，对公司设立行为进行法律审查。

（3）确定发起人，签署发起人协议。发起人，指的是启动股份公司设立程序、依法完成发起行为的法人或自然人。发起人之间应就设立公司签署发起人协议，发起人协议指发起人为设立公司而签署的规定各发起人之间权利义务关系、发起人与公司之间权利义务关系的具有合同效力的法律文件，是公司设立的必备文件之一。

（4）准备申报材料。一般而言，申报材料包括：股份公司设立申请书、行业主管部门或市级人民政府向省政府出具的送审报告、企业名称预先核准通知书、发起人协议、发起人有效身份证明（法人营业执照或自然人身份证明）、发起人投入资产的《审计报告》和《资产评估报告》以及相关资产的权属证书（复印件）、中介机构及从业人员资格证书、公司章程草案等。

（5）向省级人民政府（或其授权部门如省体改委，省金融证券管理办公室等）、国家经贸委报送申报材料。

（6）省级人民政府或国家经贸委出具公司设立批文，《公司法》规定，股份有限公司的设立，必须经过国务院授权的部门或者省级人民政府批准。取得省级人民政府或国家经贸委的批准是股份公司设立的必要条件之一，也是股份公司设立程序不同于有限责任公司之处。

（7）发起人缴付出资。发起人应当书面认足公司章程规定其认购的股份，并按照公司章程规定缴纳出资。以非货币财产出资的，应当依法办理其财产权的转移手续。新《公司法》将注册资本实缴登记制改为认缴登记制，取消了关于公司股东（发起人）应当自公司成立之日起两年内缴足出资，投资公司可以在五年内缴足出资的规定。

发起人可以用货币出资，也可以用实物、工业产权、非专利技术、土地使用权作价出资。对作为出资的实物、工业产权、非专利技术或者土地使用权，必须进行评估作价，核实财产，不得高估或者低估作价。土地使用权的评估作价，依照法律、行政法规的规定办理。以工业产权、非专利技术作价出资的金额不得超过有限责任公司注册资本的20%，国家对采用高新技术成果有特别规定的除外。根据我国鼓励高新技术成果转化有关规定，高新技术成果经省级以上科技行政主管部门认定，作价出资最高可以达到注册资本的35%。

（8）验资。股东缴付出资以后必须经法定的验资机构（有资格的会计师事务所）验证并出具证明。

（9）召开创立大会。创立大会在注册会计师出具验资证明后30日内召开，由全部发起人参加，出资最多的股东代表主持，审议事项包括：审议公司筹备情况的报告、审议公司章程、选举公司董事会成员和由股东代表出任的监事、审核公司筹备设立费用等。

（10）制订公司章程。

（11）注册登记。公司应该在创立大会召开以后30日内在省级以上工商行政管理部门办理注册登记，领取企业法人营业执照，营业执照签发日期为公司成立日期。

2. 募集设立方式

募集设立又称“渐次设立”或“复杂设立”，是指发起人只认购公司股份或首期发行股份的一部分，其余部分对外募集而设立公司的方式。我国《公司法》第77条第3款规定：“募集设立，是指由发起人认购公司应发行股份的一部分，其余股份向社会公开募集或者向特定对象募集而设立公司。”

根据《股份有限公司规范意见》的规定，募集设立可分为定向募集和社会募集两种形式。定向募集是指股份有限公司发行的股份除由发起人认购外，其余股份向其他法人发行，经过批准，也可以向公司内部职工发行部分股份。社会募集是指股份有限公司发行的股份由发起人认购外，其余股份向社会公众公开发行，本公司内部职工也可以公开认购一定比例的股份。采用募集方式设立的股份有限公司，公司的股份除了由发起人认购外，其他法人直至社会公众都可以参股，其股东人数比发起设立要多得多，发起人承担的风险也相对分散。

2006 年 1 月 1 日修订后的《公司法》《证券法》彻底砍去了对私募设立的行政审批，降低设立股份有限公司的资本门槛，为私募设立打开了制度的大门，为中小企业融资带来了重大的机遇。2013 年 12 月 28 日，全国人大常委会对《公司法》进行了修改。在本次修改中，重点内容之一就是改原来的法定资本制为授权资本制。所谓授权资本制，具体表现就在于注册资本限额、如何缴纳、出资方式等方面不再由法律作强制性规定（除非法律、行政法规、国务院另有规定的）。

募集设立股份有限公司，一般需履行以下程序：

（1）发起人签订发起人协议，明确各自在公司设立过程中的权利和义务。

（2）发起人制定公司章程。

（3）发起人认购一定数额的股份。发起人认购的股份不得少于公司股份总数的 35%，法律、行政法规另有规定的，从其规定。

（4）发起人公告招股说明书，并制作认股书，向社会公开募集股份。

（5）发起人与依法设立的证券公司签订承销协议并由证券公司承销。

（6）发起人同银行签订代收股款协议。

（7）发行股份的股款缴足后，经依法设立的验资机构验资并出具证明。

（8）发起人应当自股款缴足之日起 30 日内主持召开公司创立大会。

（9）董事会于创立大会结束后 30 日内，申请设立登记。

二、有限责任公司的设立和变更组织形式

实践中的股份有限公司，除以发起方式直接设立外，有很多是由有限责任公司整体变更而来的。随着《公司法》的实施和推广，作为现代企业制度的另一种类型——有限责任公司，已经发展成我国目前最主要的企业类型之一，一大批优秀成熟的有限责任公司介入证券市场融资的需求也越来越强烈。但是，受法律上的限制，有限责任公司是不能直接发行股票的，因此，有限责任公司要想上市，必须先改组成股份有限公司。

（一）有限责任公司的法律特征

有限责任公司，亦称有限公司，是指根据《公司法》设立，由不超过一定人数的股东出资组成，每个股东以其出资额为限对公司承担有限责任，公司以其全部资产对公司债务承担责任的企业法人。有限责任公司是现代企业的重要组织形式，具有如下法律特征：

兼具资合和人合两种性质。有限责任公司的性质介于股份有限公司与合伙企业之

间，兼具资合性和人合性，它既依靠资本的联合，又强调股东之间的相互信任与合作。共同出资人具有良好的合作关系，才能使公司运作顺畅。

（1）股东相对稳定，股东人数有一定的数量限制。《公司法》规定，有限责任公司的股东为 2 人以上 50 人以下。与股份有限公司股份的自由流通以及股东人数的不确定性不同，有限责任公司股东人数是相对稳定性的，股东转让其出资也受到一定的限制，很多有限责任公司都在章程中规定股东转让出资的限制和程序，如股东向股东以外的转让出资必须经全体股东所持表决权的半数以上通过，其他股东享有事先知情权和优先购买权等。这正是有限责任公司人合性质的突出体现。

（2）股东承担有限责任。有限责任是现代企业制度的基本特征，也是股份有限公司与有限责任公司的共同特点。公司是独立于股东的法人主体，独立承担民事责任，公司的财产与股东的财产是完全分离的，股东对公司承担的责任以其所缴的出资额为限，而不是像合伙企业那样承担无限责任。股东依据出资比例在公司中享有一定的权利，承担相应的义务。

（3）设立程序简便，组织结构灵活。与股份有限公司相对复杂的设立程序相比，有限责任公司的设立程序比较简单，除特殊行业以外，一般无须政府部门的审批，股东签署出资协议，缴纳出资并经验资后，就可以直接在工商部门办理注册登记。有限责任公司的内部组织结构也相对灵活，与股份有限公司严格的“三会”运作体系不同，股东会、董事会、监事会都不是有限责任公司的必设机构，中外合资的有限责任公司和国有独资公司不设股东会，股东可以根据企业规模的大小决定设董事会或者只设一名执行董事。

（二）设立程序

相比于股份有限公司，有限责任公司的设立程序要简单得多。具体程序如下：

（1）股东之间签署设立公司的意向书。

（2）设立公司筹备组，负责办理公司设立的有关事宜，如选择办公场所（购买土地、建设房产，或租赁厂房、办公房等）、办理公司名称预先核准登记，开立公司临时账户等。

（3）股东之间就设立公司签署正式的合同、协议，拟定公司章程。

（4）股东缴付出资。

（5）验资。

（6）召开公司创立大会，选举公司董事、监事，审议公司章程；召开董事会，选举公司董事长，聘任公司经理、财务负责人。

（7）办理工商注册登记有关手续，领取企业法人营业执照，公司营业执照签发日期为公司的成立日期。

（三）有限公司变更为股份公司

西方绝大多数国家的法律都规定，有限责任公司和股份有限公司之间可以相互转换，而瑞士的规定有些不同，允许股份有限公司向有限责任公司转换，但禁止有限责任公司转换为股份有限公司。由于有限责任公司与股份有限公司都是规范化运作的公司制企业，与其他企业变更为股份有限公司，必须先注销企业法人资格，再通过发起设立改制设立股份有限公司不同，我国《公司法》规定了由有限责任公司直接变更为股份有限公司的途径，即有限责任公司无须注销法人资格而直接通过变更组织形式变更为股份有限公司，简称有限责任公司变更。

有限责任公司变更，只是公司组织形式的变更，变更前后仍是同一个法人主体，其业务、债权、债务都由变更后股份有限公司自然承继。因此，无须将原来的有限责任公司清算、解体、注销，也无须办理相关资产的过户登记手续，但由于企业名称和组织形式发生了变化，有关资产权属，如房产证、土地使用权证等仍需要办理更名登记。

有限责任公司变更，应符合《公司法》规定的股份有限公司设立条件，并按照股份有限公司的设立程序履行变更审批、登记等有关程序。其中，特别值得注意的是，必须按照审计后账面净资产折股，而不能按照评估价值折股，折合的股份总额应当等于审计后账面净资产额。有限责任公司变更为股份有限公司时，变更前后为一个持续经营的会计主体，资产评估结果不应进行账务调整。如果变更时，根据资产评估结果进行了账务调整的，则应将其视同为新设股份公司，原有限责任公司的经营业绩不能连续计算，在股份有限公司开业三年以上方可申请发行新股上市。

有限责任公司变更为股份有限公司的程序如下：

（1）向有关政府部门提交有限责任公司变更为股份有限公司的申请，并获得批准；

（2）原有限责任公司的股东作为拟设立的股份有限公司的发起人，将其净资产按 1∶1 的比例投入到拟设立的股份有限公司；

（3）由会计师事务所出具验资报告；

（4）制定公司章程，召开创立大会；

（5）创立大会结束后的 30 天内，由公司董事会向公司登记管理机关申请设立登记；

（6）在媒体上公告。

有限责任公司变更并不是有限责任公司改组成股份有限公司的唯一途径，与其他类型的企业一样，有限责任公司改组为股份有限公司也可以通过发起设立方式，即注销原有限责任公司的法人资格，公司股东以原有限责任公司的评估后经营性净资产出资，发起设立新的股份有限公司。在发起设立模式下，原有限责任公司的企业法人资格必须注销，在股份公司申请发行新股和上市时，原有限责任公司的经营业绩不能连续计算。这种改组为股份有限公司的方式与国有企业改制发起设立股份有限公司的程序基本相同。

第三节　企业改制的模式及要求

我国《公司法》和《证券法》都明确规定，只有规范化的股份有限公司才能公开发行股票及上市，因此，无论是国有企业、集体所有制企业，还是私营企业有限责任公司，在申请上市之前都必须改制成规范化的股份有限公司。

一、企业改制重组模式

企业为了上市而进行的改制重组有很多种模式，我们这里介绍常见的八种：整体改组、整体分立、主体改组、部分改组、整体合并、部分合并、控股模式、引进股权投资者。

（一）整体改组

整体改组，指被改组企业的股东作为主发起人，将被改组企业的全部资产投入，发起设立股份有限公司，原企业解散。该改组模式中，企业组织结构的变化建立在原企业组织结构的基础之上，从原有的管理体制转换为适应上市要求的管理体制。这种模式适用于：①新建企业；②业绩优良且承担社会职能较少的企业；③改制前已经进行过比较规范的市场化改革的企业；④企业内部冗员压力较小、隐性失业率小或者上市后有能力有效的转移内部劳动力的企业。整体改制模式在股份制试点的早期曾经被大量应用。

该模式的优点在于：①企业的资产和负债及其他生产要素（包括企业的管理者）整体进入新设的股份有限公司，改制重组对原企业的业务和经营影响较小，所以有利于企业上市后按照改制前的秩序运行；②一般不存在资产剥离，所以改制过程相对比较简单，时间相对较短；③改制后的管理层次比较简单，管理层和主管部门均不会因企业改制而产生较大的矛盾冲突；④由于是整体资产和业务的投入，改制以后，关联交易和同业竞争较少，有利于上市公司规范运作。

该模式的缺点是：①适应范围较小，不适合较大规模的企业集团的改制重组；②由于没有资产剥离，优质资产和不良资产一并进入改制后的上市公司，影响上市的业绩；③由于是整体资产重组，原企业富余人员也一并带入上市公司，在人员安置方面缺乏更多的灵活性和选择性。

资料 3-2　中国银行整体改制为中国银行股份有限公司

2004 年 8 月 26 日，中国银行宣布，由国有独资商业银行整体改制为国家控股的股份制银行——中国银行股份有限公司。经国务院批准，中央汇金投资有限责任公司代表国家持有中国银行股份有限公司百分之百股权，依法行使中国银行股份有限公司出资人的权利和义务。中国银行股份有限公司注册资本 1863.9 亿元人民币，折 1863.9 亿股。

资料来源：新浪财经/https://finance.sina.com.cn

（二）整体分立

整体分立，指将被改组企业中效益较好的经营性资产与非经营性资产和效益低下的经营性资产相分离，分别成立两个（或多个）独立的法人，原有企业不复存在。经济效益较高的经营性资产进入股份有限公司，并在此基础上增资扩股。非经营性资产和效益不好的经营性资产投入到新成立的另一个（多个）公司。对于资产规模较大的企业，可以通过分立将赢利能力较强、盘子适中的部分独立出来作为拟设立的股份有限公司的核心部分，其他业务和资产则进入其他的企业独立运作。

该模式的优点是：①通过合理的分立，能够比较全面的优化上市主体，使上市主体的主营业务更加突出，提高上市公司的竞争力；②可以使原企业非上市部分，同样规范为现代化公司制企业，按照市场规律运作，避免增加上市主体的隐性包袱；③有利于股份公司轻装简政，重新按照现代企业模式搭建企业管理架构。

该模式的缺点是：①有适用范围的限制。为避免企业通过分立重组编造和虚构利润，影响改制后企业的独立运作，监管部门一般要求拟上市企业在改制过程中遵循整体改制的原则，即要求经营性资产整体进入拟上市公司，因此，分立模式有一定的适用范围限制。当企业规模较大，而公开发行额度相对较小，整体改制不能满足拟发行的社会流通股占股本总额的最低比例要求，或整体改制企业包袱过重导致利润指标达不到上市要求时，可以采取分立模式设立股份有限公司作为拟上市主体；②影响企业业绩的连续计算。采取分立模式设立股份有限公司，由于原企业的经营性资产并不是整体进入拟上市公司，原企业经营业绩的连续计算可能会受到《公司法》以及中国证监会有关规定的限制；③产生比较多的关联交易和同业竞争。

资料 3-3　上海石化总厂的改制上市

原上海石油化工总厂重组为上海石油化工股份有限公司和中石化上海金山实业公司。前者成立于 1993 年 6 月 29 日，成为原企业因素所有者中国石油化工总公司的控股子公司，接管了上海石化的石化业务的若干资产和债务，实业公司则接管了上海石化的住房、学校运输、医院、社区服务及其他部门，成为中石化的全资子公司，上海石油化工总厂不复存在。

资料来源：财务顾问网/http://www.cwgw.com

（三）主体改组

主体改组，是指将被改组企业的全部（或主要部分）生产性资产投入到新成立的股份公司，在此基础上增资扩股，原企业还存在并成为新成立的股份公司的控股公司。这一模式与整体改组模式的关键区别就在于原企业保留法人地位，成为控股公司。

除了具有整体改组模式的基本优点外，该模式还具有以下优点：①由于将原企业作为集团控股公司，有利于企业以整个集团利益为出发点，上市公司与非上市公司的部分矛盾可以在集团内部得以协调处理；②有利于上市公司进行债务重整，将一定数量负债转移到控股公司，或与控股公司实行资产转换，以获得良好的赢利能力，保持配股资格，获取较高的配股价。

该模式的缺点是：①由于集团公司与上市公司的经营管理层相互重合，经营者没有来自出资者的压力，缺乏有效监督；②涉及的关联交易比在整体改组模式下更为复杂，上市后的信息也将更加复杂麻烦。

资料 3-4　上海宝钢集团公司主体改组

宝山钢铁股份有限公司的发起人上海宝钢集团公司的前身为宝山钢铁（集团）公司。宝山钢铁（集团）公司由上海宝山钢铁总厂于1993年更名而来。1998年11月17日，经国务院批准，宝山钢铁（集团）公司吸收合并上海冶金控股（集团）公司和上海梅山（集团）有限公司，并更名为上海宝钢集团公司（以下简称宝钢集团）。其改制方案为将宝钢集团下属的大部分生产经营性资产以及部分的生产辅助性资产全部投入到宝山钢铁股份公司里，另外也将宝钢集团的一些生产职能性部门投入到股份公司里，从而使股份公司拥有完整生产工艺流程，以及完整的科研、生产、采购和销售体系。最终宝山钢铁股份有限公司为宝钢集团独家发起设立的股份有限公司并在上海交易所上市交易。

资料来源：国务院国有资产监督管理委员会官网/http://www.sasac.gov.cn

（四）部分改组

部分改组，指以原企业部分优质资产为主体改制设立股份有限公司，在此基础上增资扩股，而其他非经营性资产、不良资产和部分债务仍保留在原企业。此种模式下，原企业成为拟上市公司的股东，其法人资格仍然保留。与分立模式一样，部分改制模式也适用于大型企业或企业集团。该模式可以说是应用最为广泛的模式。

改组模式和分立模式都是以原企业的部分资产改制设立股份有限公司，因此有很多相似之处，部分改组模式也具有分立模式的基本优点和缺点。两者的主要区别在于：在分立模式中，原企业不复存在，由原企业的出资者担任拟上市公司的股东；在部分改组模式中，原企业的法人主体仍然保留，原企业直接担任拟上市公司的股东。

除具有分立模式的优点以外，部分改组模式还具有如下优点：①原企业作为股东单位保留法人地位，作为拟上市公司的股东同政府部门保持联系，原国有企业享受的政策优惠和利益仍然存在；②因改制而发生的债务重组相对简便易行，对原企业来说，部分改制只是把部分优良资产变为股权，其整体资产并没有因改制而减少，原有的不良资产和债务包袱仍保留在原有的法人主体内，因此在与有关债权人的沟通上相对比较容易；③由于原企业的存续，有利于企业职工尤其是富余离退休员工的安置，减少企业因改制而产生的员工安置负担；④对企业集团来说，在部分改制情况下，拟上市公司只是原企业集团大架构中的龙头部分，是集团整体发展战略的一部分，原企业集团的存续有利于妥善处理和协调上市部分与非上市部分的矛盾冲突。

部分改组模式的缺点是：①具有分立模式的缺陷和局限性；②由于原企业的存续，旧的管理体制没有发生根本性变化，上市公司很难摆脱旧体制的束缚，较易发生原企业占用上市公司资金、资产或干涉上市公司生产经营等影响上市公司独立性的情况；③改制后保留在原企业的非上市部分，尤其是后勤服务或赢利较小的部分，对上市公司依赖性较大，在原材料供应、产品销售、辅助配套设施、后勤服务等方面容易产生大量的关联交易情况，增加上市公司信息披露和规范运作的负责度和难度；④由于不是整体改组，可能会因改制不彻底而导致同业竞争。

资料 3-5 天津港集团的部分改组

天津港是我国北方大港、津京门户、三北地区的入海口，自然条件优越，地理位置重要，是我国沿海重要的国际性运输枢纽港。随着我国改革开放政策的深入，天津港的吞吐量越来越大，需要大量资金来对其进行技改和扩建。但天津港集团作为一个大型老国企，效益不好，资产负债率高，贷款能力有限。1996 年，集团决定整合旗下优质资产上市，以打通证券市场的直接融资通道。当时集团的资产主要分为三大块：一是码头装卸业务，这块业务资产规模很大，但效益较差，达不到上市条件；二是港口储运业务，这块业务资产规模适中，效益较好；三是配套服务业务，这块业务效益较好，但资产规模偏小。集团最后决定采取部分重组的模式，先将第二块资产即储运业务拿出来进行股改上市，这就是后来的津港储运股份有限公司。津港储运上市后，集团利用这台“通向资本市场的抽水机”筹得的资金获得了很大的发展，效益大大提高，就逐步先将第三块资产，后将第一块资产也注入到了上市公司，最终实现了集团经营性资产的整体上市。上市公司的名称最后也改为“天津港集团股份有限公司”。

资料来源：新浪网/http://finance.sina.com.cn

（五）整体合并

整体合并，是以一个企业为主吸收合并其他有关企业，加以重新组合，建立股份有限公司，进行增资扩股，原企业不复存在。这种模式适用于有合适的合并对象和合并基础，被吸收合并的对象应该已经具有或者潜在具有较好的经济效益，并且原企业和被合并的企业基本上不需要进行资产剥离。此模式的关键在于选择合适的合并对象，它们既可以是企业法人，也可以是不具备法人资格的资本权益。

该模式的优点是：①引进上下游或同行业企业，增加公司的综合实力和竞争力；②增加发起人投入的净资产、扩大股本总额；③引进其他投资者和管理模式，实现优势互补，弥补原企业在架构、管理制度和管理体系上的不足，避免改制后出现“一股独大”情形，有利于拟上市公司更规范化运作。

该模式的缺点是：①合并吸收其他资产和业务，在人员、资产、业务等方面都需要进行磨合，容易产生内部矛盾和分歧；②合并对象较难选择。

资料 3-6 华菱钢铁集团

1998 年以前，湖南省冶金行业主要是湘潭钢铁公司、涟源钢铁集团有限公司、衡阳钢管厂的三分天下。这三家钢铁企业各自有一定的优势，资源之间存在较大的互补性。但均为中型企业，各自的整体实力都不够强，相互之间缺少协同配合，经济效益不是很理想。湖南省人民政府从利用资本市场发展湖南冶金工业、组建湖南冶金工业“航空母舰”、实现强强联合和优势互补的战略高度出发，于 1997 年 11 月将湖南省冶金企业集团公司所属的湘潭钢铁公司、涟源钢铁集团有限公司、衡阳钢管厂合并改组成立湖南华菱钢铁集团有限责任公司。三钢合并后，新集团将下属经营性资产重组为华菱管线股份有限公司并上市成功。

资料来源：陈晓红等. 战略型资本运营［M］. 湖南人民出版社，2003.

（六）部分合并

部分合并，是两个或两个以上企业各以其部分较好的经营资产投入，整合成股份公司，在此基础上增资扩股。原企业还存在并成为股份公司的股东。

部分合并模式具有整体合并模式的优点，由于这一模式各企业只将优良资产投入拟上市公司，有利于提高拟上市公司的资产效率和竞争能力。这一模式的缺点主要是将非经营性资产和不良资产处理的困难都留给了原企业。

（七）控股模式

控股模式，指优势企业或企业集团通过控股的方式，有计划地控制其他一些较好的企业，组成控股股份有限公司，并在此基础上增资扩股，用筹到的新股本金再进行并购或从事生产经营。

这种模式适用于有政府背景或业务较多的企业集团，优点是筹集资金较多，可以滚动发展，迅速做大。缺点是管理难度大，成为综合类上市公司后会股价不高。

资料 3-7　上实模式

1996 年，上海市政府的国有资产管理公司上实集团将所属的上海家化和上海三维各 51%的股权、永发印务 91.48%的股权、南洋兄弟烟草 100%的股权等组建成上实（香港）控股股份有限公司，并在香港联合交易所上市。随后利用在香港资本市场上多次增发募集的资金，先后收购上实集团下属的上海交通电器、光明乳业、汇众汽车、东方商厦、上海延安路高架、南北高架、内环路等公司的部分股权。因而盘活了国有存量资产，获得了发展资金（增量资本）。

资料来源：新浪网/http://finance.sina.com.cn

（八）引进股权投资者

引进股权投资者，指企业引进风险投资（VC）或私募股权投资（PE），改组成股份有限公司，用筹到的股本金进行并购或从事生产经营。

这种模式适用于有较好成长空间并急需资金的企业，优点是能较快地获得快速成长所需的资金，并有可能在技术、市场、发展战略、治理结构、激励机制、上市策划等方面得到帮助。缺点是可能导致企业短期行为。

资料 3-8　金蝶引进风险投资

1993 年，金蝶公司成立，并以每年 300%的速度增长。金蝶公司所处的软件产业是一种高风险、高收益、高投入的行业，需要投入大量资金用于产品研发和市场开发。

1997 年，IDG 董事长麦戈文先生到金蝶进行考察，认为金蝶公司是一个有远见、有潜力的高新技术企业，金蝶公司的队伍是一支年轻而优秀的人才队伍。1998 年 IDG 决定由 IDG 的广东太平洋技术创业有限公司增资 2000 万元人民币折价入股，成为金蝶公司的股东之一，这是 IDG 对华软件产业风险投资中最大的一笔投资。IDG 对金蝶公司只参股 25%而不控股，也不参与经营，只是通过不断地做一些有益的辅助工作，以支持该公司的科研开发和国际性市场开拓。

2001 年的 2 月，金蝶软件在香港创业板成功上市。

资料来源：新浪网/http://finance.sina.com.cn

二、中国证监会关于改制重组的要求

企业进行股份制改造并申请公开发行股票，除应符合《公司法》规定的发行条件以外，还应符合中国证监会的有关要求。

（一）连续 3 年盈利

最近 3 年连续赢利是《公司法》规定的上市条件之一。《公司法》同时规定，原国有企业依法改建而设立的，或者《公司法》实施后新组建成立，其主要发起人为国有大中型企业的，可连续计算。在操作中如何把握这一标准，中国证监会从管理者的连续性、主体经营资产的完整连续性等方面作了比较具体的规定。

（1）管理者的连续性。拟上市公司的经营资产和业绩的主体部分必须在同一管理层下持续经营至少 3 年，其中的同一管理层是指公司董事、监事、总经理、财务负责人、技术负责人或者核心技术人员、营销负责人在每一自然年度累计未发生 1/3 以上变化。

（2）主体经营资产的完整连续性。发起人或股东应将与主营业务有关的业务和资产整体投入，且业务、资产、人员、机构、财务与原企业或存续主体分开。如对有关业务或资产进行了剥离，则应有充分理由解释并遵循了人员、资产、负债、成本费用等方面的配比原则。

（3）原企业性质要求。可连续计算原企业经营业绩的改制企业应具有国有控股的性质，即国有企业、国有股占 51%以上的企业、国有事业单位作为主发起人发起设立公司的，在符合前两条规定的前提下，可连续计算原企业或所投入业务和资产对应的经营业绩。两个以上的国有企业、国有股占 51%以上的企业、国有事业单位以经营性资产出资发起设立公司需连续计算原企业经营业绩的，应将业务和资产完整投入公司，且业务具有相关性，并应自设立之日起独立运行至少一个完整会计年度方可申请发行上市。此外，对于已经规范运作的有限责任公司整体变更或合并分立的，在符合一定条件的基础上，原企业的经营业绩也可以连续计算。

（二）关于资产的出资及折股

（1）发起人应保证其投入资产的权属清晰，即应在投入拟上市公司之前取得完整的所有权及权属证明，如房产证、土地使用权证书等。

（2）非经营性资产应予剥离。非经营性资产主要指“企业办社会”和“企业办政府”所形成的资产，如医院、食堂、职工宿舍、幼儿园、图书馆、派出所、消防队等，这类资产在改制重组中应剥离出股份公司，原则上不能折价入股。对剥离的非经营性资产，要明确其所有人，若拟上市公司仍需要使用的或需要其提供后期服务的，应按照社会公允价格签署有偿使用协议或有偿服务协议，界定清楚双方的权利义务。

（3）关于债务重组，由于拟上市公司要求资产负债率不能高于 70%，因此，对于债务负担重的企业重组时，可能涉及债务处理问题，剥离债务一定要取得债权人的认可和同意，无法剥离的，也可以考虑实行债转股等方式处理，以减轻改制后企业的债务压力。

（4）对于无形资产处理，应本着无形跟着有形走的原则，如果经营性资产全部投入到拟上市公司的，其相关的无形资产（含商标、版权、专利、非专利技术等）也应一并投入上市公司，而不能保留在原企业或股东名下，由上市公司有偿使用。对于大型企业集团改制，如企业集团也在使用该商标，可以不把商标投入，但公司在设立以后应与集团公司签署一定期限的许可使用协议。在无形资产中，土地使用权、专利权、非专利技术、版权可以评估作价折股，但商标原则上不能折价入股，其他如商誉等法律法规没有明确规定的无形资产也不能折价入股。

（三）减少并规范关联交易

关联交易指拟上市公司与关联方之间发生的交易。对于关联方的定义，中国证监会发布的发行审核备忘录、两个交易所发布的股票上市规则以及财政部发布的企业会计准则都有定义，由于把握的角度不同，这些规定对于关联方的定义也各有不同。概括说来，关联方一般包括：①控股股东（母公司）及其控制下企业；②持有拟上市公司5%以上股份或对拟上市公司有重大影响的法人或自然人；③拟上市公司董事、经理及其近亲属以及这些人士控制下的企业等。拟上市公司控制下的企业，即子公司，虽然也属于拟上市公司的关联方，但由于这些企业属于上市公司整体架构的一部分，如果上市公司与这些企业发生交易，可以不按关联交易的程序履行审议及信息披露程序。

公司在改制重组中应尽量减少关联交易，尤其是与控股股东及其下属机构之间在供应、销售、生产加工等直接经营环节的关联交易。对于大股东通过保留采购、销售机构，垄断业务渠道等方式干预拟上市公司的业务经营，或公司不具有独立产、供、销系统，或核心技术、主要资产被大股东占用的拟上市公司，在没有依法规范以前，是不符合中国证监会要求的上市条件的。对于不可避免的关联交易，应遵循公开、公平、公正的原则，关联交易的价格或计费应不偏离市场独立第三方的公允标准，还应履行一定的程序和信息披露义务。一般来讲，涉及金额在300万元以上或公司净资产5‰以上的，应该提交董事会进行审议，并由独立董事发表意见，在3000万元以上或占公司净资产5%以上的，则必须提交股东大会审议，上市之前最近一年发生的重大关联交易，需要在首次发行招股说明书中予以披露。

（四）避免同业竞争

同业竞争是指拟上市公司与大股东或实际控制人（含大股东或实际控制人控制下的企业）在主营业务及其他业务方面存在的竞争状况或利益冲突。相对于关联交易来说，同业竞争限制更偏向于大股东及实际控制人，这是因为大股东及实际控制人对拟上市公司是具有一定控制权的，如果允许同业竞争，可能会损害拟上市公司利益，从而最终使中小股东利益得不到保障。目前在各国交易所制订的股票上市规则里都有类似的关于限制同业竞争的规定，在我国，证监会和交易所一般要求拟上市公司在申请上市之前，与大股东或实际控制人订立避免未来发生同业竞争的协议，或要求大股东或实际控制人就避免同业竞争做出有效承诺。对于存在同业竞争的公司，在提出发行上市申请前应采取措施加以解决。除此之外，拟上市公司还应采取措施保证不致因开展业务发展规划、募股资金运用、收购兼并、合并、分立、对外投资、增资等活动，产生新的同业竞争。

（五）满足独立性的要求

独立性要求是中国证监会对拟上市公司改制重组的基本要求，也是拟上市公司上市必须具备的条件之一，一般包括五个方面的内容，即拟上市公司在业务、资产、人员、机构和财务方面均具有独立性，与其大股东、主发起人、实际控制人或原改制主体分开。

（1）业务独立完整。指拟上市公司拥有自己独立的产供销运营系统，拥有独立自主面向市场的能力，且主营业务突出。主营业务突出，一般以发行前一个报告期内的核心业务及其相关业务收入之和占总业务收入的比例不低于 50%作为衡量标准。

（2）资产独立完整。指各发起人投入的资产应足额到位，且已将有关资产权属转移过户到拟上市公司名下，重组后的拟上市公司应对其资产拥有完整的所有权，拥有与主营业务相关的知识产权和非专利技术，拥有独立于发起人或控股股东的生产经营场所等。

（3）人员独立。即公司的人员与股东单位分开，拟上市公司拥有独立于股东单位或其他关联方的员工，董事长不得由股东单位的法定代表人兼任，总经理（含总裁等相当称谓）、副总经理、财务负责人、营销负责人、董事会秘书等高级管理人员和核心技术人员应专职在公司工作并领取薪酬，不得在大股东单位兼任除董事、监事以外的其他管理职务。控股股东、其他任何部门和单位或个人推荐人员应通过合法程序，不得干预拟上市公司董事会和股东大会作出人事任免决定。

（4）机构独立。即拟上市公司的生产经营和办公机构与控股股东完全分开，不得出现混合经营、合署办公的情形。控股股东及其职能部门与拟上市公司及其职能部门之间不存在上下级关系，任何单位或者个人不得以任何形式干预拟上市公司生产经营活动。

（5）财务独立。具体包括财务机构独立、财务运作独立、税务独立等，拟上市公司不得与股东单位共用银行账户和税务账户，股东单位、实际控制人及其控股的公司不得以任何形式占用公司的货币资金或其他资产。拟上市公司不得为股东单位、实际控制人及其控股的公司及个人债务提供担保。

（六）妥善处理好利益相关者关系

在改制重组过程中的利益相关者包括企业员工、债权人、业务合作伙伴、客户、供应商等，对于企业员工，要贯彻下岗分流、减员增效的原则，建立员工社会保险制度，对离退休人员要按国家有关规定妥善安置，不应进入股份公司的离退休人员的养老、医疗及安置费用由原企业资产所折股权的股份持有单位承担。改制过程中涉及的原企业合同主体变更，需要获得合同相对人的同意；债权债务变更，需要取得债权人同意，并通知债务人；改制后的企业应该与员工、消费者（客户）、供应商、债权人等利益相关者不得存在重大利益纠纷及其他重大不确定因素。

总结与复习

实行股份制，按股份方式筹资，是资本重新组合的一种方式。通过股份筹资，可以优化社会资源配置，改变国有企业单一的资本构成模式、迅速集中社会闲散资金，促进消费资金向生产资金的转化，有利于促进高科技新兴企业的发展壮大，加快基础设施建设，促进国民经济的进一步发展。

我国《公司法》规定的股份有限公司设立方式包括发起设立和募集设立两种方式。其中，发起设立是目前应用最广泛的股份公司设立方式，近年来上市的股份有限公司大多是采用发起方式设立的。

实践中的股份有限公司，除以发起方式直接设立以外，有很多是由有限责任公司整体变更而来。有限责任公司变更，只是公司组织形式的变更，变更前后仍是同一个法人主体，其业务、债权、债务都由变更后股份有限公司自然承继。

企业改制重组模式包括：整体改组、整体分立、主体改组、部分改组、整体合并、部分合并、控股模式、引进股权投资者八种。

企业进行股份制改造并申请公开发行股票，除应符合《公司法》规定的发行条件以外，还应符合中国证监会的有关要求。

第 3 章　即测即练题

思考与练习

1. 为什么国有企业要进行企业改制？有何现实意义？
2. 企业改制重组有哪些模式？
3. 企业改制重组模式中，分立模式与整体改组模式有何具体区别？
4. 股份有限责任公司的设立有哪些程序？
5. 课外查找资料，分析中国国有资本管理和国有企业改革的最新动向。

本章案例分析

联想民营化改制的样本价值

毋庸置疑，65 岁的柳传志会永远记得 2009 年 9 月 8 日，他推动联想控股的国有大股东，将 29%股权转让给民企泛海集团，联想真正意义上的民营化改制得以实现新的转折。这一重要变化对联想或是顺理成章，可视为 8 年前第一次改制的延续。但在当前新一轮“国进民退”大潮中，类似联想这样的产权市场化归位与激励，却有不同寻常的样本价值。

有意思的是，柳传志促成的本次改制，并没有赢得外界压倒一切的叫好声，反而引发了这种股权转让是否足够公平的争论。因为在过去 20 多年里，虽然国有股东占绝对优势，但他和联想高管却是典型的内部控制人，国有股东的发言权行使得并不明显。

现在通过民营化改制，股权结构更多元，有利于完善联想的治理结构。但联想这一脱胎于国有资本和资源的企业，却因此变身为民资绝对控股。这是否成为新一轮国有控股企业私有化浪潮的起点，或者说成为一种产权意义上的“国退民进”成例，值得深究。

首先要看到，联想和柳传志都有其资源占有上的独特性，这决定了联想此次民营化改制，并不必然成为流行范本，或者说，其他企业要以此为例进行类似改制，还需要时间和条件配合。但其中透露的重要信息令人鼓舞，即拥有核心政经资源、人脉关系和经营管理实权的创业者和管理者，有望找到并利用更多政策机会，在国有控股企业改制中获得更大权益。

至于这种获益的公平性，则很难按常理去界定。比如联想，25 年前创业时，以中科院计算所 20 万元资金为起点，但 25 年后，“净资产上百亿元、品牌显赫、猛将如云的联想控股”，究竟该归谁所有，就不是一道简单的算术题。抛开表面上的所谓国资流失争议，我们更看重的是，创业者和管理者应当获得怎样充分的激励与回报。

即使这种激励与回报，从常识看有可能多了些，也不妨鼓励并宽容。中国经济过去 30 年的快速发展，就是在“去国资化”和市场化的双轮驱动下实现的。而国资的做大，与民企的成长，都有赖于一大批面向市场且经历考验的企业家锐意进取。对于这些先行者和成功者，从市场经济的效率与公平原则出发，宁可激励过头，也不要激励不足。

因为这种国有股权向民资的转移，不同于那些只靠特殊关系，做低国资估值，掠夺式吞并国资的权势者。在那样的钱权勾结交易中，市场化的公开、公平、公正无从谈起，权势者不过是借改制之机，行私有化之实，那是最坏的一种私有化，是赤裸裸的“分肥”。

至于如何区分“分肥”与“回报”，差别在于当事人的付出。如果付出是实在的，是劳动与创造所产生的内在价值，其所得就是回报；反之，如果没有真实的劳动和创造付出，而是靠关系和钱权交易而牟利，就是分肥。国资分肥之所以不能被接受，就是分肥者只是通过权力占有、再分食。显然，联想是创业者一点点干出来的，没有获得过多少额外的政策或权力关照，并且 20 多年来，联想给国有股东的回报非常充分，国资控股股东也不能贪得无厌。

因此我们对联想的民营化改制充满期待，它本就属于历史遗留的产权与激励问题，是敏感的国资控股权如何平稳地通过透明交易，转向创业者和私人主体。这与权势者吞没国资行为最大的区别在于，它有更接近于市场化资源配置的交易方式，可以避免成为内部人控制下的分肥，即使难免瓜田李下的国有股权民营化折价，恐怕也是国资股东必须面对的现实。

从这点上说，柳传志的确比同时代的许多企业家更有勇有谋，他再一次把握了历史性机遇。8 年前，联想从国资股东虎口中夺食，分出 35%股权给职工持股会，打破了国资向私人转让股权的坚冰，今天国资控股股权向民资转让，则为更多国企改制提供了突破性样本。

多年来，激励机制不充分、不规范，不够市场化，国有股权民营化改制的诸多暗箱操作等，几成中国企业的通病。许多国有控股企业，特别是仍保留颇高行政级别的央企，高管们往往没有股权激励，货币薪酬也远未市场化，账面收入看起来似乎与同级公务员差不多，但事实上的各种补贴、福利等潜在利益，却是油水多多。在尽可能满足国企高管实际上的高收入同时，也形成了许多外人搞不清的成本黑洞，这是国企一审计就出丑的制度诱因。

而随着中国经济的产业升级，类似联想的资本和知识密集型企业，初放增长阶段已经过去，后续发展要靠更多优秀人才。而要吸引并留住人才，不能只讲所谓“责任心、上进心或事业心”，而应按市场化的人才价格机制，进行合理定价，并有充分业绩回报。

其中的关键，就是股权激励，这也是市场经济的规律所在。改革开放40年，改到深入必是破题产权，第一阶段的初步产权明晰，曾造就了中国30年里最长时间的爆发式增长，这种权责利“三位一体”，让人人为己的同时，形成集体性发展动力，是市场经济的魔力所在。

而中国改革多年来的路径探索，近乎唯一的可行方式就是增量改革，即创业者的回报，通过未来公司价值折现来实现，同时也充分照顾国有股东的权益，以免寸步难行。

今天中国更深层的产权改革和企业改制已无法绕开，让创业者突破各种限制，敢于争取应得的回报，并以合乎规范的方式拥有股权激励，这本身就是一种进步。从这个意义上说，在2009年9月8日，柳传志与联想再次创造了中国新的产权改革历史。

资料来源：投资者报/ http://www.investorchina.com.cn

问题：

请分析联想民营化改制的启示。

第四章
股票的发行与上市

学习目的

- 了解股票上市的利弊；
- 了解股票首次公开发行与上市的条件；
- 熟悉股票首次公开发行与上市的程序；
- 了解新三板的概念与申请挂牌的条件；
- 掌握买壳上市的主要程序和方法；
- 了解境外上市的利弊和主要途径；
- 学会如何选择上市地点。

引　言

资金是企业运营与发展的最重要的资源之一。企业在生产经营过程，特别是在扩大生产经营规模时，常会遇到资金不足的困难。在企业自有资金不能完全满足其资金需求时，便需要向外部筹资。对外筹资可以有两种方法：一是资金需求者直接通过金融市场向社会上的资金盈余单位和个人筹资；二是向银行等金融中介机构申请贷款等。第一种方式被称为直接融资；第二种方式则是间接融资。直接融资的主要形式有发行股票、债券、商业票据等。其中股票融资和债券融资是两种最重要的形式。

1602 年，荷兰成立了股份制公司——东印度公司，到海外开拓殖民地，进行贸易活动，为筹措资金，规避风险，开始向社会发行股票。1609 年，在荷兰出现了世界上第一个交易所——阿姆斯特丹交易所。1773 年，在伦敦正式成立了英国第一个证券交易所。1792 年，一批股票经纪人在纽约华尔街订立协定，形成经纪人联盟，即纽约交易所的前身。长时间的发展与技术进步，使得现如今股票已成为许多国家和地区最重要的金融工具之一，股票融资已经成为当今公司的重要融资方式。

从 1990 年 11 月 10 日上海证券交易所挂牌成立以来，中国股市经历了近 30 年的发展。其间的起起落落、曲折婉转对中国市场经济的发展影响深刻，对资本市场的完善功不可没，为中国企业的壮大提供了良好平台，为进一步打开国门创造了契机。

第一节 股票发行与上市的条件及程序

股票的发行和上市是现代企业资本运作的主要方式之一。在我国，股票的公开发行与上市往往是同时进行的，公司在申请发行的同时也申请其获准发行的流通股在交易所上市交易。因此，首次直接上市往往与首次公开发行（Initial public offering，IPO）紧密相关。

一、发行股票上市的利弊

发行股票上市有利有弊，企业应该根据各自的具体情况决定是否上市。

（一）有利的方面

（1）可以筹集巨额资金促进企业发展。企业利用资本市场融资不是一次性的，上市后还可以通过增发股票、发行债券（包括可转换债券）、优先股等多种形式再融资。和银行贷款相比，发行股票融资具有其优越性。银行贷款到期要归还，如果不能借新还旧，企业生产经营就要受到影响。而发行股票融资不需归还，企业可以从容规划使用。

（2）有利于建立现代企业制度，规范公司治理结构，提高企业管理水平。在企业发行上市过程中，证券公司、会计师事务所和律师事务所要对企业进行尽职调查，诊断企业在公司设立、生产经营、财务管理、公司治理和内部控制等各个方面存在的问题，对企业进行专业培训和辅导，帮助企业重组和改制，明确企业发展战略和募集资金投向。上市后，作为公众公司，企业需要对公众股东负责，更需要严格按照相关法律、法规及上市公司监管要求规范运作。因此，股票上市过程实质就是全面加强基础管理、完善公司治理和内部控制、提高企业管理水平的过程。

（3）提高企业品牌价值和社会知名度，更容易获得订货、技术、人才和信贷。中国有超过一亿股民，每日股票行情、媒体对上市公司的报道、证券分析师对公司的分析研究，实际成为面向亿万股民的免费广告，产生巨大的广告效应，从而提高企业的品牌价值和社会影响力。

（4）有利于建立和完善激励机制。上市公司股权对员工具有极大的吸引力。公司设立时，一般是每股 1 元，而上市后，每股价格就可能变成数元，甚至几十元。持有公司股份的员工往往一夜暴富。上市公司还可以通过股票期权来增加职业经理人的压力和动力。

（5）提高企业经营的安全性和抗风险能力，成为百年老店。提高企业安全性表现在以下几个方面：首先，上市公司要规范运作，例如财务报表要经过审计，不能偷税漏税等，要接受监管，这些本身就有利于企业安全经营；其次，企业有了充裕的现金，可以帮助企业在市场萧条情况下更容易度过困难时期；最后，上市公司依靠规范化公司治理结构推动发展，企业可以通过职业经理人专业化管理而代代相传，成为百年老店。

（6）股票流动性强，有利于股权升值，有利于股权转让，有利于企业并购等。

（二）不利的方面

（1）融资成本高。根据融资优序理论，股权融资是比内源性融资和债务式融资成本更高的融资模式。另外，在上市过程中和上市之后的维护中，都需要很多成本投入。例如上市公司要设立独立董事，要在媒体披露信息，会增加广告费、审计费和薪酬等营运成本。

（2）管理层压力增加。各类投资者对业绩和回报有一定的要求，会对管理层施加压力。如果公司经营不佳，业绩下降，公司股票会遭到投资者冷遇，甚至有退市的可能性。

（3）稀释控制权。上市后股东增多，对大股东和老板的约束力也增多，是指可能导致控制权的丢失。创始人不能再搞"一言堂"，企业重大经营决策需要履行一定的程序，必须尊重小股东的权利，这样有可能失去部分作为私人企业所享受的经营灵活性。

（4）公司透明度提高。从大的方面看，提高透明度并非坏事，但有时主营业务、市场策略和财务等方面的信息披露会对竞争对手有利。

（5）面临较强的市场监管。企业争取上市一定要脚踏实地，靠实实在在的业绩，切忌弄虚作假，否则会欲速则不达，甚至弄巧成拙。

资料 4-1　华为为什么不上市?

在 2013 年的一次公开讲话中，华为创始人任正非明确表示，公司董事会 20 多年来不仅从未研究过上市问题，而且未来 5 至 10 年内，华为既不考虑整体上市，也不考虑分拆上市，更不考虑通过合并、兼并、收购的方式进入资本游戏。

任正非对华为不上市有自己的理解。当有人问到"华为为什么不上市"的问题时，任正非答道："猪养得太肥了，连哼哼声都没了。科技企业是靠人才推动的，公司过早上市，就会有一批人变成百万富翁、千万富翁，他们的工作激情就会衰退，这对华为不是好事，对员工本人也不见得是好事，华为会因此而增长缓慢，乃至队伍涣散；员工年纪轻轻太有钱了，会变得懒惰，对他们个人的成长也不会有利。"

保证战略决策的可控性可以说是华为远离资本市场的独到用心。华为能走到今天，成为一家具竞争力的国际公司，就是因为华为总是"谋定而图远"，以 10 年为目标来规划公司的未来；但是，资本是最没有温度的动物，也是最没有耐心的魔兽，自然，任正非和华为非常不愿意看到自己像其他业界同行那样总是被资本市场的短期波动牵着鼻子走。华为将自己定位为量产型公司而非技术创新型公司。华为进行了商业模式创新，新产品投入市场即以两三年后量产的模型来定价，一开始就是亏损，这样，西方竞争对手由于在成本上的劣势，往往要丢市场份额，同时，不可能有小公司再度崛起。如果华为是上市公司，就要对每季度的业绩负责，就不能站在一个产品 5 年或者更长时间能不能盈利来定价，从而去占领市场。华为拓展国际市场也是如此，巴西市场从 1998 年开始拓展，连续 8 年亏损，但 2008 年收入将超过 1 亿美元。如果华为是上市公司，可能在第三年就砍掉了巴西分公司，就不可能有今天的国际市场的业绩。

非常重要的是，在华为全部职员中，目前有7万名员工持有公司的股份，占全部股权的98.58%，这恐怕是全球未上市企业中股权最为分散、员工持股人数最多的绝无仅有的一家公司。如此分散的股权结构，任何一家资本投资者都可轻而易举地形成相对控制权。对此，任正非不得不多一份警惕。

不上市的华为是否有足够厚实的家底支撑企业扩张与前行是外界同样关注的话题。分析华为历年的财报，不难发现其手握的“现金与短期投资”都在快速增长——从2007年的190亿人民币一路增长到2012年的670多亿元；与此同时，华为在全球各银行中拥有330亿美元的授信额度，其中77%来自外资银行，其余来自国内银行；不仅如此，华为内部的虚拟股机制也为自己提供了一种融资手段。财报显示，截至2012 年年底，八年时间，员工持股计划为华为提供的内部融资近300亿元。看来，华为真的不缺钱。

资料来源：毕夫. 华为，为什么不上市？［J］. 中外企业文化，2013（7）.

二、首次公开发行条件

根据《证券法》、《公司法》和中国证监会于2015年12月30日公布的《首次公开发行股票并上市管理办法》（以下简称《首发管理办法》，该办法于2016年1月1日实施）的有关规定，公司首次公开发行股票（IPO）除应当符合《公司法》第七十七条的规定外，作为拟上市公司，还应当符合如下条件（据法律条文整理）：

1. 发行人应当是依法设立且合法存续一定期限的股份有限公司

发行人合法存续的期限条件符合下列情形之一即可：第一，该股份有限公司应自成立后，持续经营时间在3年以上；第二，有限责任公司按原账面净资产值折股整体变更为股份有限公司的，持续经营时间可以从有限责任公司成立之日起计算，并达3年以上（经国务院批准，有限责任公司在依法变更为股份有限公司时，可以采取募集设立方式公开发行股票）；第三，经国务院批准，可以不受上述时间的限制。

2. 发行人已合法并真实取得注册资本项下载明的资产

发行人的注册资本已足额缴纳，发起人或者股东用作出资的资产的财产权转移手续已经办理完毕，发行人的主要资产不存在重大权属纠纷。

3. 发行人的生产经营符合法律、行政法规和公司章程的规定，符合国家产业政策

4. 发行人最近3年内主营业务和董事、高级管理人员没有发生重大变化，实际控制人没有发生变更

5. 发行人的股权清晰，控股股东和受控股股东、实际控制人支配的股东持有的发行人股份不存在重大权属纠纷

6. 发行人具备健全且运行良好的组织机构

（1）发行人已经依法建立健全了股东大会、董事会、监事会、独立董事、董事会秘书制度，其相关机构和人员能够依法履行职责。

（2）发行人的董事、监事和高级管理人员已经了解与股票发行上市有关的法律法规，知悉上市公司及其董事、监事和高级管理人员的法定义务和责任。

（3）发行人的董事、监事和高级管理人员符合法律、行政法规和规章规定的任职

资格，而且不得有：被中国证监会采取证券市场禁入措施尚在禁入期的；最近36个月内受到中国证监会行政处罚，或者最近12个月内受到证券交易所公开谴责；因涉嫌犯罪被司法机关立案侦查或者涉嫌违法违规被中国证监会立案调查，尚未有明确结论意见。

（4）发行人的内部控制制度健全且被有效执行，能够合理保证财务报告的可靠性、生产经营的合法性、营运的效率与效果。

（5）发行人的公司章程中已明确对外担保的审批权限和审议程序，不存在为控股股东、实际控制人及其控制的其他企业进行违规担保的情形。

（6）发行人有严格的资金管理制度，不得有资金被控股股东、实际控制人及其控制的其他企业以借款、代偿债务、代垫款项或者其他方式占用的情形。

7. 发行人具有持续盈利能力

发行人应当具有持续盈利能力，不得有下列影响持续盈利能力的情形：

（1）发行人的经营模式、产品或服务的品种结构已经或者将发生重大变化，并对发行人的持续盈利能力构成重大不利影响；

（2）发行人的行业地位或发行人所处行业的经营环境已经或者将发生重大变化，并对发行人的持续盈利能力构成重大不利影响；

（3）发行人最近一个会计年度的营业收入或净利润对关联方或者存在重大不确定性的客户存在重大依赖；

（4）发行人最近一个会计年度的净利润主要来自合并财务报表范围以外的投资收益；

（5）发行人在用的商标、专利、专有技术以及特许经营权等重要资产或技术的取得或者使用存在重大不利变化的风险；

（6）其他可能对发行人持续盈利能力构成重大不利影响的情形。

8. 发行人的财务状况良好

（1）财务管理规范。发行人的内部控制在所有重大方面应是有效的，并由注册会计师出具了无保留结论的内部控制鉴证报告。发行人的会计基础工作规范，财务报表的编制符合企业会计准则和相关会计制度的规定，在所有重大方面都公允地反映了发行人的财务状况、经营成果和现金流量，并由注册会计师出具了无保留意见的审计报告。发行人编制财务报表应以实际发生的交易或者事项为依据；在进行会计确认、计量和报告时应当保持应有的谨慎；对相同或者相似的经济业务，应选用一致的会计政策，不得随意变更。发行人完整披露关联方关系并按重要性原则恰当披露关联交易。关联交易价格公允，不存在通过关联交易操纵利润的情形。

（2）财务指标良好。发行人发行股票并上市的财务指标应当达到以下要求：第一，最近3个会计年度净利润均为正数且累计超过人民币3000万元，净利润以扣除非经常性损益前后较低者为计算依据；第二，最近3个会计年度经营活动产生的现金流量净额累计超过人民币5000万元；或者最近3个会计年度营业收入累计超过人民币3亿元；第三，发行前股本总额不少于人民币3000万元；第四，最近一期期末无形资产（扣除土地使用权、水面养殖权和采矿权等后）占净资产的比例不高于20%；第五，最近一期期末不存在未弥补亏损。

（3）依法纳税。发行人依法纳税，各项税收优惠符合相关法律法规的规定。发行人的经营成果对税收优惠不存在严重依赖。

（4）发行人不存在重大偿债风险，不存在影响持续经营的担保、诉讼以及仲裁等重大或有事项。

（5）财务资料真实完整。发行人披露的财务资料不得存在以下情形：第一，故意遗漏或虚构交易、事项或者其他重要信息；第二，滥用会计政策或者会计估计；第三，操纵、伪造或篡改编制财务报表所依据的会计记录或者相关凭证。

9. 发行人不存在法定的违法行为

发行人存在下列情形之一的，构成首次发行股票并上市的法定障碍：

（1）最近36个月内未经法定机关核准，擅自公开或者变相公开发行过证券；或者有关违法行为虽然发生在36个月前，但目前仍处于持续状态。

（2）最近36个月内违反工商、税收、土地、环保、海关以及其他法律、行政法规，受到行政处罚，且情节严重。

（3）最近36个月内曾向中国证监会提出发行申请，但报送的发行申请文件有虚假记载、误导性陈述或重大遗漏；或者不符合发行条件以欺骗手段骗取发行核准；或者以不正当手段干扰中国证监会及其发行审核委员会审核工作；或者伪造、变造发行人或其董事、监事、高级管理人员的签字、盖章。

（4）本次报送的发行申请文件有虚假记载、误导性陈述或者重大遗漏。

（5）涉嫌犯罪被司法机关立案侦查，尚未有明确结论意见。

（6）严重损害投资者合法权益和社会公共利益的其他情形。

三、首次公开发行及上市的程序

（一）筹备

股份有限公司申请IPO需要经过一个筹备期，筹备期的长短根据每个公司的具体情况而定。在筹备期内，拟上市公司需聘请中介机构对其进行规范：

（1）聘请具有保荐资格的证券机构以及其他经有关部门认定的机构对其进行辅导。

（2）聘请注册会计师对其近三年的业绩进行审计。

（3）聘请资产评估机构对公司资产进行评估，该评估报告可以作为公司溢价发行的依据。

（4）聘请律师对其进行法律核查。

（二）申报

符合发行条件的股份有限公司可以向中国证券会申请IPO，申请的主要程序如下：

（1）发行人董事会依法就本次股票发行的具体方案、本次募集资金使用的可行性及其他必须明确的事项作出决议，并提请股东大会批准。

（2）发行人股东大会就本次发行股票作出决议。决议至少应当包括下列事项：本次发行股票的种类和数量；发行对象；价格区间或者定价方式；募集资金用途；发行前滚存利润的分配方案；决议的有效期；对董事会办理本次发行具体事宜的授权；其他必须明确的事项。

（3）发行人按照中国证监会的有关规定制作申请文件，由保荐人保荐并向中国证监会申报。特定行业的发行人应当提供管理部门的相关意见。依照《证券法》规定聘请保荐人的，应当报送保荐人出具的发行保荐书。

（4）在提交申请文件后，发行人应当预先披露相关申请文件。在发行人申请文件受理后、发行审核委员会审核前，发行人应当将招股说明书（申报稿）在中国证监会网站上预先披露。

（三）审核

中国证监会作为国务院授权的证券业监管部门，负责所有的公开发行和上市审核。主要程序如下：

（1）中国证监会收到申请文件后，在5个工作日内作出是否受理的决定。

（2）中国证监会如果决定受理，应在受理申请文件后，由相关职能部门对发行人的申请文件进行初审，并由发行审核委员会审核。

中国证监会在初审过程中，将征求发行人注册地省级人民政府是否同意发行人发行股票的意见，并就发行人的募集资金投资项目是否符合国家产业政策和投资管理的规定征求国家发展和改革委员会的意见。

（3）中国证监会依照法定条件对发行人的发行申请作出予以核准或者不予核准的决定，并出具相关文件。

股票发行申请经核准后，发行人应自中国证监会核准发行之日起6个月内发行股票；超过6个月未发行的，核准文件失效，须重新经中国证监会核准后方可发行。

股票发行申请未获核准的，自中国证监会作出不予核准决定之日起6个月后，发行人可再次提出股票发行申请。

（四）承销

发行人股票发行申请经核准后，发行的股票一般由证券公司承销。承销是指证券公司依照协议包销或者代销发行人向社会公开发行的证券的行为。发行人向不特定对象公开发行的证券，法律、行政法规规定应当由证券公司承销的，发行人应当同证券公司签订承销协议。公开发行证券的发行人有权依法自主选择承销的证券公司。

证券承销业务可采取代销或者包销方式。证券代销是指证券公司代发行人发售证券，在承销期结束时，将未售出的证券全部退还给发行人的承销方式。证券包销分两种情况：一是证券公司将发行人的证券按照协议全部购入，然后再向投资者销售，当卖出价高于购入价时，其差价归证券公司所有；当卖出价低于购入价时，其损失由证券公司承担。二是证券公司在承销期结束后，将售后剩余证券全部自行购入。在这种承销方式下，证券公司要与发行人签订合同，在承销期内，是一种代销行为；在承销期满后，是一种包销行为。

向不特定对象公开发行的证券票面总值超过人民币5000万元的，应当由承销团承销。承销团应当由主承销和参与承销的证券公司组成。主承销即牵头组织承销团的证券公司，由保荐人担任。主承销可以由证券发行人按照公平竞争的原则，通过竞标的方式产生，也可以由证券公司之间协商确定。主承销一般要承担组建承销团、代表承销团与证券发行者签订承销合同和有关文件等事项。作为主承销的证券公司与参与承销的证券公司之间应签订承销团协议，就当事人的情况、承销股票的种类、数量、金额、发行价格、承销的具体方式、各承销成员承销的份额及报酬以及承销组织工作的分工、承销期及起止日期、承销付款的日期及方式等达成一致意见。

（五）发行

1. 股票发行价格的确定

股票发行价格可以等于票面金额，也可以超过票面金额，但不得低于票面金额。股票的定价不仅仅是估值及撰写股票发行定价分析报告，还包括了发行期间的具体沟通、协商、询价、投标等一系列定价活动。

股票发行采取溢价发行的，其发行价格由发行人与承销的证券公司协商确定。

2. 股票的发行方式

首次公开发行股票可以根据实际情况，采取向战略投资者配售、向参与网下配售的询价对象以及向参与网上发行的投资者配售等方式。

（六）挂牌上市

股票上市是指经核准同意股票在证券交易所挂牌交易。经中国证监会核准发行的股票发行结束后，发行人可向证券交易所申请其股票上市。发行人申请其首次公开发行的股票上市，应当由保荐人保荐。

1. 上市条件

（1）股票经中国证监会核准已公开发行；

（2）公司股本总额不少于人民币 5000 万元；

（3）公开发行的股份达到公司股份总数的 25%以上；公司股本总额超过人民币 4 亿元的，公开发行股份的比例为 10%以上；

（4）公司最近 3 年无重大违法行为，财务会计报告无虚假记载；

（5）交易所要求的其他条件。

2. 上市所需提交的文件

发行人向证券交易所申请其首次公开发行的股票上市时，应当提交下列文件：

（1）上市报告书；

（2）中国证监会核准其股票首次公开发行的文件；

（3）申请股票上市的董事会和股东大会决议；

（4）营业执照复印件；

（5）公司章程；

（6）依法经具有执行证券、期货相关业务资格的会计师事务所审计的发行人最近 3 年的财务会计报告；

（7）首次公开发行结束后发行人全部股票已经中国证券登记结算有限责任公司托管的证明文件；

（8）首次公开发行结束后具有执行证券、期货相关业务资格的会计师事务所出具的验资报告；

（9）关于董事、监事和高级管理人员持有本公司股份的情况说明和《董事（监事、高级管理人员）声明及承诺书》；

（10）发行人拟发行前已发行股份持有人自发行股票上市之日起1年内持股锁定证明；

（11）承诺函；

（12）最近一次的招股说明书和经中国证监会审核的全套发行申报材料；

（13）按照有关规定编制的上市公告书；

（14）保荐协议和保荐人出具的上市保荐书；

（15）律师事务所出具的法律意见书；

（16）交易所要求的其他文件。

四、创业板公开发行及上市的程序

创业板是地位次于主板市场的二板证券市场，以NASDAQ市场为代表，在中国特指深圳创业板。在上市门槛、监管制度、信息披露、交易者条件、投资风险等方面和主板市场有较大区别。其目的主要是扶持中小企业尤其是高成长性企业，为风险投资和创投企业建立完善的退出机制，为自主创新国家战略提供融资平台，为多层次的资本市场体系建设添砖加瓦。

（一）创业板的概念及特点

创业板又称二板市场，即第二股票交易市场，是指主板之外的专为暂时无法上市的中小企业和新兴公司提供融资途径和成长空间的证券交易市场，是对主板市场的有效补充，在资本市场中占据着重要的位置。

在创业板市场上市的公司大多从事高科技业务，具有较高的成长性，但往往成立时间较短规模较小，业绩也不突出。

创业板市场最大的特点就是低门槛进入，严要求运作，有助于有潜力的中小企业获得融资机会。

在中国发展创业板市场是为了给中小企业提供更方便的融资渠道，为风险资本营造一个正常的退出机制。同时，这也是我国调整产业结构、推进经济改革的重要手段。

对投资者来说，创业板市场的风险要比主板市场高得多。当然，回报可能也会大得多。

各国政府对二板市场的监管更为严格。其核心就是“信息披露”。除此之外，监管部门还通过“保荐人”制度来帮助投资者选择高素质企业。

二板市场和主板市场的投资对象和风险承受能力是不相同的，在通常情况下，二者不会相互影响。而且由于它们内在的联系，反而会促进主板市场的进一步发展壮大。

（二）创业板分类

按与主板市场的关系划分，全球的二板市场大致可分为两类模式。一类是“独立型”，完全独立于主板之外，具有自己鲜明的角色定位。世界上最成功的二板市场——美国纳斯达克市场（NASDAQ）即属此类。纳斯达克市场诞生于1971年，上市规则比主板纽约证券交易所要简化得多，渐渐成为全美高科技上市公司最多的证券市场。截至1999 年年底，共有4829家上市公司，市值高达5.2万亿美元，其中高科技上市公司所占比重为40%左右，涌现出一批像思科、微软、英特尔那样的大名鼎鼎的高科技巨人。“三十年河东，三十年河西”，30年后的纳斯达克市场羽翼丰满，上市公司总数比纽约证交所多60%，股票交易量在1994年就超过了纽约证交所。另一类是“附属型”，附属于主板市场，旨在为主板培养上市公司。二板的上市公司发展成熟后可升级到主板市场。换言之，就是充当主板市场的“第二梯队”。新加坡的SESDAQ即属此类。

（三）创业板设立目的

（1）为高科技企业提供融资渠道；

（2）通过市场机制，有效评价创业资产价值，促进知识与资本的结合，推动知识经济的发展；

（3）为风险投资基金提供“出口”，分散风险投资的风险，促进高科技投资的良性循环，提高高科技投资资源的流动和使用效率；

（4）增加创新企业股份的流动性，便于企业实施股权激励计划等，鼓励员工参与企业价值创造；

（5）促进企业规范运作，建立现代企业制度。

（四）创业板与主板上市条件的比较

2009年3月31日中国证券监督管理委员会公布了《首次公开发行股票并在创业板上市管理暂行办法》。2015年11月6日中国证券监督管理委员会第118次主席办公会议审议通过《关于修改〈首次公开发行股票并在创业板上市管理办法〉的决定》，自2016年1月1日起施行。

相对于主板市场，创业板市场是一个新兴市场，创业板的上市公司一般具有高成长、高风险的特点，与主板上市规则相比，创业板上市规则是针对中小企业而设定的，以便为中小企业提供一个持续融资的途径，以助其尽快地成长与壮大。下面我们将创业板与主板上市管理办法的异同比较列表如下，如表4-1所示。

表4-1　创业板与主板上市条件比较

条件	主　板	创　业　板
主体资格	依法设立且合法存续的股份有限公司	依法设立且持续经营3年以上的股份有限公司，定位服务成长性创业企业；支持有自主创新的企业
股本要求	发行前股本总额不少于3000万元，发行后不少于5000万元	发行前净资产不少于2000万元，发行后的股本总额不少于3000万元
经营年限	持续经营时间应当在3年以上（有限公司按原账面净资产值折股整体变更为股份公司可连续计算）	持续经营时间应当在3年以上（有限公司按原账面净资产值折股整体变更为股份公司可连续计算）

续表

条件	主　　板	创 业 板
盈利要求	① 最近 3 个会计年度净利润均为正数且累计超过人民币 3000 万元，净利润以扣除非经常性损益前后较低者为计算依据； ② 最近 3 个会计年度经营活动产生的现金流量净额累计超过人民币 5000 万元；或者最近 3 个会计年度营业收入累计超过人民币 3 亿元； ③ 最近一期不存在未弥补亏损。	最近 2 年连续盈利，最近 2 年净利润累计不少于人民币 1000 万元，且持续增长。或最近一年盈利，且净利润不少于人民币 500 万元，最近一年营业收入不少于人民币 5000 万元，最近 2 年营业收入增长率均不低于 30%。净利润以扣除非经常性损益前后孰低者为计算依据（注：上述要求为选择性标准，符合其中一条即可）
资产要求	最近一期末无形资产（扣除土地使用权、水面养殖权和采矿权等后）占净资产的比例不高于 20%	最近一期末净资产不少于 2000 万元，且不存在未弥补亏损
主营业务要求	最近 3 年内主营业务没有发生重大变化	发行人应当主要经营一种业务，其生产经营活动符合法律、行政法规和公司章程的规定，符合国家产业政策及环境保护政策。最近 2 年内没有发生重大变化
董事及管理层	最近 3 年内没有发生重大变化	最近 2 年内没有发生重大变化
实际控制人	最近 3 年内实际控制人未发生变更	最近 2 年内实际控制人未发生变更
同业竞争	发行人的业务与控股股东、实际控制人及其控制的其他企业间不得有同业竞争	发行人与控股股东、实际控制人及其控制的其他企业间不存在同业竞争，以及严重影响公司独立性或者显失公允的关联交易
关联交易	不得有显失公平的关联交易，关联交易价格公允，不存在通过关联交易操纵利润的情形	发行人与控股股东、实际控制人及其控制的其他企业间不存在严重影响公司独立性或者显失公允的关联交易
成长性与创新能力	无	发行人具有较高的成长性，具有一定的自主创新能力，在科技创新、制度创新、管理创新等方面具有较强的竞争优势（“两高五新”，即①高科技：企业拥有自主知识产权的；②高增长：企业增长高于国家经济增长，高于行业经济增长；③新经济：互联网与传统经济的结合、移动通信、生物医药；④新服务：新的经营模式，例如，金融中介、物流中介、地产中介 ⑤新能源：可再生能源的开发利用，资源的综合利用；⑥新材料：提高资源利用效率的材料；节约资源的材料；⑦新农业：具有农业产业化；提高农民就业、收入）
募集资金用途	应当有明确的使用方向，原则上用于主营业务	发行人募集资金应当用于主营业务，并有明确的用途。募集资金数额和投资项目应当与发行人现有生产经营规模、财务状况、技术水平和管理能力等相适应
限制行为	① 发行人的经营模式、产品或服务的品种结构已经或者将发生重大变化，并对发行人的持续盈利能力构成重大不利影响；	① 发行人的经营模式、产品或服务的品种结构已经或者将发生重大变化，并对发行人的持续盈利能力构成重大不利影响；

续表

条件	主　板	创　业　板
限制行为	② 发行人的行业地位或发行人所处行业的经营环境已经或者将发生重大变化，并对发行人的持续盈利能力构成重大不利影响； ③ 发行人最近一个会计年度的营业收入或净利润对关联方或者存在重大不确定性的客户存在重大依赖； ④ 发行人最近一个会计年度的净利润主要来自合并财务报表范围以外的投资收益； ⑤ 发行人在用的商标、专利、专有技术以及特许经营权等重要资产或技术的取得或者使用存在重大不利变化的风险； ⑥ 其他可能对发行人持续盈利能力构成重大不利影响的情形	② 发行人的行业地位或发行人所处行业的经营环境已经或者将发生重大变化，并对发行人的持续盈利能力构成重大不利影响； ③ 发行人在用的商标、专利、专有技术、特许经营权等重要资产或者技术的取得或者使用存在重大不利变化的风险； ④ 发行人最近一年的营业收入或净利润对关联方或者有重大不确定性的客户存在重大依赖； ⑤ 发行人最近一年的净利润主要来自合并财务报表范围以外的投资收益； ⑥ 其他可能对发行人持续盈利能力构成重大不利影响的情形
违法行为	最近36个月内未经法定机关核准，擅自公开或者变相公开发行过证券，或者有关违法行为虽然发生在36个月前，但目前仍处于持续状态；最近36个月内无其他重大违法行为	发行人及其控股股东、实际控制人最近三年内不存在损害投资者合法权益和社会公共利益的重大违法行为。发行人及其控股股东、实际控制人最近三年内不存在未经法定机关核准，擅自公开或者变相公开发行证券，或者有关违法行为虽然发生在三年前，但目前仍处于持续状态的情形
发审委	设主板发行审核委员会，25人	设创业板发行审核委员会
初审征求意见	征求省级人民政府、国家发改委意见	无
保荐人持续督导	首次公开发行股票的，持续督导的期间为证券上市当年剩余时间及其后2个完整会计年度；上市公司发行新股、可转换公司债券的，持续督导的期间为证券上市当年剩余时间及其后2个完整会计年度。持续督导的期间自证券上市之日起计算	对于创业板公司的保荐期限，相对于主板做了适当延长。 相关要求将体现在修订后的《证券发行上市保荐业务管理办法》及交易所对创业板保荐人的相关管理规则中
针对创业板的其他要求		① 发行人的经营成果对税收优惠不存在严重依赖； ② 在公司治理方面参照主板上市公司从严要求，要求董事会下设审计委员会，并强化独立董事履职和控股股东责任； ③ 要求保荐人对公司成长性、自主创新能力作尽职调查和审慎判断，并出具专项意见； ④ 要求发行人的控股股东对招股说明书签署确认意见； ⑤ 要求发行人在招股说明书显要位置做出风险提示，内容为“本次股票发行后拟在创业板市场上市，该市场具有较高的投资风险。创业板公司具有业绩不稳定、经营风险高等特点，投资者面临较大的市场波动风险，投资者应充分了解创业板市场的投资风险及本公司所披露的风险因素，审慎作出投资决定”。 ⑥ 不要求发行人编制招股说明书摘要

（五）创业板对中小企业的意义

1. 创业板市场是中小企业发展的重要推动力

我国经济的快速增长催生了大量中小企业，但企业的质量良莠不齐。我国的中小企业，尤其是一些民营企业，家庭式、合伙制式的治理结构比较普遍，治理结构的不合理导致我国大部分中小企业的内外部监督机制不健全、对风险的抵御能力较弱，这成为制约我国中小企业发展的重要因素。创业板市场提出的准入标准会为中小企业的发展指明方向，鼓励那些发展前景广阔、成长空间巨大的中小企业上市融资和规模扩张，有利于改善上市公司的治理结构，提高其营运质量，减少经营和融资风险，提升其总体竞争力和核心竞争力，最终通过创业板市场对中小企业的引导、培育，为中小企业抓住成长机会，实现中小企业的快速成长，为中国的经济发展做出更大的贡献。

2. 创业板市场可以为中小企业提供更好的融资平台

2009 年创业板的建立，适应了解决中小企业融资难问题的迫切需要。发展中小企业对于促进我国经济增长、扩大社会就业、保持社会稳定，推动可持续发展和建设创新型国家具有重要的战略意义。资料表明，中小企业是我国经济的重要力量。2007 年，我国中小企业创造的最终产品和服务价值占全国 GDP 的 58.5%，缴纳税金占全国的 50.2%，吸纳了 75%的城镇就业人口和 75%以上的农村转移劳动力。此外，中小企业还是技术创新的生力军，发明专利占全国总数的 66%，研发的新产品占全国的 82%，中小企业已经成为我国经济体系中最具活力和发展潜力的部分。创业板直接服务于中小创新型企业的直接融资需要，可以拓宽创业投资的退出渠道，使创业投资、私募股权投资、银行及其他信贷、担保机构以及地方政府等资金进一步汇集和投入到中小企业，创新型中小企业的综合性金融支持体系将逐步形成，国家的中小企业融资体系建设将更加完善。创业板撬动的民间投资，将成为扩内需、保增长的重要力量。

五、新三板申请挂牌的程序

（一）新三板的概念

三板市场是中国证券业协会主办的代办股份转让系统，由证券公司为非上市股份公司提供股份转让服务。三板市场有“新三板”与“旧三板”之分，“旧三板”是指由原 STAQ、NET 系统挂牌公司平移到代办股份转让系统的部分公司及深沪退市公司组成的交易系统。“新三板”是指自 2006 年起设立的专门为国家级高新区非上市股份公司提供的代办股份转让平台，是由中国证监会、国家科技部设立的。“新三板”的主要功能是实现挂牌公司定向融资，为投资者提供退出渠道，是我国多层次资本市场的重要组成部分，也是中小板和创业板市场的蓄水池。2013 年 6 月国务院决定加快发展多层次资本市场，将中小企业股份转让系统试点扩大至全国，鼓励创新、创业型中小企业融资发展。

（二）申请挂牌新三板的条件

非上市公司申请股份在代办系统挂牌，须具备以下条件：

（1）存续满两年。有限责任公司按原账面净资产值折股整体变更为股份有限公司的，存续期间可以从有限责任公司成立之日起计算；

（2）主营业务突出，具有持续经营能力；

（3）公司治理结构健全，运作规范；

（4）股份发行和转让行为合法合规；

（5）主办券商推荐并持续督导；

（6）全国股份转让系统公司要求的其他条件。

（三）新三板挂牌上市对企业的意义

（1）降低融资成本；

（2）该系统为非上市有限公司的股份提供有序的转让平台，有利于提高股份的流动性，完善企业的资本结构，提高企业自身抗风险的能力，增强企业的发展后劲；

（3）有利于建立现代企业制度，规范企业运作、完善法人治理结构，促进企业健康发展；

（4）有利于建立归属明晰、权责明确、保护严格、流转顺畅的现代产权制度，增强自主创新能力；

（5）有利于树立企业品牌，改善企业形象，更有效开阔市场；

（6）有利于企业吸收风险资本投入，引入战略投资者，进行资本并购与重组等资本运作；

（7）可以促进试点企业尽快达到中小企业板和主办上市公司的要求，代办股份转让系统，将成为高新技术企业的孵化器。

第二节　买壳上市

一、买壳上市的定义

所谓买壳上市，是指非上市公司通过证券市场购买一家已上市的公司一定比例的股权来控制上市公司，然后通过“反向收购”或“资产置换”的方式注入相关业务和资产，实现间接上市的目的。

与直接上市相比，买壳上市有以下好处：

（1）手续简单。与直接上市相比，买壳方式显然没有那么多复杂的上市审批程序。

（2）节省时间。操作得好，可能一步到位，不用排队。

（3）避免复杂的财务、法律障碍。打算直接上市的公司必须有长期、稳定的盈利纪录，且需花费大量的人力和财力来完成“企业清洁”。

（4）如果拟上市业务采用首发上市难以被市场看好，而公司又具备足够的实力，选择买壳上市就更有优势。

资料 4-2　我国买壳上市的兴起

1994 年 4 月，恒通集团从棱光实业的母公司——上海棱光实业公司所持有的

55.26%的国有股中受让了35.5%，并且获得了中国证监会关于全面收购要约的豁免。“桓棱”事件写下了中国证券市场重组史上两个第一的纪录：即第一例国有股转让，第一例完整意义上的买壳上市，为相当多受额度控制而不能上市的企业提供了通过收购国有股、法人股间接上市的一条可行思路。

二、买壳上市的主要程序

买壳上市一般要经过以下三个步骤。

（一）买壳

实现买壳上市，必须要先取得上市公司的控制权，它是利用上市公司“壳”资源的前提条件。

1. 买壳的方式

（1）股权的有偿转让。股权的有偿转让方式是指收购公司根据股权协议价格受让“壳”公司全部或部分股权，从而取得壳公司控制权的买壳行为。股权有偿转让是我国上市公司通过买壳上市实现重组的主要模式。

我国上市公司股权结构中大多数公司的国有股权占控股地位，而国有股权不能上市流通，在此情况下，国有股权的持有者在改变投资方向的计划或是对上市公司的经营业绩感到不满时，就有将国有股权转让出去变现的需要。

我国目前的上市公司股权结构中，国有股股东的持股比例往往超过绝对持股的最低要求，在客观上也有将超出部分转让出去实现最优投资组合的需要。实现股权转让必须有双方协商达成一致，国有股权的持有者必须愿意转让出售，但有时国有股权的持有者往往不愿意放弃其控股地位，从而难以实现通过有偿转让取得对上市公司的控股权。

（2）股权无偿划转方式。上市公司中的股权无偿划转是我国资产重组中的一种特殊交易形式。目前上市公司的控股股东的变更，主要通过国家股无偿划拨和国家股、法人股的有偿转让来实现的，股权无偿划拨是政府（上市公司的所有者）通过行政手段将上市“壳”公司的产权无偿划归收购公司的行为。

股权无偿划转一般由地方政府和行业主管部门牵头实施，无偿划转的股权只能是国有股权，股权的变动对上市公司的持有者没有损失。股权无偿划转的目的在于通过股权持有者的改变来强化对上市“壳”公司经营管理的控制，提高资产运营效率。

股权无偿划转的优点在于：①交易成本低，简便易行，政府直接参与，整个过程几乎没有受到阻力，而收购的成本也近乎为零。②有利于更好发挥上市公司的融资功能及区域产业调整。

政府参与这一重组行为的动机在于理顺管理体制，打破条块分割。在一种极端情况下，当上市公司的经营业绩不佳时，地方政府为了维持上市公司的市场形象，将优质资产注入上市公司，从而更好地利用“壳”资源，可以使有发展前景的大集团、大企业取代经济效益低下、产业前景暗淡的绩差公司。

对于股权无偿划转方式，其标的只能是上市公司的国有股权，而且只能在国有资产的代表中进行转让，具有很强的行政干预色彩。

（3）二级市场收购方式。二级市场收购是通过收购在二级市场上流通的股份而达到对上市“壳”公司的控制权的行为。在西方较发达的证券市场，该方式是买壳上市的主流，它更能体现市场的主导作用和优胜劣汰。在我国，这类案例并不多见，大港油田收购爱使股份是一个比较典型的例子，但是随着我国证券市场的不断完善，政府干预的减少，二级市场收购会逐渐成为主要的买壳上市方式。目前我国二级市场收购案例并不多见的主要原因有：①适合二级市场收购的壳资源较少；②市场收购成本相对较高，操作时不易控制；③二级市场收购，程序往往比较繁杂，并加大收购风险。

2. 理想的“壳”资源

买壳的关键是找到一个“干净”的壳。理想的“壳”资源应该有以下几个特点：

（1）由于所处的行业不景气，没有增长前景，上市公司要另寻生路，股权原持有人和政府主管部门也愿意转让和批准；

（2）规模不大、股价也不高，这样可以降低购入成本；另外，小盘公司往往还具有股本扩张能力强等优势；

（3）股权相对集中，易于达成转让协议，而且保密性好；

（4）负担不能太重，包括债务（特别是或有负债）、潜亏和人员包袱等；

（5）注册地可以变更。

（二）接管

获得合适的壳公司之后，第二步是对壳公司进行接管，即改组上市公司的董事会、监事会和管理层。

接管通常在股份过户完成后发生，但是，股份过户之前，甚至股份转让公告发布前就改组董事会和管理层的案例也屡有所闻。由于上市公司股东并不直接管理上市公司，而是通过选举董事会，董事会任命管理层成员的方式管理和监督上市公司的业务和经营。因此，买壳是否成功直接体现为能否顺利接管上市公司。

（三）换壳

换壳，即进行资产置换。将壳公司原有的不良资产剥离出来，再将优质资产注入壳公司，提高壳公司的业绩，从而达到配股或增发新股的资格，实现再融资的目的。

资料 4-3　金融街买净壳上市

金融街建筑开发有限公司所属的房地产行业是资金密集型行业，资产负债率偏高是这一行业的普遍现象，这种资本结构会严重阻碍公司的成长速度。

金融街在 1999 年决定买壳上市，并对拟收购目标公司的标准做了规定：第一，拟收购的企业股本规模不能太大，因为当时金融街本身的规模并不大，并且要为收购以后公司融资增发留下适当的股本扩张空间。第二，收购后要能进行资产置换，要将金融街的优质房地产资源注入上市公司，原有的资产要置出，置换越彻底越好，尽可能不给今后的发展留下包袱。第三，收购重组后公司注册地可迁往北京，因为金融街赖以发展的经营性资产都在北京，金融街的基础在北京。

经过多轮筛选，华亚纸业进入了金融街的视野。当时这家公司流通股本仅 3000 万股，总股本也不过7000多万，且是一家微利企业。由于尚无亏损记录，对于公司日后再融资是十分有利的。而最令人兴奋的是，这家公司的股本结构极为简单，除华西包装集团独家持有该公司近62%的国有法人股外，其余均为流通股，这也就意味着，只需与华亚纸业的控股股东一方谈妥即可，操作上会简单得多。此后，一切都进展得非常顺利，金融街在收购华亚纸业控股权后成为第一大股东，原控股股东回购了原公司的全部资产并负责安排原公司全部人员。金融街将房地产资源顺利注入上市公司，完成了净壳重组，并于2002年8月增发成功。

资料 4-4　顺丰借壳上市

2016年5月30日，停牌1个多月的上市公司鼎泰新材（002352）发布公告，顺丰控股拟借壳上市。2016年5月22日，顺丰控股全体股东（明德控股、嘉强顺风、招广投资、元禾顺风、古玉秋创、顺信丰合、顺达丰润）与鼎泰新材、刘冀鲁及其一致行动人刘凌云签订《重大资产置换及发行股份购买资产协议》，顺丰借壳鼎泰新材正式拉开序幕。其中明德控股为顺丰控股的控股股东，顺丰创始人王卫先生持有明德控股99.90%的股权。本次交易方案包括：

1. 重大资产置换

鼎泰新材以全部资产及负债（置出资产，作价8亿元）与顺丰控股全体股东持有的100%股权（置入资产，作价433亿元）的等值部分进行置换。置出资产与置入资产的差额部分（425亿元），由鼎泰新材向顺丰控股全体股东非公开发行股份进行购买。

2. 发行股份购买资产

本次发行股份购买资产的定价基准日为鼎泰新材第三届董事会第十三次会议决议公告日，股票发行价格为10.76元/股（经除权、除息调整后），不低于定价基准日前60个交易日股票均价的90%。最终发行价格需经鼎泰新材股东大会审议通过及中国证监会的核准。

按照本次股票发行价格10.76元/股计算，本次拟发行股份数量约为39.50亿股（10.76元/股×39.50亿股=425亿元）。假设明德控股持有原顺丰控股80%的股权，明德控股将获得本次非公开发行股票的80%，即39.50亿股×80%=31.60亿股。

3. 募集配套资金

向其他不超过10名的特定投资者非公开发行股份，募集不超过80亿元的配套资金。本次配套融资发行股份的定价基准日为公司第三届董事会第十三次会议决议公告日，发行价格不低于定价基准日前20个交易日公司股票交易均价的90%，即不低于11.03元/股（经除权、除息调整后）。最终发行价格将在本次交易获得中国证监会核准后，由公司董事会根据股东大会的授权，按照相关法律、行政法规及规范性文件的规定，依据市场询价结果确定。

本次交易完成后，明德控股的持股比例为64.58%，成为上市公司的控股股东，王卫成为上市公司的实际控制人。2017年2月24日起，公司证券简称由“鼎泰新材”变更为“顺丰控股”，公司证券代码不变。

资料来源：新浪财经/https://finance.sina.com.cn

三、买壳上市存在的问题

总体看来，买壳上市为提高我国上市公司的业绩，调整产业结构，改善公司治理作出很大的贡献。但买壳上市还存在着不容忽视的问题，主要体现在以下几个方面。

1. 冲击现行的股票发行体制

买壳上市将使额度分配流于形式，使原先平衡地区发展和直辖市产业均衡的目标难以实现；上市公司将可能良莠不齐，虽然买壳上市可能向壳公司注入新的利润增长点，但也可能导致许多质量不高的资产、效益不好的企业流入上市公司，买壳上市使得一些公司逃避了股票发行条例对上市公司的经营业绩、盈利水平等方面的要求。

2. 有可能损害中小股东的利益

损害中小股东的利益，主要体现在以下两个方面。

（1）一些公司买壳上市后，通过各种非正常手段调节当期利润。其中以关联交易最为突出。对于大量的关联交易，法律上难以全面实行监督，控股者常常借此转移、侵吞资产，并往往起到力挽狂澜的功效。正是这点最投买壳方与卖壳方的所好。对于前者而言，只要利用关联交易将壳公司扭亏，就能卖出高价；对于后者，无须拿出真金白银，只须关联一下，上市公司照样能脱胎换骨，看上去业绩很好，实际是对广大的中小投资者的巨大欺骗，极大地损害了中小股东的利益。

（2）承担的不合理的投资风险。买壳上市常常导致上市公司主营业务发生根本变更，中小投资者将被迫面临他们不熟悉的行业，面临更大的公司未来发展不确定性风险，增加了不合理的投资风险。

3. 加剧证券市场的投机风潮

某些“受壳”不利的企业，由于受壳扩张企业的目的难以实现，便将壳资源倒来倒去，如此炒作便引诱一大批企业加入并购热潮中的炒家行列，而忽视了对企业自身的经营管理及其素质的提高，违背了买壳上市的基本宗旨。有些企业买壳上市，并非是对壳公司进行实质性的资产重组，注入生机和活力，而是借并购重组之名吸引投机资金，抬高股份，赚取短期巨额利润，过度投机行为成了证券市场不稳定的重要因素。

第三节　境外上市

我国的《公司法》和《证券法》都规定，经国务院证券监督管理机构批准，境内企业可以到境外发行股票或者将其股票在境外上市交易。

企业股票境外上市发行和上市是我国企业改革和对外开放的一项重要政策。我国自 1998 年在上海、深圳开始实行企业股份制和建立股票市场的改革试点以来，股份有限公司不断增多，股票市场迅速发展，为了积极利用股票市场吸收外资，在稳步发展国内股票市场的同时，逐步开始了我国股票市场的国际化进程。

一、境外上市的优缺点

除一般上市融资的优点外，对我国企业而言，境外上市还具有如下特别的优点：

（1）境外上市门槛较低。总体说来，我国国内企业的上市门槛较高，对企业的所有制、资本规模、盈利年限、主导行业、历史沿革等方面都有严格的规定。而境外开设有主板、创业板、柜台交易市场等不同的市场，可以满足不同类型与规模的企业上市的需要。

（2）境外市场可以实现股票的全流通。境外市场的股票可以全流通，这有利于发起人择机退出，有不少国内企业高层就通过在境外上市后卖掉股票进行套现获得巨额收益，对于一些有风险投资进入的国内企业，更倾向于境外上市。

（3）可以为企业发展筹集大量的外汇资金。我国经济正处于迅速发展的时期，资金不足是制约经济增长的一个重要因素。利用外资是解决资金不足问题的一条重要渠道。过去，我们采取吸收外商直接投资，借用外国政府贷款和国际商业贷款，以及对外发行债券等方式利用外资。现在，我们可以运用发行股票的方式吸收外资。

（4）是按照规范的市场经济要求来对我国企业进行改制和重组，使上市公司承担新的责任和压力，受到境外股东的监管，从而使上市公司真正建立现代企业制度。

（5）有利于促进企业的国际化经营。企业股票在境外发行和上市前，企业要深入了解上市国家的政治、经济、金融等方面的情况，企业要向境外投资者公布经营、财务情况。上市后，要按照上市的规则定期披露企业财务、经济信息，这有利于提高我国企业在国际市场上的知名度，为我国企业开阔国际市场创造条件。同时，股票发行者和境外投资者共担企业经营风险，国外股东必然关心企业的经营成果，为企业服务，有利于企业根据国际市场的动向，调整企业经营决策，有利于企业开展国际交流和合作。

（6）有助于按照大集团战略培养代表中国经济的大公司。加入 WTO 使得我国的对外开放进入一个新的历史阶段，这很大程度上依靠国内大集团大公司在国际行业中的地位。选择不同行业的优秀企业到境外上市，一方面筹集必要的资金；另一方面学习在规范的市场经济体制中开展经营，有助于增强其核心竞争能力，培养能在国际经济中代表中国的企业。

资料 4-5　海翔药业与中生北控：不同上市地点差异几何？

2006 年 12 月 25 日，浙江海翔药业股份有限公司在深圳中小企业板上市，证券简称海翔药业，股票代码为 002099，成为中小企业板的第 99 家上市公司。

而早在同年的 2 月 27 日，同属于医药制造类行业的中生北控生物科技股份有限公司（以下简称中生北控）在香港创业板上市，股票代码为 08247，成为中国科学院在香港的生物第一股，也是我国内陆地区临床诊断试剂在香港 IPO 的第一股。

1. 不同背景，却同样具有良好的发展前景

海翔药业的历史可追溯到 1966 年，曾是企业性质为集体所有制的日用化工厂，发展过程十分曲折，终于在 1997 年到 1998 年改制为有限责任公司，最终辗转成为浙江海翔药业股份有限公司。如今的海翔药业是民营控股，具有家族式企业的特点，是属于复星系的上市公司。

而中生北控是中国科学院和北京市政府及上海市政府的国有资产控股的高技术企

业。前身为北京中生生物工程高技术公司，成立于1988年，是中国科学院生物物理研究所的所办国有企业。2001年，中国科学院生物物理研究所以北京年中生生物工程高技术公司的整体投入发起改制，联合北京市政府在香港的窗口企业北京控股有限公司、上海市政府旗下的联创投资公司等股东投资创立并更名为中生北控生物科技股份有限公司。

虽然这两家公司有着不同的背景，规模上也存在较大的差异，但同样都是具有研发与技术优势的高新技术企业，具有良好的发展前景。两者专攻不同的领域，而且各有千秋。

2. 首次发行筹资总额天壤之别

海翔药业首发上市发行了2700万股，共筹得资金39320.18万元。而中生北控首发上市发行了3300万股，共筹得资金6864万元，仅为海翔药业筹资总额的1/6左右。

然而从上市筹资费用来看，海翔药业实际发行费用为1891.82万元，占总筹资额的6.45%。中生北控实际发行费用为1465.62万元，虽小于海翔药业的1891.82万元，但其占到筹资额的20.92%之多。可见，中生北控在港上市的融资成本远高于海翔药业在内地中小企业板的融资成本。

二者相关上市数据如表4-2所示：

表4-2　海翔药业与中生北控上市相关数据比较

	海翔药业	中生北控
上市地点	深圳中小企业板	香港创业板
上市时间	2006-12-25	2006-02-27
主营业务	生产化学合成医药原料药和精细化学品（包括中间体）	研究、开发、生产和销售基于蛋白质的体外诊断试剂及生化药物
发行股票数量（万股）	2700	3300
发行价（元）	11.56	2.08
筹资额（万元）	29320.18	6864.00
发行费用（万元）	1891.82	1435.62
发行费用比	6.45%	20.92%
上市保荐人	招商证券股份有限公司	博大资本国际有限公司
主承销商	招商证券股份有限公司	博大资本国际有限公司、软库高诚有限公司

当然，企业股票在境外发行和上市也存在一些不利之处，主要表现在：

（1）融资成本较高。对上市企业来说，由于中外法律、会计制度和监管体制的差异，也由于境外的投资者并不像我们一样熟悉自己身边的企业，拟上市企业在此方面要花费大量的时间和成本进行推介活动，导致在境外上市一般融资数额较小，而成本较高。

（2）境外资本市场的严格监管会增加企业的信息披露成本，同时，由于国有企业既要满足国家监管的要求，又要遵守国际资本市场的规则，这无疑会增加企业的管理成本。

（3）按照国际惯例，在纳斯达克和香港上市的股票要获得投资者的认同，首先要经过当地多个著名股票分析师的推荐，然后在有影响力基金的追捧下，才会获得众多投资者的认同，才有可能获得较高的发行价和较多的发行数量。而这些对于我国企业是很难的，理由主要有四：一是在境外股市，主营业务相同的好企业太多，我国的企业与之相比无优势；二是不少境外投资者对我国的社会制度和政策的连续性持有怀疑态度；三是已在境外上市的H股几年来整体表现较差；四是境外投资者理性的投资观念以及对公司财务会计报表数据等方面的认知上与境内投资者之间存在着较大的差别。

（4）从促进我国证券市场的健康发展来说，过多的优秀企业（不仅仅是民营企业）在境外上市，对于国内的市场和投资者，少了一个好的投资对象。如果市场缺少足够优秀的上市公司，就很难建立一个有效的证券市场。

二、境外上市途径

从实际运行上看，境外上市和境内上市基本一样，有两种途径：直接上市和间接上市。直接上市指我国企业直接向香港、美国、新加坡、日本或其他国家/地区申请上市，如青岛啤酒、中移动、中石化等。间接上市主要有两种做法：一是境内企业在境外设立子公司或控股公司，注入境内业务和资产，再让该子公司/控股公司在境外申请上市，金杯汽车、裕兴电脑、新浪网等即是按照这一方法上市；二是境内企业直接或间接收购一家境外上市公司，再注入境内业务和资产，即所谓“买壳上市”，中信泰富即是这一方法成功的典范。

（一）香港上市

1. H股上市

H股上市是指公司注册在境内，适用境内法律和会计制度，对香港投资者发行股票，而且仅该部分股票在香港联交所上市，其他股票不在香港联交所流通。H股上市分为H股主板和H股创业板。早在1993年，青岛啤酒（0168.HK）首先在主板上市，类似的公司至今共有约30余家，但这些全是国有企业。直到2001年年底，浙江玻璃股份有限公司作为境内首家民企发行H股。香港创业板在1999年推出。创业板在公司规模、盈利能力等方面的要求比主板低，适合中小型创业企业上市。

2. 红筹上市

红筹上市是指公司注册在境外，通常在开曼（Cayman）、百慕大（Bermuda）或英属处女群岛（也称英属维尔京群岛，BVI）等地，适用当地法律和会计制度，但公司主要资产和业务均在境内。对投资者发行股票并且在香港联交所上市，在禁售期结束后，所有股票都可以流通。红筹上市也分为红筹主板和红筹创业板。主板主要以国有背景的企业为主，但其中也有民企的身影，如1999年10月上市的新威控股（现已更名为“中国稀土”）；更多的企业是以红筹创业板形式，如金蝶国际、金鼎软件和裕兴电脑等。也有一些盈利和规模不大的中小型科技企业首先在创业板上市，通过从创业板筹集资金，迅速发展壮大，当达到主板上市的标准时，可以从创业板转到主板上市，如浩伦农业、新奥燃气。

3. 买壳上市

买壳上市的好处是审批程序少，操作相对简单，速度快，弊端为成本高，而且由于上市过程中没有与投资界进行广泛的接触，往往在买壳后很长时间都难以得到投资人的了解和认同，且容易被人看成炒股。

资料 4-6　孙天罡的买壳上市

2001 年初，孙天罡通过 China Geomaxima 以要约收购方式，取得香港主板上市公司百姓食品（0702.HK）的控股权，间接持有 60.7%的股权。由于公众人士持有另外 39.3%的股权，仍然符合上市要求，孙天罡成功保留百姓食品上市地位。百姓食品主营方便食品。通过出售食品业务，并注入孙天罡原拥有的石油天然气业务，百姓食品顺利转型，并于 2001 年 5 月更名为捷美（香港）控股有限公司。公司股价从 2000 年 7 月 21 日每股 0.099 元，上升至 2002 年 5 月每股 1.48 元，最大涨幅高达 15 倍，令所有股东从重组中受益。

（二）美国上市

美国有三大主要的证券交易市场——纽约证券交易所（NYSE）、美国证券交易所（AMEX）、NASDAQ，此外，也有针对中小企业及创业企业设立的电子柜台市场 OTCBB。OTCBB 是由 NASDAQ 管理的股票交易系统，众多中小公司的股票先在此系统上市，获得最初的发展资金，通过一段时间的扩张积累，达到 NASDAQ 或 NYSE 的挂牌要求后升级到这些市场。

在 NYSE 上市的条件是有形净资产为 1 亿美元，税前利润为前 3 年累计 1 亿美元（其中任何 1 年至少达到 2500 万美元）。在 NASDAQ 上市的公司，只要净资产到 400 万美元，年税后利润超过 75 万美元或市值达 5000 万美元，股东在 300 人以上，股价达到每股 4 美元的，便可直接升入纳斯达克小资本市场。净资产到 600 万美元以上，毛利达到 100 万美元以上的公司股票还可直接升入 NASDAQ。与 NASDAQ 相比，OTCBB 以门槛低而取胜，它对企业基本没有规模或盈利上的要求，只要有 3 名以上的做市商愿意给证券做市，企业股票就可以在 OTCBB 上流通了。也就是说，到 OTCBB 上市本身是很简单的：要有一个赚钱的概念与好的商业计划就足够了。因此 OTCBB 又被称为 NASDAQ 的预备市场。

买壳上市是美国自 1934 年开始实行的一种简捷的合法上市方法。我国企业在美国成功买壳上市已有了先行者。北京世纪永联公司与深圳蓝点软件公司是两家实力并不强的 IT 公司，通过在美过买壳上市，获得了巨额资金。世纪永联原注册资金不过 100 万元人民币，在美国 OTCBB 市场借壳上市，股价最高时达 25 美元，而市值则超过 4 亿美元。深圳蓝点软件公司也只是新成立的极小的公司，注册资金只有 20 万元人民币，也是在美国 OTCBB 市场买壳上市，股价在开市一小时从 6 美元升至 22 美元，市值也超过 4 亿美元。

在美国发行或出售证券，均须遵守美国联邦证券法律和法规，其中最重要的是

1933年证券法和1934年证券交易法。证券法和相关立法的目的是保证发行公司将披露有关其经营的所有实质性信息，从而向可能的投资人提供必要的信息，使公司能准确地分析投资于该公司所具有的潜在风险和收益。在美国发行证券必须按证券法向美国证券贸易委员会（SEC）报送注册报告书。注册报告书的内容包括有关发行公司的经营、资本结构、财务信息、管理和证券主要持有人的信息，等等。SEC主要审查注册报告书中所披露的信息是否充分和准确。SEC官员有权要求发行公司修改注册报告书。一旦注册报告书被宣布有效，证券便可以按照注册报告书所描绘的方式出售。发行人可以不经注册便发行证券的最通用的方式是私募。依赖于私募而免于注册的发行人必须确保交易不涉及公开发行，并确保证券购买者不会继而将其证券转售给公众。

（三）新加坡上市

新加坡证券交易所成立于1973年5月24日，同年6月4日开张营业。新加坡证券交易所作为亚洲的金融中心之一，是发展中国家和地区中一个比较有代表性的证券市场。近年来，新加坡证交所发展迅速，这除了有新加坡强大的银行体系的支持以外，新加坡在自然时区上的优势、发达的通信基础设施以及政府对外资运用的较少限制，也都是重要原因。

新加坡交易所分两个市场，一个为小规模市场（SES-SESDAQ）；另一个为主板市场（SES-Mainboard）

在新加坡交易所上市的主要要求如下：

（1）最低公众持股数量和业务记录方面：①至少1000名股东持有公司股份的25%，如果市值大于3亿，股东的持股比例可以降低至10%；②公司的股票必须已经具备一个公开市场，拥有该公司股票的十大股东，不得少于2000人（对于作为第二市场上市，至少有2000名股东持有公司股份的25%）；③可选择3年的业务记录或无业务记录。

（2）盈利要求：①过去3年的税前利润累计750万新币，每年至少100万新币；②过去一至两年的税前利润累计1000万新币；③3年中任何一年税前利润不少于2000万新币且有形资产价值不少于5000万新币；④无溢利要求。

（3）采用会计准则：新加坡或国际或美国公认的会计原则。

（4）公司注册和业务地点：自由选择注册地点，无须在新加坡有实质的业务运营。

（5）公司经营业务信息披露规定：如果公司计划向公众募股，该公司必须向社会公布招股说明书；如果公司已经拥有足够的合适股东，并且有足够的资本，无须向公众募集股份，该公司必须准备一份与招股说明书类似的通告交给交易所，以备公众查询。

资料4-7　2014年中国企业境外上市情况

清科集团发布的《清科2014年中国企业上市年度报告》揭示，在低迷的境内外资本市场环境下，2014年中国企业海外上市融资额和上市数量双双大幅下滑，有96家中国企业在海外6个市场上市，合计融资492.59亿美元，分别为2013年海外上市数量和融资额的320%和259%。

2014年上半年中国企业集中赴美上市，出现中概股赴美热潮，第二季度有10家企业在美国资本市场上市，例如猎豹移动、新浪微博和途牛网等；另外在香港上市的中国企业依然火爆，平均每个季度香港上市的企业有18家；本期海外上市的企业体量较大，例如京东商城融资17.80亿美元，阿里巴巴融资217.67亿美元；另外年末在香港上市的万达地产融资37.16亿美元，荣登港股2014年上市之最。市场分布方面，2014年实现海外上市的96家中国企业分布于纽约证券交易所、香港主板、纳斯达克证券交易所、法兰克福证券交易所、香港创业板和伦敦AIM，6个市场，与2013年同期相比，增加了香港创业板和伦敦AIM。具体来看，香港主板依旧是2014年中国企业海外上市的主力市场，共有72家企业上市，占比75.0%；合计融资235.91亿美元，占比47.9%；其中在12月香港上市的"万达商业""中国广核电力""北汽股份""盛京银行"四支10亿美元规模以上大型IPO荣列全年港股市场IPO前5强。15家企业在美国资本市场上市，融资253.68亿美元。中国企业海外上市市场逐渐多元化，欧洲市场以法兰克福证券交易所为主，5家中国企业融资1.68亿美元，另外有2家企业在伦敦AIM上市，融资667万美元（见表4-3）。

表4-3　2014年中国企业海外各市场IPO情况同比统计

资本市场	2014年		2013年	
	筹资额（US$M）	上市数量	筹资额（US$M）	上市数量
香港主板	23591.18955	72	18169.60	56
纽约证券交易所	22476.03	6	474.01	4
NASDAQ	2891.47	9	325.11	4
法兰克福证券交易所	167.86	5	23.31	1
香港创业板	125.75	2	0	0
伦敦AIM	6.67	2	21.27	1
合计	49258.96	96	19012.76	66

资料来源：《清科2014年度中国企业上市年度报告》/http://www.sohu.com

三、企业如何选择上市地点

在证券市场刚刚起步的时候，企业改制上市往往是有关政府主管部门的大事，融资金额、投资项目、上市地点乃至中介机构往往由政府决定。今天，虽然仍然存在政府干预的情况，但企业的自主权已经大大扩大。因此，根据企业的实际情况选择不同的上市地点成为企业改制上市决策的首要任务。选择上市地点的一个简单标准是企业的产品市场在哪里。对任何拟上市公司而言，最自然的投资者群体是企业产品的消费者，他们最了解公司的投资价值。各国投资者都存在不同程度地偏爱本国股票的倾向[1]，其中美国股民购买股票的资金平均只有2%投向海外公司，98%投资在本国公司。

具体而言，企业选择合适的上市地点需考虑以下几方面的因素：

（1）不同交易所上市的程序、辅导期、上市规则与上市费用的差别。

（2）不同市场的交投状况、市场容量、资金充沛程度和市盈率程度。

（3）产品市场或客户的地域分布。对任何要上市的公司而言，其最自然的投资者群体应当是其产品的消费者，他们最知道公司的投资价值，其所居住的地方也是一个公司上市的理想所在地。比如，“娃哈哈”饮料全国都有销售，中国股民对“娃哈哈”的投资价值可能远比美国股民对其认识更深，因为“娃哈哈”产品是美国居民所不知晓的。相比之下，“青岛啤酒”的市场在海内外都有，它既可在国内上市，又适合在国外上市。可见，以出口为主的民企最适合境外上市，以服务为主、不生产实物产品的民企更适合在本地上市。

（4）公司与股东之间信息沟通的通畅程度。信息不对称程度越严重，不了解公司的股民们愿为其股票付的价格就越低，因为从信息、文化障碍讲，投资国外信息成本太高，“被骗”的可能性太大。对于正在考虑境外上市的民企而言，各国投资者的这种“偏爱本国股”的选择应当是必须考虑到的事实之一。

（5）信息披露的要求。不同的股票市场对信息披露的要求是不同的，越是投资者基础广阔及流通性大的股票市场，信息披露的要求越严格，上市公司应在决策时考虑这一因素。

（6）投资者的文化认同状况。投资者通常主要是在文化上更能认同上市公司的人，相同或相近的语言和文化有利于克服信息障碍。比如在美国上市的中国公司，其股票的投资者以华人为主。在新加坡的情况也类似，在上市之后公司就不需花大量的成本来处理和克服信息上、文化上的障碍。

（7）不同上市地的行业认同度。以房地产行业为例，上市并非地产公司的最佳融资模式，房地产开发商从来不是海外股票市场的宠儿，尤其在美国。除了香港之外，中国房地产企业在海外从来未实现过成功上市，即便在香港，地产股也正逐步淡出股市。比如1998年到2003年，地产股私有化退市的案例达12家之多。

总结与复习

股票的发行和上市是现代企业资本运作的主要方式之一。在我国，股票的公开发行与上市往往是同时进行的，公司在申请发行的同时也申请其获准发行的流通股在交易所上市交易。

股票上市对企业有利有弊，各企业应该根据自身的特点和条件决定是否上市。

股票的首次公开发行与上市应按照《证券法》《公司法》和中国证监会于2006年5月17日公布的《首次公开发行股票并上市管理办法》的规定执行。

除了直接上市，企业还可以采用间接上市的方式如买壳上市以达到上市的目的。买壳上市，是指非上市公司通过证券市场购买一家已上市的公司一定比例的股权来控

① 陈志武，到哪儿去上市？［J］．新财富，2003（1）．

制上市公司，然后通过“反向收购”的方式注入有关的业务及资产，实现间接上市的目的。

境内企业可以到境外发行股票或者将其股票在境外上市交易。我国企业可直接向香港、美国、新加坡、日本或其他国家/地区申请上市，也可以在境外设立子公司或控股公司，注入境内业务和资产，再让该子公司/控股公司在境外申请上市，或间接收购一家境外上市公司，再注入境内业务和资产。

第 4 章　即测即练题

思考与练习

1. 企业上市有何利弊？哪些类型的企业可以考虑上市？
2. 如何进行买壳上市？理想的壳公司是怎样的？
3. 相比境内上市，境外上市有何利弊？
4. 企业选择上市地点时需要考虑哪些因素？
5. 企业上市后为什么需要进行市值维护？
6. 课外查找资料，了解我国股票发行与管理制度有哪些最新变化。

本章案例分析

中国建设银行的上市

“建行”的历史可以追溯至 1954 年，成立时的名称是中国人民建设银行，是财政部下属的一家国有独资银行，负责管理和分配根据国家经济计划拨给建设项目与基础建设相关项目的政府资金。1979 年，中国人民建设银行成为一家国务院直属的金融机构，逐渐承担了更多的商业银行职能。1996 年，中国人民建设银行更名为中国建设银行，此时它已成为一家综合性的商业银行。

2004 年 9 月，中国建设银行根据《公司法》的分立程序分立成为“建行”（中国建设银行股份有限公司）和“中国建投”。“建行”承继了中国建设银行截至 2003 年 12 月 31 日的商业银行业务及相关资产和负债，包括自 2000 年 10 月 20 日起推行的政府机关及公司实体的委托贷款业务，以及委托住房公积金按揭业务。

2004 年 9 月 17 日，“建行”以发起人设立的方式成为一家股份制商业银行，并吸收了其他投资者，共有五名发起人：中国建投、国家电网公司、上海宝钢集团、中国长江电子股份有限公司与汇金公司。

作为四大国有商业银行之一，建行是一家中国领先的商业银行，为客户提供全面的商业银行产品和服务。根据人民银行的资料，截至 2005 年 6 月 30 日，其贷款总额的市场份额约为 12%，存款总额的市场份额约为 13.2%。

在建行最初上市地点的选择中，计划在香港“联交所”和“美国纽约证券交易所”实施上市计划。但随后又取消了在美国纽交所的上市计划。

2005 年 10 月，建行成功在香港联交所市场上市，募集资金 725.5 亿元人民币，注册资本和实收资本增加为 2246.89084 亿元。成为国有商业银行中首家上市的银行，也是第一家海外上市的国有商业银行，建行的成功上市，拉开了四大国有商业银行改制的序幕，中行与工行此后相继上市。

2007 年 9 月，建行在上海证券交易所上市，共发行 90 亿股 A 股，实际募集资金 571.19 亿元。自此，国内三大上市国有银行工行、建行与中行在 A 股市场团圆。业内人士认为，这是中国银行业和资本市场改革的一个终点，更是一个起点。建行的回归 A 股，给国内资本市场注入了新鲜血液。

资料来源：何小锋，韩广智．资本市场运作案例［M］．中国发展出版社，2006.

问题：

1. 从建行的背景看，建行上市对其发展有何意义？
2. 请分析建行放弃在美国纽交所的上市而最终选择回归国内 A 股市场的原因。

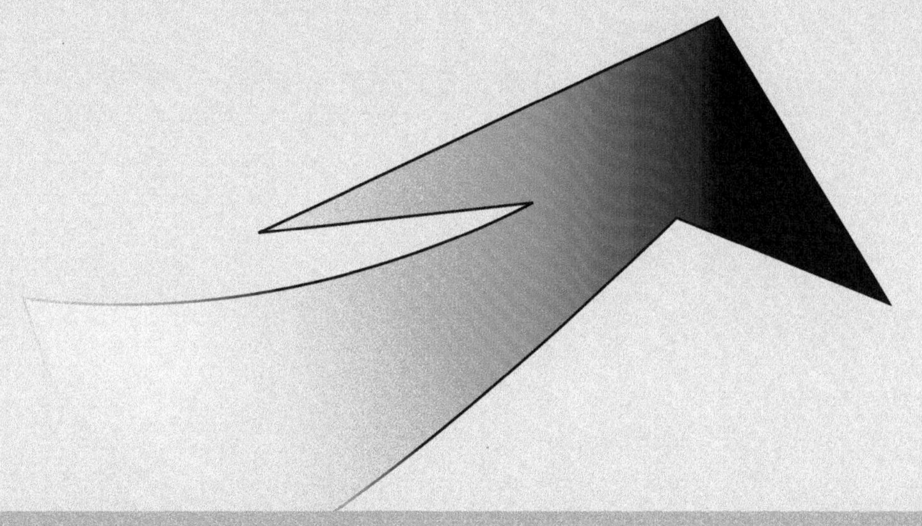

第三篇

资本的重组

第五章
企业并购

学习目的

- 了解企业并购的类型；
- 了解并购的发展历程；
- 掌握企业并购实施的步骤；
- 掌握杠杆收购与管理层收购；
- 掌握并购后整合的重要性及具体的方法；
- 掌握反并购的策略。

引　言

美国著名经济学家、诺贝尔经济学奖获得者乔治·斯蒂格利茨曾经说过："没有一个美国的大公司不是通过某种程度、某种方式的并购而成长起来的，几乎没有一家大公司是靠内部扩张成长起来的。"每一个实体由小至大都不可能完全是自我经营的滚动式发展，都或多或少地与企业并购相关联。为了在全球和中国市场增强竞争力，中国企业的兼并、收购和战略联盟也正在日益增多。随着中国加入世界贸易组织，兼并、收购和战略联盟已成为许多企业的重要战略。

企业并购是市场经济的必然产物，市场经济越发达，并购的频率就越高。企业并购在经济发展的早期就已出现，但是在业主企业或家族企业时代，企业并购并不普遍。从 19 世纪 60 年代开始，伴随着企业制度演化为现代企业制度，企业并购才开始活跃起来。在迄今为止的一百多年间，全球已发生了五次大规模企业并购浪潮。

从改革开放以来我国企业的发展历程看，并购一直是我国企业十分热衷的一种方式，海尔集团张瑞敏总裁著名的"吃休克鱼"兼并企业的方式就是一种典型的并购战略。随着经济全球化进程的加快，我国企业提升国际竞争力的自身需要将更为迫切，中国企业并购方式将出现很多的变化。

近年来，中央有关管理机构不断出台上市公司并购的管理办法，如《上市公司收购管理办法》《合格境外机构投资者境内证券投资管理办法》《关于向外商转让上市公司国有股和法人股有关问题的通知》和《利用外资改组国有企业暂行规定》。随着这些政策的出台，上市公司的并购重组将日趋规范化和透明化。

企业并购是随着企业的成长和发展而发生的一种重组行为，也是社会化大生产的伴生物，是市场竞争的结果，是提高社会资源利用效率的有效途径，更是推动社会进步的重要动力。

第一节　企业并购概论

一、并购的概念

企业并购是企业兼并（merger）、企业收购（acquisition）、企业合并（consolidation）以及接管（take over）等概念的统称（在英文中简写为M&A）。它是企业进行资本集中、实现企业扩张的重要形式，也是在市场经济条件下调整产业组织结构、优化资源配置的重要途径。20世纪80年代以来的接管、收购及其相关的活动，比起以前的兼并运动在范围上要宽广得多。传统的主题已经扩展到包括接管、收购以及相关的公司重组、公司控制、企业所有权结构变更等问题上。就其具体内涵来讲，企业并购包括如下几个方面的内容：

1. 兼并

兼并又称吸收合并，是指两家或更多的独立企业合并组成一家企业，通常由一家占优势的公司吸收一家或更多的公司。通用汽车公司在其雄心勃勃的首席执行官罗斯·佩罗特的领导下对电子数据系统公司的吸收合并就是一个典型例子。

2. 合并

新设合并也称为联合，其一般含义是指两个或两个以上的公司通过法定方式重组，重组后原有的公司都不再继续保留其法人资格，而是重新组成一家新公司。

3. 收购

收购，指一家企业用现金、债券或股票等购买另一家企业的股票或资产，以获得对该企业的控制行为。其特点在于目标公司的经营权易手，但目标公司法人地位并不消失。收购有两种方式：资产收购和股权收购。资产收购是指一家公司购买另一家公司的部分或全部资产；股份收购则是指一家公司直接或间接购买另一家公司的部分或全部股份，从而成为被收购公司的股东，同时也相应地承担该公司的债务。从兼并的狭义角度考虑，兼并与收购这两个概念是有区别的，二者的主要区别在于产权交易所涉及的目标企业法人地位保留与否。这种区别从法律的角度和财务处理的角度来看是显著的，但从企业实际控制权即企业法人财产权的地位来看，两者却没有本质的差别：兼并直接使目标企业的资产处于兼并方的控制之下，收购使目标企业的法人并进而使法人财产受收购方的控制。因此，从广义的角度来看，收购也可以看作是兼并的一种。

4. 接管

与收购含义相近的一个概念是接管。接管，一般是指取得对目标公司的控制权或经营权，但不一定以绝对财产权利（股权或资产所有权）的转移为条件。接管除了可以采取收购（特别是对于以发行垃圾债券和要约式收购）方式外，还可以通过竞争目标公司的股东代表权等方式来实现。接管之后，通常要发生对目标公司管理层的改组。因此，接管也常常被称作敌意并购，即收购者在目标公司管理层对其收购意图尚不知晓或持反对态度的情况下，对目标公司强行进行收购的行为。与敌意并购相对的一个概念是友好并购，指并购双方管理层通过协商来决定并购具体安排的一种并购方式。协商的内容可能包括支付价格、支付方式、人事安排及资产处置等。

在实际实施过程中，兼并和收购交织在一起，很难严格区分。学术界和实务界通常将二者合在一起使用，简称并购（M&A）。目前，并购已经逐渐成为公司所有并购活动的总称，它包含公司重组、公司控制、公司所有权结构变更等问题。除了从会计、审计角度处理财务数据以及在法律规章中有所区别外，一般不对二者做特别的区分。因此，本书中不再严格区分“兼并”和“收购”，而将二者统称为“并购”。

二、并购的分类

根据不同的标准，公司并购有不同的分类。

（一）根据买方公司与目标公司所属行业的关系不同分类

根据买方公司与目标公司所属行业的关系，公司并购可分为横向并购、纵向并购和混合并购。

1. 横向并购

横向并购是指商业上的竞争对手间进行的并购，例如生产同类商品的公司或者是在同一市场领域出售相互竞争商品的公司之间进行并购。横向并购的结果是资本在同一生产、销售领域或部门集中，优势公司并购劣势公司组成横向大企业集团，扩大生产规模，其目的在于消除竞争、扩大市场份额、增加买方公司的垄断实力或形成规模效应。由于横向并购会形成大企业，有可能造成垄断，所以横向并购往往受政府很大的限制，如美国的1914年《克莱顿法》规定，如果竞争受到严重的削弱，则禁止某一家公司对另一家公司股票的收购活动。

2. 纵向并购

纵向并购是指买方公司并购与其生产经营紧密相关的前后顺序生产、营销过程的公司，以形成纵向生产经营一体化。纵向并购又可分前向并购和后向并购两种形式。前向并购是向其最终用户的并购，如一家纺织公司与使用其产品的印染公司的合并。后向并购是向其供应商的并购，如一家钢铁公司与铁矿公司的合并。纵向并购一般发生在生产同一产品、不同生产阶段的两个公司之间。纵向并购的结果是扩大生产经营规模，节约通用的设备、费用等，加强生产经营各环节的配合，加速生产流程，缩短生产周期，节省运输、仓储、资源和能源等。同时，纵向并购还可以避开横向并购中经常遇到的反垄断法的限制。纵向并购的例子有默克（Merck）并购默多可（Medco），雪弗龙石油（Chevron Oil）公司收购海湾石油（Gulf Oil）来扩大其石油储备。

3. 混合并购

混合并购是指从事不相关类型的经营活动企业的并购行为，一般又可分为产品扩张型、市场扩张型和纯混合型三种。产品扩张型并购是指一家企业以原有产品和市场为基础，通过并购其他企业进入相关产业的经营领域，达到扩大经营范围、增强企业实力的目的。市场扩张型并购是指生产同种产品，但产品在不同地区的市场上销售的企业之间的并购，以此扩大市场，提高市场占有率。纯混合型并购是指生产和职能上没有任何联系的两家或多家企业的并购。这种并购有时也被称为集团扩张，其目的是进入更具增长潜力和利润率较高的领域，实现投资多元化和经营多样化，通过先进的财务管理和集中化的行政管理来取得规模经济。目前，纯混合型并购成功的可能性和绩效基本受到管理学界的一致怀疑。混合并购的典型例子有美国钢铁（US.Steel）收购马拉松石油（Marathon Oil）。

（二）根据买方公司战略的不同分类

根据买方公司战略的不同，公司并购可以分为基于成长战略的并购、基于产业整合的并购和基于重组获利的并购。

1. 基于成长战略的并购（Growth strategies）

企业成长主要有两种途径：内源式成长和外源式成长。尽管内源式成长能够获得发展过程的外部收益，有利于培养企业家精神，但是由于内源式成长不仅缓慢，而且会面对某些项目中途折戟的风险，也就是对不成功的内部发展所进行的投资很难得到补偿。因此，通过并购等外源式成长成为企业实现扩张的必然选择。

资料 5-1　并购成就微软与 GE

微软以操作系统为基础，依次并购数据库、电子邮件、网络工具、多媒体、出版、新闻等领域。通过并购，微软在日新月异的 IT 领域内始终保持领导地位。同样，GE 在杰克·韦尔奇的领导下，出售了约 310 家公司 160 亿美元资产，包括空调业务、犹他国际、家用电器等；同时，花费了 530 亿美元并购了 500 多家公司，包括 RCA、业主再保险公司（ERC）等，使得 GE 的市值在 20 年内增长了 30 多倍，达到 4500 亿美元。由并购所带来的增长，一直被认为是 GE 成功的秘诀之一。GE 公司全球兼并与收购业务发展总经理罗纳德·赫曼在上海发表“GE 全球兼并战略与实施”的演讲时说，并购推动了 GE 的股价，也给业绩增长带来约 10%—20%的贡献。

资料来源：中国经济时报/http://www.cet.com.cn

2. 基于产业整合的并购（Industry patterns）

这是指以促使产业集中，优化产业组织，提升产业结构，最终增进企业绩效为目标的并购。

3. 基于重组获利的并购（Financial buyers）

基于重组获利的并购，有人称其为财务型并购（相比较而言，前二者被称为战略型并购）。提高资本效率、淘汰落后是这种金融买家的宗旨。Kohlberg Kravis Roberts & Co.即是其中的佼佼者。

（三）根据目标公司经营者与买方公司的合作态度不同分类

根据目标公司经营者（董事会和管理层）与买方公司的合作态度，公司并购可分为友好并购（也称善意并购）和敌意并购。前者指买方公司首先征得了目标公司经营者的同意，使其与买方公司密切合作，积极配合，劝导目标公司股东向买方公司出售股份的公司并购。后者则是指目标公司经营者持反对意见的公司并购。

（四）根据目标公司是否为上市公司分类

根据目标公司是否为上市公司，公司并购可分为非上市公司收购和上市公司收购。世界上许多国家立法对这两种收购都进行了规定，但我国立法只对上市公司收购作了规定，对于非上市公司收购只能适用《公司法》中有关股份转让的一般规定。

（五）根据所采用方式的不同分类

根据所采用方式的不同，公司并购可分为协议收购和要约收购。协议收购，指买方公司通过私下协商的形式，与目标公司的股东达成股份转让协议，以达到控制目标公司的目的。这种收购多发生在目标公司的股权比较集中，尤其是目标公司存在控制性股东的情况下。要约收购，指买方公司通过公开向目标公司的股东发出收购要约，收购一定数量目标公司的股份，从而达到控制该公司的目的。一般来说，这种收购方式主要发生在目标公司的股权较为分散的情况下。

另外，按照并购的股权份额，公司并购可以分为控股式并购和全面并购；按照并购双方所处国家的不同，公司并购可以分为国内并购和跨国并购。

资料 5-2　吉利并购沃尔沃

李书福对沃尔沃的兴趣肇始于2002年，当时，年轻的吉利才刚刚拿到汽车生产许可证。李书福看上它的原因：沃尔沃是“海外成熟技术、成熟零部件、成熟汽车公司”的最佳选择。它的原创能力很强，安全基因举世无双，还有车内空气质量技术控制及环保技术全球领先。

2007年5月，吉利开始实施战略转型。用李书福的话说，这次转型“就是为收购沃尔沃做准备的。”那一年，福特遭遇百年历史上最大的亏损，沃尔沃自1999年被福特收购后，也一直处于亏损状态。李书福相信，福特迟早会卖掉沃尔沃。

2009年12月，吉利与福特同时宣布，双方就收购沃尔沃的主要商业条款达成一致。福特最初对沃尔沃的报价是60亿美元，而吉利提出的报价为18亿美元，福特汽车董事会最终通过了吉利的报价。

海外收购中最棘手的问题是面对工会，李书福接受了专家提的三个建议：第一，直接拜访沃尔沃工会，当面表达诚意；第二，直接回应对方担心的问题，即对工会做出承诺，比如关于工厂是否搬迁的问题、是否裁员的问题；第三，请他们参观吉利，了解吉利的能力。

2010年3月，吉利沃尔沃项目组与工会达成最后的协议。一周之后，李书福等到了他梦寐以求的结果：与沃尔沃“订婚”。回顾与工会打交道的经历，李书福总结：“我认为是沟通的问题。工会就是要争取它的利益，没有什么其他的。而且它是有规矩的，它不是敲竹杠，是按规范来的。”

2010年8月，沃尔沃交割仪式在英国伦敦举行。李书福很沉静，只说了句：“我们才走出了第一步，现在如何把沃尔沃发展好才是更重更长远的任务。”

收购了沃尔沃汽车公司100%股权，意味着吉利拥有了沃尔沃轿车商标所有权和使用权、10963 项专利和专用知识产权、10 个系列可持续发展的产品及产品平台、两大整车厂约 56 万辆的生产能力和良好设施、1 家发动机公司及 3 家零部件公司、整车和关键零部件开发独立数据库及 3800 名高素质科研人才的研发体系和能力，以及分布于 100 多个国家和地区的 2325 个网点的销售服务网络等。

七年后的 2017 年，沃尔沃全球销量达 53.4 万辆，创历史新高；营业额 1806.7 亿瑞典克朗（约合 1424.7 亿元人民币）；利润达 110 亿瑞典克朗（约合 87 亿元人民币）。

资料来源：新浪财经/https://finance.sina.com.cn

三、并购的一般动因

企业并购一般有两个直接动因：一是最大化现有股东持有股权的市场价值；二是最大化现有管理者的财富，而增加企业价值是实现这两个目的的根本。企业并购的一般动因体现在以下几方面。

1. 获取战略机会

当一个企业决定扩大其在某一特定行业的经营时，一个重要战略便是并购那个行业中的现有企业，而不是依靠自身内部的发展。原因在于：第一，直接获得正在经营的发展研究部门，获得时间优势，大大节约了建设工厂所耗费的时间成本。第二，减少了一个竞争者，并直接获得其在行业中的位置。企业并购的另一战略动因是市场力的运用，两个企业采用统一价格政策，可以使它们得到的收益高于竞争时的收益，大量信息资源可能用于披露战略机会，财会信息可能起到关键作用，如会计收益数据可能用于评价行业内各个企业的盈利能力。第三，可被用于评价行业盈利能力的变化等，这对企业并购十分有意义。

2. 发挥协同效应

在生产领域，可产生规模经济性，可接受新技术，可减少供给短缺的可能性，可充分利用未使用生产能力；在市场及分配领域，同样可产生规模经济，是进入新市场的途径，扩展现有网络，增加产品市场控制力；在财务领域，可充分利用未使用的税收利益，开发未使用的债务能力；在人事领域，可吸收关键的管理技能，使多种研究与开发部门融合。

3. 提高管理效率

其一是企业现在的管理者以非标准方式经营，当其被更有效率的企业收购后，更替管理者而提高管理效率，当管理者自身利益与现有股东的利益更好地协调时，则可提高管理效率。如采用杠杆购买，现有的管理者的财富构成取决于企业的财务成功，这时管理者集中精力于企业市场价值最大化。此外，如果一个企业兼并另一企业，然后出售部分资产收回全部购买价值，结果以零成本取得剩余资产，使企业从资本市场获益。其二是当买方公司和目标公司各处于不同业务领域、不同市场，且这些部门的产品没有密切的替代关系时，这种并购（一般称为“多角化并购”）可以使公司扩大投资回报的来源和降低来自单一经营的风险。

4. 获得规模效益

企业的规模经济是由生产规模经济和管理规模经济两个层次组成的，生产规模经济主要包括：企业通过并购对生产资本进行补充和调整，达到规模经济的要求，在保持整体产品结构不变的情况下，在各子公司实行专业化生产。管理规模经济主要表现在：由于管理费用可以在更大范围内分摊，使单位产品的管理费用大大减少；可以集中人力、物力和财力致力于新技术、新产品的开发。

5. 买壳上市

目前，我国对上市公司的审批较严格，而上市资格也是一种资源，某些并购不是为获得目标企业本身而是为获得目标企业的上市资格。通过到国外买壳上市，企业可以在国外筹集资金进入外国市场。

此外，并购可以降低进入新行业、新市场的障碍。例如，为在中国拓展业务、占领市场，很多跨国公司都是通过收购中国本土公司的方式切入中国市场，同时，还可以利用被并购方的资源，包括设备、人员和目标企业享有的优惠政策。

四、并购的发展历程

（一）美国历史上的五次并购浪潮

西方学者对于企业并购现象的总结基本上是以美国为例的。这不仅是因为公司并购在美国表现最为活跃，更重要的是美国的经济实力和企业实力使它的并购行为、方式及影响会在很短的时间内传递到世界的各个角落。工业革命之后，公司并购所带来的经济增长一直是美国经济史的重要组成部分。近百年以来，并购浪潮此起彼伏，它们的背景、理论基础、表现形式和影响各不相同。

1. 第一次并购浪潮（1897—1904）：横向并购

第一次并购浪潮发生在 1883 年经济大萧条之后，在 1898—1902 年达到顶峰，最后结束于 1904 年。背景是美国正由自由竞争资本主义向垄断资本主义过渡，企业的小规模生产和自我积累式的发展方式适应不了社会大生产和经济复苏的要求。因此，通过并购来实施资本的集中和资产的重组就成为这一背景下企业发展的必然产物。并购涉及几乎所有的矿业和制造行业，其中主要金属、食品、石化产品、化工、交通设备、金属制造等 8 个行业发生的并购约占该时期所有并购的 2/3。

资料 5-3　美国钢铁公司的组建

第一次并购浪潮中的典型案例是美国钢铁公司。美国钢铁公司最早是由卡内基钢铁公司和联邦钢铁公司合并而成。卡内基钢铁公司是由美国钢铁大王卡内基于 1872 年创办的。卡内基通过加强成本控制、改革生产工序、开发新产品、强化市场开拓等，取得了良好的经济效益。加之当时铁路、军火工业对钢铁需求量的激增，使美国钢铁工业的效益都处于节节上升的态势之中。于是，著名的并购大师——J.P.摩根把投资目光转向钢铁工业，他于 1898 年成立了联邦钢铁公司。进而，经过进一步策划，成功地使联邦钢铁公司与卡内基钢铁公司实现合并，并成功地收购了全美 3/5 的钢铁企业，组建了美国钢铁公司，该公司在 1901 年的产量占美国市场销售量的 95%。

第一次并购浪潮呈现出了许多特点：①从并购的动机来看，规模经济和垄断利润的追求是掀起这次并购浪潮的主要动机；②从并购双方的业务关系来看，多是同类产品生产与经营企业间的横向并购；③从并购的交易过程来看，这次并购主要是通过股票市场收购来完成的，也正因如此，才使得这次并购浪潮在美国政府执行《反托拉斯法》和股票价格下跌后逐步进入尾声。

第一次并购浪潮对美国经济的转型与发展起到了巨大的推动作用，大大提高了美国国民经济集中化程度，使美国工业结构发生了永久性的变化。在这次浪潮中，在行业市场上形成较强控制力的巨型公司，如美国钢铁公司、美国石膏肥料公司、国际收割机公司、杜邦公司、全美烟草公司、美国糖业公司、美国橡胶公司等。这次并购浪潮的另一个积极效果是加大了企业制度的创新，使美国众多企业由家族式管理转向现代企业管理，由单一产权结构转向多元化产权结构，进而促成了所有权与经营权的分离，推动了企业制度的升华。

2. 第二次并购浪潮（1916—1929）：纵向并购

第二次并购浪潮发生在20世纪初，其背景是美国在经历了1920—1921年的经济危机之后进入了新的稳定发展时期，各公司借助经济复苏之机存在扩张愿望，而《反垄断法》的出台限制了企业的横向并购，于是，以纵向并购为主要方式的企业并购浪潮就应运而生。这次并购浪潮涉及公用事业、银行、制造业和采矿业，被并购企业达12000余家。这次并购的特点也十分明显：①纵向并购成为主要形式；②出现了产业资本和银行资本互相渗透的并购；③较多运用债务融资进行收购。这次并购浪潮进一步加强了前一次浪潮所形成的资本集中与产业集中。

3. 第三次并购浪潮（1965—1969）：混合并购

第三次并购浪潮发生在第二次世界大战后的20世纪五六十年代。第二次世界大战结束后，全球经济进入了一个新的快速发展时期，为公司扩张提供了机遇。同时，管理理论的发展和计算机等现代管理技术手段在企业管理中的应用，使管理人员对大型混合型公司的管理成为可能。第三次并购浪潮的最大特点是混合并购占据主流。有关统计表明，横向并购、纵向并购和混合并购三种方式所占比重在1954—1959年分别为31.2%、13.7%、和55.1%，在1960—1964年分别为18.9%、17%和64.1%，在1967—1978年分别为14.3%、7.6%和78.1%。这次并购浪潮的另一个特点是被兼并对象不再局限于中小企业，而拓展到大型企业。这次并购浪潮的结果是许多大型企业将经营领域与活动范围延伸到许多与本企业毫不相关的领域，导致企业自身的组织结构、业务结构又发生了新的变化。

4. 第四次并购浪潮（1984—1989）：融资并购

20世纪70年代后期，生物科技的快速发展和电子时代的到来加快了产品更新换代的节奏，缩短了产品寿命，凸显了高技术含量、高附加值产品的市场价值和盈利能力。同时，第三次并购浪潮的负面效应逐渐显露，混合并购形成的企业规模庞大，而效益低下。在此背景下，美国企业进入了新的战略调整，提高投资报酬率，削除亏损或盈利能力较弱的部门，把精力和经济资源集中投放在能够发挥企业优势并能获取持续性盈利的部门。在此背景下，美国企业在20世纪80年代掀起了第四次并购浪潮。

这次并购浪潮的特点之一是交易规模空前。例如，10亿美元以上的并购案例在1979年以前较为少见，而在1983年、1984年和1985年分别就有6起、17起和37起。1975年并购总数2297起，金额不到120亿美元，而1984年并购总数虽略升到

2543起，总金额却高达1220亿美元；二是并购企业的范围十分广泛，涉及化学、银行、医院、太空、电子、石油、烟草等众多领域；三是融资收购异常流行。以往的并购多是大企业并购小企业、优势企业并购劣势企业，但这次并购浪潮中"小鱼吃大鱼"式的杠杆收购却十分常见。一批活跃在华尔街的金融专家，在分析目标公司的现金流量，确定其市场价值之后，迅速组织银团负债融资，收购目标公司；再雇用该行业内的专家，以最佳的市场取向和利润平衡点肢解公司，重组公司结构，给予管理层大量股份，监督其经营，最后将公司出售获得利润。著名的代表有KKR，Blackstone，Perelman等。1981—1989年，完成了超过22000起以上的公司并购，几乎所有的美国大公司都经历了融资并购的洗礼或冲击。百年老店、跨国集团在毫不知情的情况下，被一小撮金融奇才肆意袭击，一批老字号轰然倒闭。"敌意收购"、"杠杆融资"、"狗熊的拥抱"、"垃圾债券"等成为这一阶段的流行语。表5-1为美国1981—1990年并购统计数据。

表5-1　美国1981—1990年并购统计数据

	M&A	LBO	LBO在M&A中所占比例（%）	KKR进行的LBO	在所有LBO中，KKR所占的比例（%）
1981	2328	99	4.3	7	7.1
1982	2299	164	7.1	0	0
1983	1395	131	9.6	3	1.2
1984	3176	254	8.0	6	2.4
1985	3490	255	7.3	4	1.6
1986	4471	339	7.6	2	0.3
1987	4037	279	6.9	3	1.1
1988	4049	381	9.4	3	0.5
1989	3766	371	9.9	1	0.3
1990	3663	224	6.1	0	0

资料来源：George P.Baker，George David Smith著，张爱玲，孙经纬译，《新金融资本家-Kohlberg Kravis Roberts与公司的价值创造》，上海财经大学出版社，2000：24.

5. 第五次并购浪潮（1994—2000）：战略驱动下的强强联盟

在第四次并购浪潮进入尾声之后，一次新的并购浪潮正在酝酿之中，并于1992年在美国乃至全球掀起一轮新的并购浪潮。20世纪90年代形成并购浪潮的直接原因是国家放松了对经济活动的管制。特别是进入90年代中期以来，由于科学技术的飞速发展，以及公共政策方面的迅速转变，为并购活动创造了许多机会。例如美国取消了禁止商业银行跨州并购的规定，对媒体和电讯方面的管制也有所放松，大大降低了某些行业的进入壁垒，90年代中后期克林顿政府甚至鼓励在医疗保健和国防工业等领域进行合并，以便在国际竞争中取得有利的地位。在这种政策的影响下，直接推动了银行、金融、IT公司之间的并购。据统计，1992—1999年，全球并购交易额已连续第8年创下纪录，2000年全球的并购业务量达到3.5兆美元，比1999年增长了5%；其中，100亿美元以上的大型并购交易达到37%。此轮并购浪潮无论是其广度还是深度都是空前的。

强强联合成为此轮全球并购浪潮的主旋律。这次并购浪潮产生的背景是美国企业在20世纪90年代初面临着新的“内忧外患”的冲击下，意识到全球激烈竞争的压力，进而纷纷以合并、收购等方式进一步改善企业组织结构、产品结构、市场结构，以形成拥有更大竞争能力的企业集团。在这一并购浪潮中，一些目标企业本来就是相关专业领域内的知名大公司。例如，1999年4月意大利电信公司和德国电信公司宣布合并成立欧洲第一、世界第二大电信公司；德国戴姆勒-奔驰汽车公司与克莱斯勒公司的合并；1997年，世界上最大的飞机制造公司波音公司以133亿美元价格兼并世界第三大飞机制造公司麦道公司。强强联合可以集中资源优势，增强资产与产品的联系和契合力，将竞争演变为集团内部的“竞合”，具有极强的竞争优势。

这次并购浪潮的另一大特点是动机上更为“健康”，多是出于战略动机。至于投机性并购，则在这次并购浪潮中显得十分逊色。这在某种程度上表明了美国并购行为与市场历经多次浪潮后日益趋于成熟和理性。因此，企业在并购其他企业的同时，也大举出售和转让那些与本企业核心产业不相关之多元化产业。例如，1997年美国通用汽车公司以95亿美元的价格将休斯飞机公司出售给雷声公司。休斯公司是通用公司1985年第四次并购浪潮中并购的。这一行动，一方面使雷声公司成为美国国内仅次于波音-麦道公司和洛克希德·马丁公司之后的第三大生产防务装备的公司；另一方面使通用公司更好地发展其汽车业务。有着150年历史的德国西门子公司在经营电器70年后，于1997年1月宣布停止生产电视机，从家电行业撤出，集中力量在通信行业展开竞争。表5-2为2000年全球10大并购案例。

表5-2 2000年全球10大并购案例 （单位：亿美元）

月份	买方	目标企业	金额
1	AOL（美）	Time Warner（美）	1550
1	Glaxo Wellcome PLC（英）	SmithKline Beecham PLC（英）	760
2	Vodafone（英）	Mannesmann（德）	1850
2	Pfizer（美）	Warner-Lambert（美）	850
9	大通银行（美）	J.P.摩根（美）	360
9	谢夫隆石油（美）	德士古石油（美）	350
9	日本兴业、第一劝业和富士银行合并成立瑞穗控股公司		
10	联合利华（英荷）	Bestfoods（美）	213
10	GE（美）①	霍尼韦尔	450
12	百事可乐（美）	魁克	134

注：①该项交易最终因为欧盟的反对而未能成功。

资料来源：王巍，康荣平主编．中国并购报告［M］．北京：中国物资出版社，2001：85-87.

进入2001年，受美国新经济热潮的降温、世界经济增长的放缓和全球市场需求下降等诸多因素的影响，全球并购热潮急剧降温，标志着第五次浪潮的基本结束。

（二）我国并购市场发展特点与趋势

1. 市场化环境更完善，战略性并购不断增加

在新的市场环境下，一些新法律法规已陆续施行，在证监会发行审核委员会中已

设立了上市公司并购重组审核委员会并制定了工作规程，监管力度逐步加大，在实力和诚信方面存在问题、涉嫌违法违规的收购将更难实现，可以有效反映上市公司价值的市场化的资产定价方式得到进一步完善，这些变化将为我国的并购市场提供更完善的环境，有利于规范、推进并购的市场化，推动行业整合，提高并购效率，促进我国资本市场进一步发展。成熟市场国家的并购主要是考虑公司的长远发展战略，具有潜在的发展价值的公司可能成为目标公司。在新市场环境下，过去那种更注重短期财务利益的财务性并购大幅减少，大股东的利益与公司价值利益一致，以产业整合、资源价值重估、争夺控制权、扩大市场份额、增强竞争实力等为目的的战略性并购将不断增加，对提升公司价值、完善公司治理、发挥协同效应、提高并购各方的经营效率、形成规模经济等方面具有重要作用。

2. 并购主体多元化，外资并购更多

在新的市场环境下，随着原非流通股的解禁，所有股票都将成为流通股，同时，新《公司法》降低了注册资本要求，取消了公司对外投资不得超过公司净资产的50%的限制，允许个人设立公司，这些条件使小公司收购大公司成为可能，消除了个人公司进入并购市场的法律障碍，为杠杆收购、管理层收购等并购方式的发展创造了条件。央企、地方国企、民营、外资、个人等更多的主体将参与到上市公司的并购中，“一致行动人”、QFII（合格的外国机构投资者）、私人股权投资基金等都有可能成为并购主体。绝大部分上市公司是我国企业的优势资源，在新的市场环境下其投资价值将越发凸显，很多拥有优质资产、内在价值高、经营良好、财务稳健、收益性较好、能为股东带来长期回报的上市公司，将受到更多外国投资者的偏好，特别是一些在技术、市场、资源、政策等方面拥有垄断优势的目标上市公司股权更为外资青睐，可以使外资绕开行业进入壁垒，分享我国垄断资源和垄断行业的收益，外资并购我国上市公司将更多也更加市场化。

3. 并购方式和资金来源多样化

新的环境将为并购提供重要的支付手段，市场将不断尝试并购创新。《上市公司收购管理办法》第5条规定“收购人可以通过取得股份的方式成为一个上市公司的控股股东，可以通过投资关系、协议、其他安排的途径成为一个上市公司的实际控制人，也可以同时采取上述方式和途径取得上市公司控制权”，第36条规定“收购人可以采用现金、证券、现金与证券相结合等合法方式支付收购上市公司的价款”，还对要约收购的相关规定做了重大调整，对并购方式、支付方式赋予收购人更多自主空间。新《证券法》允许上市公司采用非公开发行方式发行新股，则为通过定向增发实行增量收购提供了法律支持，使得增量收购成为现实。可以预见，通过自有资金、股权融资、债权融资、资产证券化等多种融资手段将为并购提供多样化的资金来源，从简单的协议收购向二级市场竞购转变、从强制性要约向主动性要约转变、现金支付、资产支付、股权支付（如定向增发、换股合并）、金融衍生产品支付（如可转换债券、认股权证等）、承债支付等多种支付方式会成为重要的并购方式。

4. 并购与反并购更激烈

新的市场环境下，全流通使原来的非流通股股东持股数量减少或比例降低，股权被稀释，股份被分散，大股东控股地位不同程度地被削弱，较小的持股量即可取得控股权，公司价值可能被低估，法规上也加强了对投资者保护，肯定了反收购措施和管理层激励措施的运用等，这些现象的出现，不仅为一些上市公司并购其他公司提供了可能，而且使那些大股东持股比例低、股权结构分散、价值被低估、行业集中度较低、竞争充分的上市公司也更可能成为国内外行业巨头并购的对象，也必然会使上司公司建立相应的反并购措施。可以预见，收购与反收购将会在市场上更频繁的出现，反收购措施将更加多样化，所使用的金融工具也将不断丰富，并购与反并购更为激烈。

资料 5-4　2017 年中国十大并购事件

1.融创收购乐视系股权

2017 年 1 月 13 日，融创中国天津嘉睿以总代价 150.41 亿元，收购乐视网的 8.61%股权、乐视影业 15%股权和乐视致新增资完成后的 33.4959%股权。投资事项完成后，乐视网、乐视影业及乐视致新各自将成为融创中国的联营公司。

2. 中国化工收购先正达

中国化工集团公司与瑞士农化和种子公司先正达今年宣布，前者已完成对后者要约的第二次交割。截至目前，中国化工已拥有先正达股份 94.7%。至此，这桩中国企业史上最大规模海外并购已正式完成交割。2017 年 4 月，中国、美国、欧盟和墨西哥等反垄断监管机构均已批准中国化工收购先正达。

3. 吉利汽车收购宝腾汽车及莲花汽车

2017 年 5 月 24 日，浙江吉利控股集团与马来西亚 DRB-HICOM 集团签署协议。吉利集团将收购 DRB 旗下宝腾控股（PROTON Holding）49.9%的股份以及英国豪华跑车品牌路特斯集团（LotusGroup）51%的股份，吉利集团将成为宝腾汽车的独家外资战略合作伙伴。收购英国路特斯汽车集团 51%的股权，吉利将支付 5100 万英镑（折合人民币约 4.5 亿元）；通过收购宝腾控股 49.9%的股份，吉利将支付包括现金 1.703 亿马来西亚林吉特（折合人民币约 2.7 亿）+吉利博越平台整个生命周期内授权使用费的代价。

4. 中投公司收购欧洲物流地产公司 Logicor

2017 年 6 月 2 日，美国私募股权公司黑石集团宣布，同意以 122.5 亿欧元（138 亿美元）把旗下泛欧物流地产公司 Logicor 出售给中投公司（CIC）。Logicor 目前拥有和运营的物流地产规模达 1360 万平方米，分布于 17 个国家，其中超过 7 成的地产集中于英国、德国、法国和南欧。其客户包括亚马逊等。这是欧洲有记录以来第二大规模的房地产交易，也是中资海外房地产第四大收购。

5. 中远海运收购东方海外

2017 年 7 月 9 日，中远海运联合上海国际港务集团对东方海外以 31%溢价、总共 492.31 亿港元（人民币 428.70 亿元）发起全面收购要约，交易完成后中远海运将持有东方海外 90.1%的股权，上港集团则持股 9.9%。东方海外是全球第七大集装箱航运公司，而通过中远和中海两大国内航运集团合并而来的中远海运集团集装箱船队规模已位居世界第四。中远海控收购东方海外将使其成为全球第三大集装箱运营企业，仅次于丹麦马士基航运公司和总部位于瑞士的地中海航运公司。

6. 万达出售文旅及酒店资产

2017 年 7 月 10 日，融创房地产与万达商业订立框架协议，万达商业同意出售中国 13 个文化旅游项目公司 91%的股权和 76 家城市酒店 100%的权益，总代价为人民币 631.7 亿元。而后的 7 月 19 日，融创房地产与万达商业正式订立协议书，上述框架协议中 76 家城市酒店不再作为目标资产，总代价也调整为人民币 438.44 亿元，而就在当天，富力作为接盘者以 199.06 亿元最终拿下 77 家城市酒店的全部股权。

7. 中资财团收购普洛斯

2017 年 7 月 14 日，新加坡上市公司普洛斯公布中国财团 116 亿美元（160 亿新币）成功收购普洛斯。收购价每股按 3.38 新币计，停牌前普洛斯每股 2.7 新币。中国财团包括五方面：厚朴投资占股 21.3%、万科集团占股 21.4%、高瓴资本占股 21.2%、中银集团投资有限公司占股 15%、普洛斯管理层占股 21.2%。过去 7 年间，普洛斯快速成长，一跃成为亚洲最大的工业及物流设施地产商。截至 2017 年 3 月 31 日，普洛斯拥有并管理约 5492 万平方米的物流基础设施，管理价值近 400 亿美元的物流资产，客户包括亚马逊、DHL 等。

8. 百丽国际实现私有化

2017 年 4 月，由高瓴资本集团牵头、鼎晖投资等组成的财团宣布对国内知名品牌，一代“鞋王”百丽国际集团提出私有化要约，收购总价为 531 亿港元。7 月 27 日，百丽国际在香港联交所退市。531.35 亿港元的私有化交易创了港股历史之最，创始人邓耀和 CEO 盛百椒均不参与此次私有化要约收购，套现百亿离场。相比 2013 年巅峰时期 1500 多亿港元的估值，缩水过半。

9. 中国华信能源收购俄罗斯石油股权

中国华信 2017 年 9 月宣布，与嘉能可财团和卡塔尔投资局联合体达成了一项协议，中国华信收购该联合体所持有的俄油公司 14.16%的股份，合同金额预计约 91 亿美元。此次收购将使得中国华信成为俄油公司第三大股东，两家公司的合作会扩大至整个油气供应链。中国华信成立于 2002 年，总部位于上海。过去一年，中国华信已在乍得和阿布扎比投资石油开采权。

10. 360 借壳回归 A 股

360 作为中国最大的网络安全企业，通过重组江南嘉捷回归 A 股。2016 年 7 月，360 顺利完成在美国退市的动作。2017 年 11 月 3 日，江南嘉捷公司公布了《重大资产重组、置换及发行股份购买资产暨关联交易报告书（草案）》，正式披露了 360 公司及其关联公司通过对江南嘉捷进行资产重组以登陆 A 股的消息。360 公司 100%股权将作价 504.16 亿元置入上市公司，交易完成后，周鸿祎将成为上市公司的实际控制人。

资料来源：中国并购公会/http://www.ma-china.com

第二节　并购的实施

一旦认定并购是公司扩张的恰当选择，那么实施并购一般需要经过五个步骤。前三步是并购前的准备工作：找出未来的并购对象，对目标企业进行调查和财务评估，以及确定切实可行的并购方案。第四步是谈判阶段。最后便是两家公司的整合。如果买方公司在前面四步失误，并购成功的可能性就大大减少。即使并购后的整合战略（PMI）计划周到，实施顺利，也无法扭转败局。另外，如果并购后的整合计划执行得很差，同样必定会破坏原本在战略上成功、财务上切实可行的并购交易。

一、目标搜寻

无论是机缘巧合还是通过中介机构的介绍，这一步常常会遭到忽视。虽然具有吸引力的、潜在的目标企业可能会通过上述方式出现，但是，我们更应该记住：最佳的并购目标是符合买方公司最佳战略的企业，而不仅仅是“待售”的企业。在主动去寻找并购对象的方式下，买方公司必须花费一定人力、物力和财力进行筛选和评估，很多情形下，如果所选定的对象不愿出售，买方公司可能还需要承诺支付更多的溢价来吸引目标企业的股东。但是，如果买方公司主动搜寻经筛选、评估的目标，就长期而言战略上的配合度较高，容易产生长久性的综合效果。因此，许多一流的公司都把寻找并购对象纳入战略规划中，从而保证公司能对众多的发展机会进行比较。

买方公司应该根据其自身现状和并购动机，定出目标企业的标准与条件。一般来说，可以从以下几方面进行考虑：①行业相同或互补。由于行业相同或相近，企业之间易于融合，并购操作相对简单易行，并购后企业一般不需要作过大的调整和改造。而且如果行业互补，相关的产、供、销环节与渠道更易于扩展，从而使并购后的企业能更快地形成规模，见到效益。②投资环境较好。如拥有低廉的水电及土地使用价格、较好的地理位置、优惠的投资政策、较为便利的交通等。③利用价值较高。例如，一定面积的闲置土地，可重新利用的厂房、办公楼等建筑，在产品结构、科技项目、技术力量、行业竞争力等方面具有潜在的利用价值。④规模适中。这主要是相对买方企业而言的。目标企业规模太大，并购后无法及时消化；规模太小，从效益上讲不合算，从而无法满足自己的发展需要。因此，要充分考虑到目标企业规模与企业的现有能力及发展规模的适应性。图 5-1 为公司并购的运作程序。

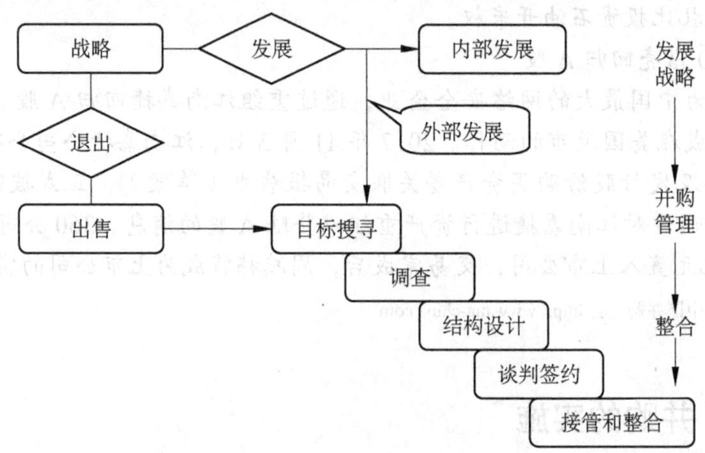

图 5-1　公司并购的运作程序

二、审慎性调查

调查的目的是了解目标企业的竞争优势、劣势和增长潜力，评估其价值，以确保先前买方公司关于最佳战略和企业潜力的设想具有牢靠的基础。由于调查的专业性很强，一般而言，买方公司会组建由并购专家、律师和会计师组成的专门班子，对目标企业的产业环境、经营状况和财务状况进行全方位的调查。

（一）外部环境分析

外部环境分析的内容主要包括目标企业的行业特征、国家的产业政策和公司的经营环境。对目标企业的行业特征情况，要分析该行业在整个国民经济中的地位，是夕阳产业抑或朝阳产业。处于夕阳产业的企业往往经营稳定，但是缺乏新的利润增长点，公司产品结构随时面临老化和遭淘汰的危险。而处于朝阳产业中的企业往往面临激烈的市场竞争和纷繁复杂的变化因素，这种机会和挑战对于企业的应变能力和后续经营能力有很高的要求。

在评估目标企业的外部环境时，国家的产业政策也是重要且不可忽视的因素。如政府为了促进某行业的发展，可以对该行业采取低息贷款、限制同类产品进口、降低税率等政策；反之，政府可以采取限制贷款、放开同类产品进口、提高税收等政策。政府的扶持能够有力地增强企业竞争力。政府的扶持形式很多，如培育有利于企业经营的外部环境，在企业资金紧张或可能破产时向其提供某种特别的信用支持等。即使政府没有明确表示扶持，但在创造良好的经营环境、保证就业及在国际贸易中对相关竞争者施以优惠法规等方面的举措，对企业发展所起的作用都是不可低估的。因此在评估时要对国家有关产业政策和政府有关机构的种种扶持举措进行分析，同时也要对政府已宣布的计划以及与公司及其行业相关的政策变动进行分析。

目标企业的经营环境分析主要应集中于企业在市场中的地位、竞争对手的状况以及整个市场竞争环境的优劣。其中企业产品的市场占有率是一个重要的分析着眼点，既可以根据目标企业历年来的市场表现预测其未来的表现，也可通过观察和分析目标企业在市场竞争中采取的策略和方法了解公司的盈利能力和内在潜力的状况。

（二）内部环境分析

内部环境分析的主要着眼点是目标企业的内部管理质量。由于并购的目的在于实现经验共享和优势互补，因此一般情况下目标企业的大批管理人员还要继续留下来为新公司服务，目标企业的管理质量也就必须予以充分重视。尽管一个企业的管理质量很难予以量化，但它是企业保持和壮大实力的重要因素之一。在评估时要将其管理计划与同行业的其他企业加以比较分析，从而了解企业的竞争能力、举债经营状况以及与主管部门的关系等。同时要仔细分析企业内部控制与财务控制制度以及它们是如何帮助管理部门保持和提高企业的生产效率与利润水平的。当然，从并购企业的角度看，如果是实施横向并购，还应该考虑并购企业管理人员和目标企业管理人员的互相配合甚至改造管理质量等问题。而如果是实施纵向并购或混合并购，那么目标企业的现有管理质量应受到更多的重视。

（三）财务状况分析

在进行并购时，不但要考虑到长期的协同作用，而且要分析短期带来的财务压力和综合效应，因此目标企业的财务状况在进行价值评估时就显得十分特殊和重要。在世界各国已发生的并购案例中，许多目标企业由于具有良好的财务状况和通畅的现金流而身价陡增。考察目标企业财务状况时，一是要看其资金流动性以便及时偿还债务，增加并购后企业资产的变现性。评估时还要预测固定费用支出和现金流量总额变化趋势。二是为了精确估计近期内企业的周转资金需求量，可对有关应收账款周转率和存货周转率的资料进行审查，对企业的短期负债水平、资本结构中利率较高的债务相对比重等进行了解。

另外，对目标企业财务状况的评估不仅要对过去几年的财务报告资料进行仔细分析，还要对并购以后，在今后 5 年甚至更长年份现金流量以及资产、负债进行预测。若目标企业为上市公司，则还要考察其在资本市场进行筹资的能力。

在对目标企业的财务状况进行调查分析时，重点应注意防范财务信息失真。这可以说是我国实施并购最大的陷阱之一。首先，由于 20 多年来体制改革所带来的巨大变化，有时连企业本身也不清楚其资产或权益在法律上是否成立；其次，卖方没有如实透露所有资料和信息也是常有的事；最后，首要的信息来源与重要的价值判断依据：目标企业的财务报表除存在恶意伪造的可能外，本身在反映企业的经营信息时存在局限性，如会计政策具有可选择性、或有负债、表外事项等，这种局限使得财务报告或评估报告本身存在被人为操纵的风险。为防范并购时的财务陷阱，首先，买方应聘请经验丰富的中介机构：包括律师、会计师、财务顾问，对目标企业的所有信息进行专业验证。同时，为财务陷阱的补救埋好伏笔也是必需的，在兼并合同中的“保证条款”因而十分重要。保证条款是买卖双方从法律上界定目标企业资产的最主要内容，也是卖方违约时买方权利的最主要保障，目的是买卖双方都明确地知晓交易的标的为何物，即其在法律上所定义的财务、经营和资产范围，所包含的权利和义务是什么。并购合同中应用最直接、合理、科学、专业和没有歧义的语言使买卖双方达成共识，以减少今后发生纠纷、误解和矛盾的可能性。

（四）价值评估的技术

成功并购的关键之一在于找到恰当的交易价格。寻找成交价格，对买卖双方来说都是极富创造性而又耗时费神的过程。因此，对目标企业进行价值评估，既是一门科学，又是一门艺术。它的科学性在于它是依据有关的财务理论与模型提出的，而它的艺术性则在于它吸取了有关专业人士深刻的洞察力与丰富的经验。可以用于目标企业价值评估的模型有多种，而每种往往强调某一方面，适用于某一种情况。因此，在确定价格时，需要针对具体情况，决定选择哪一种模型组合，还要决定在什么程度上考虑其他情况。

1. 贴现现金流量方法

贴现现金流量（DCF）分析方法是一种最基本的估值方法，常常被认为是最有效的。DCF 分析可以用公式表示如下：

$$P_v = \sum_{t=0}^{n} \frac{CF_t}{(1+r)^t}$$

式中，t 为以年表示的时间；$t=0$ 则表示现在；CF_t 为在未来的 t 年里预期产生的净现金流；r 为适当的折现率，它与预期的现金流的风险相联系；P_v 为各年现金流的现值。

贴现现金流量方法的主要问题是 r 值的不确定性。由于必须对许多有关市场、产品、定价、竞争、管理、经济状况、利率的情况作假定，因而所得出的数值有一个可信度的问题。运用这种方法可能会得到精确的数值，但它表面的精确可能会成为它最大的危险。也就是说，它表面的完善可能具有相当的欺骗性。因此，贴现现金流量分析的结果可能是精确的（可重复验算），但不是正确的（与现实不符）。不过，在实际作出并购决策时还应使用这种方法。这一过程本身是重要的，其结果也是重要的，尤其当它用在为买方确定最高定价时。

由于折现率增减一个百分点都可能对并购决策起到决定性的作用，所以需要慎重进行选择。一般有以下四种确定折现率的方法：①选择目标企业现在的加权资本（负债与权益）成本作为基准折现率，然后将它调高几个百分点（因为新的项目应当比已有的运作有更高的收益率要求）；②选择目标企业历史上的资产收益率作为基准折现率，然后像上面那样将它调高几个百分点；③利用对未来预期利率的估计作为基准折现率，然后将它根据行业、企业及财务结构等相关的风险因素加以调高；④根据公开数据，利用对同行业企业的加权资本成本的估计值作为基准折现率，然后也像上面一样根据风险因素调高。

2. 市盈率法

市盈率（price earning ration），也称市盈乘数，它反映了一家公司的股票市值对其净利润的倍数，它的数学表达是 P/E。根据市盈率计算并购价格的公式应为

$$P_v = \frac{P}{E} \cdot EBIT$$

或者

$$P_v = \frac{P}{E} \cdot NPAT$$

企业的息税前收益 EBIT 或税后纯利 NPAT 的数字可以从它的损益表中得到。EBIT 是不考虑融资和财务结构时公司的运营盈利能力，而 NPAT 则把包括融资和财务结构在内的所有流动因素都考虑在内了。应该注意的是，在应用不同的公式时，采用的 P/E 值是不同的。

企业市盈率的高低主要取决于企业的预期增长率。其实，企业的市盈率就是用风险因素调整后得到的预期增长率的一个替代值。企业并购中运用的市盈率经常是一段时期（3～5 年）市盈率的平均值（当然对新建企业难以用过去的平均值，但可以用它计算新建企业当前的或者预期的收益）。只有在收益有较高的预期增长时才可使用较高的市盈率值。这种方法比较适用于那些经营状况稳定的企业，这时平均市盈率的说服力就较强。我们知道，股民与机构投资者对股票的市盈率和每股收益都十分关注，因为市盈率乘以每股收益所得到的就是每股的理论价格。当然，并购时买的是整个企业，而不是部分的股票，它们之间还是有区别的。所以，这也是不能直接用市盈率计

算出来的价格作为并购中实际交易价格的一个原因。

3. 市价法

对上市公司来说，股票市场每天都在对其价值进行评估。上市公司当前的市值——股票价格乘以所发行的股票数量可以成为并购定价的核心因素，在此基础上以适当的溢价（一般20%～100%或更高）来确定并购价格。一般来说，这种方法对收购流动性较强的上市公司来说是必不可少的。

股票定价基于有效市场理论，这一理论认为：市场对每家公司的所有信息都在不断地进行评估，并将其结论用公司股票最新的现金开价和还价表示出来。当然，仅有市场价格还是不够的，因为股票市场投资者并不是在购买整个公司，他们购买的是小的、流动性高的、少量的股权。这些投资者希望通过市场力量而不是个人管理上的影响来获得利益，并能够随时抛售其多余的股份；而购买整个公司的并购者虽然不能享受这种流动性和灵活性，但他们可以通过管理上的控制来决定公司未来的经营。这些不同的情况需要不同的模型来分析。获得公司控制权的结果通常会带来巨额的溢价，但溢价既可能比公司真正的价值高，也可能比它低。所以，有必要将市场价格方法与其他分析技术结合在一起使用。

4. 财产清算价值方法

财产清算价值方法是通过估算目标企业的净清算收入来估算并购价格的方法。而企业的净清算收入是通过估算出售企业所有的部门和全部固定资产（通常是在多项交易中）所得到的收入，再扣除企业的应付债务所得到的。这一估算的基础是对企业的不动产价值进行估算，这些不动产包括工厂、财产和设备、各种自然资源或储备等。估算所得到的是目标企业的可能的变现价格。构成并购价格的底价，可以用于收购陷入困境的企业，可以用在万一预期的并购战略未能实施的防卫措施上，也可以用于根据特定的目的购买的一些特定的企业上。

5. 账面价值法

账面价值方法是利用传统的会计方式确定净资产来决定并购价格的方法。会计意义上的账面价值是一个反映特定时点企业的会计核算价值的确定的数字。它的好处在于它是按会计原则计算出的，但它亦存在着巨大的欺骗性。因为账面价值往往与它的实际价格相差甚巨。有时，由于企业的历史、商誉等因素，它的账面价值大大低于它的市场价格。另外，企业由于害怕账面价值损失太大，往往去维持破旧的工厂和毫无价值的存货，在这种情况下，账面价值将大大高于真实价值。

（五）价值评估应考虑的其他因素

并购的估算定价是非常复杂的，往往需要对上述各种方法进行综合运用。并购的价值评估方法并不是一成不变的，不同的目的、不同的时机、不同的情形往往会得到不同的并购价格。无论是买方还是卖方，在决定企业的最佳价格时，必须进行一个范围广泛的富有创造性的分析。这种分析必须从各种不同的角度思考，才能避免得出简单的或具有欺骗性的结论。一般来说，认真的买方总是愿意使用复杂精巧的定量方法，但精明的买方从不被它们所制约。他们总是愿意在评估过程中加入一些直觉和定性的因素。因此，影响并购价格的除了上述模型外，还有其他一些因素。一般来说，这些因素有两类，一类是经营性的因素，如追求规模效应、扩大市场份额与寻求企业发展等；另一类是财务性的因素。这两类因素是相关的，都是收购企业需要考虑的。经营性因素往往与特定时期的特定的企业有关，一般不太容易受其他因素影响。因此，我们主要应关注影响并购价格的其他因素。

1. 收购融资能力

企业的收购融资能力常取决于两个因素：收购企业的信誉和金融机构对拟议中的交易获得成功的信心。收购融资能力的大小，直接影响到并购交易能否成功。缺乏融资能力在大多数情况下是难以实现并购的，尽管有些著名的并购案例表明不动用一分钱，也可以完成大型的并购。

2. 财务结构

不同的财务结构意味着不同风险、不同的支付期、不同的流动性，当然会影响收购价格。一般来说，风险越大，支付期越长，流动性越差，在其他条件不变的情况下，并购价格就越高。

3. 税收情况

并购交易中的税收因素对并购价格有直接的影响。对买方来说，这些因素包括：预期税收对提供给企业运作和分期偿还债务的自由净现金的影响如何，即未来需要支付的税金对企业的原可用于自由支配的收入现金有什么影响？所购资产的新的纳税基点将是多少？该行业或企业有没有什么特殊的税收优惠？有任何隐性纳税负担吗？如有没有需要负担的退休养老支出，有没有需要负担的医疗、住房或其他福利补助支出？对卖方来说，这些因素包括：税后可实现的自由现金净额为多少？能将纳税负担减至最低限度的支付结构是什么样的，即要求买方按什么方式、什么结构支付可保证纳税水平最低？必不可少的税收有哪几种？什么情况下可免什么税？许多并购交易的关键都是要找到一个双赢结构，从而使收购企业与目标企业的共同税负达到最低水平。

4. 资产的流动性及其他因素

并购中的收购方对目标企业资产的流动性十分关注，因为目标企业资产流动性的高低影响着对未来债务的偿付、影响着未来的经营、影响着未来的收益率。除了上述经营性影响之外，还有交易性的影响。比如，将企业转换为现金的前景如何，能否比较容易地出售，以及能否公开上市或再筹资。此外，还有并购中的竞争状况、目标企业的抵御情况、拥有目标企业愿望的强烈程度、并购的时机及并购过程中的各种风险。

三、结构设计

所谓并购的结构设计是指买方或卖方为完成交易而对目标企业在资产、财务、税务、人员、法律等方面进行重组，设计出一个更易为市场所接受的“商品”的过程。企业并购之所以需要结构设计是由交易的特性决定的。企业不是一个标准化产品，而是一个动态的开放系统。尽管近百年来在大规模的企业并购活动中人们已经积累了许多经验，如在财务评价、资产评估等方面已形成了一些经验性方法，但在交易的可量化度和准确性方面仍然留下很大的模糊的空间，结构设计的目标就是要将这块模糊的空间尽可能地清晰化，使买卖双方找到利益的平衡点。结构设计往往是在审慎性调查结束后，根据调查的结果、限定条件（最高收购成本、支付方式等）及卖方的意图，对各种资料进行深入分析，统筹考虑，设计出一种购买结构，包括收购范围（资产、债项、契约、网络等）、价格、支付方式、附加条件等。然后，以此为核心内容起草收购建议书，作为与对方谈判的基础。若结构设计将买卖双方利益拉得很近，则双方可能很快进入谈判签约阶段；反之，若结构设计远离对方要求，被拒绝的可能性就较大。

结构设计应遵循以下基本原则：

（1）合法原则。并购是一项涉及内容多、操作复杂、对社会影响较大的企业经济行为，是一个庞大的系统工程。在涉及所有权、使用权、经营权、抵押权、质权和其他物权，专利、商标、著作权、发明权、发现权、其他科技成果权等知识产权，以及借贷、购销、租赁、承包、运输、委托、雇佣、技术、保险等各种债权的设立、变更和终止时，毫无疑问的是只有合法，才能得到法律的保护，才能规避法律风险。同时，所有的步骤和程序应当是在现有的条件下操作的，或者操作所需的条件是在一定的时间内可创造的，不存在不可逾越的法律和事实障碍。

（2）合理原则。首先是合理的目标，即效益。股东利润最大化是所有经营方式包括并购的终极目标。在组合各种资产、人员等要素的过程中，效益始终是第一位的。其次是稳定。在“稳定是第一位的”这句话后面是对中国人民文化和心态的深刻了解。毕竟只有在稳定衔接的基础上才能出效益。最后要切实处理好中国企业的九大关系：党、政、群、人、财、物、产、供、销，防止一切可能的后遗症。

结构设计中首要考虑的两个问题分别是并购的方式和支付的方式。各种并购交易千变万化，但万变不离其宗，主要是围绕这两个方面创新。

1. 并购方式

所谓并购方式的选择是指根据买卖双方的战略和目标，在审慎调查结果的基础上，根据届时的具体情况，选择适当的并购方式。

（1）购买资产和股份。买方企图购买一家公司，无非是看中了目标公司的某一项或某几项资产、利益或权利：设备、土地、技术、市场、人才、特许权等。因此，买方可以选择购买目标公司，或者只购买自己有兴趣的资产或业务部门。美国加州圣迭戈有一个非常受欢迎的主题公园，名为“海底世界”。而在洛杉矶也有一个从事类似业务的海洋公园。前者提出并购后者，人们猜测其目的是垄断加州的市场。并购完成后，海洋公园的所有鲸鱼都被运到了圣迭戈。其实，海底世界此次并购的真正动机是鲸鱼。但如果他们直接购买鲸鱼，就可能受到海洋环保者的抗议。最终，“海底世界”采用了购买股份的方式达到其目的。

（2）直接并购和间接并购。如采用购买股份的方式，则还应考虑是直接取得目标公司的控制性股份，还是通过购买目标公司的控制性股东的控制性股份来达到并购的目的。前者又包括直接购买目标公司股东原持有的股份（“股权转让”方式），或者认购目标公司新增发行的控制性股份（“定向增发”方式）等方式。股权转让方式是最传统的方式，定向增发方式则可以使目标公司获得财务支持。1999 年 3 月，华新水泥以每股 2.16 元人民向 Holchin B.V.定向增发 7700 万 B 股，使后者的持股比例达 23.45%，成为其第二大股东。间接并购又包括买方公司整体或部分买断目标公司的母公司或控股企业（“购买型的间接收购”），以及买方公司为并购设立项目公司（独资或合资），通过项目公司间接并购目标公司等方式（“新建型的间接收购”）。购买型的间接收购的典型案例是 2001 年 10 月，阿尔卡特通过受让上海贝尔有限公司的股权，以 50%+1 股控股上海贝岭（600171）的第二大股东上海贝尔有限公司，上海贝尔有限公司由中外合资企业改制为外商投资股份有限公司并更名为上海贝尔阿尔卡特有限公司。阿尔卡特因此间接成为上海贝岭的第二大股东。新建型的间接收购应用也十分广泛。1998 年创智软件园即通过与“五一文”（000787）原第一大股东合资建立项目公司湖南创智科技有限公司间接控制了五一文。

（3）整体并购和部分并购。前者是买方公司购买目标公司 100%的股份，最终达到兼并或合并的目的。后者是买方公司只购买目标公司的部分股份（往往是控制性股份），达到控制目标公司的目的，而目标公司仍然保留独立法人资格。

（4）对于目标企业是国有企业的并购，实践中还存在以下四种方式。其一是购买式并购，指买方出资购买目标企业的资产。这种方式一般以现金为购买条件，将目标企业的整体产权一次性买断。这种方式一般适用于大企业对小企业，以及对濒临破产企业的并购。其二是承担债务式并购，指买方以承担目标企业的全部债务为条件，接收其资产。这种方式实际上代替了企业破产的功能。其三是吸收股份并购，指将目标企业的净资产作为资本投入买方，目标企业的原投资人成为买方的股东。其四是控股式并购，指通过购买目标企业的股票达到控股实现并购的方式。这种方式在成熟的产权交易市场上最为广泛。

2. 支付方式

常见的并购支付方式包括现金支付、换股和混合支付。

（1）现金支付指买方向卖方支付一定数额的货币作为并购的对价。现金支付速度快，是最直接、最清楚的支付方式。从买方公司的角度来看，可以迅速获取目标公司的有效控制权；其次，使用现金支付不会使买方公司原有的股权结构发生变动，也不会引起控股权的转移和收益的稀释。从目标公司的角度来看，现金支付的价值确定，不存在流动性或变现问题。在决定是否采用现金方式时，买方应考虑如下几个问题：首先，现金支付要求买方在某一确定的日期支付一定数量的货币，因此，有无足够的付现能力是买方首先要考虑的问题。其次，买方还应该考虑现金支出对企业中长期的影响。为避免现金支付的困难，作为现金支付的特殊形式，通过对价相互抵消的并购方式在我国证券市场并不少见，尤其是资产交换资产（“资产置换”）方式十分常见。

（2）如果买方不以现金作为媒介，而是发行新股（包括普通股和优先股），以之交换卖方持有的目标公司股份，达到并购目标公司的目的，则称之为换股并购。采用换股的方式，不会影响买方的现金收支状况；另外，卖方也没有失去它们对企业的股权，只是这种股权由目标公司转移到了买方公司，使他们成为扩大了买方公司的新股东。换股方式的这些优点使得它很快成为巨型公司并购的主要支付方式。但是，换股方式也存在潜在的威胁，新增股份很可能稀释买方原股东的控股权。

（3）混合支付指买方的出价不是单纯的现金或股票，而是包括现金、股票，有时也包括认股权证、可转换债券等多种支付手段在内的“支付包”。适当的混合支付方式具有现金方式和换股方式的优点，同时又都避免了其缺陷；但买方若将各种工具搭配不当，不但不能尽各种工具之长，反而有集它们之短的可能。鉴于此，在设计一揽子支付工具时，要缜密计划和分析，以预防风险。

资料 5-5　百丽国际的并购与整合

1991 年深圳百丽鞋业有限公司注册成立，主要业务是为香港品牌代加工，但随即向自有品牌商转型，在内地批发销售自有品牌鞋类产品。

1995 年，百丽开始从批发到零售转型，1997 年和 16 家个体分销商签订独家分销协议，形成产供销联合一条龙的经营方式。2004 年又和各个体分销商共同成立了深圳市百丽投资有限公司来独家负责分销。年底将百丽投资旗下的 1681 家零售店转移至离岸公司百丽国际旗下。

2005 年 9 月，百丽国际引入摩根士丹利和鼎晖投资等 PE，获得充足的资金用于迅猛扩展，截至 2006 年年底，零售店总数达到 2776 家，成为中国最大的女鞋零售商。

2007 年 5 月，百丽国际在香港 IPO，募得 99.5 亿港元。

2007 年 10 月，百丽国际通过其全资子公司 Full Brand 以 6 亿元港币的代价收购了奥斯企业（香港）有限公司及奥斯国际（香港）有限公司的全部股本权益。奥斯两家公司主要在香港、澳门及大陆从事妙丽（Millie’s）品牌鞋类产品的分销及零售业务，其在内地及港澳地区拥有超过 150 家连锁店。通过对妙丽的收购，百丽完善了其中高档时尚女鞋的品牌组合，以差异化的产品对公司原有中高档品牌进行有益的补充。

2007 年 11 月，百丽再下一城，透过其全资附属公司新百丽与江苏森达集团订立一系列协议，以 16 亿元的代价，收购森达若干资产、业务及公司的权益。森达的业务主要是在中国从事品牌男、女装鞋类制造及零售，通过对森达的并购，百丽完善了中档（60 美元左右）鞋类市场的品牌布局，新增了国内知名男鞋品牌森达和女鞋品牌百思图。同时新增了国际知名品牌 Clarks（平均价格约 200 美元）的代理分销权。特别是作为中国男鞋第一品牌的森达，对百丽核心女鞋业务构成有效的差异性补充。2008 年年初，百丽完成了对美丽宝国际的全面收购，拥有了中高档品牌真美诗（该品牌产品的平均价格 100 美元）及 Mirabell，同时获得国际知名品牌 Caterpillar、Merrell、Sebago（平均成交价 200 美元）等品牌于内地、香港及澳门的独家代理分销权，从而增强了公司在高档鞋类细分市场的覆盖。

百丽的成长史是实体经营与资本市场的完美结合，也是成就公司强者更强的重要因素。百丽的成功主要来自于六个方面，即深谙行业本质的多品牌运营策略、高效的纵向一体化运营模式、精细化的存货管理方式、更具互动性的庞大直营网络、强调管理层激励的持股结构和强大的并购整合能力。

第三节　杠杆收购与管理层收购

一、杠杆收购

（一）杠杆收购的概念

杠杆收购（leveraged buy-out，LBO）是企业兼并的一种特殊形式，在20世纪80年代美国历史上的第四次并购浪潮中曾大量涌现。

杠杆收购是指收购方以目标公司的资产或将来的现金流入作为担保，大量向金融机构借债，或发行高利率、高风险的债券来筹集资金，用于收购目标公司的全部或部分股权的行为。撇开技术和法律术语，杠杆收购其实很简单，即以目标公司的现金流和资产作为担保，大量举债来完成对一家公司的并购。通过债务的杠杆效应，可以大幅度提高买方的权益净利率。例如，以20元的权益资本和80元债务，总共100元的价格收购一家年利润20元的公司，假设利息率为10%，则20元的利润中，8元归债权人，买方获得12元，买家的权益净利率高达60%。

在美国历史上，杠杆收购活动经历了三个阶段①：第一阶段为古典杠杆收购模型。盛行于20世纪70年代末80年代初期，主要以目标企业未来的现金流量作为偿还债务的手段。因此，预测现金流量和对税法的利用成为那个时代的热门话题。第二阶段为破产杠杆收购模型。盛行于20世纪80年代中期，以出售目标公司部分资产作为偿还债务的重要手段，通常是7年内偿还一半。出售资产的重要性要求买方注意发掘目标公司隐藏的资产价值，因此，在20世纪60年代的混合并购浪潮中组建的多元化企业集团成为这一时期最好的并购对象。第三阶段为战略杠杆收购模型。20世纪90年代开始出现。它的基本特征是通过利润的提高和进一步增长来获利，以及通过公开发行股票实现退出。

资料5-6　杠杆收购的历史

杠杆收购可能是20世纪80年代最引人注目的成功故事之一。其中一个得到广泛宣传的事件是Gibson贺卡交易获得了巨额利润。该公司首先在1982年被私有化，一年半年之后重新上市再次成为公众持股公司。由Wesray资本公司领导的管理团队1982年以8000万美元从RCA手中购入Gibson（只用了100万美元的自有资金）。该公司在18个月后再次上市的时候价格为2.9亿美元，这可能是得益于1982年开始的牛市，实际上公司本身并没有显著的变化。Wesray公司的一位负责人，前财政秘书威廉姆·西蒙的33万美元投资获得了价值6600万美元的现金和股票。

投资的巨额收益使杠杆收购成为20世纪80年代获利性最高的投资理念，它吸引了众多参与者，包括银行、保险公司、华尔街的公司、养老基金和财力雄厚的个人。

① 有关LBO历史发展的详细资料，可以参阅布鲁斯·瓦瑟斯坦：《大交易：兼并与反兼并》中的第四章《交易的十年：早期情况》，吴全昊，译. 海口：海南出版社，2000。

1981—1989 年，共发生了 1400 宗“私有化”交易。在第一宗大交易 Wometco 交易出现以前，传统杠杆收购规模都很小。该交易发生于 1984 年，价值超过 10 亿美元。此后，杠杆收购市场出现爆炸性增长，杠杆收购市场的总规模迅速上升，1983 年完成的交易额为 45 亿美元，到 1989 年完成的交易额上升为 766 亿美元。1983—1987 年完成的 20 宗最大杠杆收购交易总收购价格为 765 亿美元。

尽管早期的杠杆收购市场通过巨额股东收益和提高运营效率创造了价值，但是到了 20 世纪 80 年代末期情况发生了恶化。1989 年前 8 个月出现了价值 40 亿美元的垃圾债券被违约和延期偿付。危机的第一个信号是 1989 年 9 月加拿大企业家 Robert Campeau 的零售王国发生了财务困难。他未能支付一笔到期利息结果造成杠杆，公司在 3 天时间内平均股票价格出现了 2 个百分点的异常收益（市场波动调整后收益）。垃圾债券的基差从 500 个基点上升到 700 个基点，流入垃圾债券共同基金的资金出现了急剧下跌。

一个月后出现了第二个信号，花旗银行和大通银行未能向联合航空公司首席执行官 Stephen Wolf 提供用于将公司私有化所需的 72 亿美元贷款。未能获得贷款的消息震动了整个股票市场，风险套利者纷纷抛出手中持有的股票。

不久坏消息接踵而至：许多美国大型公司的经理根据《美国破产法》第 11 章申请公司破产保护。1990 年，负债金额在 1 亿美元以上的破产公司总数达到了 24 家，这些公司的总负债额超过了 270 亿美元。1991 年大额破产案上升到 31 宗，尽管负债总额下降为 210 亿美元。1992 年，大宗破产案的数量急剧下降，但涉案负债金额仅略有下降。杠杆收购市场萎缩幅度如此惊人，以至于人们预言杠杆收购和垃圾债券将会灭绝。

时间从 20 世纪八九十年代，美国公司全面回到股权市场。它们这样做的原因包括抓住股权市场从衰退恢复的机会并降低杠杆比率来减轻公司沉重的债务负担。1991 年杠杆收购已经落后于时代潮流，在 5 年之后才出现了适度恢复。

从 1996 年开始，收购业务开始得到广泛的关注，《兼并收购杂志（1997）》表明，交易价值总额从 1995 年的 65 亿美元上升到 242 亿美元。这比 20 世纪 80 年代末期的杠杆收购高潮时期的金额小，但和 1984 和 1985 年的水平大体相当。此次上升可以部分归功于 1996 年令人难以置信的强劲兼并收购市场，此时首席执行官们正集中精力进行战略收购和剥离非核心业务。此次总共发生了 10000 宗并购交易，总金额达到 6574 亿美元，这使上一年创下的 9000 宗并购交易和 5224 亿美元的纪录黯然失色。

20 世纪 90 年代中期另一个导致杠杆收购复苏的因素是史无前例的巨额资本由机构投资者、养老基金和富有投资者流入收购基金。据《收购杂志》1996 年报道，收购基金在 1996 年的前 9 个月几乎上升了 158 亿美元。1996 年的第三季度收购基金新增资金达 83 亿美元，超过了 1993 年新增资金的总额。

1996 年杠杆收购基金实现了成功复苏，从投资者手中获得大量新资金并以支持性资本提供者的友好形象而不是冷酷敌对的袭击者的形象重新回到市场。该年杠杆收购机构数量出现了自 20 世纪 80 年代末期以来最快的增长。

但 20 世纪 90 年代的杠杆收购交易和 80 年代有很大的差别。90 年代的杠杆收购是在理想目标公司数量减少、竞争加剧、资本结构杠杆水平下降、价值创造源泉发生变化以及行业平均回报大幅下降的背景下进行的。

资料来源：财务顾问网/http://www.cwgw.com

（二）杠杆收购的步骤

一般情况下，杠杆收购是按以下步骤进行：

第一阶段，杠杆收购的设计准备阶段。主要是由发起人制定收购方案，与被收购方进行谈判，进行并购的融资安排，必要时以自有资金参股目标企业，而发起人通常就是企业的收购者。

第二阶段，集资阶段。并购方先通过企业管理层组成的集团筹集收购价10%的资金，作为新企业的权益基础，并以股票期权的形式向管理人员提供基于股票价格的激励报酬。其余资金以准备收购的公司的资产为抵押，向银行借入过渡性贷款，相当于整个收购价格的50%～70%的资金，还有一部分通过发行（私募或公募）各种级别的高收益债券来筹措，占20%～40%。

第三阶段，实施收购，对目标企业进行整改。企业管理层对企业承包的经营战略进行重新安排，如重组生产流程、增加应收账款管理、改善产品质量与销售以及进行人事调整等，以尽量降低成本，增加企业的利润和现金流量。对于一个负债率高的企业来说，能否迅速产生足够的现金流量以偿还债务，直接关系着企业的生死存亡。

第四阶段，重新上市或择机出售。LBO企业又被其他企业收购或在时机成熟时寻求重新上市时，实现所谓的“逆向杠杆收购”（reverse LBO）。这样做的目的是为现有股东提供流动性增加财富，同时也为企业的进一步发展创造更好的融资条件。

（三）杠杆收购的风险

杠杆收购的典型优势在于并购项目的资产或现金要求很低，但同时也伴随着极大的风险。并购方一定不能忽视杠杆收购的风险性。这是因为，杠杆收购所需资金的大部分是借入的，如果收购后企业的经营状况不能得到很好的改善，那么负债融资就会成为企业的负担，严重时甚至会影响企业的生存。

具体而言，杠杆收购存在如下风险①。

（1）还本付息风险，即企业存在不能按规定到期偿还本金和利息所引起的经济损失的可能性。由于实行杠杆收购的企业负债率非常高，因此其还本付息的风险也相应较大。

（2）再筹资风险，即企业不能及时地再次筹集所需资金或再筹资成本增加而引起资金链条断裂和经济损失的可能性。杠杆收购企业在并购后的重组和运营过程中常常需要更多的资金支持。如果再筹资遇到障碍，可能会导致企业陷入财务困境。

（3）财务风险，即企业因债权性筹资而增加的股权投资者可能遭受损失的风险。

资料5-7　华天酒店的“杠杆收购模式”

湖南华天大酒店股份有限公司始建于1985年，1996年8月8日上市（股票名称：

① 周春生．融资、并购与公司控制［M］．北京：北京大学出版社，2005：149．

华天酒店；股票代码：000428）。华天酒店是湖南省首家享有盛誉的超豪华五星级酒店，是中南地区最早具备输出品牌管理的酒店。

华天酒店的“杠杆收购模式”，简而言之，就是利用酒店在区域内形成的品牌和资本实力效应，利用银行贷款和上市公司融资平台对酒店及酒店附近物业进行一揽子收购，然后对其资产进行综合处理的资本和运营相结合的资本运营模式。

它的主要操作流程大致为：首先公司利用银行贷款和部分自有资金作为启动的杠杆资金收购合适的酒店物业（它的主要标的收购资产包括经营不善的酒店、筹备中的酒店以及其他适合建设酒店的物业及其周边土地），然后对酒店物业进行改造，对外销售部分酒店式公寓（或者酒店周边开发的写字楼、住宅楼）回笼部分资金，最后输出华天的酒店品牌、华天的酒店经营能力、华天的物业管理能力，改善酒店的经营业绩，同时为酒店式公寓或者周边写字楼和住宅楼提供物业管理服务，收取物业管理费。公司在选定标的收购资产时，对运营风险和信息风险的管控主要是通过渗透、接触式的方式进行消除。公司对风险不确定的资产一般采取三步走的方式进行风险管控：第一步，以托管方式进行零距离接触。公司首先通过受托管理其他酒店的方式进入一个新的市场，输出管理的同时扩大品牌在当地的影响力，同时利用委托管理的机会深入了解当地的酒店市场和所管理的酒店。第二步，以承包经营的方式进行深度接触。如果公司认为该酒店具有较大改善潜力的话，公司往往会同酒店业主进行协商，采取承包经营的方式，解决酒店经营中的突出问题，实现酒店盈利能力的提升。第三步，直营。在公司充分了解该酒店的未来竞争能力和盈利潜力之后，公司往往会同业主协商，实施股权或者资产收购，将该酒店从承包经营转变为直营。

华天酒店的“杠杆收购模式”，在一定程度上降低了酒店扩张过程中的资金压力，通过把华天品牌同时输出到酒店和地产，把华天的酒店经营能力输出到收购酒店的经营中，把华天的物业管理能力输出到周边的酒店式公寓（写字楼、住宅楼）中，实现了品牌价值的最大化。

资料来源：黄慧敏．品牌酒店资本运营模式研究——基于华天酒店“杠杆收购模式”的案例分析［J］．北京第二外国语学院学报，2008，30（7）：46-50.

二、管理层收购

管理层收购（management buy-out，MBO）是杠杆收购的一种特殊形式。当杠杆收购的实施主体是目标企业内部的管理层时，一般意义上的杠杆收购便成了管理层收购[①]。当收购主体是目标企业的员工时，称为员工收购（employee buy-out，EBO）。由于管理层收购在激励内部人员积极性、降低代理成本、改善企业经营状况等方面起到了积极的作用，因而它成为20世纪七八十年代流行于欧美国家的一种企业收购方式。国际上对管理层收购目标公司设立的条件是：企业具有比较强且稳定的现金流生产能力，企业经营管理层在企业管理岗位上工作年限较长、经验丰富，企业债务比较低，

① 另有一种特殊的管理层收购形式被称为MBI，management buyins，指由外部投资人组成新的管理团队，并购目标企业并取代现任的管理层。

企业具有较大的成本下降、提高经营利润的潜力空间和能力[①]。

（一）MBO 的适用条件

MBO 有一定的适用条件。在西方经典的 MBO 中，管理层收购本公司的原因除了满足其控制欲望或个人自由方面的愿望外，更重要的是他们认为有如下两个原因使得他们相信通过 MBO 以后公司的价值大幅提升的可能，这种可能应该说是进行 MBO 决策的一条最基本的商业原则。

（1）管理层认为公司价值被低估了，即公司的实际价值事实上要高出市场估值很多。

（2）管理层认为一旦完成收购，公司还有很大的成本削减潜力，从而可以增进盈利并提升公司价值。

（二）MBO 的参与者

与战略收购、金融收购一样，MBO 也是一项复杂的系统工程。一项成功的 MBO 往往涉及许多具体的工作和技术环节，因此需要包括买卖双方在内的多家当事人的参与。这些参与者在一项典型的管理层融资收购中的作用和地位如图 5-2 所示。

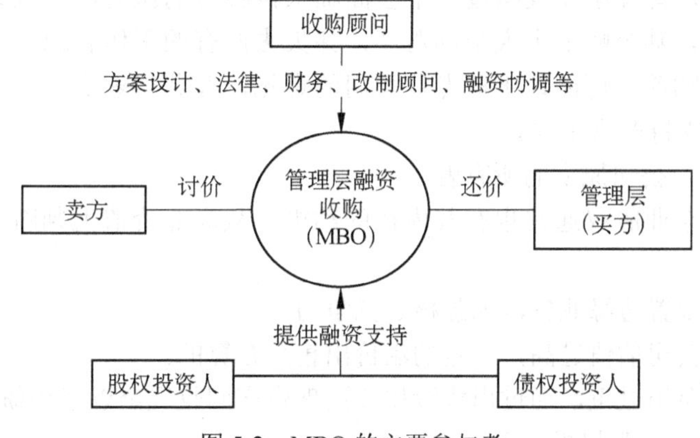

图 5-2　MBO 的主要参与者

1. 买方——管理层

在 MBO 中，管理层无疑处于主动地位，其收购动机对于收购的成败就显得非常关键。管理层的收购动机通常有很多种，如为了控制他们自身的命运或为了从团体所有人的束缚和官僚限制中获得自由，或为了保存他们自己及其下属的工作的需要等。但从一项收购的商业价值上讲，这些都并不十分重要，重要的是管理层应该清楚地看到，收购完成后被收购企业是否有提升价值的潜力，这种潜力可能来自两个主要方面：一是公司现有价值被明显低估。管理层最清楚公司能值多少钱。当一个公司市场价值低于管理层对其的估值时，管理层便可能倾向于收购它，有的还会打算通过剥离、重组和一段时间的经营后再次上市，以求得尽可能高的市场价值。这就是为什么股市低迷时 MBO 会集中出现的原因。一般来说，为了说服股权持有者卖出股票，管理

① 郭雷．管理层收购中国实践［M］．北京：电子工业出版社，2004：17-21.

层必须能在现有的市场价之上提供一个溢价，这就要求公司在私人化之后得盈利更多。管理层对此事心里有数，因为作为公司内部人，他们掌握着大量公司内部信息，他们清楚地知道公司通过成本削减等方式带来的成长空间有多大。当成本削减空间足以弥补收购溢价并能进一步增进盈利时，MBO才会变得划算。

除了收购行为本身的商业价值外，管理层本身的素质在收购中也显得非常重要。西方国家的实践证明，一般来说，管理层的下列品质往往是获得有关各方支持、实现成功收购的主要因素：

（1）对新公司有高度的责任感。

（2）有很强的企业家特质（如决断力等）。

（3）有信心、有能力控制企业，并能在缺少各团体交互服务的援助时，仍使企业运行良好。

（4）能独立承担风险，不会在决策时受逆向效应的影响。

（5）有力量妥善处理协商过程中的受挫或成功。

（6）管理层人员少，能迅速做出决策。

（7）得到来自家庭的强有力的支持。

总的来说，管理层在收购过程中会面临来自各方的压力，一旦失败，就会背上沉重的债务负担，甚至赔上个人全部财产，并失去原有的工作和职位。因此，对经理人员来说，在收购前尽可能地听取专业顾问的意见，并获得家庭、其他股权投资人和债务人等多方的支持非常重要。

2. 卖方——公司原来的所有者

卖方出售企业股权通常也有其内在的动机，从商业价值上判断，卖方的动机可能包括以下几种：

（1）清理处置边缘业务，加强核心竞争力。

（2）认为公司估值过高，一定的溢价出售是合算的。

（3）债务负担过重，通过出售股权或清理资产回收现金以偿还债务等。

3. 同盟者——股权投资人

当管理层无力独自完成对公司的收购时，引入股权投资人作为投资伙伴来共同完成收购、分享所有权的情形就会出现。股权投资人通常是一家银行（或其他贷款人）或投资公司，也有可能是个人（如发起投资人中的天使投资人）。股权投资人从一开始就参与整个收购过程，收购过程包括：

（1）估计目标公司的价值。股权投资人研究很多投资机会，然后估计他们成为收购目标的潜力。

（2）参与与卖方的谈判。一般而言，卖方更愿意与股权投资人而不是直接与管理层联系，从而使得管理层可以避免与自己的上级面对面的谈判。股权投资人的谈判代表通常是专业的财务人员、审计人员或律师。

（3）安排融资。股权投资人安排融资有可能解决两个方面的问题，一是为其自身投资进行融资；二是帮助管理层进行融资。在很多情况下，股权投资人除了投资外，还向管理层提供部分融资，并以管理层的股权作为抵押，从而在一定时期取得新公司的控制权，甚至有可能使自己成为真正的所有者（虽然并不一定是其所愿意的）。

（4）估计风险。在估计了交易达成的可能性之后，股权投资人的财务人员会详细估计他们要承担的风险，并在风险评价与价值评估的基础上确定收购底价。

（5）退出。收购一旦完成，管理层便开始正常的企业经营。在这一阶段，大多数股权投资人通常只保留非执行董事的职位，并不直接干预公司的日常运营，但他们在如何增进公司价值方面会提出参考意见，并随时寻求将投资套现的机会。

4. 债权投资人

与股权投资人不同，在 MBO 中，作为债权投资人的银行或其他贷款人最关心的是新公司的债务偿还能力，这时新公司的现金流量最为重要。而现金流的主要来源包括两块：一是收购后清理处置不良资产或闲置资产回流现金的多少（虽然账面上是亏损的，但现金流是正的）；二是新公司未来业务成长产生现金流的多少。对此，债权人需要进行大量的评估工作。此外，银行（或其他贷款人）通常会通过与管理层签订一份合约来保护自己。合约的细节内容是由谈判决定的，一般来说，合约可以使银行（或其他贷款人）尽可能早地察觉企业在履行还债义务方面的任何困难和潜在困难。而且随着收购的进行，银行（或其他贷款人）会监督投资情况，看每月的会计账目是否与合同一致。当然，银行（或其他贷款人）不能干涉管理层管理企业的自由。

5. 专业顾问

成功的收购通常还需要专业顾问的支持。这些专业顾问包括管理顾问、财务顾问、法律顾问、融资顾问和税务顾问等。当然，所有这些顾问角色可以由一家机构同时兼任，也可以由几家分别担任。专业顾问提供的服务通常包括提供收购方案、避税方案和管理顾问方案等，同时还能协助管理层在收购过程中解决一系列财务、法律及其他关键技术问题，从而使收购得以规范、高效运作，提高收购成功的概率。

（三）MBO 的主要特征

综上所述，我们可以看出，MBO 主要有如下六个特征。

1. 投资银行的参与

MBO 操作中不仅涉及国家或企业所有者、管理者、员工等各方面的利益，而且涉及企业定价重组、融资、上市等资本运作事项，其中涉及众多的财务、法律等问题。由于 MBO 操作的复杂性，MBO 在国外一般是在投资银行的总体策划下完成的，是通过企业的资本运作实现的。

2. 管理层主导

主要投资者是目标公司内部的经理和管理人员，他们往往对本公司非常了解，并具有很强的经营管理能力。他们通常会设立一家壳公司，并以该壳公司的名义来发行债券以募集收购所需的资金。MBO 完成之后，再将该壳公司与目标公司合并，这样债务就进入被合并后的公司。通过 MBO，他们的身份由单一的经营者角色变为所有者与经营者合一的双重身份。

3. 杠杆性

MBO 主要是通过借贷融资完成的，这就要求目标公司的管理者要有较强的组织和运作资本的能力。这种借贷具有一定的融资风险性，同时，沉重的债务又形成一定的债务约束。一旦形成 MBO 以后企业经营失败，管理人员将背上沉重的债务负担，甚至有可能赔进其全部的个人财产，并失去现有的职位。这种债务负担的约束将促使管理人员尽力提高公司的盈利水平，增强公司的竞争力，这对公司未来的发展具有十分重要的意义。

4. 金融创新

MBO 融资过程中，常常涉及一些金融创新，如各种各样的次级债券、可转换债券、可转换优先股等。

5. 整合与增值潜力

MBO 的目标公司往往是具有巨大资产潜力或存在“潜在的管理效率空间”的企业，通过投资者对目标公司股权、控制权、资产结构以及业务的重组，来达到节约代理成本、获得巨大的现金流入，给投资者超过正常收益回报的目的。

6. 资本运营

MBO 完成后，目标公司可能由一个上市公司变为一个非上市公司。一般来说，这类公司在经营了一段时间后，又会寻求成为一个新的上市公司并且上市套现。另一种情况是，当目标公司为非上市公司时，MBO 完成后，管理者往往会对该公司进行重组整合，待取得一定的经营绩效后，再寻求上市，使 MBO 的投资者获得超常的回报。

资料 5-8　TCL 集团：增量资产入手渐进推行

回顾中国上市公司 MBO 的历史，再也找不到一家公司这样深谋远虑，一个 MBO 计划从开始到成功竟然用了整整 8 年的时间。当“TCL 集团”终于在 2004 年 1 月成功整体上市后，“所谓的阿波罗计划现在已经完成了”。

TCL 集团创办于 1981 年，是一家从事家电、信息、通信产品等研发、生产及销售的特大型国有控股企业。早在 1996 年，TCL 总经理李东生已经开始思考公司的改制问题。因为 TCL 名为国有企业，但国家实际投入却很少，完全是靠政府政策和创业者的智慧发展起来的。对于国有控股的 TCL 集团而言，尽快解决产权问题是公司发展的当务之急。TCL 实行的是渐进式的经营者持股模式。

第一步，为了最终合法安全地实现目标，TCL 集团决定在国有资产增量上着手。1997 年，李东生与惠州市政府签订了为期 5 年的授权经营协议：核定当时 TCL 集团的净资产为 3 亿多元，每年企业净资产回报率不得低于 10%：如增长在 10%～25%，管理层可获得其中的 15%的股权奖励；增长 25%～40%，管理层可得其中的 30%；增长 40%以上，管理层可得其中的 45%。这份协议得到了广东省政府、财政部、国家税务总局的认可，因此 TCL 改制的合法性是无可置疑的。而整个 20 世纪 90 年代，TCL 的年平均增长速度是 50%以上。2000 年是 35%，2001 年为 19%。2002 年授权经营协议到期，TCL 的经营者们也因经营业绩突出而连年得到股权奖励。如此几年下来，惠州市政府所持国有股从 100%下降到 58%。

第二步是对集团公司进行股份制改造。2002 年 4 月 16 日，TCL 集团股份有限公司在惠州正式成立。经过第二次改制后，TCL 集团净资产为 16 亿元，总股本也是 16 亿元。其中惠州市政府持股 40.97%，TCL 管理层持股 25%，新增战略投资者持股 18.38%，其余约 15%的股份属于其他一些发起人。不难发现，1997 年启动的国企授权经营的改革，为TCL集团这一次股份制改造的成功奠定了坚实的基础。

第三步，集团吸收合并“TCL通讯”后上市。2003年9月，TCL集团正式披露吸收合并和集团整体上市的计划。2004年1月7日，TCL集团正式发行股票。不采用市值配售方式进行，而采用上网定价、资金申购的方式发行了5.9亿股A股，每股面值1.00元，每股发行价格4.26元；同时，为吸收合并“TCL通讯”，向2004年1月6日收市后登记在册的“TCL通讯”全体流通股股东发行约4.044亿股A股。13日公司披露，TCL集团的股票发行获得超额认购，其有效申购资金为2158亿元，中签率为1.164%，至此发行和换股全部完成。

此时，员工加管理层持股达到了25.24%，超过了第一大股东惠州市政府的持股，其实管理层及其控制的团队和员工成了TCL的实际控制人。

TCL成功实施MBO后，李东生及其团队，以及众多职工成为大小不等的富翁。李东生拥有集团1.4452亿股股份，以净资产值计算，其价值也超过2.5亿元。“阿波罗计划”的八年一剑让市场惊艳。当然，这样的深谋远虑，前提是企业要健康、快速的发展，天上没有馅饼可掉，MBO计划只是让所有管理层和员工分享了公司的高速成长。

资料来源：新财富/http://finance.sina.com.cn

资料5-9　恒源祥：反向MBO的经典之作

反向MBO又称为公司紧缩型MBO，是指母公司将下属子公司出售给子公司的管理层，这从母公司的角度是实现了公司收缩，而从子公司角度则是实现了MBO。“恒源祥”因其MBO的成功操作以及MBO后所带来的多赢局面而堪称反向MBO中的经典之作。

“恒源祥”创建于1927年，为中国驰名商标，实施MBO前其所有权归“万象集团”（现“世茂股份”）所有。

“恒源祥”的反向MBO分以下两个阶段：

第一阶段，“世茂投资”收购“万象集团”。2000年8月31日，“万象集团”大股东上海黄浦区国资局将26.43%股权转让给来自福建的私营企业上海世茂投资公司，后者成为其第一大股东，黄浦区国资局以16.14%股权居第二位。

第二阶段，“恒源祥”与“万象集团”分离。由于“世茂集团”是一家主营房地产开发的公司，其入主“万象集团”主要是借其“壳资源”来达到进军上海市场进而发展其地产事业的目的。

对于“世茂集团”而言，要迅速为“恒源祥”资产找到合适的外部买家并非易事，因为这些资产离开了刘瑞祺为核心的管理团队将无法维持经营；而刘瑞祺当然也不愿自己辛辛苦苦打造的事业被粗暴“掠夺”。MBO就成为“世茂投资”和刘瑞祺的最好选择。

2000年10月，刘瑞旗委托黄浦区国资办下属的新世界集团与“万象集团”、“世茂投资”洽谈收购“恒源祥”。2001年1月，“万象集团”与新世界集团签署了协议转让恒源祥品牌和相关7家子公司的备忘录。

2001年2月23日，刘瑞祺注册成立恒源祥投资发展有限公司，与其战略合作伙伴一起，以9200万元收购账面价值只有4000多万元的恒源祥品牌及7家相关子公司。收购完成后，刘瑞祺持有“恒源祥”51%股份，3位合作伙伴占39%，黄浦区国资局占10%。

“恒源祥”的MBO使得国有资产溢价100%退出，民营股东以现金一次支付。而且目前新公司已还清MBO所筹资金，公司发展稳健，品牌持续，“恒源祥”MBO无疑为反向MBO中的杰作。

“恒源祥”案例具有以下几大特点：

（1）该案例是由于控股权变更，在新股东即将实行紧缩战略的背景下进行，与大多数国有企业主动进行的MBO不同，是一种“被动型MBO”。

（2）刘瑞祺凭借其自身的良好市场信誉和人格魅力得到长期合作伙伴的大力支持，在很短的时间内募集到大量用于MBO的宝贵资金（合作伙伴的借款无利息、无期限、无担保抵押），这一点恰恰是当前许多“官员型”企业家想进行MBO时最缺乏的财富。

（3）MBO成功的关键是企业有稳定的现金流，而“恒源祥”是一种品牌经营公司，其合作伙伴包括数十家联营生产企业和数千家联营销售企业，每年公司可以收取稳定的品牌使用费高达数千万元。这正是刘瑞祺敢于高负债的底气所在。

资料来源：新财富/http://finance.sina.com.cn

第四节　并购后的整合

形形色色的研究表明，将近一半以上的并购最终失败了。为什么众多的并购活动以失败而告终？波士顿咨询公司的一份调查报告指出：“在并购之前，只有不到20%的公司考虑到并购后如何将公司整合到一起；而并购产生的成本节约、销售增长则被大大地夸大了。”并购专家Bruce Wasserstein则明确指出：“并购成功与否不是仅依靠被收购企业创造价值的能力，而在更大程度上，依靠并购后的整合。”在完成了对目标公司的收购后，买方企业的目标还远未达到。能否真正实现并购目标，更关键的是并购后企业能否进行有效整合。

并购后的整合是一个极其复杂的过程。两家企业各有其独特的文化，现在要把他们合二为一，还要尽量像平常一样地管理企业，维持日常的现金流入，这是一项令人生畏的任务。当并购涉及两家规模和复杂性都相似的大企业时，所面临的挑战就极其惊人了。波士顿顾问公司根据他们进行并购后整合的经验，提出了几条基本原则，以帮助买方公司避开最常见的陷阱，并使新的企业实现其创造价值的目标：订出明确的合并目标和原则；明确界定合并后的整合目标，并追踪目标的完成情况；尽早切实处理好技术问题；为新公司设计一个明确的组织结构；“约法三章”或明文规定一套并购博弈的规则，以指导高层管理人员在新合并的公司里进行决策；确立客观有效的人力资源管理程序；设计一条公开的沟通渠道，用以向员工解释整合原则、目标和进展情况。

成功的整合应尽早开始，并贯穿并购的全过程[①]。常见的错误是将并购与整合分割开来，或在并购文件生效后才开始考虑之。但是，有远见的买方最少在审慎性调查阶段就应考虑通过调查发现整合的困难，而在评估阶段将整合作为估价的重要因素予以考虑，并尽早设计整合方案。图 5-3 为并购整合的基本流程。

目标搜寻	审慎性调查	价值评估	结构设计	签约和接管	
组建整合小组，必要时聘请外部顾问参加	调查整合的可能性和困难，将其作为并购决策的因素之一	估算整合的成本并将其列入估价的因素	设计整合方案，制定整合计划	调整整合方案，重新设计组织结构，确定所需资源	按照计划进行资产、业务、人事、文化等各方面的整合

图 5-3　并购整合的基本流程

整合可以分为有形整合（资产、债务、组织结构、战略、员工的整合等）和无形整合（企业文化整合）两种。

一、资产和业务的整合

资产、业务等的整合是整合战略的第一步。并购后企业资产总量增加，能够增强偿债能力，降低财务风险，但同时也可能会导致总资产收益率的下降。因此，企业要根据生产经营规模和战略发展的需要，在保持生产体系的完整和协调性的前提下，选择采用出售、购买、置换、托管、承包经营等多种方式，对资产和业务进行重组。资产和业务整合的基本原则是：分清并购双方的主营业务和非主营业务，剥离非主营业务；有利于并购双方共同发展；有较好的投资回报率。对于经营业绩或财务状况不佳的公司，整合的首要动作常常是处置不必要的资产、停止获利能力低的产品线、搬到较便宜的办公地方，并裁减人员，将多层的组织予以扁平化，以求及时地降低成本，借此提高获利状况或解除财务压力。

另外，当并购消息公开之后，由于一来往往对买方不熟悉；二来也不知晓并购意图，因此，目标公司的贷款银行会关心其贷款的安全；客户会关心以后产品供应的持续性，及品质、价格、服务是否有所改变；供应商则会关心在订货方面是否有新的变化，他们难免对目标企业的未来产生不安的感觉，如此可能使目标公司的竞争者有机可乘。因此，买方必须尽快采取措施，加强沟通，以稳定公司既有的资源。

二、战略的整合

战略整合包括战略决策组织的一体化及各子系统战略目标、手段、步骤的一体化。它是指买方公司在综合分析目标企业情况后，将目标企业纳入其发展战略，使目标企业的各种资源服从于买方企业的总体战略及相关安排和调整，从而取得战略上的协同效应。

① 马克 • L. 赛罗沃［美］/著. 杨炯/译. 协同效应的陷阱——公司购并中如何避免功亏一篑［M］. 上海：上海远东出版社，2001.

三、员工的整合

1999年2月，一场罢工风潮冲击着美国的航空客运市场，导致波士顿、芝加哥等地的多个航班无法起飞。其起因是美国航空公司在兼并雷诺公司后，将原雷诺公司飞行员年薪调低至7万美元，这是原美航飞行员的一半。此举当然引起了原雷诺公司员工的强烈反对，而美航飞行员也对其同行的遭遇颇感同情，于是飞行员们宣布因“感冒”而集体请假。因此，如何稳住目标公司的人才，实为并购后首要的内部问题。20世纪90年代以来，随着科学技术的发展和公司规模的壮大，技术人员、管理人员在公司中的地位越来越重要。并购则极易造成企业员工的不稳定。人是“企业里每天回家而难保明天还会回来”的无形资产，因此，挽留人才的工作非常重要。

著名的管理大师德鲁克指出，公司高层管理人员的任免是否得当是并购成功与否的关键。接管后，买方宜尽快委派代表与目标公司关键员工（高层管理人员、经营骨干和技术骨干等）进行沟通，设法留住人才。尤其当目标公司若经营状况一直不佳而有意出售时，其内部工作人员往往士气不振，而纷纷有离职打算，因此当买方决定并购后，应对目标公司的此种情形立即进行解决。再以Cisco为例，其历史上的最大失败收购之一是1996年收购StrataCom公司。并购后的几个月内，大约1/3的原StrataCom公司的销售人员辞职，导致公司销售的长期瘫痪。之后，Cisco迅速改变了并购活动的战略，坚持把目标公司员工的续留率作为衡量一次并购是否成功的第一标准，将人员整合放在首位，在正式并购前专门组织一个SWAT小组来研究每一个细节，尤其针对人员整合做大量准备工作[①]。今天，Cisco被认为是成功并购的楷模。

资料5-10　均胜电子并购德国普瑞

均胜电子于2004年成立，是一家主要从事汽车功能件生产的零部件企业。2006年，均胜开始为大众、通用、福特等汽车制造公司供货，并在国内细分市场上位列前茅。德国普瑞是一家成立于1919年的家族企业，由无线电制造起步，1988年转型从事汽车电子产业，已成为高端汽车电子控制系统生产商。

2008年金融危机后，普瑞的控股方德国著名私募公司DBAG有意出售普瑞股份，随后均胜集团提出并购意向。2011年，均胜与普瑞正式签字，均胜以74.9%股权控股普瑞，1年后，均胜收购剩余25.1%，收购价格为16亿元，包含普瑞98项技术专利。

自2011年均胜集团和普瑞正式签约后，双方已制定并正在执行市场、运营、人才、技术、财务等方面的一系列业务整合计划，其中人力资源方面的整合成效尤为突出。公司从人员层次、组织结构层次和文化层次三个方面切入，进行了人力资源整合。

（1）人员层次。均胜把德国普瑞部分股权转让给德国普瑞管理团队的25人，如果他们在5年后的业绩做到一定程度，均胜将会回购这些股权，这里的业绩包括销售、技术等综合能力的增长，不单看销售和利润。对德国的管理团队采取股权激励，从根本上保证了利益的一致性，也使整合效果获得最大化。

① 傅晓霞．思科的并购艺术，《中国经济时报》，2002年4月22日．

（2）组织结构层次。均胜基本延续德国普瑞原有的组织结构和各部门的职能分配，结合并购所带来的新形势新要求，适当地加以调整。在管理方面，均胜采取了“少干预”、“充分授权”的战略，给予普瑞管理层在日常管理中的充分自由度，以激发其主观能动性，并通过监事会和和股东大会的周期性监督和决策机制对其管理层的行为和绩效给予校正和评价，适度控制和管理普瑞。

（3）文化层次。均胜积极推进各事业部管理理念和方式上的融合，制定和实施有效的企业文化整合计划，建立了具有普适性的公司文化和价值体系，实现思想的无缝融合。在此过程中，均胜帮助并购双方企业员工识别文化的差异性，提倡相互尊重、理解各自的文化背景，并制定了公司层面的沟通机制和有针对性的培训计划，确保降低并购双方误解风险。

资料来源：汤怡等．谈中国企业海外并购中的人力资源整合问题——以均胜并购德国普瑞为例［J］．现代商业，2018（15）．

四、文化的整合

在以往的并购重组活动中，人们往往重视了企业有形资产和无形资产的合并重组，却忽略了企业文化的合并融合，这在很大程度上影响了企业重组的顺利进行。与组织、技术、管理整合相比，企业文化是隐性的，并且根植于员工头脑中，具有很强的独立性，因此文化整合是最困难的一步。

资料 5-11　文化整合的重要性

Coopers & Lybrand 研究了 100 家并购失败的公司，发现有 85%的 CEO 承认，管理风格和公司文化的差异是失败的主要原因。Terry Belcher 等指出，文化差异是跨国并购活动失败的主要原因，而实施文化整合策略是并购成功的关键所在。

当花旗银行和旅行者集团 1998 年春季宣布合并时，公司价值高达 720 亿美元，而到了秋季合并完成后，公司的价值仅为 390 亿美元。公司价值下降的最大原因在于，合并过程面临着巨大的文化整合难题：前者是一家商业银行，而后者则属于投资银行，两者的工作风格和管理方式存在着巨大的差异。

同样，20 世纪 90 年代巨型并购之一奔驰与克莱斯勒并购，也面临着巨大的文化鸿沟尚待弥补。奔驰是典型的技术导向型、官僚习气严重的德国公司，而克莱斯勒则是典型美国风格的公司。美国人认为，CEO 只要保证公司业绩增长，可以拿千万元的高薪，而德国人则认为 CEO 的薪水不应过分超过普通员工的工资。在这次交易中，克莱斯勒的 CEO 拿了 7000 万美元的奖励和 1600 万美元的补偿金，而奔驰的 CEO 仅仅得到 200 万美元的补偿金。《经济学家》杂志在评论时指出：“如此巨大的文化差异，就如同水和油一样难以整合，虽然此次并购存在明显的协同效应，但是长远来看，其前景值得忧虑。”他们的担忧很快被证明并不是杞人忧天，2000 年第三季度，合并后的克莱斯特部门近 9 年来第一次亏损，且亏损额高达 5.12 亿美元。

在我国，海尔兼并亏损企业的重要法宝就是注重海尔文化模式，以无形资产盘活有形资产，救活亏损企业。原青岛红星电器厂在被兼并前资产负债率高达 143.65%，资不抵债1.33亿元。海尔兼并青岛红星电器厂后，首先派去的不是技术、财务人员，而是海尔企业文化中心的人员。他们将海尔的一整套企业文化输入到被兼并的企业中去。由于先进文化理念的输入和一整套文化模式的改组，原红星电器厂发生了显著的变化，创造了世人瞩目的海尔激活“休克鱼”奇迹。

有学者总结，企业文化整合主要有四种模式：吸纳式、渗透式、分离式和消亡式。吸纳式文化整合模式是指目标完全放弃原有的价值理念和行为假设，全盘接受买方的企业文化。鉴于文化是通过长期习惯根植于心灵深处的东西，很难轻易舍弃，这种模式只适用于买方的文化非常强大且极其优秀，能赢得目标企业员工的一致认可，同时目标企业原有文化又很弱的情况。渗透式文化整合模式是指并购双方在文化上互相渗透，都进行不同程度的调整。这种文化整合模式适用于并购双方的企业文化强度相似，且彼此都欣赏对方的企业文化，愿意调整原有文化中的一些弊端的情况。分离式文化整合模式，顾名思义，在这种模式中被买方公司的原有文化基本无改动，在文化上保持独立。运用这种模式的前提是并购双方均具有较强的优质企业文化，企业员工不愿文化有所改变，同时，并购后双方接触机会不多，不会因文化不一致而产生大的矛盾冲突。文化消亡式整合模式，即被买方公司既不接纳并购企业的文化，又放弃了自己原有的文化，从而处于文化迷茫的整合情况。这种模式有时是买方有意选择的，有时却可能是文化整合失败导致的结果。

企业在选择文化整合模式需要考虑两个主要因素：企业的并购战略和企业原有的文化。并购战略对文化整合模式有较大影响。在横向并购中，买方往往会将自己部分或全部的文化注入目标企业以寻求经营协同效应，常常会选择吸纳式或渗透式文化整合模式；而在纵向一体化并购和多元化并购中，选择分离式的可能性较大。企业原有文化对于文化整合模式选择的影响主要表现在买方对多元文化的容忍度。根据企业对于文化差异的包容性，企业文化有单一文化和多元文化两种类型。单一文化的企业力求文化的统一性。多元文化的企业不但容许多元文化存在，还对此十分赞同，甚至加以鼓励与培养。因此，一个多元文化的企业往往视多元文化为企业的一项财富，从而允许目标企业保留其自身文化。反之，单一文化企业强调目标、战略和管理经营的统一性，一般倾向于不愿意目标企业并购后仍然拥有与之不同的文化。

企业文化整合的实施一般有三个阶段。首先是改变企业文化环境。通过系统的企业文化宣传，营造企业变革的氛围，向员工传递企业文化变革的信息和决心，使员工感到变革的压力，鼓励员工接受新文化。其次是全面推进新文化。通过系统的企业文化培训，使员工能够完全理解和执行新的文化准则。结合人力资源和组织机构的变更，尽快全面推行新的规章制度，要求员工遵守新的准则。最后是持续强化新文化。文化变革是一个长期的过程，新文化的建立需要持续的强化。在这一过程中，领导者和管理者要带头执行，通过一定的奖惩措施来巩固和维护新文化，防止旧文化反弹，直至员工能够自觉地适应新文化。总之，企业文化整合既是一个文化变迁的过程，也是文化再造和文化创新的过程。

资料 5-12　整合是成功并购的关键

迈克尔·波特在一项对 33 家大公司的研究中发现，通过并购进入新的工业部门的 50%以上的企业、进入全新经营领域的 60%的企业和进入完全无关经营领域的 74%的企业的并购，最终以失败告终。Mark Sirower 调查了发生在 20 世纪 90 年代的 168 宗并购交易，发现有 1/3 的并购活动减少了公司价值。Sirower 调查了 1994—1997 年的 100 家美国公司的并购交易，发现并购一年后其平均股价落后同期标准普尔指数升幅达 86 个百分点。美国《商业周刊》(1999 年) 的调查指出：在过去的 35 年里，参加并购活动的公司股票价格平均下降了 4 个百分点。美国《财富》杂志的一项调查也发现：有 3/4 的并购活动所产生的并购收益不足以弥补其并购成本。

表 5-3 是著名管理咨询公司对并购成功的统计。

表 5-3　著名管理咨询公司对并购成功的统计

研究者	样本描述			度量标准	结论
	起讫时间	选取标准	样本量		
McKinsey	1990—1995 年	5 亿美元	150	收回资本成本	17%大量回报，33%少量回报，20%损害股东利益
McKinsey	1998 年前	《财富》500 强 《金融时报》50 强	116	收回资本成本	61%失败，23%成功
Mercer	20 世纪 80—90 年代	5 亿美元	130 140	超出行业平均收益	34%成功 57%成功
Kearney	1998—1999 年	巨型并购	115	达到预期目标	42%成功

美国《商业周刊》1991 年 5 月专题刊载了《80 年代最成功与最失败的十大并购交易》，从中归纳出成功的关键在于：①符合买方的策略与目的；②充分了解卖方企业和产业；③彻底调查卖方；④有关市场预期、政策预期和有关假设要较为准确与务实；⑤并购的成本和买价要合理；⑥并购的融资成本和规模要适度。管理大师彼得·德鲁克在其名著《管理的前沿》中指出，成功并购的两条首要原则是：①只有买方公司彻底知道自己能为目标公司作出什么贡献，而不是目标公司能为自己带来多少利益时，并购才会成功；②必须拥有共同的文化或凝聚力的核心，这是协同效应产生的条件之一，也是并购后整合功效好坏的一个重要标志。

第五节　反并购策略

并购可能会引起目标企业管理层的两种不同反应，即同意或不同意。若目标企业同意被并购，则称为善意并购，这时，反收购就不是一个重要的问题。但如果目标企业管理层反对被收购，而买方不顾目标企业的意愿，无意放弃收购企图，那么这种收购被称为恶意并购。恶意收购主要有以下手法：①狗熊式拥抱（Bear hug），指投书给目标公司的董事会，允诺高价收购该公司股票，要求董事会以股东利益为重接受报价，董事会出于责任要把信件公布于全体股东，而分散的股东往往受优惠价格的诱惑迫使董事会接受报价。②狙击式公开购买，是指先在市场上购买目标公司的股票，通常为5%（有的国家和地区，如我国规定，这里得公告，无法隐藏），然后再视目标公司反应进行下一步行动，比如增持股份。若收购不成，还可以高价售出股票获利。除了收购股票外，还可收购目标公司中小股东的投票委托书。

目标公司管理层采取的种种抗拒手段，则被称之为反并购策略。对于反并购，理论上见仁见智。有学者认为，并购是买卖双方之间一种自愿的交易，目标公司股东作为受要约人，有权决定是否接受，目标公司董事会无权干涉买方与目标公司股东之间的交易，而应保持一种独立的地位。另一种意见认为，董事对公司负有忠诚和谨慎义务，必须以符合公司最佳利益的方式行事，以最大限度地保护和实现公司利益作为衡量自己履行董事职务的标准，作为其决策的最基本出发点。与买方相比，目标公司的股东在并购交易时是弱者，需要董事会的帮助，即由董事会充当拍卖者，以促成一个竞争性报价，保证股东将股份出售给出价最高的人。另外，还有学者认为，公司董事不仅要考虑股东的利益，也要考虑其他利益相关者（员工、社区、客户、供应商等）的利益。但是，大多数的意见倾向于认为，目标公司管理层可以采用合法的反并购策略。

目标企业不同意并购的原因可能是多方面的，反收购对策也多种多样。每一种对策对目标企业的价值、收购难度都有不同的影响。

一、反并购的法律策略

反并购的法律策略即目标企业可采取国家相关的法律法规等手段，去保护本企业免受恶意并购之侵害，维护股东利益。

第一，援引反垄断法。反垄断法是各国维护正常市场经济秩序的基本法律之一。如果某一行业的经营本来已高度集中，继续并购当然会加剧集中程度，这样的并购极易触犯反垄断法。目标企业可以进行周密调查，抓住并购的违法事实并获取相关证据，即可击败并购方的企图。

第二，援引证券法或证券交易法。如果是上市公司的并购或被并购，即会涉及上述法规。这些法律一般对证券交易及公司并购的程度、强制性义务有规定，如对持股量、强制披露与报告、强制收购要约等均有规定，收购方一旦在强制性义务方面有疏忽，则很有可能因违反法律而导致收购失败。

第三，利用诉讼阻止并购进程，以争取到宝贵的时间，然后再用经济手段消除并购威胁。这种诉讼的目的不在于一定赢得诉讼，而是利用诉讼获得宝贵的喘息之机，并组织有效的反击。

资料 5-13　“宝延风波”

1993年9月30日上午延中实业突然停牌，宝安集团的上海公司公告说已拥有延中实业5%以上的股份。

事实上，9月29日宝安集团上海公司已持有延中股票4.56%，并且其关联公司宝安华阳保健品公司和深圳龙岗宝灵电子灯饰公司此前持有的延中股票就分别达到了4.52%和1.57%，三家合计持有延中股票的10.65%。

9月30日，宝安上海公司一边公告，一边下单扫盘，其关联公司通过上交所交易系统将其持有的114.77万股卖给了宝安上海公司，24.6万股卖给了其他跟风的股民。当天收市，三家公司持有的延中股票达到了17.07%。

10月4日，宝安上海公司再次公告已持有延中公司16%的股份。

10月6日，宝安上海公司又买入2.73%的延中股票。这样，宝安上海分公司及其关联企业所持有的延中股票已占延中公司总股本的19.80%，成为延中的第一大股东。

10月5日，延中实业对宝安上海公司持股的合法性提出质疑，要求证券管理部门进行调查并做出处理：

一是说宝安上海公司持有延中公司股票一下就从4.56%跳到16%，显然有违规之处；

二是说宝安上海公司注册资本只有1000万元，这两天光买延中股票就用了6000多万元，而国家明确规定了信贷资金、拆借资金不得用于买卖股票，那么宝安上海公司购买延中公司股票的资金来源是否合法?

中国证监会通过调查后在10月22日宣布了处理决定：

（1）宝安上海公司所获延中股权有效；

（2）宝安上海公司及其关联公司在买卖延中公司股票的过程当中存在违规行为，应予以警告处分，并没收关联公司于9月30日卖给社会公众的24.6万股延中公司股票所获得的利润归延中公司所有，对宝安上海公司罚款100万元。

资料来源：邵建云．上市公司资产重组实务［M］．北京：中国发展出版社，2000.

二、反并购的管理策略：在公司章程中设置反并购条款

（一）鲨鱼观察者

出于反收购的目的，公司可以在章程中设置一些条款以作为并购的障碍，这些条款有时候被称作拒鲨条款。

1. 董事会分期轮换制度

董事会分期轮换制度是指章程规定董事的更换每年只能改选1/4或1/3等。这样，并购者即使收购到了足量的股权，也无法对董事会作出实质性改组，即无法很快地入主董事会控制公司。比如，A公司有12位董事，B公司并购到A公司足量股权后召开股东大会改选A公司董事会，但根据A公司的章程，每年只能改选1/4，即只能改选3位董事。这样在第一年内，B公司只能派3位董事进入A公司董事会，原来的董事依然还有9位在董事会中，这意味着B公司依然不能控制A公司。这种分期轮选董事会制度，使得并购者不得不三思而后行。由统计表明，标准普尔指数的500家公司中的有一半以上公司采用这种政策。与之配套，目标公司还可以在章程中限制董事的任资资格和提名方式等，即在公司章程中规定公司董事的任职条件，不具备某些特定条件者不得担任公司董事，具备某些特定情节者也不得进入公司董事会，从而给买方增加选送合适人选出任公司董事的难度，以增加买方改选董事会的难度。

资料 5-14　大港油田收购爱使股份

1998 年 7 月，大港油田及关联企业经过连续举牌，最终持有爱使股份 9%的股份。该比例远超过原第一大股东延中实业，但在准备进入公司董事会时遇到阻拦。原因在于爱使股份章程第 67 条的规定：董事会在听取股东意见的基础上提出董事、监事候选人名单。董事、监事候选人名单以提案的方式提请股东大会决议。单独或合并持有公司有表决权股份总数 10%（不含投票代理权）以上、持有时间半年以上的股东，如推派代表进入董事会、监事会的，应在股东大会召开前 20 日书面向董事会提出，并提交有关材料；董事会、监事会任期届满需要换届时，新候选人人数不超过董事会、监事会组成人数的 1/2；董事、监事候选人产生程序为：①董事会负责召开股东座谈会，听取股东意见；②董事会召开会议，审查候选人任职资格，讨论、确定候选人名单；③董事会向股东大会提交董事、监事候选人名单，提供董事、监事候选人的简历和基本情况。

2. 多数条款

多数条款是指由公司规定涉及重大事项的决议须经过绝大多数表决权同意通过。这就增加了并购者接管、改组目标公司的难度和成本。如章程可以规定：须经全体股东 2/3 或 3/4 以上同意，方才可允许公司与其他公司合并。这意味着，收购者为了实现对目标公司的合并，须要购买 2/3 或 3/4 以上的股权或须要争取到更多的（2/3 或 3/4 以上）股东投票赞成其意见。

3. 限制大股东表决权条款

股东的最高决策权实际上就体现为投票权，其中至关重要的是投票选举董事会的表决权。为了限制并购者拥有过多权力，可以在公司章程中加入限制加入股东表决权的条款。限制表决权的办法通常有两种：①直接限制大股东的表决权。在章程中规定，一旦某一股东的持股数超出一定数量时，就限制其表决权不得超过某一比例；②采取累计投票法（cumu1ative voting），它不同于普通投票法。普通投票法是一股一票，而且每一票只能投在一个候选人上。而采取累计投票法，投票人可以投等于候选人人数的票，并可能将票全部投给一人。一般普通投票法是有利于大股东，买方只要控制了多数股权，就可按自己意愿彻底改组董事会。但如果采取累计投票法或在章程中对大股东投票权进行限制，这可能会对收购构成一系列约束。它可以拥有超过半数的股份，但不一定拥有超过半数的表决权。若再配合以董事会分期轮选制度，那么买方就很难达到控制公司的目的。

（二）降落伞计划

公司并购往往导致目标公司的管理人员被解职。为了保护管理人员的利益，解除其后顾之忧，许多公司采用金降落伞（golden parachute）计划。金降落伞计划是指由目标公司与其董事及高层管理人员签署合同，当目标公司被并购，董事及高层管理人员被解职的时候，可一次性领到巨额的退休金（解职费）、股票期权收入或额外津贴。该项收益视获得者的地位、资历和以往业绩的差异而有高低。该项收益就像降落伞一样，让高层管理者安全下来，故名“降落伞”计划；又因其收益丰厚如金，故名“金降落伞”。金降落伞计划出现后受到美国大公司高层管理人员的普遍欢迎，并逐步演变成一种反并购的设置。随后，又出现了针对普通管理人员的银降落伞和针对普通员工的锡降落伞，其原理与金降落伞完全一样。

（三）毒丸计划

毒丸计划（poison pill）在20世纪80年代后期在美国被广泛采用。它是指股东权利计划，这种购股权通常发行给老股东，并且只有在某种触发事件发生时才能行使，有“弹出”计划和“弹入”计划。前者通常允许权证持有人以优惠条件，购买目标公司股票或合并后的新公司股票，从而稀释收购者的持股比例，加大收购资金量和收购成本。后者指权证持有人以溢价价格向公司出售手中持股，换取现金，以令袭击者在并购后立即面临巨额现金支出。形象地说，毒丸术类似于“埋地雷”，平常不发生效力，一旦公司遭受恶意并购则立即“爆炸”。

资料 5-15　新浪 PK 盛大

新浪和盛大都在英属开曼群岛注册和在 NASDAQ 上市。2005 年 2 月 19 日，盛大声明已经购买了新浪 19.5%的股权。

新浪于 2005 年 2 月 22 日迅速公布了购股权计划：3 月 7 日记录在册的新浪股东所持每一股股票都能获得一份购股权。如果盛大继续增持新浪股票致使比例超过 20%时或有某个股东持股超过 10%时，这个购股权将被触发。而此前，购股权依附于每股普通股票，不能单独交易。

一旦购股权被触发，那么除盛大以外的股东们，就可以凭着手中的购股权以半价购买新浪增发的股票。这个购股权的行使额度是 150 美元，即每一份购股权就能以半价购买价值 150 美元的新浪股票。如果盛大停止收购，新浪可以用几万美元的极低的成本（每份购股权 0.001 美元或经调整的价格）赎回购股权。

“新浪毒丸”对股权的稀释作用：

假设以 2005 年 3 月 7 日每股 32 美元计算，一半的价格就是 16 美元，每股新浪股票的持有者就可以购买：150÷16＝9.375 股。

新浪当时总股本为 5048 万股，除盛大所持的 19.5%，计 984 万股外，能获得购股权的股数为 4064 万股，一旦触发购股权计划，那么新浪的总股本将变成

4064 万股×9.375+5048 万股=43148 万股

这样，盛大持有的 984 万股，原占总股本的 19.5%，经稀释后，就降低为 984 万股÷43148 万股=2.28%。

三、反并购的重组策略

作为一种反并购策略，可分为正向重组和负向重组。正向重组是使公司变得更好的调整和重组，内容主要有：理顺管理架构；精简机构；裁减冗员；加强管理；提高效率；压缩非生产性开支；削减过大的长期投资；改善财务结构；出让相对次要的子

公司或分公司；售卖效益欠佳及前景暗淡的资产、业务和部门；购入效益佳、前景好的企业、资产和业务；调整经营方针；采用先进技术；聘用优秀人才；改进现有产品；开发新产品；千方百计拓展市场等等。

负向重组是正向重组的对称，指对公司的资产、业务和财务，进行调整和再组合，以使公司原有价值和吸引力不复存在。焦土战略是负向重组的典型代表。

（一）焦土战略

焦土战略常用做法主要有出售明珠和虚胖战术两种。

其一是出售明珠。在并购行业中，人们习惯性地把一个公司里富于吸引力和具收购价值的部分，称为“皇冠上的明珠”（crown jewels）。它可能是某个子公司、分公司或某个部门，也可能是某项资产或业务，一种技术秘密、专利权或关键人才，更可能是这些项目的组合。“明珠”往往是买方收购目标公司的真正用意所在，出售明珠可以消除并购的诱因，促使买方自愿放弃并购。

资料 5-16　玉郎国际反并购

发生在我国香港特区的玉郎国际反并购即是一起典型的出售明珠案例。玉郎是香港漫画奇才黄振隆的笔名，笔下的“功夫小子”称雄香港漫画市场，被誉为香港“漫画及出版界奇才”。1979 年 6 月，黄振隆成立玉郎国际，1986 年 8 月上市。上市后，由于经营失利，造成财力不足，最终引起星岛集团主席胡仙的注意。经过一段时期的准备，胡仙已取得约三成玉郎普通股，成为仅次于黄振隆的第二大股东，严重威胁了其控股地位。为了击退强敌的袭击，玉郎被迫使用“焦土战术”，卖掉其“皇冠上的明珠”——玉郎中心大厦和《天天日报》。由于这两项权益是玉郎国际的重大资产，有关出售事宜需经股东特别大会通过才能生效。在股东大会上，黄振隆以微弱多数击败胡仙，终于使胡仙罢手而暂时又保住了自己的“江山”。

资料来源：林平忠，吴晓梅. 上市公司事后防御策略及其典型案例实证研究 [J]. 特区经济，2001（9）：40-45.

其二是虚胖战术。其做法有多种，或者是购置大量资产，该种资产多半与经营无关或盈利能力差，令公司包袱沉重，资产质量下降；或者是大量增加公司负债，恶化财务状况，加大经营风险；或者是故作一些长时间才能见效的投资，使公司在短时间内资产收益率大减。所有这些，使公司从精干变得臃肿，收购之后，买方将不堪其负累。

焦土战略的目的是促使目标公司由美丽的“公主”变成毫不起色的“丑小鸭”，从而失去对买方的吸引力，使得买方主动鸣金收兵。但是，焦土术也会伤害目标公司自身的元气，恶化其现状，毁坏其前景，最终损害目标公司股东的利益，因而往往会遭到股东们的反对，甚至引起法律争议。

（二）帕克曼防御

这一策略的名称取自于 20 世纪 80 年代初期美国颇为流行的一种电子游戏。在该游戏中，电子动物相互疯狂吞噬，其间每一个没有吃掉敌手的一方反而会遭到自我毁灭。作为反并购策略，帕克曼防御（Pac-man defense）是指公司在遭到并购袭击的时候，不是被动地防守，而是以攻为守，或收购买方公司，或者策动与公司关系密切的友好公司出面收购买方公司，以达“围魏救赵”的效果。帕克曼防卫的特点是以攻为守，使攻守双方角色颠倒，致对方于被动局面。从反并购效果来看，帕克曼防卫往往能使目标企业进退自如，可攻可守。进可收购袭击者，守可迫使袭击者放弃原先的袭击企图。帕克曼防御术的运用，一般需要具备以下条件：①袭击者本身应是一家公众公司，否则谈不上收购袭击者的可能；②袭击者本身有懈可击，存在被收购的可能性；③反击方需要有较强的资金实力和外部融资能力。

资料 5-17　贝梯克思公司引发的四角大战

1982 年，美国贝梯克思公司、马丁公司、联合技术公司和艾伦德公司四家发生并购与反并购的四角大战，可谓帕克曼防卫的典型案例。事情起因于贝梯克思公司企图并购马丁公司，马丁公司强烈反对。作为反击，马丁公司提出收购贝梯克思公司。与此同时，联合技术公司也加入竞争收购贝梯克思公司的行列。对贝梯克思公司来说，马丁公司和联合技术公司的收购都是恶意收购。结果是角色变换，始作俑者的贝梯克思公司成为两起恶意收购的目标，此时它不得不从企图袭击他人转为防卫自己。这时艾伦德公司作为白衣骑士出来解救贝梯克思公司，最终以 13.3 亿美元的价格收购了贝梯克思公司。

（三）白衣骑士

所谓寻找白衣骑士（white knight），是指目标公司在遭到敌意并购袭击时候，主动寻找友好公司作为第三方出面来解救目标公司，驱逐敌意收购者。由于白衣骑士的报价高于袭击者，袭击者要么提高收购价格，要么放弃收购，甚至出现白衣骑士与袭击者轮番竞价的情况，造成并购价格上涨，最后逼迫袭击者放弃并购。如果袭击者志在必得，也将付出高昂代价。为了吸引白衣骑士，目标公司常常通过某种方式（lock up option）给予白衣骑士一些优惠条件：①股份锁定，即准予白衣骑士购买目标公司的库存股票或已经授权但尚未发行的股份，或者给予其购买股份的选择权；②财产锁定，即授予白衣骑士购买目标公司重要资产的选择权。

资料 5-18　反并购策略在丽珠的运用

在 2002 年丽珠集团的股权之争中，公司管理层与第一大股东光大集团不合，光大集团有意将全部股权转让给合作伙伴东盛科技。为了避免公司控制权落入东盛科技之手，公司管理层主动与太太药业配合，将公司第二大股东丽士投资所持有的丽珠集团的股份以较优惠的价格全部转让给太太药业，而丽士投资由丽珠集团员工持股会持股 90%。

太太药业同时通过二级市场收购流通 A 股和 B 股，以及协议收购法人股等方式最终成为丽珠集团的实际控制人。太太与丽珠有很强的互补性需求，前者缺少像丽珠那样的优势品牌的处方药以及销售渠道，而后者也需要“太太式”的管理。所以，通过引进“白衣骑士”，丽珠集团既避免了被非友好方所控制，又促进了行业发展，提高了公司的整体质量和竞争力。

资料来源：百度百科/https://baike.baidu.com

（四）股份回购

股份回购的反收购效果主要表现在两方面：一方面能够保持公司的控制权，减少在外流通的股份，改善公司的资本结构，增加买方收购到足额股份的难度；另一方面则可提高每股收益和净资产值，改善公司形象，使公司股价上升，增大收购成本。股份回购在实践中往往是作为辅助战术来实施的。如果企图单纯通过股份回购来达到反收购的效果，则往往会使目标公司库存股票过多，影响公司资金的流动性。目标公司财务状况是制约这一手段的最大因素。另外，也存在风险套利商通过佯攻逼迫目标公司回购股份，以此套利的可能性，此种方式被称为绿色敲诈（green mail）。为了防止此种情况发生，公司章程中可以订有反绿色敲诈条款，规定回购股份时，可不购回风险套利商手中的股票，或与其他股东相比，用较低价购入。目标公司在溢价回购本公司股票时，为了防止公司近期再遭袭击，往往与袭击者签订协议，约定袭击者在未来一段时期内不能继续投资该公司的股票。我国《公司法》规定禁止公司收购本公司的股票，除非是为了减少公司资本而注销股份或者与持有本公司股票的其他公司合并。因此，就目前而言，以股份回购作为反并购手段存在法律障碍。

总结与复习

企业并购是企业兼并、企业收购、企业合并以及接管等概念的统称（在英文中简写为 M&A）。

根据不同的标准，公司并购有不同的分类。根据买方公司与目标公司所属行业的关系，公司并购可分为横向并购、纵向并购和混合并购。

我国的公司并购历史是 1978 年改革开放以后，随着企业经营自主权的扩大，证券市场的发展，企业所有权和经营权的逐渐分离，而逐渐发展起来的。

杠杆收购和管理层收购是企业并购的两种重要类型。

整合可以分为有形整合（资产、债务、组织结构、战略、员工的整合等）和无形整合（企业文化整合）两种。整合是评判企业并购是否成功的关键因素。

为了防止企业被恶意收购，一般可以采取毒丸、寻找白衣骑士等反并购的法律策略、管理策略、重组策略来应对。

第 5 章　即测即练题

思考与练习

1. 西方经典的并购动因理论有哪些？
2. 企业并购中有哪些风险点？
3. 企业并购后整合的主要内容有哪些？
4. 试分析美国企业并购浪潮的主要发展规律和特点，以及对我国的启示。
5. 课外查找资料，分析国际、国内最新的并购发展趋势。

本章案例分析

案例一：

宝万之争

1. 相关公司简介

万科企业股份有限公司成立于 1984 年，1988 年进入房地产行业，经过 30 余年的发展，成为国内领先的房地产公司，目前主营业务包括房地产开发和物业服务。

宝能系是指以宝能集团为中心的资本集团。宝能集团旗下包括综合物业开发、金融、现代物流、文化旅游、民生产业五大板块，下辖宝能地产、前海人寿、钜盛华、广东云信资信评估、粤商小额贷款、深业物流、创邦集团、深圳建业、深圳宝时惠电子商务、深圳民鲜农产品多家子公司。

华润（集团）有限公司，主营业务包括日用消费品制造与分销、地产及相关行业、基础设施及公用事业三块领域，涵盖华润万家、华润啤酒、华润电力、华润置地、华润水泥、华润三九、华润燃气、怡宝等多个核心业务的多元化大型央企。旗下共有 20 家一级利润中心，在香港拥有 5 家上市公司：华润燃气、华润创业、华润电力、华润置地和华润水泥。同时华润集团是万科多年的第一股东。

恒大集团是集民生住宅、文化旅游、快消、健康及体育为一体的企业集团，十大房地产开发商，中国精品地产的领先者，享有“民生地产”的美誉。总资产 5400 亿元，员工 8 万人。

深圳市地铁集团有限公司，经营范围为城市轨道交通项目的建设运营、地铁资源和地铁物业的综合开发。深圳地铁集团作为深圳市国有资产监督管理委员会授权经营的国有独资大型企业，是承担深圳市城市轨道交通投融资、建设、运营和国有资产保值增值的独立法人实体。

2. 事件过程

2015 年 7 月 10 日，宝能系首次举牌万科，前海人寿通过二级市场耗资 80 亿元买入万科 A 约 5.52 亿股，占万科 A 总股本的约 5%。

2015 年 7 月 24 日，前海人寿及其一致行动人钜盛华对万科二度举牌，持有万科股份 11.05 亿股，占万科总股本的 10%。

2015 年 8 月 26 日，前海人寿、钜盛华增持万科 5.04%的股份，合计持有万科 15.04%，首次超过 20 年来始终位居万科第一大股东的华润。

2015 年 9 月 4 日，华润耗资 4.97 亿元，分别于 8 月 31 日和 9 月 1 日两次增持，重新夺回万科的大股东之位。

2015 年 12 月 4 日，隶属宝能系的钜盛华及其一致行动人前海人寿持续增持万科，又投入了近 100 亿元，累计抢得万科 A 约 20%的股份。并在 12 月 10 日和 11 日再度增持了万科的股份，共耗资约 52.5 亿元。

2015 年 12 月 17 日，在北京万科的内部会议上，王石高调宣称不欢迎宝能系成为万科第一大股东。王石不欢迎宝能系成第一大股东的四个原因：信用不足；能力不足；短债长投，风险巨大；华润作为大股东角色重要。

2015 年 12 月 18 日，据港交所披露，安邦保险 12 月 17 日增持万科 A 股股份 1.5 亿股，两次增持过后，安邦占有万科 A 股股份升至 7.01%。

2016 年 3 月 13 日，万科公告称，已经于 3 月 12 日与深圳市地铁集团有限公司签署了一份合作备忘录。收购标的初步预计交易对价介于人民币 400 亿～600 亿元之间。

2016 年 3 月 17 日，华润集团股东代表突然发声称，万科与深圳地铁的合作公告，没有经过董事会的讨论及决议通过。

2016 年 6 月 17 日下午，万科召开董事会审议发行股份购买深圳地铁资产的预案，尽管华润 3 位董事表示反对，但 7 位董事赞成，1 位董事回避表决。万科宣称，最终董事会以超过 2/3 的票数通过此次预案。

2016 年 6 月 23 日，宝能华润发声明反对万科重组预案。

2016 年 6 月 26 日，宝能旗下两家公司——钜盛华和前海人寿联合向万科董事会提出召开临时股东大会，审议罢免全体董事的议案。

2016 年 6 月 30 日，华润通过其官方微信发布声明称，对于公告中罢免所有万科董事、监事的提案，华润有异议。

2016 年 7 月 5 日，根据钜盛华反馈，其于 2016 年 7 月 5 日购入公司 A 股股票 75293000 股，合计持有公司股份数量占公司总股本的 24.972%。

2016 年 8 月 4 日，据恒大公告，恒大和董事长许家印购入约 5.17 亿股万科 A 股，持股比例 4.68%，总代价为 91.1 亿元。恒大表示，购买万科因其为中国最大房地产开发商之一，且万科财务表现强劲。

2016 年 8 月 21 日晚间，万科 A 披露半年报，半年报同时还披露了股权大战带来的不良影响。

2016 年 11 月 17 日，中国恒大集团在港交所披露，在 11 月 10 日至 11 月 17 日继续增持万科企业股份有限公司至 9.452%。

2016 年 11 月 29 日，中国恒大集团发布公告披露，共持有约 15.53 亿股万科 A 股股票，占万科已发行股本总额约 14.07%。

2016 年 12 月 18 日，万科 A 发布公告称，其与深圳地铁集团的重组预案未得部分主要股东同意，难以在规定时间内召开股东大会。经董事会同意，公司终止了与深铁集团的重组。

2017 年 1 月 12 日万科临时停牌，当日午间发公告解释称：前一日晚间收到股东华润通知函，华润将筹划涉及所持万科股份的重大事项。

2017 年 1 月 12 日万科公告，公司股东华润股份及其全资子公司中润国内贸易有限公司于 2017 年 1 月 12 日与地铁集团签署了《关于万科企业股份有限公司之股份转让协议》，华润股份和中润贸易拟以协议转让的方式将其合计持有的公司 1689599817 股 A 股股份转让给地铁集团。转让完成后，华润股份和中润贸易将不再持有公司股份。

2017 年 3 月 16 日，恒大集团发布公告称，恒大集团与深圳地铁集团在当日签署战略合作框架协议，恒大将公司下属企业持有的万科股份（约占万科总股本 14.07%）的表决权不可撤销地委托给深圳地铁行使，期限一年。

2017 年 6 月 9 日万科 A 公告，恒大下属企业将所持有的约 15.5 亿股万科 A 股份以协议转让方式全部转让给地铁集团，约占公司总股本的 14.07%，转让价格为人民币 18.80 元/股。2017 年 6 月 11 日，万科企业股份有限公司披露的详细权益变动报告书中，深圳地铁表示，此次受让恒大所持万科股权总金额约 292 亿元。至此，深圳地铁集团持有约 32.4 亿股股份，占公司总股本的 29.38%，成为万科 A 的第一大股东。

2017 年 6 月 21 日，万科公告新一届董事会候选名单，王石宣布将接力棒交给郁亮。历时近两年的万科股权之争在深圳地铁公布新一届董事会提名之后，或已尘埃落定，落下帷幕。

问题：

1. 为何会出现宝万之争的局面？
2. 请结合材料简要分析万科管理层阻击宝能系恶意收购的反收购措施有哪些？
3. 你如何看待宝万之争？

案例二：

家电连锁第一“并”——国美永乐并购案

2006 年 7 月 25 日晚，传闻 9 天之久的国美并购永乐案水落石出：国美以 52.68 亿港元收购永乐，并购的方式是换股加现金。根据协议，国美电器将以 1∶3.08 的比例置换永乐电器全部股份，并向永乐股东支付 4.09 亿港元的现金。在国美完成换股手续之后，永乐电器将会退市，这是中国家电零售业最大的一起并购，行业“老大”国美和“老三”永乐经过数月秘密协商，终于走到一起。

2007 年 1 月 31 日，永乐电器（0503.HK）从香港联交所退市，内地家电连锁业最大的并购案画上句号。永乐正式结束它一年零三个月香港上市的生涯，并成为国美电器（0493.HK）的全资子公司。

一、事件背景回顾

中国家电连锁业的兴起较晚，但发展迅速。从发展周期来看，目前家电连锁业处于快速上升期，先进的模式带来强大的竞争力。经过几年快速扩张，我国家电行业基本上形成了以国美、苏宁、永乐，大中、五星电器、三联为主体的家电连锁巨头。随着近年来国美、苏宁、永乐、大中扩张步伐的加快，家电连锁业已经进入了规模竞争的阶段。2006 年 4 月 19 日，永乐与大中及其董事长张大中签订战略合作协议，双方同意组成战略联盟，紧接着全球家电巨头百思买五月以1.8亿美元的价格收购中国家电“老四”五星电器。此时的国美电器不堪寂寞，趁势而上，通过资本运作，成功实现对永乐的并购，此举也使得国美成了中国电器连锁业的巨无霸。并购完成后，国美董事长黄光裕继续担任新公司董事长，而永乐总裁陈晓出任新公司的CEO。其中，黄光裕持股51.2%，陈晓通过零售商管理公司持股12.5%，摩根士丹利持股2.4%。换算下来，黄光裕所持合并公司股份约100亿港元，而陈晓身家约为24亿港元。收购永乐、大中全部完成后，国美集团员工接近20万，国美在全国门店数量总和将突破900家，年销售额高达800亿元。此外，由于永乐在上海和大中在北京均占据约40%以上市场份额，国美收购后在两大城市份额将一举超过70%。

图5-4为国美电器、苏宁电器、永乐家用电器、五星电器和三联集团2005年的销售额及店铺数情况。

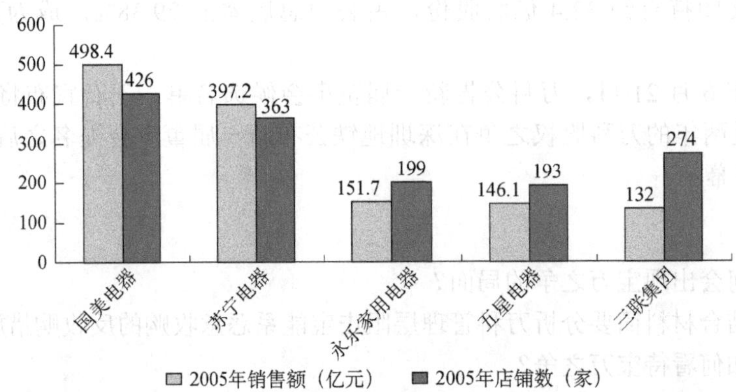

图5-4　国美、苏宁、永乐、五星电器和三联集团2005年的销售额及店铺数情况

二、并购的240小时

从2006年7月16日国美提出并购方案至7月25日并购结束，短短9天时间内，国美与永乐动作不断，双方在并购上的表现也扑朔迷离，使得外界猜测纷纭。而这短短的240个小时，却见证了中国电器连锁业的新霸主的诞生。

7月16日，为期两周的国美半年经营会在北京海淀稻香湖景酒店低调结束。会间，黄光裕与陈晓秘密签署并购初步协议。

7月17日上午，中国永乐（0503.HK）在香港停牌，国美收购永乐案浮出水面。

7月18日上午，国美电器（0493.HK）在香港停牌并发布公告，称将“自愿、友好”并购永乐。市场随即流传国美将以“1股换永乐3股”换股方式收购永乐。下午，事件戏剧性逆转：陈晓召开永乐高管会议，声称反对并购打响“永乐保卫战”。

7月19日，国美提高报价重新与永乐接触。而香港联交所紧急调查国美、永乐合并案中的泄密情况。

7月20日，并购案推进紧要关头，内地上市公司“中关村”突然停牌，知情人士透露黄光裕已成功逼退段永基，将成为第一大股东。

7月21日，黄光裕与陈晓重新达成“换股+现金”协议。两巨头秘赴南京会晤苏宁董事长张近东，达成谅解。

7 月 22 日下午，苏宁电器借庆祝“上市两周年”之机在上海召开全国视频会议，苏宁总裁孙为民宣布总部将搬迁上海。

7 月 23 日下午，国美内部高层会提前通报收购永乐成功，国美战略发展中心总经理王俊洲要求未来两大企业员工要“团结”。同日大中传出消息，称与永乐合作已搁置。国美电器新闻发言人下午飞赴香港筹备联合新闻发布会。

7 月 24 日，国美、永乐决定次日召开全国发布会。黄光裕与陈晓坐镇北京揭开并购迷雾。

7 月 25 日下午，香港股市闭市后，黄光裕与陈晓召开联合发布会，透露具体收购方案。会后，两巨头又召开国美、永乐全国中层以上员工视频会议。国美并购永乐案大白于家电业。

三、并购后的深远意义与层层担忧

新国美将在 2006 年年底完成最后整合，将国美、永乐、鹏润电器三个家电连锁品牌纳入新集团的统一管理架构。在新集团统一发展规划的战略下，将按照统一企业战略思想、统一企业文化、统一集团采购、统一门店选址、统一物流仓储、统一资金管理、统一信息管理、统一制度管理的八大统一原则，实现资源共享，并在经营层面，实现门店形象、目标消费者、经营策略等的差异化，提升多品牌的核心竞争力。新国美集团将在未来五年的发展保持平均 40%以上的复合增长，并保持利润率的持续提升。2007 年，新国美集团将完成全国渠道网络布局，争取实现销售额突破 1000 亿，力争达成利润 23 亿以上。到 2010 年，集团要争取销售规模达到 2000 亿，中国国内市场的市场份额达到 20%。

一位不愿意透露姓名的厂商表示，新国美具有整体规模优势，这对厂家来说是个压力。国美掌门人黄光裕却表示，规模的扩大给厂家带来的是成本降低和更多的发展机会，国美的利润并不需要从厂家获得。家电厂家可以达到现在的生产规模，是因为中国的市场越来越大。

并购完成后，永乐的人员安排与安抚工作也是一件非常重要的事情。另外，两家公司的企业文化和理念如何融合也需要国美重点关注，而且国美还要面临如何实现 1+1>2 的问题以及两家门店整合引发出的相关问题。

在国美永乐并购案的背后，国内许多专家学者对此次并购均表现出一定的审慎态度：

中国家电协会秘书长姜风表示，国美和永乐合并后将产生寡头垄断，不过，这种寡头垄断对行业的发展是否有利，目前还看不清楚，不便下结论。此外，国家在寡头垄断方面的法规还不健全，无法进行有效的约束和控制。

国务院发展研究中心市场所副主任陆刃波表示，国美、永乐的合并是国内家电连锁渠道的激烈竞争使然，新寡头垄断的出现短期内将对制造企业不利。但从长远来看，连锁企业合并也将给行业发展带来一些新的机遇，比如通过渠道资源的整合，进一步降低物流成本，增大了制造企业利润空间；连锁企业会重新审视门店规划，更注重单店效益，这对制造企业来讲，也可最大限度避免资源浪费。

家电专家、帕勒咨询董事罗清启也表示，现在已经到了家电连锁渠道的整合阶段，合并是水到渠成的事。首先，合并对当事双方来说都是非常有利的，从资本层面来看，将导致双方的股价上涨；其次，合并的本质需求还是市场吸引力，他们将实现资源的优势互补，深入三、四级发展。国美收购永乐，可以加强其在上海的优势，弥补短板。

资料来源：搜狐 IT/ http://it.sohu.com

问题：

1. 请结合材料简要分析国美并购永乐为什么能够实现？
2. 双方并购对中国家电流通产业的发展与竞争格局会带来怎样的影响和启示？
3. 并购对矛盾尖锐的中国家电厂商关系又会带来什么样的影响？

第六章 剥离与分立

学习目的

- 了解剥离与分立的理论依据和概念界定；
- 了解剥离的发展现状；
- 理解分立的优缺点；
- 理解剥离与分立的动机、操作程序；
- 掌握剥离与分立对企业价值的影响；
- 掌握剥离与分立的对比分析。

引　言

1971年，佐治亚-太平洋公司利用其子公司路易斯安那-太平洋公司在美国南部收购了16家公司，共拥有67.3万英亩松林，美国联邦贸易委员会认定这一收购活动不利于美国胶合板行业的竞争，因此在1972年要求佐治亚-太平洋公司将这一子公司剥离出售。2004年4月7日，TCL集团发布公告，披露酝酿已久的将TCL移动中国分立上市的计划。因2004年1月28日，TCL集团、TCL国际控股有限公司与法国汤姆森集团正式签署了合并协议，协议中商定合并完成后，汤姆森有权在交易完成后18个月内将其持有的合资公司股权转换为TCL国际的股权。为符合上述安排，TCL国际应在此前将TCL移动中国分立出来。

由上述的小案例易知，与企业并购扩张相比，资本收缩是价值创造的反向思维，这是“以退为进”辩证思想在经营调整和战略规划上的运用。资产剥离与公司分立作为企业资本收缩的主要表现形式，是公司发展战略的重要组成部分。企业在市场竞争定位及战略发展的指导下，往往通过资本扩张方式进入自身具有竞争优势或具有较好发展前景的领域，同时又通过剥离、分立等方式从有悖于企业长远发展战略、缺乏成长潜力的业务领域中退出来，以培植主导产业和关联度强的产业链。这对于企业来说，恰恰是发挥竞争优势、实现价值增值的灵丹妙药。

第一节 资产剥离

资产剥离（assets diverstiture）是资本运营的重要形式之一，是提高资产存量效率、实现资产要素流动的有效形式。资产剥离与公司扩张性的并购交易密切相关，许多资产剥离发生在并购交易之后，但资产剥离不是并购交易的简单逆过程。从表面上看资产剥离是企业规模的收缩，实质上却是收缩后更大幅度、更高效率的扩张。

一、资产剥离范畴的界定

由于各国经济发展和资本市场发展水平不同，对资产剥离现象的认识不同，使得中外理论界对资产剥离范畴的理解有着很大的差异。下面介绍三种观点：

（1）资产剥离是指将非经营性闲置资产、无利可图资产以及已经达到预定目的的资产从公司资产中分离出去①。这揭示了我国股份制改造中资产处置的实情，但是我们看到，越来越多的企业剥离资产不一定是绩差资产，而是体现一种资本运营的思想，因此这种解释有失偏颇。

（2）资产剥离是指公司将其现有的某些子公司、部门、产品生产线、固定资产、债权等出售给其他公司，并取得现金或有价证券的回报②。这种解释认为资产剥离具有三个特征：①不存在资产的非现金转移，公司向其他公司出售其资产后通常会得到现金回报；②将资产出售给已经存在的公司，在交易后不会产生新的法律实体；③不涉及出售方及出售方公司本身的股权变化。

（3）资产剥离是指公司将其分支或附属机构或自身的股份出售分配给公司股东、管理人员或其他公司③。这种解释认为资产剥离即资产分离，剥离的形式除包括出售子公司、部门、产品生产线、固定资产等之外，还将分立（spin-offs）、切股（equity-carve out）、管理层收购（MBO）等视为特殊形式的剥离。在这种解释下，资产剥离不以现金回报为必要条件，资产可以以非现金方式转移，剥离后公司本身的股份有可能发生变化，也可能在法律上和组织上产生新的实体。

由于我国对资产剥离的认识比较晚及各种客观条件的限制，人们对“资产剥离”一词的理解与国际上通行的剥离含义有较大差别。在许多文章中，资产剥离定义的范围甚至缩小到股份公司上市前对非经营性资产或不良资产的剥离，但与此同时也出现了资产置换这一特殊的交易形式。资产置换是指两家目标企业之间为了调整资产结构，突出各自的主营方向或出于特定的目的而相互置换资产的重组方式。在我国资产置换主要是在母公司与其控股上市公司之间进行，表现为母公司优质资产与上市公司劣质资产的置换，是不平等的特定的关联交易。从实质上看，资产置换不过是将资产剥离与收购合二为一，资产置换实质上也是资产剥离的特殊形式之一。

西方国家特别是英美两国在资产剥离方面的理论和实证研究已经到达一个较高

① 谷祺，刘淑莲．关于资本运营的几个问题［J］．财务通讯，1998（12）．

② 干春晖．资源配置与企业兼并［M］．上海：上海财经大学出版社，1997．

③ ［英］桑德萨那姆．兼并与收购［M］．北京：中国人民大学出版社，1997．

的水平，对我国具有较好的借鉴作用。尽管国际上一些资产剥离的形式尚未在我国出现，但随着我国社会经济的发展，资产剥离范畴的扩大将成为必然，因此在本书中采用对资产剥离的第三种解释。

二、资产剥离的方式

资产剥离的方式多种多样，丰富多彩。按照资产剥离是否符合公司的意愿，可以分为自愿剥离（voluntary divestiture）和非自愿剥离（non-voluntary divestiture）；按照资产剥离中所分离资产的形式，可以划分为出售资产、出售生产线、出售子公司及清算等形式；按照资产剥离是出于公司战略发展需要还是出于财务目的，可将其分为普通型资产剥离与特殊型资产剥离；按照出售的交易方身份不同，可将其分为出售给关联方、非关联方、管理层收购（MBO）和职工收购（ESOP）四种。下面重点阐述按出售的交易方身份不同这种资产剥离方式的情况。

1. 关联方资产剥离方式

在关联方资产剥离方式下，进行资产交易的双方有着较为紧密的产权联系，这种资产剥离方式在上市公司中表现得极为普遍。据分析，造成这种情况的原因有以下几条：一是与控股股东的交易容易达成，节约交易成本；二是价格比较有弹性，交易方式和支付方式可以采取比较灵活的方式；三是剥离出的资产和服务对原上市公司造成的竞争和威胁比出售给毫无关联的竞争对手要小得多。在一定程度上，关联方资产剥离方式可以促进证券市场的繁荣，但如果过多过滥，就会造成股市泡沫，对证券市场的发展百害而无一利。

2. 非关联方资产剥离方式

这种资产剥离方式，是将资产出售给非关联方，即原股东退出有关行业领域的经营，将剥离出的资产出售给与原公司不存在关联的他方。

3. 管理层收购

管理层收购（MBO）实质是杠杆收购的一种特殊形式，是指目标公司的管理者与经理层利用所融资本对公司股份的购买，以实现对公司所有权结构、控制权结构和资产结构的改变，实现管理者以所有者和经营者合一的身份主导重组公司，进而获得产权预期收益的一种收购行为。其融资方式主要是银行贷款，发行低信用等级债券和风险基金等。管理者收购一般被认为能有效降低代理成本，提高公司的管理效率，从而创造超额价值，与财务杠杆效应等一起构成管理层收购的利益来源。管理层收购在资产剥离中的运用一般指被剥离资产的管理层对该部分资产的收购。管理层收购在证券市场发达的国家曾经风靡一时，在国外已有 20 多年的历史，但在我国 MBO 近年来才开始试行并逐步兴起。由于 MBO 在明确产权、强化激励等方面可以对企业管理尤其是对管理者产生积极作用，所以越来越多的企业开始或着手实施 MBO。

资料 6-1　宇通客车的管理层收购

在 2001 年 3 月，以汤玉祥等宇通客车管理层为主的 21 名宇通客车职工以自然人身份出资 1.2 亿元，在上海成立上海宇通创业投资有限公司。随后，宇通创业通过协议转让方式收购郑州国资局所持的宇通集团 89.8%的股份。转让后，宇通创业通过宇通集团持有宇通客车 2110 万股，占总股本的 15.44%，实质上成为宇通客车的第一大股东，完成管理层控股。

资料来源：徐洪才. 中国资本运营经典案例［M］. 清华大学出版社，2005.

资料 6-2　新浪管理层 MBO

2009 年 9 月 28 日，新浪宣布，以新浪 CEO 曹国伟为首的新浪管理层，将以约 1.8 亿美元的价格，购入新浪约 560 万普通股，成为新浪第一大股东。此举成为中国互联网行业首例 MBO（Management Buy-Outs，"管理者收购"）。管理层成为第一大股东，解决了新浪长期以来没有大股东的局面。有利于新浪的主营业务更好发展，管理层也能得到更持久的动力。

资料来源：MBA 智库百科/https://wiki.mbalib.com

4. 职工持股计划

职工持股计划（ESOP）最早产生于美国，主要是为了缓解社会分派不公与劳资矛盾。但由于美国政府的实际支持，它的影响远远超过当初的目的，成为欧美等国许多企业的一项重要的员工激励制度。员工持股主要是指企业的员工出资购买企业的股份。首先由母公司帮助建立一个壳公司，由壳公司发起组织一个持股计划，壳公司在母公司的担保下以实施持股计划为由向金融机构申请贷款。其次从母公司购买即将剥离的资产或股份，壳公司担负起被剥离资产的经营责任。若壳公司经营成功，就可以用所得利润支付给 ESOP，使之偿还贷款。当贷款全部偿清后，ESOP 就把所保管的股份转到上市公司员工的个人账户上。职工持股计划实际上是一种股票投资信托，所投资的是雇主公司的股票。投资的付款方式可以是现金也可以是其他公司的股票，上市公司的员工通过获得的股息来分享公司增长的成果。使用职工持股计划，能够有效地降低代理成本，形成更为有效的激励机制。

值得注意的是，这一切都是建立在预期被剥离资产能够产生足够的现金流来满足资金需要的前提下的。在许多情况下，资产剥离的原始动机是将夕阳产业的资产进行剥离，或者需要对低效率资产进行大规模的现代化改造。在这种情况下，对员工进行资产剥离无论从哪个角度来说都是不可取的。

三、资产剥离的动机

企业进行资产剥离往往出于各种动机，不同的动机往往伴随着不同的操作思路。

（一）资产剥离的一般动机

1. 剥离不良资产，改善资产质量

不良资产是企业不能通过有效使用获利的资产，包括收益差的子公司或分公司、亏损的生产线、闲置或半闲置资产等。如果企业不能通过改进管理、有效开拓市场等措施扭转资产状况，剥离至少可以使企业挽回部分投资，换取现金，寻找新的投资机会。有时改善不良资产需要大量的投资，企业由于无力筹资或嫌风险太大也会选择将不良资产剥离，改善资产质量。

2. 剥离非相关业务，达到主业清晰

20 世纪 60—70 年代，美国实业界争相采取多元化发展战略。许多企业运用兼并手段实现跨行业并购，达到多元化的目的。虽然并购为企业创造了新的盈利机会，但是也存在由于缺乏对新业务领域的管理运作经验和能力而影响企业整体盈利水平等问题，使企业经营陷入泥沼。为了加强企业的核心竞争力，企业可以通过有计划地剥离一些与核心竞争力联系不甚紧密、不符合公司发展战略、缺乏成长潜力的业务和资产，收缩业务战线，使主业清晰。

资料 6-3　深圳石化集团剥离非相关业务

长期以来，深圳石化集团（以下简称“深石化”）一直以其工业、贸易、地产三大主业示人。但由于战线过长，管理上有困难，二级公司经营良莠不齐，集团收益率极不稳定，负债率过高。虽经多次资产运作，但综合性产业结构格局始终未变。因此，在 1999 年 6 月 19 日，深石化正式宣布：将属下的 17 家公司一次性转让给其母公司——深圳石化综合商社。深石化的总资产将由此减少 15.8 亿元。此举一出，立即引起投资者广泛关注。经过此次重大产业结构调整，深石化将由综合板块的上市公司调整为以化工新材料、精细化工、生物工程为主体的技术先进、科技含量高的工业板块上市公司。深石化将在主业明晰、结构合理的基础上，为公司今后业绩的稳步提升积蓄后劲。

3. 调整经营战略

很多多元化的企业或者企业集团，规模很大，但生存和发展的能力很弱。它们普遍没有核心能力，资产和业务是一堆大杂烩。当公司调整战略重点，在资源有限的情况下，需要将更多的资源转移到核心主业上，所以某些业务即使盈利也会被出售。有时则因为应被剥离的部分吸收了太多的管理资源，加重了管理上的不协调性，导致公司管理失控或管理效率低下；有时则因为母公司涉及的业务面过于宽广，对各分部经理的表现难以监控；有时是无暇旁顾；有时是需要大量资金。

资料 6-4　恒源祥剥离案

恒源祥作为零售商业曾经在以商业为核心业务的万象股份中居于中心地位，是万象的主要盈利部门。但是后来世茂公司收购了万象，世茂公司是以房地产为主业的公司。在世茂中，恒源祥被边缘化了，当刘瑞旗提出收购恒源祥的业务时，世茂很愿意用恒源祥业务换取大额现金以支持它的房地产业务。

4. 获得公平的估值

对于一个组织和资产结构复杂的公司，普通投资者很难获得对该公司大部分资产完全正确和及时的信息，从另一个角度看在这种公司中一些资产的真实价值也被掩盖住了。近年来，市场对主业清晰公司的偏好，也反映出信息传递的完整性和准确性对投资者进行投资决策所具有的重要影响。通过资产剥离，公司能使其核心资产在市场上得到相对准确的价值评估分析。

5. 满足现金需求

当公司需要大量现金来满足主营业务扩张或减轻债务负担的需要，而通过借贷和发行股票等方式来筹集资金面临一系列的障碍时，公司可能通过剥离出售公司部分非核心或非相关业务的方式来筹集所需的资金。最为常见的情况如在杠杆收购中为了偿还收购过程中欠下的巨额债务，收购企业通常会出售部分被收购公司的资产或业务来满足对现金流的需求。

6. 纠正不成功的并购或出于反并购考虑

并购的根本目的是获得更好的效益，希望通过并购能获得增加收益的协同效应。但是本以为可以带来协同效应的并购如果在实践中并没有达到预期的效果，将并购进来的业务或资产再剥离出去，是许多公司常常会采取的方法。

资料 6-5　西尔斯公司剥离其收购的企业

美国著名的零售连锁商西尔斯公司在20世纪80年代初为了阻止市场份额下降、业绩下滑的颓势，采取了多元化经营的战略，曾先后收购了从事房地产业务的储蓄与贷款银行科德韦尔银行家公司和从事零售证券业务的丁威特·雷诺兹公司，希望今后可以扩展从商品零售到房地产金融、证券买卖和保险等各项业务的经营。但是，收购后由于在相关领域没有经验和优势，很快就陷入了经营的僵局，这些新购进的业务没有像预期的那样带来协同效应，西尔斯公司最终不得不将购入的业务再次出手。

此外，当公司成为收购企业的目标公司时，资产剥离也不失为一种反并购的良策。20世纪80年代，美国资本市场上垃圾债券的发明使得杠杆收购十分盛行，这就迫使实施多元化经营战略的公司通过资产剥离来提高自身价值以便防御外部收购。

资料 6-6　美国联合碳化物公司反敌意收购的剥离案

1984年美国联合碳化物公司由于毒气泄漏事件，股价大跌，引起敌意收购。为了反击收购方咄咄逼人的气势，该公司不得不作出最痛苦的决定，出售公司最赚钱的几家企业，将出售资金用于回购股票和分红派息。这一措施最终打消了收购方的念头，联合碳化物公司赢得了控制权保卫战。但是需要指出的是，这是一种对公司本身伤害很大的措施，不到万不得已，公司不应也不会使用。

（二）我国资产剥离的特殊动机

由于我国的资本市场还处于不断发展中，尚不成熟，证券市场刚处于初级阶段，所以我国企业进行资产剥离有其特殊的动机。

1. 保配股、上市资格需要

上市公司为了保住配股资格进行资产剥离。我国《证券法》规定，上市公司申请配股的“公司最近3年会计年度加权平均净资产收益率不低于6%”，为了在财务上满足《证券法》对于配股资格的要求，上市公司往往进行部分资产的剥离行为，例如与关联方资产置换等来达到目的。其次是为了保住上市资格，我国证券法规定“公司最近3年连续亏损的，在限期内未能清除，不具备上市条件的，终止其股票上市”。由于在我国上市资格是稀缺资源，尤其当地方上市公司发生连续亏损后，地方政府一般会对上市公司进行资产剥离，迅速改变其亏损局面，从而保住公司上市资格。

2. 买壳上市需要

在我国由于上市资格的稀缺性，一些公司为了实现快速发展的目的必须打通通向资本市场的融资道路。由于我国主板上市条件的严格性及时间过长，对于很多企业直接上市并不是理想的选择，而购买亏损上市公司——借壳上市是相对理想的操作方式。通过对上市公司原业务进行剥离，转换主业，实现间接上市目的是一条有效的途径，在我国证券市场上，用这种方式上市的公司层出不穷。借壳上市方式下的资产剥离主要有两种：在买壳前对壳公司进行资产剥离的一般将资产剥离给原大股东：而在买壳后进行资产剥离的一般将资产剥离给新入主公司的控股公司。

资产剥离的动机复杂多样，既有社会方面的，又有文化方面的；既有经济方面的，又有组织经营方面的。实际上，公司的资产剥离几乎没有仅由单个原因引发的，通常都会涉及相互联系的许多个因素，甚至这些因素迥然有别。因此，当我们在分析公司资产剥离时，一定要综合考虑这些因素，而不能顾此失彼，有所偏颇。

四、资产剥离的操作程序

资产剥离既可以由公司自己发起，也可以由买方发起。在第一种情况下，公司首先确定要出售的资产，然后邀请潜在的投标人。如果资产价值巨大，就委托投资银行寻找投标人。第二种情况的程序是有兴趣的买方与公司联系或接触，发出购买某个部门或资产的要约。虽然买方不能强迫对方剥离，但若其出价很高，也可以引起公司的兴趣。成交价由双方协商确定。资产剥离的具体操作程序如图6-1所示。

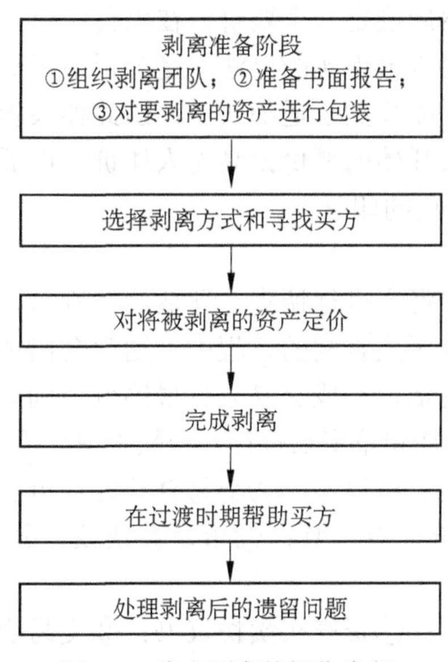

图6-1　资产剥离的操作流程

1. 资产剥离准备阶段

不论什么样的公司，在处理、出售资产或部门的时候，都必须遵循最基本的步骤和程序。这些基本步骤如下所述。

（1）组成剥离团队。团队由运营经理、高水平的参谋经理、财务总监（CFO）、投资银行家、律师、会计师等人员组成，直接向负责被剥离部门的经理报告。

（2）准备一份该企业的职业书面报告，要详细描述行业、企业及其历史和潜能。该报告应当包括财务数据如资产负债表、运营情况报告以及主要的资产与负债。运营情况报告必须显示不反复发生的和非常项目。

（3）从组织、法律、财务的角度尽量简化要出售资产的结构。在被剥离资产出售前，应当做一番精心的准备。因为关键的资本支出、维修计划等可以增加该资产的吸引力。

2. 选择资产剥离方式和寻找买方

资产剥离方式已经在本节前面部分介绍过，企业可根据每种资产剥离方式的特点和局限性，并结合被剥离资产的特征选择合适的剥离方式。

寻找买方的途径有：①完全依赖经纪人；②依靠其他中介组织，如投资银行；③将剥离的消息通过银行、律师、会计师等人士传给有兴趣购买的客户；④在商业出版物上做广告，将剥离信息传递给产业协会的成员；⑤在报纸上做广告。

找到潜在的买方后，要对其融资能力进行认真的评估，包括审查买方的财务状况以及购买的资金来源。如果买方资金实力雄厚，能够付现金，对卖方来说是最好的。如果买方用期票支付部分款项，那就要看买方日后能否经营成功以获取现金支付期票款项。经常买方经营得还不如卖方好，以致无力兑付期票款项。这个时候，卖方就要面临要收回所售企业的风险，自己经营或再卖，以弥补损失。

3. 对将被剥离的资产定价

对资产进行评估的方法有很多种。企业做好剥离计划后，就可以用这些方法对要剥离的资产进行估价，然后确定一个要价。在大公司里，确定要价可能比较复杂，需要很多部门参与。确定要价最现实的办法就是分析最近购买同类资产的价格。由于卖方有可能要花很长时间才能找到合适的买主，因此如果卖方想在短时间内出手，开始的要价要合理，否则如果开始的要价太高无人还价，以后降价就会给人造成卖方绝望或者要出售的资产问题严重的印象。

4. 完成剥离

买卖双方对要剥离的资产进行调查、评估、谈判后，就必须请律师为买卖双方各拟一份合同草案。在达成正式合同的过程中，通常会出现许多需要进一步协商的细节性问题。如果一切顺利的话，完成交易之日最终就会到来。产权交割之日，各种文件的交割，由买卖双方的律师和董事长执行。一般来说，需要交割的文件有以下内容。

股票出售：①股票买卖协议书；②交易合法性评审意见书；③转让公司控制权的股权证书；④期票和有价证券工具；⑤董事会决议；⑥财产转让证书以及第三方的承诺。

有形或无形资产出售：①资产买卖协议书；②交易合法性评审意见书；③卖契；④期票、抵押和有价证券工具；⑤财产转让证书以及第三方的承诺。

5. 在过渡时期帮助买方

在资产向买方转移的过渡过程中，买方急需卖方的帮助。需要帮助的方面包括管理、财务、制度或者其他活动。有时，买卖双方可能派出专家，共同工作，使交易在每一个领域都有序地进行。

6. 处理剥离后的遗留问题

剥离一个正在经营的企业通常会在剥离完成后的一个相当长的时期内产生许多遗留问题。出售之日要转移责任，就要对部门进行彻底切割，这会使许多有问题的交易浮出水面，尤其是应收、应付账款方面。不论剥离的形式是出售股票还是出售资产，都会产生这些问题。这些应收、应付账款有可能引起卖方、买方、客户三方之间的争端，因此要加以妥善解决。

五、资产剥离对企业价值的影响分析

（一）资产剥离强度对公司价值的影响分析

资产剥离根据其强度，可以划分为两种类型：实质性的资产剥离与非实质性的资产剥离。一般而言，实质性资产重组往往都是以提高上市公司业绩、恢复二级市场再融资能力、实现上市公司可持续发展为最终目标；而非实质性资产剥离，往往是通过资产的调整，改变的公司的债务结构和资产结构，实现当前的、短期的盈利（该盈利往往通过非经常性损益获得），以便达到“保壳”或再融资资格的目的。归根结底，实质性资产重组与非实质性资产重组的差异在于，前者是以建立上市公司的核心竞争力为基础进行运作的。因此，实质性资产剥离对上市公司的价值贡献相对于非实质性资产剥离更大，也更为实质。

（二）被剥离资产的种类对企业价值的影响分析

在资产剥离的实践中被剥离的资产通常可分成两种：风险资产和劣质资产。其中风险资产是指企业投资于风险项目上的资产；劣质资产则主要是指企业经营管理不善而造成的不良资产的沉淀。

相对于前者，劣质资产的剥离通常会带来直接的现金流入或债务的减少，直接对公司价值产生影响，其影响的大小主要取决于剥离资产的售出价格与剥离资产的成本比较。而从投资角度看，由于劣质资产代表的投资项目在其母公司中对应的“投资净现金流”常常为负值，因此在这部分资产得以出售后，往往也会为母公司存续资产本身带来一定的超常净收益。同时由于劣质资产的剥离，也常使母公司的盈利能力得到加强，债务风险得到控制，因而在某种程度上会使母公司的整体价值得到提升。

而风险资产的剥离形式就要复杂得多。在近期国际上针对风险投资的剥离，常常采用“分拆上市”的做法，以形成新的法人上市公司。尤其是二板市场的灵活退出机制和融资机制的吸引，使得不少现有主板市场上的上市公司都纷纷提出将其控股的高技术企业进行分拆上市的计划。分拆上市的资产剥离形式，其对公司价值的影响主要体现在剥离资产的超额股权收益。公司将风险资产分拆上市后，母公司对子公司的持股比例并未变化，而且还可按照原有比例取得公司的利润分成。而子公司一旦上市成功，母公司就可以在既有权利不变的基础上，获得“超额股权收益”。现举例如下：A

公司为已上市公司，它投资于子公司 B 为 4000 万元，B 公司总的实收资本为 5000 万元，则 A 公司占有 B 公司 80%的股权份额。若 B 公司得以上市成功，有 5000 万股本，且假设每股定价为 10 元。则可以看出 A 公司获得股权投资收益 3.6（4−0.4）亿元。当然，在现行的财务计量上这笔收益是看作股本的增值，记入资本公积科目，实际上会对该公司的投资价值产生较大影响。

六、资产剥离发展概况

（一）美英企业资产剥离的发展历程

从工业革命开始至今，以美国为主的国家经历了五次并购浪潮，资产剥离现象始于第三次并购浪潮。在 1960—1970 年，企业主要谋求生产经营多样化，而反垄断制度也促使企业将业务分散，降低经营风险。兼并的主要形式是跨行业、跨部门的混合兼并，许多兼并企业将被兼并企业加以重新包装后再剥离出售，由此获取巨大收益。有资料表明，1960—1968 年，在兼并企业中约有 25%的中小企业被兼并后又被转手出售。在 20 世纪 70 年代中 80 年代末发生的第四次并购浪潮，兼并形式呈现多样化倾向，横向、纵向和混合兼并多种形式并存，适应了从总体上调整资产存量，优化资源配置的需要。在此期间，石油危机和全球较高的通货膨胀率的出现，美国等国家纷纷推行紧缩的货币政策，经济环境的急剧变化迫使企业做出调整，许多美英大公司将自己的部分资产或业务卖出去，以资产剥离作为对付衰退的防御性措施，从而使企业的并购出现了新的特点。1975 年美国资产剥离占并购交易额的比例高达 54%，整个 80 年代此比率几乎一直在 35%～40%之间变动。第五次并购浪潮始于 90 年代中期，高科技得到飞速的发展，公共政策迅速转变。在美国，里根政府对反垄断制度有所放松，企业以收购的方式加强市场实力所受的限制减少，促使企业采取回归核心战略，从一些与主业不相关联的领域中退出。因此，调整组织结构和经营结构以及降低成本成为这次浪潮的重要起因。这次兼并浪潮呈现出三个显著特点：规模极大；支付手段多采用股票的形式；企业兼并与剥离并存。表 6-1 总结了美国企业 1967—1996 年的资产剥离情况。

表 6-1 美国企业 1967—1996 年的资产剥离情况

年份	数量	占并购交易总数量的比例（%）	年份	数量	占并购交易总数量的比例（%）
1967	328	11	1976	1204	53
1968	557	12	1977	1002	45
1969	801	13	1978	820	39
1970	1401	27	1979	752	35
1971	1920	42	1980	666	35
1972	1770	37	1981	830	35
1973	1557	39	1982	875	37
1974	1331	47	1983	932	37
1975	1236	54	1984	900	36

续表

年份	数量	占并购交易总数量的比例（%）	年份	数量	占并购交易总数量的比例（%）
1985	1218	41	1991	849	45
1986	1259	38	1992	1026	40
1987	807	40	1993	1134	43
1988	894	40	1994	1134	38
1989	1055	45	1995	1194	38
1990	940	45	1996	1702	29

资料来源：http://www.bgclub.com.cn

英国企业的资产剥离有其自己的特色，资产剥离所起的作用比美国大，企业资产剥离构成英国企业并购的重要内容。企业的并购和剥离是资产重组战略的重要组成部分，而且后者促进了前者，因为剥离资产增加了企业的现金流入，大大增强了企业的并购能力。20 世纪八九十年代初，英国实业界经历了大规模的企业资产剥离活动。调查数据显示，企业剥离数在 1986—1992 年大约占企业并购总数的 25%。1986—1989 年，英国企业的资产剥离数量明显上升，但到 90 年代初即开始回落。表 6-2 为 1980—1992 年英国企业并购与资产剥离情况。

表 6-2　1980—1992 年英国企业并购与资产剥离情况

年份	合并数	合并金额（百万英镑）	剥离数	剥离金额（百万英镑）	剥离金额占企业合并金额的百分比（%）
1980	469	1475	101	210	14.24
1981	452	1144	125	262	22.90
1982	463	2206	164	804	36.45
1983	447	2343	142	436	18.61
1984	568	5474	170	1121	20.47
1985	474	7090	134	793	11.18
1986	842	15370	221	3093	20.12
1987	1528	16486	340	1667	28.31
1988	1499	22839	376	5532	24.22
1989	1337	27250	441	5677	20.83
1990	779	8329	342	2941	35.31
1991	506	10434	214	2945	28.23
1992	433	5803	199	1832	31.57

资料来源：殷醒民，企业并购的金融经济学解释［M］. 上海财经大学出版社，1999：36.

从 20 世纪 80 年代开始资产剥离呈现多种形式，除了公司出售之外，还出现了将子公司上市使之脱离母公司的分立、在不丧失主要控制权的情况下出售子公司部分股票给一般公众从而给母公司带来现金收入的切股、管理层收购及其衍生形式管理层换股等形式。众多的资产剥离方式被引入，拓展了公司控制权市场的范畴以及交易的多样性。

（二）我国企业资产剥离概况

我国企业资产剥离始于1984—1987年，其作为市场经济条件下产权交易的一种形式。在这一阶段，主要是劣势企业已濒临破产急于寻求新路，因此将产权转让给优势企业，而且这些转让出于企业自发行为的居多，但交易数量不多。从1992年起，随着社会主义市场经济体制改革目标的建立和客观经济条件的变化，我国政府不断强调推动存量资产流动重组，对国有经济实施战略性改组。1995年在企业改制过程中，国有企业的剥离问题提上了重要议事日程，将国有小企业产权出售给非国有企业成为重置国有企业产权提高效率的重要形式之一。1997年，资产重组被写进党的十五大工作报告中。报告中指出要采取改组、联合、租赁、出售等形式，加快放开搞活国有小型企业的步伐，形成企业优胜劣汰的竞争机制。政策的引导加上相应配套环境的改善，都为资产剥离交易从广度和深度上不断发展创造了条件。党的十五大以后，资产剥离逐渐为上市公司所采用，并且呈逐年上升的趋势。1995、1996年进行资产剥离的上市公司和交易宗数寥寥可数，公布的交易金额也较小。但从1997年开始资产剥离交易变得比较活跃，交易宗数和交易金额都显著上升。而到了1998年，上市公司公告剥离共有129次，占年上市公司企业重组总数和总金额的20%和21%。1999年，公告剥离190次，实际发生187起，涉及金额96.1亿元，分别占年上市公司企业重组总数和总金额的16.8%和20.8%。2001—2003年，我国上市公司资产剥离的数量特征及金额特征分别如表6-3和表6-4所示。

表6-3 2001—2003年资产剥离的数量特征（公告次数）

年份	剥离方式	实物资产剥离	无形资产剥离	股权剥离	整体剥离	其他方式资产剥离	合计
2001	数量（次）	58	16	203	40	29	346
	比重（%）	16.76	4.63	58.67	11.56	8.38	100
2002	数量（次）	37	12	216	21	20	306
	比重（%）	12.54	3.86	69.45	7.72	6.43	100
2003	数量（次）	46	19	270	22	27	384
	比重（%）	11.98	4.95	70.31	5.73	7.03	100

资料来源：《中国证券报》——中国上市公司重组事项总览

表6-4 2001—2003年资产剥离的金额特征 （单位：万元）

年份	剥离方式	实物资产剥离	无形资产剥离	股权剥离	整体剥离	其他方式资产剥离	合计
2001	金额	342035.84	90255	659437.94	156443.05	229566.87	1477738.7
	比重（%）	23.15	6.11	44.62	10.59	15.53	100
2002	金额	246338.47	108812.52	848220.0	240721.50	135548.76	1579641.28
	比重（%）	15.59	6.89	53.7	15.24	8.58	100
2003	金额	262786.92	86163.49	1216392.6	285758.16	139325.02	1990426.17
	比重（%）	13.2	4.33	61.11	14.36	7	100

资料来源：中国证券报——中国上市公司重组事项总览

从表 6-3 和表 6-4 中可知，2001 年的公告次数为 346 起，2002 年为 306 起，2003 年为 384 起。从剥离次数来看，每一年资产剥离公告的总次数差别不是很大，其中 2003 年是公告次数最多的一年；从交易金额来看，2001 交易涉及金额 1477738.7 万元，2002 年涉及交易金额 1579641.28 万元，比 2001 年增长了 6.9%，2003 年涉及交易金额 1990426.17 万元，比 2002 年增长了 26%。

根据《中国企业并购年鉴》①的统计，2004 年上市公司出让股权 27 起，交易金额 897183 万元，其中控制权转移的交易 17 起，交易金额 44014 万元；2005 年上市公司发生资产出售 666 起，交易金额 4192242 万元，其中单笔交易金额在 1 亿元以上的共 100 起。2005 年中国上市公司发生收缩性股权交易 332 起，交易金额 2260875 万元，其中控制权发生转移的交易 195 起；收缩性资产交易 124 起，交易金额 1138744 万元，其中单笔交易金额在 1 亿元以上的共 121 起。另据中国证券报报道，2007 年 140 家上市公司共有 153 项资产剥离事项过亿元，涉及金额超过 380 亿元，包括中国远洋在内的 6 家公司单笔交易金额都超过 10 亿元。

综上可知，我国上市公司的资产剥离无论是从交易的数量还是交易的规模都呈逐步增加的趋势。资产剥离作为一种重要的资本运营形式已被我国越来越多的上市公司所采用，且已成为上市公司日常经营重要的组成部分。

（三）中外企业资产剥离的简单对比

通过上面对英美和我国资产剥离历程的回顾，我们不难发现，两者间存在着较大的差异。第一，英美两国企业剥离活动起步早，1960—1970 年的第三次浪潮是开端，我国于 1984 年才开始真正意义上的资产剥离。第二，英美自 20 世纪 80 年代起出现了分立、管理层收购等许多新的资产剥离形式，而且这些形式的交易在企业并购活动中占有越来越大的比例。而在我国现有的资产剥离形式主要有出售资产和产权转让，一般不涉及公司自身的净资产。因此，如何丰富和发展适合我国国情的企业资产剥离形式，有待于作进一步的研究和探索。第三，英美企业的资产剥离动机非常复杂，但从一开始就与并购紧密相关，甚至成为并购交易的组合战略，以追求超额利润为目的。除去受《反垄断法》的约束之外，英美企业的资产剥离一般是企业的自主行为，是企业对社会经济环境作出的灵活反应。而我国企业的资产剥离最初是出于挽救亏损企业，是不得已的行为。而且，企业受到政府的诸多干预，资产剥离往往成为企业解困的手段之一。资产剥离动机的异化还表现在企业为了谋求上市资格，资产剥离便成为一种程序化工作。剥离资产的购买方一般也是母公司，但往往剥离完了事，普遍缺乏对剥离后资产要素重新整合效果的关注。但令人高兴的是，越来越多的上市公司开始调整思路，以调整资产结构和发展战略为目的实施资产剥离，主动地去适应社会经济环境的变化，从而朝着最终优化资产结构、提高企业竞争力的方向迈进。

---

① 《中国企业并购年鉴》编委会．中国企业并购年鉴 2005［M］．北京．人民邮电出版社，2005.
《中国企业并购年鉴》编委会．中国企业并购年鉴 2006［M］．北京．中国经济出版社，2006.

资料 6-7 花旗集团剥离保险业务

一、基本情况说明

1. 花旗集团简介

美国花旗集团（Citigroup）是由旅行者集团（Travelers Group）与花旗公司Citicorp在1998年合并创建，并于同期换牌上市的金融服务集团，如今已发展成为世界资产规模最大、利润最多、全球连锁性最高、业务门类最齐全的金融服务集团。根据花旗集团年报显示，花旗集团2003年一级资本已达669亿美元、总资产12640亿美元、利润178.5亿美元，比上年分别增长了13.4%、15.2%和16.8%。花旗集团为100多个国家2亿多位顾客服务，每位客户到任何一个花旗集团的营业点都可得到储蓄、信贷、证券、保险、信托、基金、财务咨询、资产管理等全能式的金融服务，平均每位客户的产品数在全球同行中排名第一。

2. 大都会人寿保险公司简介

大都会人寿保险公司（Metropolitan Life Insurance Company，MetLife）前身是创立于1863年的National Union Life and Limb Insurance Company。经过多次重组，1868年专注发展人寿保险业务，并针对中产阶层推销保险产品。由于公司的业务在“都会区”纽约市最为出色，故此以“Metropolitan”命名，成立大都会人寿保险有限公司。MetLife在全球稳居领导地位，也是美国最大的个人寿险公司，市场份额及营业收入在美国均名列第一。公司拥有约4.2万员工，其中约1.1万个推销人员。公司股票于2000年4月5日在纽约股票交易所上市。2003年Fortune500排名38位，位居Microsoft及Motorola之前。

3. 案例简介

2005年1月31日，花旗集团剥离名下的旅行者人寿、年金公司（Travelers Life Annuity）及几乎全部国际保险业务，将此以115亿美元出售给美国大都会人寿保险（MetLife），从而撤出了开发保险产品的业务。双方达成的这起交易是大都会人寿最大的一笔并购交易，该交易还将使大都会成为北美按销售额计算最大的寿险公司、美国第三大个人年金险公司和最大的退休金与储蓄产品提供商。

二、花旗集团剥离的动因

花旗此次剥离出售保险业务是一种战略选择，即出于战略转变的需要。花旗集团正在放弃20世纪90年代末由董事长桑迪·威尔（Sandy Weill）创意的“全能金融”或称“金融超市”战略。所谓全能金融（又称“金融超市”），就是将传统的银行储蓄、贷款业务与证券、基金、保险、企业年金以及个人理财咨询等比较新兴的金融业务全部整合在一家大型金融机构旗下，像超市一样为顾客提供“一次买全”的全套服务。

2002年花旗面临“利益冲突指控”，这一丑闻使得花旗集团的股价从此一路下滑，在2002年7月曾达到历史最低点25美元附近，最终付出了高达80亿美元的代价。此后，“全能金融”战略开始被质疑，认为一站式金融服务或许只是一个理论上的典范，而并非适用于现实。另外，保险公司长期独立存在，其原因有两方面：首先，因业务特点和相关法规的限制，保险公司的资本运营方式相对保守，资本回报率低，无法与其他类型的金融机构有机融合；其次，保险尤其是财险业务的本质，决定了这个行业的盈利水平波动比较大。这对于追求业绩稳定增长的一般金融企业而言，难以接受。

由于企业过于庞大，花旗在企业战略的制定与执行，乃至公司的日常运营等许多方面，都显得力不从心。精简组织、强化主营业务，将主要精力集中于拓展银行业务和资本增长，实现集团发展已经显得日益重要。因此，花旗集团开始剥离利润增长缓慢的非核心业务，而近年来美国保险业利润空间趋小，业务增长缓慢，且成为保险业的强者并不是花旗那时的战略。

通过分析花旗的战略历程，我们可以说花旗集团出售保险业务是在执行既定战略，剥离保险业务，把精力集中于零售银行和投资银行业务。

三、剥离的过程

花旗集团 CEO 普林斯与大都会董事长本末切克两年前就开始了有关此次交易的谈判，其间还有两家保险公司也曾希望竞买旅行者寿险和年金公司。直到 2005 年 1 月 31 日，花旗集团与美国大都会人寿保险公司联合发表公告称，花旗同意将旗下旅行者人寿保险、养老保险（年金公司）及相关国际保险业务，以 115 亿美元出售给大都会人寿，不再开发新型保险产品。

此次的剥离价款以股票加现金的形式支付，即大都会人寿公司向花旗集团支付 10 亿至 30 亿美元的大都会人寿股票，其余部分将以现金完成交易。

四、剥离的结果

花旗集团完成此次保险业务剥离后，从此便撤出开发保险产品的业务，专心于盈利前景好的投资银行和零售银行业务，该剥离消息公布后，1 月 31 日花旗集团的股价上涨 1.6%，收于 49.13 美元。花旗集团方面表示，出售所得的 20 亿美元收益可能将被用于今后的收购、偿付债务或提高股票分红。

五、案例评价

花旗集团作为世界最大、最全的金融集团，一直致力于推动金融的混业经营，从其自身发展历史来看就是从分业走向混业的过程。但是，现在其剥离保险业务致力于自身核心业务的发展，这本身就表明金融混业并不是一个完美的制度，存在一定的缺陷。当然花旗此次出售旅行者人寿险、养老保险业务并非要放弃混业经营模式。花旗集团在公告中称，将不再开发新型保险产品，即从保险产品开发业务中撤离，而并非结束所有保险业务，花旗集团仍将保留墨西哥的人寿保险业务。

此次资产剥离将使花旗的资本得到充分释放，并用于其核心业务，这表明花旗管理层已经确立了“在各业务上若不能保持领导地位和盈利就退出”的经营战略。因此，在一个混业经营的集团中，如何把资本分配到具有最佳增长前景的业务上才是需要面对的最大问题。

第二节　公司分立

一、分立概念界定

公司分立（spin-offs）作为一项比较年轻的法律制度，最早出现于 20 世纪中期，

1966 年，法国公司法首次采纳这一制度。后来由所谓的“法国法系”国家包括西班牙、葡萄牙、比利时等国继承下来并逐步传播到欧洲大陆及其他国家。但由于各国社会和经济发展水平不同，所以对于“公司分立”的界定存在较大的差异，接下来我们主要了解西方国家和我国对公司分立的界定。

（一）西方国家对分立的界定

在西方国家，一个标准的公司分立（spin-offs）是指一个母公司将其在某子公司中所拥有的股份，按照母公司股东在母公司中的持股比例分配给现有母公司的股东，从而在法律上和组织上将子公司的经营从母公司的经营中分离出去。这会形成一个与母公司有着相同股东和持股结构的新公司。在分立过程中，不存在股权和控制权向母公司和其股东之外第三者转移的情况，因为现有股东对母公司和分立出来的子公司同样保持着他们的权利。需要说明的是，这里的子公司可以是原来就存在的子公司，也可以是为了分立考虑临时组建的子公司。图 6-2 为标准分立结构图。

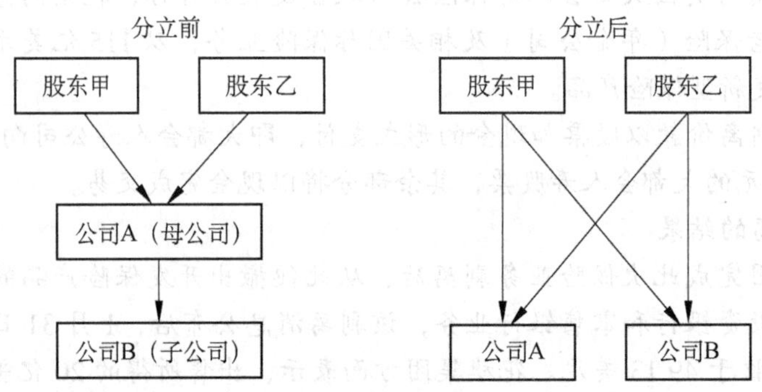

图 6-2　标准分立结构

资料 6-8　AT&T 公司的分立

这一形式的典型案例是 1984 年 AT&T 公司分立为 8 个独立公司，即新的 AT&T 公司和 7 个区域性的电话公司。新公司有着独立的法人地位，有其自己的管理队伍，投资者也可以直接选择合适的管理人员来管理这些特定的资产。事实已证明，AT&T 公司的分立获得了三重效果：一是达到了公司消肿的目的；二是实现了资产重组；三是更有利于适应全球电话业联合经营的趋势。

除标准分立外，分立往往还有多种形式的变化，主要有换股分立和解散式分立两种衍生形式。

换股分立（Split-off），指母公司把其在子公司中占有的股份分配给母公司的一些股东（而不是全部母公司股东），交换其在母公司中的股份。它不同于纯粹的分立，在换股分立中两个公司的所有权比例发生了变化，母公司的股东在换股分立后甚至不能对子公司行使间接的控制权。换股分立不像纯粹的分立那样会经常发生，因为它需要一部分母公司的股东愿意放弃其在母公司中的利益，转向投资于子公司。实际上，换股分立也可以看成是一种股份回购，即母公司以下属子公司的股份向部分母公司股东回购其持有的母公司的股份。在纯粹的分立后，母公司的股本没有变化，而在换股分立后母公司的股本减少。图 6-3 为换股分立结构图。

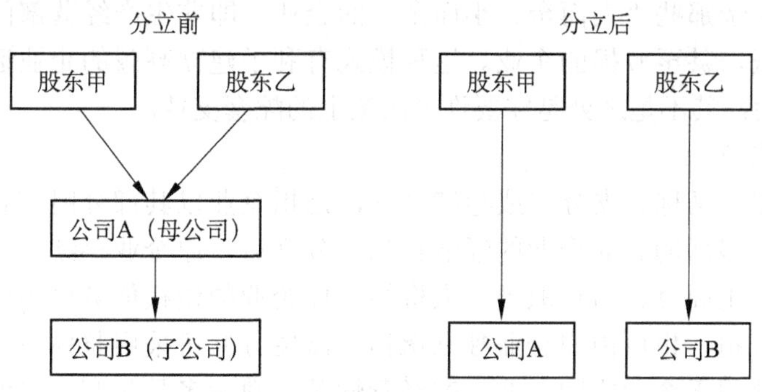

图 6-3　换股分立结构

解散式分立（Split-up），是指母公司将子公司的控制权移交给它的股东，与纯粹的分立比较相似。在解散式分立中，母公司所拥有的全部子公司都分立出来，原母公司不复存在。在拆股后，除管理队伍会发生变化以外，所有权比例也可能发生变化，这主要取决于母公司选择怎样的方式向其股东提供子公司的股票。图 6-4 为解散式分立结构图。

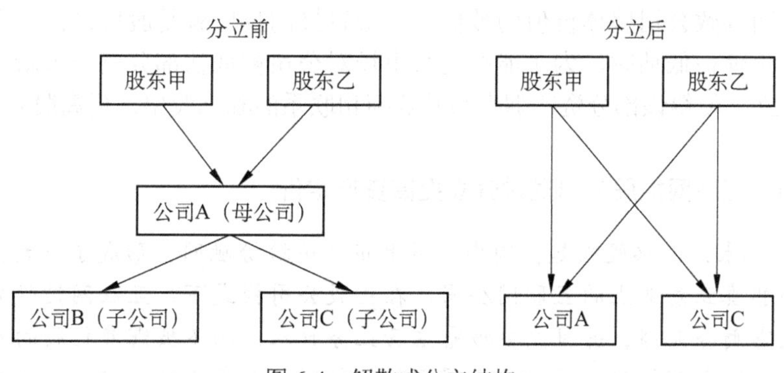

图 6-4　解散式分立结构

资料 6-9　巴西国立电信公司的解散式分立

1998 年，巴西政府完成了巴西国立电信公司巴西电信公司（Telebras）的私有化。最后拍卖时，公司分拆为 12 家小公司——1 家长话，3 家市话，8 家移动。换句话说，从原公司分立出 12 家小公司。

（二）我国对公司分立的界定

在我国，公司分立是指一个企业分成两个或两个以上企业的经济行为。按照分立后原企业是否存续的不同，企业分立可分为新设分立和派生分立。

1. 新设分立

新设分立，又称分解分立或解散分立，是企业将其全部财产和其他生产要素分割后，分别归入两个或两个以上的企业的经济行为。分立后，原企业不复存在，丧失法人资格，新设立的企业依法登记后，成为独立的法人，仍然属于原所有者。原企业分立前的债权债务由新设企业按所达成协议分担。新设分立一般采用企业整体改组模式，一般适用于那些“大而全、小而全”的企业，即非生产经营部门的数量较多，而且盈利水平低，甚至亏损的企业。这种模式有利于建立高效的企业运行机制，提高企业的竞争能力；其不足之处是需要许多政策上的配套支持。

2. 派生分立

派生分立，又称分支分立或存续分立，是指企业以其部分财产和其他生产要素另设立一个或更多新的独立企业的经济行为。分立后，原企业存续，保留法人资格，新企业依法进行工商登记后也取得法人资格。原企业的债权债务可由原企业和新企业按达成的协议分担，也可由原企业独立承担。派生分立可采用整体改组和部分改组两种模式。前者适用于企业集团，非生产经营性部门数量多且盈利水平低的企业及地方性大企业。后者适用于大型企业集团且要求其经营性资产与非经营性资产的界限较为清楚。

二、分立的动机

1. 提高企业资产的定价

由于企业经营业务的多元化，往往因信息的不透明导致企业各部分资产价值的被低估，从而导致公司整体价值的被低估，最直接的反应就是股价过低。当公司认为公司的资产价值被低估时，为了能够使得市场对公司被低估部分资产重新定价，因而进行公司分立，使得该部分资产拥有与其业绩相联系的独立股票，提高股东价值。

资料 6-10　互联网控股公司通过分立提高资产定价

20 世纪末，网络股兴起，国内众多上市公司纷纷触网，形成了一大批控股型网络公司，而非真正意义上的互联网公司。在控股公司模式下，互联网控股公司以合并报表方式披露财务业绩，并且主要披露主营业务收入，而不披露其控股的互联网业务信息。因此，股票市场只能通过母公司间接评估网络业务价值，使投资者难以获得估价所需要的信息。另外，由于传统业务与网络服务业务的会计账务具有截然不同的未来成长价值信息，两者业务组合和合并报告，使市场难以进行估价。分立上市后母公司与子公司将独立编制和披露财务报表及其他信息，这样可以减少投资者对公司下属业务部门经营业绩、现金流、生产能力等方面信息获取的困难，有助于股票市场获得估价所需要的必要信息，增强投资分析家的关注，从而减少股票价值低估现象。

2. 提高管理效率需要

多元化经营的企业由于其涉及的业务范围大、部门多，往往会导致业务相关性小和管理难度大。相关性小，导致协同效应无法实现；管理难度大，导致管理效率的下降。由于企业管理团队的管理能力必然有其临界点，一旦超过这个临界点就会导致管理边际收益低于边际成本，导致企业价值的下降。此时，企业往往进行分立，使得各业务部门拥有独立的管理队伍，形成简洁、有效率的管理。

与管理效率相关的是管理激励问题。由于企业的多元化经营，部门管理者与企业高级管理者之间的代理问题，必然会导致两者目标的不一致。部门管理者的工作业绩并不直接反映在公司整体业绩中，分立情况下能够使得业务部门管理者的行为与其部门业绩直接建立联系，有利于提高管理效率。

3. 更好地调动分立出来的公司核心人员的积极性

分立不仅可以使独立出来的公司管理层集中精力关注子公司的业务和经营，也使子公司董事会可以更好地实施期权激励措施或其他奖励、激励措施，调动公司的核心管理人员和关键技术人员的工作积极性。公司在分立前，作为母公司的一个业务部门，很难使母公司的人事部门针对该业务部门的特点制定管理层和技术骨干的激励措施。就算安排了期权激励方案，由于奖励程度与母公司的股价相关，而分立业务的好坏对母公司股价的影响可能较小，也很难让期权激励与分立业务的业绩好坏建立起十分紧密的联系。而当业务分立后，成立一家独立的公司，就可以专门针对分立公司的经营特点制定激励计划，从而大大调动了员工的积极性。

4. 创立市场需要的公司或行业

当公司有多项业务时，各项业务对经济周期的反应是不同的。譬如，有一家公司既从事互联网业务又从事食品业务，前者周期性较强，后者的周期性相对较弱。我们知道，这样结构的公司有一定消除周期影响的能力，风险相对较小，有些投资者会喜欢它。但是，也有的投资者喜欢投资较高风险的互联网业，以追求更高的收益；而另一些投资者喜欢投资增长率虽低的食品业，因其风险小。前者不喜欢一家有互联网业务的公司还经营食品，后者不喜欢一家食品公司同时经营互联网。因此，很可能这两类投资者都不会投资这个公司。如果公司将食品或互联网业务分立出来，不同的投资者就会选择不同的公司，分立后不管母公司还是子公司都得到了更多的市场投资机会，而且分立本身也创造出许多投资者希望投资但当前市场上并不存在的公司。

5. 其他作用

分立也可以是反收购的一个有力措施。它与剥离一样，将公司的优质资产分立出去，同样可以让收购者感到收购母公司如同食鸡肋，没有什么味道。另外，由于法律、税收方面的原因也会促使企业分立。《反垄断法》往往会导致垄断企业的分立，而纳税方面的原因也可能导致公司分立。

三、公司分立的优缺点

1. 分立的优点

在许多情况下，公司分立是为了获取财务方面的利益，在以获取财务利益为基本目标的公司分立中，公司分立的结果往往不是生产经营规模的缩小，而是公司生产经营规模的扩大。一般来说，公司分立具有以下优点：

第一，和大多数公司一样，公司分立可以解放企业家的能力。从激励机制来分析，公司分立能够更好地把管理人员与股东的利益结合起来，因此可以降低代理成本。就直接报酬而言，分立出来的公司管理人员可以通过签订协议，使其报酬的高低直接与该业务单元的股票价格相联系，而不是与母公司的股票价格相联系，从而对他们可以起到激励作用。

第二，上市公司在宣布实施公司分立计划后，二级市场对此消息的反应一般较好，该公司的股价在消息宣布后会有一定幅度的上扬，这反映出投资者对“主业清晰”公司的偏好。

资料 6-11　标准石油公司（Standard Oil）分拆事件

1911 年，约翰·D.洛克菲勒的标准石油公司（Standard Oil）将一手创办的新泽西州标准石油公司分拆成 7 家独立公司。仅仅一年时间，这些后继公司的股份价值总和就翻了一番，洛克菲勒的个人财富也因此大约增加了 9 亿美元（约合 2002 年的 150 亿美元）。

第三，在西方，公司分立与资产剥离等紧缩方式相比有一个明显的优点就是税收优惠。公司分立对公司和股东都是免税的，而资产剥离则可能带来巨大的税收负担。

第四，公司分立还能让股东保留其在公司的股份。因此，公司在未来的任何发展都可能使股东获利。经验数据表明，被放弃的子公司和母公司在公司分立以后的几年内通常会在业绩上超过市场整体水平。如果原子公司因为包含在企业集团内部而被低估了价值，这种趋势就更为明显。

第五，采用换股分立方法进行公司分立能减轻股票价格的压力，股东在交换他们的股票时具有选择权，因此不太可能在交换后立即出售。从母公司的角度看，这种做法还可以提高每股收益，因为它与股份回购在这方面的作用类似，减少了母公司流通股票的数量。

2. 分立的缺点

第一，公司分立只是一种资产契约的转移，这或许是它最容易受到的指责。除非在管理方面的改进也同步实现，否则它不会明显增加股东的价值。公司分立是公司变革的催化剂，但其本身并不一定能使经营业绩得到根本性改观。

第二，公司分立使规模经济带来的成本节约随之消失。被分立的公司需要设置新的管理部门，可能会面对比以前更高的资本成本。类似地，母公司如果对原有机构不发生变动，同样的管理人员所管理的公司规模已经缩小，相应的成本就会上升。因此，为使公司分立的正面效果达到最大，必须对母公司的管理结构进行调整。

第三，完成公司分立活动要经过复杂的税收和法律程序，这是执行过程中的最大障碍。得到税务部门有关税收优惠的批准，不仅包含着很高的法律和会计成本，还会浪费管理者的宝贵时间，其他有关法律问题进一步增加了它的成本和复杂程度。

四、公司分立的法律程序

我国《公司法》规定，公司分立的程序大致有以下六个步骤：

其一，董事会提出分立方案。当企业董事会初步达成企业分立的意向后，即应着手提出、起草分立方案草案，以便供企业股东大会讨论。

其二，股东会作出分立决定。不同类型的企业在这一方面有所不同，国家独资创办的公司不设股东会，应由国家授权投资的机构或部门作出分立的决定。我国《公司法》明确规定：有限责任公司作出分立决定，须经代表2/3以上表决权的股东通过；股份有限公司的分立，须经出席股东会的股东所持表决权2/3以上通过，并经国务院授权部门或者省级人民政府批准。

其三，签订分立合同。企业分立时，应当根据股东作出的决议签订分立合同，以便对原企业的债权、债务、权利、义务、职工等做出安排。

其四，编制资产负债表及财产清单。

其五，通知或公告债权人。公司应当自作出分立决议之日起10日内通知债权人，并于30日内在报纸上公告。债权人自接到通知书之日起30日内，未接到通知书的自公告之日起45日内，有权要求公司清偿债务或者提供相应的担保。对于不清偿债务或不提供相应担保的，公司不得分立。

其六，办理相应的注销、变更或设立登记。

其中，程序中的第一步和第二步体现了公司意思自治和股东意思自治的精神，体现了主体独立的市场经济规则和要求；第三步和第五步的规定则反映了对债权人意志和利益的体现及保障。

五、公司分立对企业价值的影响分析

1. 公司分立的宣布期效应

国外有关研究表明：如果分立公告宣布日后两日的超常收益率计算，卖方公司股东的超额收益率一般在1%～2%，但买方公司的股东却不一定能取得超额收益。公司分立的宣布期影响大小与分离出的子公司相对于母公司的规模大小正向相关。在金额上，公司的全部收益约等于被分离出的子公司价值。因为母公司的价值经过重组实际上并未改变，而子公司有了自身独立的市场价值。此外，一般情况下，分立产生的超额收益率为2%～3%。

2. 公司分立对企业持续经营价值的影响

西方国家提出了许多关于公司分立对企业持续经营价值影响的观点，下面重点介绍几种主流观点：

第一，管理效率学说。由于公司管理层能力有限，不可能在所有业务方面都经营得十分出色。最优秀的企业家在其企业经营范围扩展到一定程度时，也会遇到企业效益开始下滑的尴尬局面，因此分立成为必要。

对于综合性公司，由于财务上统一核算与合并财务报表，个别部门的业绩往往无法体现，因此难以实现利益与责任的统一。当部门目标与公司总体目标发生冲突时问题更为严重，这对发扬奋发向上的企业精神十分不利。而将个别部门分立出来成为独立的上市公司，使公司的股价与其经营管理直接相关，则有利于公司激励机制的建立。

第二，债权人的潜在损失学说。此学说认为分立公司的股东财富的增加来源于公司债权人的隐性损失。公司分立减少了债权的担保，使债权的风险上升相应减少了债权的价值，而股东却因此得到了潜在的好处。因此实际经济生活中，许多债务契约附有股利限制（限制股票股利，包括公司分立）和资产处置的限制（限制资产出售）。

第三，选择权学说。此学说认为股票可看作投资者的一种选择权。公司分立后，股东拥有两种选择权。只对两个企业各自的债权承担有限责任，而在两个企业之间不存在连带责任关系，投资风险降低，投资价值就随之提高。

公司分立增加了证券市场上的投资品种，而分立后的两公司拥有不同的投资机会与财务政策，可以吸引不同偏好的投资者。两公司采用不同的分红比例、留存收益比例或提供不同的资本收益机会，投资者就有了更多的投资机会。

综上所述，公司分立对企业价值的影响应从收益和损失两方面来进行权衡。分立会给企业带来管理效率增加的收益，但同时分立也可能给企业财富带来负面影响，会引起经营风险增加造成的损失，会引起丧失优势互补造成的损失。公司分立对企业价值的影响程度就是要将分立所带来的收益和损失进行比较，收益大于损失，说明分立能使股东财富增加；收益小于损失，说明分立导致股东财富的减少。

资料 6-12　海南新大洲一洋药业有限公司分立

一、新大洲一洋药业（以下简称大洲一洋药业）的基本情况

2000 年 1 月 1 日新大洲控股子公司海南新大洲药业有限公司与扬州一洋制药有限公司合并重组，重组后更名为海南新大洲一洋药业有限公司，2000 年 6 月 16 日在国家工商行政管理局核准注册登记成立。新大洲一洋药业投资总额与注册资本均为人民币 10250 万元，其中：新大洲出资 4220 万元持有 41.2%的股权，香港远升国际有限公司出资 780 万元持有 7.6%的股权，江苏扬州高邮粮食工业公司出资 2780 万元持有 27.1%的股权，韩国一洋药品株式会社出资 2470 万元持有 24.1%的股权。由于该公司在产品、营销网络等方面的原因，该公司成立后经营状况恶化，根据本公司于 2001 年 8 月 9 日召开的第三届董事会第十二次会议上通过的《关于调整公司部分控（参）股公司的议案》，2001 年 11 月 26 日新大洲一洋药业第一届董事会第六次会议决议同意公司进行分立。

二、新大洲一洋药业分立的基本情况

（1）分立形式：以存续分立的形式分立。海南新大洲一洋药业有限公司为存续公司，新设立扬州一洋制药有限公司。在获得政府有关部门批准后存续公司更名为海南新大洲药业有限公司。

（2）公司分立基准日：公司分立基准日为 2001 年 11 月 30 日。

（3）分立后两公司股东构成：海南新大洲药业有限公司（以下简称存续公司），投资总额和注册资本均为人民币 5000 万元，其中，本公司出资 4220 万元持有 84.4%的股权，香港远升国际有限公司出资 780 万元持有 15.6%的股权。同时，本公司出让 470 万元股权（占注册资本的 9.4%）给香港远升国际有限公司，转让后本公司出资为 3750 万元持有 75%的股权，香港远升国际有限公司出资为 1250 万元持有 25%的股权。

扬州一洋制药有限公司（以下简称新设公司）：投资总额和注册资本均为人民币 5250 万元，其中，高邮市粮食工业有限公司出资 2780 万元持有 52.95%的股权，韩国一洋药品株式会社出资 2470 万元持有 47.05%的股权。分立后两公司注册资本额之和与分立之前公司注册资本额相等。

（4）财产分割：依据 2002 年 1 月 14 日新大洲一洋药业第一届董事会第七次会议

决议通过的《关于财产分割清单、债权债务承继清单编制说明及公司分立基准日期后事项处理办法的议案》，存续公司承继分立基准日新大洲一洋药业海南公司会计账簿记载的财产以及债权债务，新设公司承继分立基准日新大洲一洋药业高邮公司会计账簿记载的财产以及债权债务，存续公司与新设公司各自实际承继的净资产与各方股东在新大洲一洋药业持股比例计算应得到的净资产不一致时，分立后的两个公司各自的资产总额、负债总额和净资产总额以及两公司各自的净资产占分割资产前全部净资产的比例详见表 6-5。

表 6-5　新大洲一洋药业分立后存续和新设公司资产状况　　（单位：万元）

项目	存续公司	新设公司	合并数
资产总额	6382.6	5544.2	11325.6
负债总额	2616.1	1952.5	3607.4
净 资 产	3766.5	3951.7	7718.2
比　　例	48.8%	51.2%	100%

三、期后事项

公司基准日以后，因公司持续经营导致分割给新设公司的应收账款和发出商品的增减变化，其增减变化以新设公司增减对存续公司的债务，存续公司增减对新设公司的债权方式调整，自董事会通过《关于财产分割清单、债权债务承继清单编制说明及公司分立基准日期后事项处理办法的议案》次日起，存续公司不再回收分割给新设公司的应收账款。分立期间的会计凭证、财务报表按属地原则分别由存续公司和新设公司依据会计制度的规定妥善保管。

资料 6-13　原联想集团分立神州数码

2001 年，联想集团分立神州数码在香港主板上市是分立上市的著名案例。在此案中，原联想集团实际上被分立为联想集团和神州数码两家公司，其具体的分立模式如下。

一、公司基本情况

联想集团有限公司是一家于 1993 年 10 月依照香港特区公司条例在香港成立的有限公司，其股票于 1994 年 2 月在香港联交所主板上市。其控股股东为中国科学院计算技术研究所全资所属的联想集团控股公司。截至分立前，联想集团的业务包括：①联想品牌 IT 产品的生产、销售；②国外品牌 IT 产品的代理；③系统集成及其他 IT 相关业务。基于战略考虑，联想集团决定将国外品牌 IT 产品代理、系统集成、网络产品开发及销售等业务分立出去。为此，联想集团于 2001 年 1 月 25 日在百慕大（Bermuda）群岛成立了一家全资子公司——神州数码集团有限公司，由该公司之附属公司持有拟分立出去的全部业务。

二、神州数码分立上市过程

2001 年 4 月 24 日，联想集团有限公司董事会宣布了一项股息分配：以联想集团有限公司所持神州数码集团有限公司的全部股份（共计 756 181 609 股）支付给联想集团的全部股东作为股息。该项股息发放的条件与神州数码新股发行的条件相同。

该项特殊的股息发放实际上就达到了分立的目的。股息发放的结果是：神州数码集团有限公司不再是联想集团的子公司，联想集团的股东直接持有神州数码集团有限公司。两家公司在分立刚刚完成时，具有完全相同的股东，神州数码成了联想集团的兄弟公司。

三、案例评价

2001 年 5 月，神州数码集团有限公司发行新股 88260000 股，6 月 1 日，在香港上市。神州数码从联想中分立出来具有一箭双雕的作用。分立不但解决了事业部层次上的激励机制问题，而且由于神州数码独立上市，联想集团、神州数码的股权结构得到优化，公司层次上的激励机制也得到了进一步解决。

第三节　剥离与分立的相关理论及比较

一、剥离与分立的理论基础

国外的相关文献一般认为有以下几种理论可以解释企业为什么要进行剥离与分立以及适时的剥离与分立为什么能够创造价值。

（一）代理理论假说（the principal-agency hypothesis）

Jenson 和 Meckling[①]将代理关系定义为一种契约关系，在这种契约下，一个人或更多的人（委托人）聘用另一个人（代理人）代表他们来履行某些服务，包括把若干决策权托付给代理人。由于代理人的行为具有理性（或有限理性）和自我利益导向的特征，从而导致委托人和代理人之间在追求目标和利益方面存在差别和信息的不对称问题，因此两者的利益会发生偏差，导致代理问题的出现。

Shieifer 与 Vishny[②]认为公司分立和资产剥离可以看作经理层为了达到设置堑壕的目的而采取的策略。经理层从自身利益最大化出发，而不顾股东的利益，选择那些对他们自身来讲具备特定优势的并购，以期达到他们成为企业不可或缺的组成部分。如果某部分资产或业务不能够给他们带来堑壕作用，经理就会将其剥离或分立出去。

（二）效率理论假说（the efficient deployment hypothesis）

效率理论与代理理论不同，它假设企业的经理层追求的是股东利益最大化，有以下两种情况可以导致企业进行资产剥离或公司分立：

一种情况是如果企业的部分资产（或业务）经营效率较低，而交由其他公司或分立出去进行独立管理能够产生更大的收益时，这时原有的企业就应该把该部分资产剥离或分立出去，这样双方能够共享由于被剥离或分立资产（或业务）经营效率提高而产生的收益。

① Jensen，M，Meckling W. Theory of the Firm：Managerial Behavior，Agency Costs and Ownership Structure［J］. Journal of Financial Economics，1976（3）.

② Shleifer，A. & Vishny，R.W.（1991）. Takeovers in the 60s and the 80s：Evidence and implications［J］. Strategic Management Journal，12（Special Issue）：51-60.

另一种情况是当企业的部分资产（或业务）对于公司来讲不再具有足够的价值时，为了提高企业的整体经营效率就应该把该部分资产（或业务）剥离或分立出去，通过这种方式达到退出某产业或者进行产业转移的目的，转向新的核心业务。此外，美国波士顿咨询公司所提出的著名的波士顿矩阵，从市场占有率、销售增长率两个角度出发，将企业业务分为问题类、明星类、金牛类和瘦狗类四类，并认为“瘦狗类”业务，即低市场占有率和低增长率并存的业务，母公司应该及时放弃，予以剥离。

（三）归核化理论假说（the refocusing hypothesis）

John 与 Ofek①针对资产剥离行为，提出了归核化理论假说。他们认为公司剥离或分立与本身核心业务不相关的资产后，可以提高营运集中度，公司能更有效率地经营剩余的资产，公司价值将因此得到提升。对于多元化企业来讲，随着企业涉及的行业越来越多，管理的复杂性也会大大提高，甚至在某些业务之间还可能存在负的协同效应，官僚成本也会随着规模的扩大而相应增大，这些都会影响多元化企业的整体业绩表现。近年来，学者们的研究发现专业化程度越高的公司，其托宾 Q 值越高，经过风险调整后的长期市场回报率也越高，因此，多元化公司存在着折价现象。因此，通过剥离或分立非核心业务不仅能够缩减多元化程度，还能大大提高管理效率，提升企业价值，加快企业成长步伐。

（四）融资理论假说（the financial hypothesis）

Lang 等②首先提出了资本收缩的融资假说，他们认为企业经理非常看重企业的规模和控制权，因此经理一般不会只是由于效率的原因而去剥离资产。对于这样的管理层来讲，之所以选择出售资产，更为直接的原因是因为出售资产能够直接获得资金，而其他融资方式代价都较为高昂。

该理论假说认为资产剥离是经营所需现金的一种重要来源，企业通过资产剥离的方式获取现金，并以此来降低企业的负债水平。尤其对于陷入财务困境的公司而言，通过剥离获得收入缓解债务压力，是避免破产的一种很好的途径。

（五）竞争战略、竞争优势理论假说（competitive strategy、competitive advantage hypothesis）

美国著名企业战略研究专家迈克尔·波特为企业竞争战略和竞争优势的研究作出了杰出的贡献。波特在如何制定协调的横向战略中强调，要“出售那些与其他业务单元没有重要关联或为获得重要关联有很大困难的业务单元”。从长远考虑，企业应该剥离或分立与企业内其他业务单元之间没有重要协同效应的业务单元，把出售所得用到增加其具有竞争优势的业务单元中，以提高企业的经济效益和价值，实现企业的持续成长。

在竞争战略和竞争优势理论中，资产剥离或分立被作为提高公司竞争优势的手段，在横向战略、收割战略以及迅速撤资战略中得到了广泛的运用。

---

① John，K.，Ofek，E. Asset sales and increase in focus Journal of Economics，1995，37（1）：105-127.

② Lang，L.，Poulsen，A.& Stulz，R.（1995）. Asset sales，firm performance，and the agency cost of anagerial discretion［J］. Journal of Financial Economics，1995（37）：3-37.

二、剥离与分立的对比分析

本章前两节分别对资产剥离和公司分立的概念、方式、动机、对企业价值的影响及发展现状等做了详细的介绍，但要具体运用这两种收缩技术，必须对其各自的特点、二者间的差异进行分析研究。本节主要将从现金流、控制权、税收、债权人利益诸方面分析这两种收缩方式的特点。

1. 现金流分析

资产剥离中，企业对于出售部分的资产，可以是现金交易，也可以采取股权等其他方式交易。由此可见，当以现金作为支付手段时，企业有正的现金流入。按照我国的法律，企业进行分立可以选择按账面价值分立，也可以按公允价值分立，所不同的是前者不需要交纳所得税，但就典型的分立而言，并没有为企业产生现金流，因为分立本身只是权益在几个实体之间的划分。

2. 控制权分析

资产剥离完成后，企业不再保存对该部分资产的控制权，即丧失了在经营与财务上的控制权。因为被剥离资产往往是与企业战略不符的资产或不良资产，目的就是要将该部分资产的控制权出售，以此来达到一定的财务或经营上的目的。对于分立，按典型的分立形式，被分立企业按照股权比例将分立企业移交给股东，自身不再保留对被分立企业的股份。如果是换股分立，被分立企业同样没有对分立出去企业的控制权，因为换股分立与典型的分立所不同的只是原被分立企业股东之间在被分立企业股份与分立企业股份之间的交换。

3. 税收分析

这里所指的税收分析，主要是指所得税分析。

根据资产剥离的定义以及交易结构，在所得税处理中可以将资产剥离分为部分资产剥离和整体的资产剥离。部分资产剥离是指企业出售部分资产或股权的行为，当企业出售部分资产与股权时，资产剥离企业要根据出售价格与账面净资产确认资产剥离的损益，交纳所得税，但如果是整体资产剥离，根据我国税法的规定：一家企业不需解散而将其经营活动的全部（包括所有资产与负债）或其独立核算的分支机构转让给另一家企业，以换取代表接受企业资本的股权的，原则上应在交易发生时，将其分解为按公允价值销售全部资产和进行投资两项业务进行所得税处理，并按照计算确认资产转让所得或损失。但如果接受企业支付的交易额中非股权支付额不高于所支付的股权的票面价值或股本的账面价值 20%的，经税务机关审核确认，转让企业可暂时不计算确认资产转让所得或损失，同时接受企业必须以在转让企业的账面净值为结转资产的基础，不能使用评估确认的价值调整。企业进行整体的资产置换时处理方法也有类似的规定。可见，资产剥离只要交易结构安排得当，尤其是在关联交易中，是可以免税的。

按照我国法律，企业分立行为中，当被分立企业按公允价值转让其被分离出去的部分或全部资产，则计算被分立资产的财产转让所得，依法缴纳所得税，但当分立企业支付给被分立企业或其股东的交换价款中，除分立企业的股权以外的非股权支付额，不高于支付的股权票面价值（或支付的股本的账面价值）20%的，可以暂不纳税。这里之所以在分立中产生非股权支付，主要是针对换股分立所规定的。对于典型的分立行为，则不存在非股权支付，所以按现行的法律不需要纳税。

总的来说，我国目前的税法体系还尚未对企业收缩行为，包括资产剥离、分立等具体的操作作出专门的规定，更没有专门的立法。而这方面的法律问题也导致了企业进行收缩时的困难。

4. 债权人利益分析

所有者权益和债权人资产是企业资产的重要组成部分。所有者依据所投入资产享有企业的股份，并根据股份享有剩余索取权和承担有限责任。债权人享有到期收取本息的权利，利息一般根据风险程度来确定。但一旦借款合同成立，借贷资金进入企业，控制权就转移到企业手里。对于债权人而言，能够使其到期权利实现的最重要保证就是企业的资产。企业是以营利为目的的组织，所以其必然遵守自利行为原则，企业的收缩行为必然最先考虑其自身的利益，而此时债权人利益很有可能受到损害。在企业收缩的利益来源问题研究中，有的学者认为“股东的收益源于在资产剥离中对债券所有者的掠夺”。公司分立降低了债券所有者最初所依赖的抵押品的数量，而资产剥离则改变了抵押品的性质。实际中，为了使剥离企业减轻负担，进行资产配负债方式将不良资产剥离给关联方，就企业而言，剥离企业可以轻装上阵，但债权人利益很可能受到伤害；在分立中，被分立企业的负债在分立企业之间的划分也可能使债权人利益无法得到保障。正因为在企业收缩中，债权人利益容易受到损害，在相关的债权契约中往往附有相关的限制企业资产处置行为的条款。

此外，表 6-6 列出了这两种企业收缩方式的主要差异。

表 6-6　资产剥离与公司分立的主要差异汇总

收缩方式	资产剥离	公司分立
母公司的所有权	X=0%	0<X<100%
母公司的控制权	无	有灵活性，视公司战略、财务及人力资源状况而定
对母公司现金的影响	产生现金	不产生现金
对债券持有人的影响	影响巨大，降低了对债券持有人的保障	有影响，但影响大小视母公司拥有的股份而定
对母公司纳税的影响	增加税负	满足条件时，无额外税负

总结与复习

本章由以下三节内容构成。

第一节详细介绍了资产剥离的相关内容。首先对各种剥离的概念进行简述，之后界定了本书中所采用的概念；其次对资产剥离的方式、动机、操作程序进行介绍，其中资产剥离的动机分为一般动机和我国的特殊动机两方面，操作程序通过流程图和文字概述阐释；再次对美英和我国资产剥离的发展现状进行简要描述，并将二者加以对比分析；最后通过花旗集团剥离保险业务案例使读者对这一收缩形式有深层次的理解和把握。

第二节详细介绍了公司分立的相关内容。首先简述了中西方对公司分立概念的不同界定；其次介绍了公司分立的动机及优缺点；再次描述公司分立的法律程序，并用海南新大洲一洋药业有限公司分立案例说明了实际操作过程；最后通过原联想集团分立神州数码案例使读者加深对公司分立的认识和理解。

第三节介绍了剥离与分立的共同理论基础，并对二者进行对比分析，以使读者对这两种资本收缩形式的特征和利弊有深刻的认识，从而在进行具体案例分析时，能根据企业实际情况选择合适的收缩方式。

第6章　即测即练题

思考与练习

1. 什么是资产剥离？其主要剥离方式有哪几种？
2. 论分析公司分立的利弊。
3. 公司分立如何对企业价值产生影响？
4. 课外查找资料，分析一个国内近年来发生的公司分立成功案例。

本章案例分析

是剥离还是分立——美的小家电重组案

2005 年 5 月 19 日，美的电器（000527）与美的集团在广东顺德签订股权转让协议，美的电器将所持有的从事小家电生产的子公司日电集团 85%的股权以 24886.92 万元的价格转让给美的集团。这一协议在次日的美的电器董事会上以 99.59%的高票通过。这样，美的电器就可以从微波炉、热水器等小家电业务中彻底脱身，并将精力集中于美的集团旗下的空调、压缩机、冰箱等大家电业务。

日电集团近期营运效益欠佳，是促使美的电器业务重组的最重要原因。日电集团成立于 1998 年 11 月 12 日，注册资本为 1.8 亿元，由美的电器与美的集团分别持有其 85%和 15%的股权。2005 年 3 月 16 日，美的电器与美的集团按持股比例对其增资，以补充其自有资金，其注册资本增至 4 亿元，此次增资的 2.2 亿元主要用于收购美的电器直接持有的小家电业务股权，收购价款总计 3.63 亿元。随后，美的集团将其持有日电集团 15%的股权转让给了家电公司。至此，日电集团股权分别由美的电器与家电公司持有，持股比例分别为 85%与 15%。

经审计的日电集团 2004 年度会计报表显示，截止到 2004 年 12 月 31 日，该公司的资产总额为 486021.08 万，负债总额为 471748.47 万元，应收款项总额为 135342.51 万元，不含少数股东权益的净资产为 4475.89 万元，2004 年度主营业务收入为 587884.48 万元，主营业务利润为 94298.15 万元，净利润为−9141.20 万元。为重组编制的截止日期为 2005 年 3 月 31 日的会计报表显示，该公司的资产总额为 485595.89 万元，负债总额为 448575.66 万元，应收款项总额为 148200.78 万元，不含少数股东权益的净资产为 25459.76 万元，2005 年 1 月—3 月主营业务收入为 200647.31 万元，主营业务利润为 29932.48 万元，净利润为−2258.13 万元。而且，在过去几年中，美的上市公司的业绩一直受长期处于亏损状态的小家电业务的拖累，这在很大程度上影响了投资者的利益。如果美的成功剥离小家电业务，主营业务收入将下降 58 亿元（2004 年数据），但利润总额将上升 9000 万元，上市公司的税前利润率将由过去的 3.47%上升至 5.45%。

美的电器表示，此次小家电业务重组，是美的集团业务布局重整的一个重要组成部分，美的电器将在未来时机成熟时，继续深化业务布局重整，将美的集团旗下大家电业务整合至美的电器，形成美的电器以大家电为主营业务的业务布局。此次美的公司出售资产所得款项，将用于空调与压缩机投资项目。

通过此次交易，美的电器 2005 年度将获得超过 3246 万元的关联交易价差，直接计入资本公积。另外，由于此前小家电业务为美的电器主业之一，近 3 年占美的电器主营业务收入的比重分别达到 33%、35%和 31%。股权转让后，若空调与压缩机业务增长不足以抵消出售小家电业务带来的收入减少，美的电器主营业务将会一定程度的减少。但根据 2004 年小家电业务的经营数据，2005 年度小家电业务的各项经营条件不变的情况下，美的电器将因转让小家电业务而不再承担其经营亏损，从而增强盈利能力。根据上述财务报表，剔除日电集团相关业务后，美的电器 2004 年度合并主营业务收入将减少 538046.62 万元，主营业务利润将减少 94298.15 万元，但利润总额将增加 9050.89 万元。2004 年年末资产总额将减少 243722.39 万元，负债总额将减少 245963.56 万元，资产负债率将降低至 58.47%。首先，这将有利于集中资源，把美的电器打造为专业的制冷企业，做大做强制冷产业；其次，有利于改善美的电器的业绩和盈利状况，维护广大股东的利益；再次，解决了上市公司内小家电业务比较复杂的内部关联与治理问题，进一步清晰地完善了美的电器的公司治理结构；最后，美的小家电业务从上市公司剥离后，将减少急于盈利的社会公众股东的压力，采取更有利于其发展的竞争策略，依靠美的集团强大的资源支持，培育和扶持美的小家电做大做强。

问题：

1. 根据本章所讲述的内容，你认为美的这一资本收缩属于哪种形式？是剥离还是分立？为什么？

2. 这次重组是股份公司与其所属的集团公司之间的一个关联交易。据报道，格兰仕公司愿意以高出 1 倍的价格收购日电集团，但遭到拒绝。请搜集相关资料，对此发表你的评论。

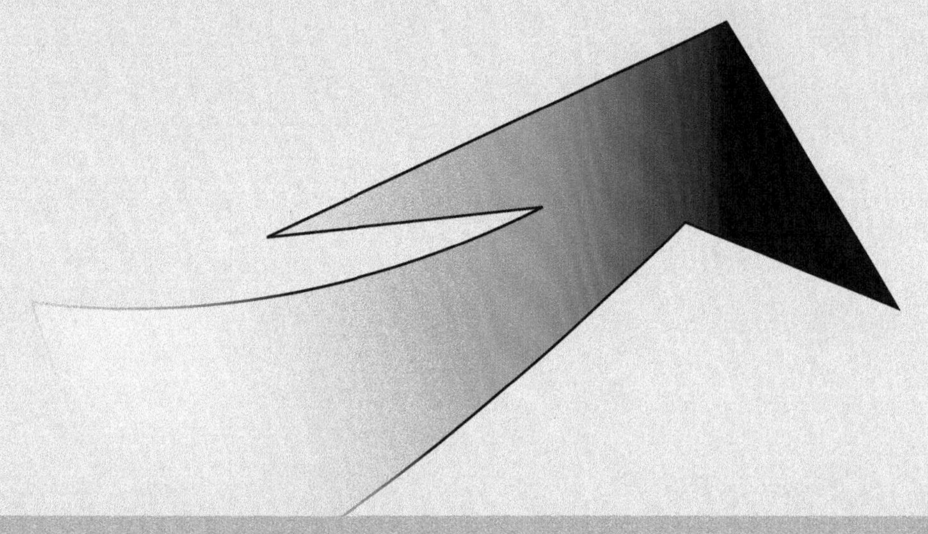

第四篇

风险投资

第七章
风险投资概述

学习目的

- 了解风险投资的发展过程；
- 掌握风险投资的基本原理；
- 理解风险投资的内涵；
- 掌握风险投资与传统投资的区别。

引　言

世界各国经验普遍证明：风险投资是一种行之有效的、新型的支持创新及其产业化的融资机制，是科技与金融紧密结合的产物。风险投资既具有对科技成果的筛选、预测和把握能力，又有灵活的孵化机制和高超的金融服务技巧，因而在激励创新和鼓励技术创新方面发挥着不可替代的作用。据国家科技部统计显示，从2015年起，中国风险投资机构数与管理资金规模均已超过欧洲各国及日本、以色列等国，在全球仅次于美国风险投资市场成为弥补中小企业科研资金缺口的一个不可或缺的条件。

作为一种新兴的投融资方式和工具，一种新的企业成长方式，一种新的力量，风险投资对促进国家（地区）的科技、经济和社会发展发挥了重要的作用。主要体现在促进企业技术创新、促进产业结构调整、促进资本市场完善、带动国民经济迅速增长方面。

2000年4月13日，新浪网在纳斯达克（NASDAQ）上市，成为第一家纳斯达克市场上有风险投资背景的中国概念网络公司。

2001年2月15日，著名的软件制造企业金蝶软件公司在香港创业板正式挂牌交易，成为内地首家登陆香港创业板的有风险投资背景的民营软件企业。

2003年12月9日，携程旅行网成为中国首家在美国纳斯达克上市的旅游企业，交易首日创下继芯片制造商全美达2000年11月首个交易日股价上涨115%以来的又一个首日交易的高点，在携程公司下注的IDGVC、凯雷、软银等风险投资机构收获了巨大财富。

2004年5月13日，第一只纯正的中国网络游戏概念股——盛大网络登陆美国纳斯达克市场，并在3个月后，成为纳斯达克市场中市值最高的中国概念网络股。软银亚洲投资的4000万美元的风险资本在1年多时间里增值数倍。

2005年7月13日，分众传媒以“中国传媒第一股”的身份成功登陆美国纳斯达克。在短短18个月里，江南春投入分众传媒的2500万元人民币的资产激增至1.8亿美元，增长超过60倍；与此同时，向分众传媒下注的风险投资机构也赚得盆满钵满。

2016年年底，中国从事风险投资的各类机构数已达到2045家，较2015年增加270家，增长15.2%，其中，风险投资基金1421家，风险投资管理机构624家（全球占比30.5%）；著名的企业有深创投、硅谷天堂、达晨创投、北极光创投、启明创投等。

第一节　风险投资的兴起与发展

风险投资（venture capital investing，VC）的起源可追溯到20世纪二三十年代的美国，当时许多富裕的家族和个人向他们认为很有前途的企业提供启动资金，这些企业中包括后来很有名的东方航空公司（Eastern Airlines）、施乐（Xerox）等。第二次世界大战之后，现代风险投资开始成形。风险投资家以及从事风险投资研究的学者普遍认为，该行业诞生的标志性事件是1946年美国研究与发展公司（ARD）的成立，它是第一家公开交易的（Public traded）、封闭型的（Closed-end）投资公司，并由职业金融家管理。ARD主要为那些新成立的和快速增长中的公司提供权益性融资。

美国：20世纪50年代，美国的风险投资开始进入一个快速发展的时期，并在60年代末70年代初发展成为一个独立的产业。但由于石油危机和随之而来的经济衰退的影响，70年代到80年代陷入了一个漫长的低潮。80年代之后，法律制度和税收政策的调整为风险投资创造了一个良好的环境，风险投资事业有了比较快的恢复和发展。进入90年代，美国的创业资本进入了前所未有的高速发展阶段。特别是1993、1994年以后急剧扩张，1998年达到160亿美元，1999年增加到了365亿美元。2000年第一季度共有1557家企业获得227亿美元的创业资本，分别比上年增加266%和83%，平均每家企业增加创业资本1458万美元，比上年的728万美元翻了一番[①]。无论风险投资公司数量和还是创业资本规模，美国均远远超过了世界上其他任何国家，甚至超过了所有其他国家的总和，遥居世界首位，成为世界各国竞相学习和模仿的榜样。风险资本的出现和发展，使得美国科技成果转化率大大上升，科技成果形成现实生产力的周期也大为缩短，这反过来又刺激了科技创新，形成了良性循环。

其他国家及地区的风险投资大都是模仿美国而发展起来的，不仅起步较晚，投资规模也较美国要小得多[②]。目前风险投资活动比较活跃的国家和地区主要有以英国为首的欧洲、中国台湾、澳大利亚和以色列等。

欧洲：20世纪80年代以后，欧洲成为仅次于北美的第二大风险投资发展区域，整个欧洲现有风险投资基金168个，风险资本约72亿欧元。欧洲在经历了经济萧条、企

---

① 中国风险投资网/www.sinovc1st.com

② 郭励弘等．高新技术产业：发展规律与风险投资［M］．北京：中国发展出版社，2000：154-156.

业竞争力下降、国际市场份额减少、失业增加的痛苦过程之后，更加深刻地认识到创新是经济、社会发展的动力与基础。为了加速高新技术产业的发展，欧盟开始从以下几个方面入手，解决风险投资发展中遇到的问题。一是继续支持欧洲风险投资协会、欧洲交易安全协会、跨国投资论坛、欧洲起动基金网等组织的活动，推进良好风险投资环境的建设；二是建立专门对技术创新投资的示范项目以吸引和引导民间资本进入风险投资领域；三是建立和完善专门为创新型中小企业服务的资本市场。除了欧洲12个国家共同组建的类似美国纳斯达克（NASDAQ）市场的伊斯达克市场（欧洲债券交易自动报价协会EASDAQ）以外，专门为技术创新企业提供资金服务的欧洲新市场也开始运转。但总的来看，由于受欧洲传统文化的影响，其在高新技术领域的风险投资只有美国的1/3。

英国：英国是风险投资最为活跃的欧洲国家。20世纪80年代初期，由于经济困难和政策不合理，英国的新兴产业发展十分缓慢。前首相撒切尔曾经说过，英国的科技水平之所以远低于美国，不是由于基础研究能力和人员素质差，而是由于缺少风险投资的支持。因此，政府开始转变政策，采取了一系列措施支持风险投资活动的发展。经过10多年的发展，到90年代中期，英国的风险投资总额达到近200亿英镑，年均增长30%左右，成为全球第二大风险投资国。为了鼓励风险投资基金支持新兴的中小企业，1994年英国政府颁发了《风险投资信托法人》，对符合该法要求的风险投资基金实行全面的税负减免，包括个人投资者在收入税、基金公司在资本增值税以及其他税负方面的特别优惠，以便为风险投资活动创造更好的环境。目前在风险投资的支持和培育下成长起来的新兴中小企业已经在创造社会就业机会、促进经济增长、推进金融市场的发展等方面发挥了显著的作用。同时英国在生物工程、信息技术等高新技术领域也开始进入领先行列。

日本：日本的风险投资活动起源于1972年。其产生背景主要有四：一是美国风险投资活动的影响；二是在日本出现了风险企业，这客观上产生了对风险资本的需求；三是日本经济在战后首次经历“过剩流动性”，大量的富余资本需要寻找出路；四是20世纪70年代初期，日本证券市场十分活跃，这为风险资本的退出提供了有利的条件。20世纪 七十年代至九十年代，日本的风险投资事业曾经历了三次高潮。但因受风险资本运作方式、企业文化、社会环境和经济政策的影响，日本的风险投资活动始终未能像美国那样活跃。1995年以后，一方面由于日元升值使得制造业大量转移至亚洲发展中国家，导致大企业雇用减少，就业问题日益突出；另一方面由于美国风险投资活动的发展，在一大批高成长的新兴风险企业带领下，计算机、数据通信、医疗健康服务、生物工程等新兴产业迅速崛起。而在日本，除了传统的制造业如汽车、电机、钢铁以外，却看不到新的领头产业。鉴于风险投资活动的作用日益突出，日本政府开始从改善税制、缓和基金经营限制、促进场外交易市场的流动性、加大公共资金的支持力度等方面着手，大力推动风险投资事业的发展。目前日本风险资本余额已达到8500亿日元，累计支持风险企业1万家以上。

澳大利亚：澳大利亚风险投资事业发起较晚，但推进速度相对较快。据澳大利亚风险投资协会相关数据显示，澳大利亚整个VC行业的规模已由1998年2亿澳元发展至2010年的25亿澳元，有400家高成长潜力、高增长率和高科技的公司获得了风险资本的支持，产生了很多世界级产品，特别是在医药和IT领域。澳大利亚的风险投资规模虽小，但对这个人口只有1800万、经济规模不大的国家来说，人均风险投资已达800澳元（600美元）的水平。通过资助高新技术企业创业，风险投资对澳大利亚的科研成果转化、产业升级和经济增长都起到了重要的作用。

中国台湾：20世纪80年代中期以后，中国台湾地区的风险投资事业开始加速发展，培育和扶持了一大批新兴的、具有活力的中小科技企业，并推动了新竹科学园的发展。据统计，1996年在新竹引进的32家厂商中，得到台湾风险投资公司支持的就有10家。风险投资活动在引进国外先进技术方面也发挥了重要作用，一些主要的风险投资公司都在硅谷设有据点，负责为台湾岛内公司寻找技术、项目和募集资金。然而，自2000年科技泡沫化以及政府取消创投事业股东的租税优惠后，中国台湾创投产业资金来源骤减，2001年至2007年新增创投公司的数量锐减，约占1995年至2000年平均值的48%，每年新增资本也减少至1995年至2000年平均值的80%。近年来，全球金融危机也对中国台湾创投产业造成了不小的影响，2009年中国台湾地区创投产业投资总金额为121.54亿元，比2008年的136.35亿元减少了14.81亿元。

总的来看，进入20世纪90年代以来，随着经济全球化进程的加快，世界范围内的竞争不断增强，技术在竞争中的作用愈发突出。在各国政府的大力支持下，风险投资事业进入了一个蓬勃发展的时期，即便在德国等比较传统和保守的国家，也开始重视发展风险投资。此外，一些新兴国家和地区近年来风险投资活动也十分活跃。

2016年，伴随着中国供给侧结构性改革深入推进、新三板分层制度完善，“深港通”开闸，创新创业活动高涨，中国创投行业机构数达到2045家，创业风险投资机构累计投资项目数达到19296项。2012—2016年中国创业风险投资的投资情况，如表7-1所示。

表7-1　中国创业风险投资的投资情况（2012—2016年）

年度	投资项目总数	投资高新企业项目数（项）	投资金额（亿元）	投资高新企业项目金额（亿元）
2012	1903	850	350.0	172.6
2013	1501	590	279.0	109.0
2014	2459	689	374.4	124.8
2015	3423	820	465.6	117.2
2016	2744	634	505.5	92.1

资料7-1　红杉传奇

红杉资本创始于1972年，创始人为唐·瓦伦丁，共有18支基金，管理超过40亿美元总资本，总共投资超过500家公司，200多家成功上市，100多家通过兼并收购成功退出。作为全球最大的VC，曾发掘了苹果电脑、思科、甲骨文、雅虎和Google、Paypal等著名企业，并获得了丰厚的回报，在雅虎投资的100万美元变成了1.46亿美元；在Google投资的1250万美元变为51亿美元；在YouTube投资的1150万美元变成了4.95亿美元，而红杉投资的公司总市值超过纳斯达克市场总价值的10%。

红杉资本的故事的确可被简化为顺应技术进化下的连锁反应：投资苹果公司后，发现苹果公司需要存储设备和软件，于是红杉投资5英寸软盘业务Tandon公司和甲骨文，接着投资将小范围内的电脑连接起来的以太网设备公司3Com，当以太网技术成熟，更广阔地域范围的计算机连接就势在必行，于是红杉找到了思科。而在互联网的基础设施成熟后，对雅虎、Paypal的投资就顺理成章。甚至，投资Google的最初想法是：至少它对雅虎的搜索引擎有所助益……

它在美国、中国、印度和以色列有大约50名合伙人，包括公司的创始人瓦伦丁和因为成功投资Google而被称为风投之王的迈克尔·莫离茨，瓦伦丁的投资风格可以归纳为一句话："投资于一家有着巨大市场需求的公司，要好过投资于需要创造市场需求的公司"。因其过于强调市场对一家公司的意义，多年以来，这句话被引申为更通俗的"下注于赛道，而非赛手"。相比其他风投公司，红杉资本更喜欢投资快速发展的公司，即使风险较大。苹果、Google、雅虎等公司都具备这个特点，用于判断一家公司是否有发展潜力的两条标准是：第一，被投公司的技术必须有跳变（sudden change），即所谓的质变和革命；第二，被投公司处于新兴行业，即第一个吃螃蟹的人。

资料来源：环球企业家/ http://www.gemag.com.cn

第二节　风险投资的内涵与特点

一、风险投资的内涵

风险投资，又称为创业投资，是一种以权益资本方式存在的私募股权投资形式，通常以创业或高成长型企业为投资目标，以占有被投资公司的股份为手段，以在恰当时候增值套现为目标。

风险投资的概念包括广义和狭义，广义的风险投资泛指一切具有高风险、高潜在收益的投资；狭义的风险投资则是指把资本投向蕴藏着失败风险的高新技术及其产品的研究开发领域，促使科技成果尽快实现商品化，以取得高资本收益的投资行为。

风险投资所针对的目标企业主要为新兴的、迅速发展且具有巨大竞争潜力的企业。在投资的过程中，如何协调好风险投资家、技术专家、投资企业之间的关系是促成投资活动成功的关键。

二、风险投资的原理

风险投资是一种长期权益资本，平均投资期在5～7年甚至更长。风险投资家通常不会将创业资本一次性投入创业企业，而是随着企业的发展分阶段注入。风险投资通过拥有这些被投资企业的部分股权，参与到企业的经营管理中。

从被投资企业的角度来看，同样是融资手段，创业资本与银行借贷资本相比有许多优势。创业资本作为权益资本，一般会占到创业企业资本总额的20%以上，对于高科技创新企业来说，这是一种昂贵的资金来源，但是与银行贷款相比，这种资金更容易获得，因为银行为了保证安全性，对于这种风险极大的贷款通常采取回避的态度。在融资渠道匮乏的情况下，风险投资基金的存在就成为必然。

从权益投资的角度看，风险投资家不仅仅是金融家，更是企业家。当其同样持有创业企业的股份后，他们的利益就与创业企业的利益合二为一了。风险投资家不但会适时地投入资金，而且还会积极参与企业的经营管理，比如企业各个时期的发展规划、企业生产目标的制定、营销方案的确定、资本运营过程、甚至人事任免等。可以说，投入资金只是风险投资的“基本动作”，要实现投资的成功，更重要的还是专业特长和管理经验。

风险投资基金大多投资于还没有公开上市的企业，为了降低风险，大部分风险投资基金不会谋求企业的控股地位，控股比例一般保持在10%～45%，只有在其希望控制被投资公司的经营方向时才会刻意追求成为最大股东。分红不是风险投资家经营运作所追求的目标，其兴趣也不在于拥有和经营创业企业，风险投资公司的唯一目的就是希望通过帮助被投资企业实现快速发展，来带动其投资增值，然后在恰当时机套现退出。因为风险投资的资本与公共股票市场的投资资本相比流通性要差得多，而且前期投入的成本和所承受的风险极大，所以风险投资基金所追求的回报率也相对高一些。

风险投资基金从创业企业退出的方式主要有四种：首次公开发行（IPO）、被其他企业兼并收购（trade sale）或股本回购（buy back）以及破产清算（liquidation）。实现首次公开上市发行、出售给第三方企业或者股本回购，只要出售的价格高于投资成本，就意味着投资获得了成功。而破产清算则意味着损失和失败。因此“退出”也是投资过程中一个非常重要的环节。为了保证投资的万无一失，风险投资家会在做出投资决策之前就制定具体的退出策略，包括利润分配决策，退出方式和退出时间，以及如何退出可以使风险投资收益最大化等。

三、风险投资特点

（一）高风险高收益

风险投资没有抵押担保，而且所投资的对象通常是高新技术中的种子技术、某种设计思想和尚未起步或者刚刚起步的中小企业，因此不确定因素很多。从理论上看，风险投资存在产品风险（包括产品研制风险和产品市场风险）、企业风险（高新技术中小企业具有不成熟性和不稳定性，有巨大的潜在风险性），以及处于发育成长早期的新生企业，信息透明度相对较差会带来投资决策和管理上的较大盲目性，会加剧市场的风险性。从实践上看，能获得风险投资的创业企业并不是很多，即使获得风险投资，创业企业或项目的成功率并不高。

（二）循环投资

由于风险投资家在做出投资决策和策略时，不仅投入货币资本，而且还投入管理、信誉等非货币资本，后者在创业企业发育成长早期具有巨大生产率，而在企业发展成熟后，这种资本的生产率会递减。因此，风险投资家必须在企业发展到一定阶段后退出才能发挥非货币资本的最大效率，以便同时回收货币资本和非货币资本。从而，风险投资不像一般资本投入那样呈现出间断性，它是一个周期性循环运作的过程，一般经历“筹资——投资——管理——退出——分配——再投资”这样一个循环过程。

（三）权益投资

风险投资是一种权益资本，投资方式一般为股权投资。风险资本投资多采取参股的形式投资到创业企业，从红利和股权转让中获利。因此，风险投资着重于企业的发展前景和资产增值，以便能通过上市或出售而实现蜕变，并取得高额回报。虽然风险投资是权益资本，但风险投资家的目的不是获得企业的所有权，而是使企业增长并获得收益。

（四）分阶段中长期投资

随着创业企业的不断发展，其所需资金急剧增长，风险投资往往在企业发展的不同阶段陆续向企业增加资金。风险投资的评估重视敏感性分析，采用的是期权定价等现代金融理论。同时，由于其权益资本的性质，股份流动性较差，回报集中于后期，前期往往处于亏损状态，因此又被称为“呆滞资金”，投资周期少则3～5年，多则7～10年，具有中长期投资性质。

四、风险投资与传统投资的区别

传统投资在这里是指银行信贷、传统产业投资、股权投资等。风险投资与传统投资的主要区别见表7-2。

表7-2　风险投资与传统投资的区别

项　目	风险投资	传统投资
投资对象	以中小企业为主	以大中型企业为主
资本用途	高新技术企业创业及其新产品开发	传统企业扩大产品规模或传统技术的新产品开发
投资方式	股权投资，注重企业发展前景	贷款式，注重资本安全
投资审查	重点是技术实现的可能性，关键是技术创新与市场前景	重点是财务分析，关键是有无偿还能力
投资管理	合作关系，直接参与企业管理与决策	借贷关系，不参与企业管理与决策
投资风险	风险大	风险相对较小
投资收益	收益大，不确定性高	收益稳定，相对安全
市场重点	未来潜在市场，难以预测	现有市场，相对易于预测
投资回收	公开上市、兼并收购、回购、清算	按合同期限收回本息

五、私募股权投资

目前，企业除了可以吸引风险投资进行融资外，还可以借助另一种投资方式——私募股权投资（private equity，PE）。

风险投资是由PE派生出来的，主要是投资于创业初期的企业，由于投资这些企业的不确定性很大，所以面临较大的风险，有可能投资失败，也有可能获得更多的收益。

私募股权投资是通过私募形式对私有企业，即非上市企业进行的权益性投资，并在交易实施过程中附带考虑了将来的退出机制，即通过上市、并购或管理层回购等方式，出售持股获利。广义的私募股权投资涵盖企业首次公开发行前各阶段的权益投资，即对处于种子期、初创期、发展期、扩展期、成熟期和Pre-IPO各个时期企业所进行的投资，相关资本按照投资阶段可划分为创业投资（venture capital）、发展资本（development capital）、并购基金（buyout/buyin fund）、夹层资本（mezzanine capital）、重振资本（turnaround）、Pre-IPO资本（如bridge finance），以及其他如上市后私募投资（private investment in public equity，PIPE）、不良债权（distressed debt）和不动产投资（real estate），等等。狭义的PE主要指对已经形成一定规模的，并产生稳定现金流的成熟企业的私募股权投资部分，主要是指创业投资后期的私募股权投资部分，而这其中并购基金和夹层资本在资金规模上占最大的一部分。在我国，PE一般多指后者，以与VC区别。

PE与VC虽然都是对上市前企业的投资，但是两者在投资阶段、投资规模、投资理念和投资特点等方面有很大的不同。现在，在激烈的市场竞争下，风险投资与PE在业务方面的相互渗透越来越多，很多传统上的VC机构现在也介入PE业务，而许多传统上被认为专做PE业务的机构也参与VC项目，也就是说，PE与VC只是概念上的一个区分，在实际业务中两者界限越来越模糊。比如著名的PE机构如凯雷（Carlyle）也涉及VC业务，其投资的携程网、聚众传媒等便是VC形式的投资。从整体来看，二者都属于私募股权股资范畴，但风险投资是私募股权投资的细分。对于企业来说，风险投资是一种融资方式，但是PE就不一定了，因为投资对象不一定需要融资。

私募股权投资的主要特点如下：

（1）在资金募集上，主要通过非公开方式面向少数机构投资者或个人募集，它的销售和赎回都是基金管理人通过私下与投资者协商进行的。另外在投资方式上也是以私募形式进行，较少涉及公开市场的操作，一般无须披露交易细节。

（2）多采取权益型投资方式，绝少涉及债权投资。PE投资机构也因此对被投资企业的决策管理享有一定的表决权。这反映在投资工具上，则是多采用普通股或者可转让优先股，以及可转债的工具形式。

（3）一般投资于私有公司即非上市企业，绝少投资已公开发行公司，不会涉及要约收购义务。

（4）比较偏向于已形成一定规模和产生稳定现金流的企业，这一点与VC有明显区别。

（5）投资期限较长，一般可达3～5年或更长，属于中长期投资。

（6）流动性差，没有现成的市场供非上市公司的股权出让方与购买方直接达成交易。

（7）资金来源广泛，如富有的个人、风险基金、杠杆并购基金、战略投资者、养老基金、保险公司等。

（8）PE投资机构多采取有限合伙制，这种企业组织形式有很好的投资管理效率，并避免了双重征税的弊端。

（9）投资退出渠道多样化，有IPO、售出（TRADE SALE）、兼并收购（M&A）、标的公司管理层回购等。

对正处于工业化转型期高速发展的中国来讲，因私募股权投资期限非常长，从而可以大大缓解经济高速发展过程中企业对资金的需求，而且在金融危机波及全球的情况下，中国私募股权投资前景也将变得相当广阔。中国经济发展主要得利于地区经济间相互促进及竞争，目前各地区对私募股权投资呈现极大的热情，这也为中国私募股权投资发展提供了良好土壤。

私募股权投资一是可以为日益活跃的中小企业、民营企业的并购、扩展提供资金，为内地企业境内境外公开上市提供 Pre-IPO 支持，以及为银行及公司重组提供帮助；二是私募股权也将对国有企业的改革，国有企业民营化产生影响，如 PE 基金有望从以前被动的少数股权投资进入到购买控制权阶段，甚至是 100%买断；三是随着我国企业的壮大和国际化意愿的日益强烈，越来越多的国内企业将走出国门进行境外收购兼并，而这也为 PE 基金提供了广阔的业务机会；四是其他领域如不良资产处理、房地产投资等也为 PE 提供了绝好的机会。

风险投资和私募股权投资的发展均离不开良好的风投金融生态（见图 7-1）。从供给方而言，既需要丰富具有潜力的项目源，也需要多种资金募集渠道；从实现价值而言，既需要与上下游的金融链条进行良好的衔接，也需要完善的多层次资本市场与宽松良好的政策环境。此外，即使像美国这样高度市场化的国家，风投的发展也离不开政府对基金的引导作用，即通过制度设计，鼓励和引导风险投资机构向高风险的科技企业投资。

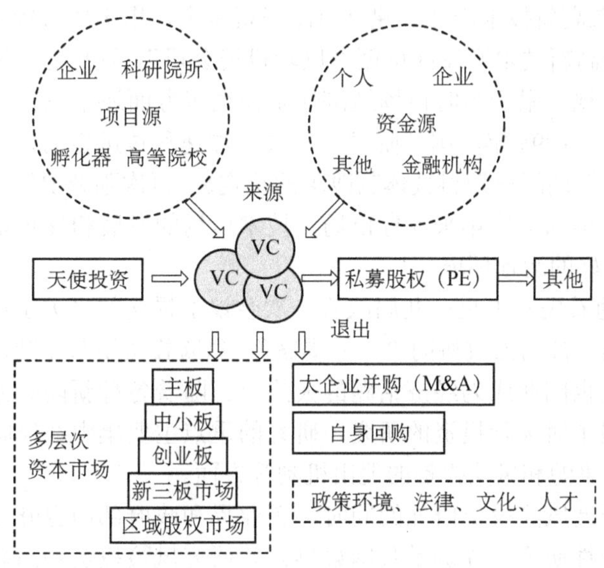

图 7-1　创投金融生态圈

第三节　我国的风险投资

风险投资作为一种新的投融资体系和商业投资行为，在推动现代经济尤其是高新技术经济的发展中发挥着重要的作用，并已成为现代经济学和管理学的热门研究领域，在经济发展中起着举足轻重的作用。它通过提高科技成果向生产力转化的速度和成功率，推动创业企业快速成长，进而带动整个宏观经济的发展。

一、我国风险投资的发展

我国的风险投资始于20世纪80年代中期。1985年，我国发布了《关于科学技术体制改革的决定》，决定指出："对于变化迅速、风险较大的高技术开发工作，可以设立风险投资给予支持"，这一决定从政策上对风险投资给予了肯定。次年，为了配合"火炬"计划的实施，在当时的国家科委的推动下成立了国内第一家风险投资公司——中国新技术风险投资公司的成立[①]。1989年，国家科委、国防科工委和招商局集团下属的公司联合出资成立了我国第二家风险投资公司——中国科招高技术有限公司，该公司成立的目的是推动高新技术成果的商品化和产业化，投资项目主要分布在国家的科技推广项目上，其中"火炬"计划35.7%、863计划11.6%、国家科技成果重点推广计划6.3%、"星火"计划10.4%、军转民计划1.5%。投资的行业分布主要在高新技术领域：生物工程与医疗项目（33%）、新材料（29%）、机电和信息产业（9%）、其他（29%）。可以说，这两家以推动技术创新为目的的风险投资公司开创了我国风险投资的先河。由于当时风险投资还属于十分陌生的概念，这两家风险投资公司的出现没有引起社会的较大关注。

1991年，国务院颁布《国家高新技术产业开发区若干政策的暂行规定》，指出："有关部门可以在高新技术产业区建立风险投资基金，用于风险较大的高新技术产业开发。条件成熟的高新技术开发区可创办风险投资公司"。这标志着风险投资开始受到政府部门的高度重视。限于当时市场经济体制在很多方面还不完善，风险投资的发展受到了一定的限制。1995年，国务院发出《关于加速科技进步的决定》，以及1996年发布《关于"九五"期间策划科技体制改革的决定》，再次强调要发展科技风险投资。政府政策上的支持再加上近年来证券市场、技术市场的发展和逐步走向成熟，逐渐为风险投资创造了良好的运行环境。

1998年，随着民建中央在九届政协一次会议上提交的"关于尽快发展我国的风险投资事业的提案"被列为政协的"一号提案"，风险投资引起了政府高层领导人的高度重视，风险投资也因此成为经济话题的大热点。随着各种新闻媒体报道的不断升温，学术界迅速开展了对风险投资的研究，研究的重点主要集中在风险投资的管理模式、风险投资的资金来源和风险投资的退出机制等方面。

在学术界开展风险投资研究的同时，企业界和政府部门也开始了对组建我国风险投资机构的可行性研究。深圳是我国最早开始研究风险投资和高新技术企业问题的城市，1997年大约由十家单位组成了"深圳市创建科技风险投资市场体系"课题组，对投资基金、项目储备、产权交易、企业借壳上市和风险投资退出机制等问题进行研究，并提出了相应的方案，之后深圳又成为全国风险投资改革试点城市。1998年深圳市设立了风险投资项目推介中心，从几十个高等院校和科研机构收集到了近200个市场前景好的风险投资项目，并对所属的高新技术产业投资服务公司进行增资，2000年

① 由于管理不规范和缺乏风险投资经验，导致经营不善，该公司已于1998年6月因资不抵债而关闭。

6月该公司的资金规模已达到4.2亿元人民币。成立于1999年8月，注册资本为7亿元人民币的深圳市创新科技投资股份有限公司于2000年年底完成增资扩股和股份改造计划，将股本扩大到16亿元人民币。同时，通过继续募集资金，与国外金融机构合作设立新基金，与银行合作筹资等方式，该公司目前的实际投资能力已接近102亿元，现已成为全国最有影响力的风险投资公司之一。截至2009年年底，深圳市风险投资机构管理的资本总额近700亿元，累计投资总额近600亿元，累计投资项目2700多个，100多个投资企业在境内外资本市场成功上市。并且形成了以投资公司、担保公司、技术产权交易所、中介机构为核心的风险投资体系，形成了对高新技术产业的规模投资能力。

北京市风险投资的研究和尝试基本在同期展开。1998年国家计委宏观经济研究院成立课题组，对在中国机械行业设立创业基金和风险投资基金，改变我国机械行业开工不足和机械设备仍是我国主项进口品并存状况进行可行性研究，并建议在1999年进行实践；同年5月，北京市政府和国家科技部和北京市贸促会联合举办了国内第一个以高新技术产业的国际交流为主题的活动——北京高新技术产业国际周，与会的国内外投资和金融专家学者就“高新技术产业的发展和风险投资”这一主题进行了探讨与交流，得到了社会各界，特别是理论和企业界的极大关注。10月26日，国家科学技术部和全球最大的信息服务企业美国IDG（美国国际数据集团）联合在京宣布，国家科技部将在未来的7年内从IDG引进10亿美元资金，用以创立高新技术发展基金；10月27日，北京高新技术产业投资股份有限公司成立，该公司成立的宗旨是扶持首都高新技术产业；10月28日，国内第一家以“风险投资”命名的“北京科技风险投资股份有限公司”挂牌成立。连续三天内成立三家风险投资机构，表明风险投资引起了社会的广泛关注。目前，全国近200家专业风险投资机构中，有50余家在北京，占了近三分之一。北京市的风险投资资金总额已经超过100亿元人民币。

上海市于1984年由政府财政投入1000万元成立了第一家风险投资机构“东方公司”；1986年市经委投入2000万元成立“工业技术发展基金会”；1998年市科委投资2000万元成立了“科技创业中心”；1991年市教委投入100万元成立了“高创科技发展总公司”；1992年市财政投入1.5亿元成立了“上海市科技投资公司”；1994年漕河泾开发区总公司投入1300万元成立了“新兴技术创业公司”，着力于发挥孵化器作用；1996年张江开发区总公司投入5000万元成立了“浦东高科技创业发展总公司”；1996年由市科委和新加坡科技局合资成立了“中新技术咨询公司”，从事风险投资的咨询工作；1999年由市财政出资6亿元，成立了“上海市风险投资基金”，在它的引导下，各区县也相继建立了总额3亿元的区域性风险资金。此外，上海市政府还在1998—2000年安排了约6亿元人民币的资金，用于上海市的高新技术成果转化项目的贴息贷款和担保等。

除了深圳、北京和上海外，辽宁、湖北、浙江、四川、山西和黑龙江等其他省市也陆续以成立科技风险开发事业中心、风险投资公司和科技发展基金等方式，开展了风险投资方面的尝试。相当数量的风险投资项目也在风险投资的扶持下开始启动。2012—2016年中国创业风险投资总量、增量（见表7-3），创业风险管理资本总额（见表7-4）。

表 7-3 中国创业风险投资总量、增量（2012—2016 年）

项目	2012	2013	2014	2015	2016
现存的风投机构（家）	1183	1408	1551	1775	2045
其中：风险投资基金（家）	942	1095	1167	1311	1421
其中：风险投资管理机构（家）	241	313	464	464	624
当年新募集基金（数）	146	123	197	197	152
风险投资机构增长（%）	7.9	19.0	14.4	14.4	15.2

表 7-4 中国创业风险管理资本总额（2012—2016 年）

项目	2012	2013	2014	2015	2016
管理资本（亿元）	3312.9	3573.9	5232.4	6653.3	8277.1
较上年增长（%）	3.6	7.9	31.7	27.2	24.4
基金平均管理资本规模（亿元）	3.52	3.26	4.48	4.66	4.05

二、我国风险投资的特点

现阶段我国风险投资呈现出以下几大特点：

（一）VC 募资规模大幅增长，人民币基金占绝对主导地位

2016 年中外创投机构共新募集 636 支可投资于中国内地的基金，披露募集金额的 545 支基金新增可投资于中国内地的资本量为人民币 3581.94 亿元，单支基金平均募集规模高达人民币 6.74 亿元；投资方面，2016 年中国创业投资市场共发生 3683 起投资案例，同比微升 6.9%，其中披露金的 3419 起投资交易共计涉及金额 人民币 1312.57 亿元，平均投资规模达 人民币 3839.04 万元。

从基金币种来看，人民币基金仍然比较活跃，共新募集完成 596 支基金，约占全部新募集基金数量的 93.7%；外币基金仅募集完成 40 支，占比仅为 6.3%。从募集金额来看，2016 年中国创投市场共募集完成的资金达人民币 3581.94 亿元，其中，人民币基金达 2888.05 亿元，占比为 80.6%；外币基金募集金额共人民币 693.89 亿元，占比为 19.4%。平均募资规模方面，人民币基金平均募集金额是 5.83 亿元，外币基金平均募集金额是人民币 17.79 亿元。

（二）高新技术企业仍是投资的主战场，互联网行业备受青睐

2015 年，中国创投市场累计投资项目数 17376 项，其中投资高新技术企业项目数 8047 项，占比 46.3%；累计投资金额 3361.2 亿元，其中投资高新技术企业金额 1493.1 亿元，占比 44.4%。按投资行业细分，2015 年中国风投年度投资项目主要集中在网络产业、软件创业、IT 服务业、通信设备等行业，集中了当年 40.41%以上的项目。此外，网络产业、金融保险业等增幅较大，成为新一轮投资热点；创投机构对新能源、生物医药产业一直保持着较高的投资热情（见表 7-5）。

表 7-5　中国创业风险投资主要行业分布：投资金额与项目（2014—2015 年）

投资行业	2014 年		2015 年	
	投资金额（%）	投资项目（%）	投资金额（%）	投资项目（%）
其他行业	8.5	8.1	10.4	10.9
网络产业	4.0	8.9	5.1	10.6
软件产业	7.4	9.4	7.5	7.4
IT 服务业	3.0	5.7	3.0	5.8
通信设备	13.8	8.3	18.6	5.8
新材料工业	3.7	5.9	5.7	5.5
其他制造业	3.3	4.1	3.7	5.3
金融保险业	2.9	3.6	5.7	5.2
传统制造业	7.6	5.0	3.8	4.4

（三）IPO 退出仍是主流，并购退出逐渐升温

统计显示，2015 全年共披露了 677 笔退出交易。按退出渠道划分，创业投资企业中共有 105 个项目通过 IPO 退出，但相对占比有所下降（见图 7-2）。相对而言，并购交易有所提升，项目数额上升到 210 项。此外，新三板市场的火爆也促进了创投企业实现有效退出，全年有 69 个项目通过新三板挂牌进行交易，占比 9.45%，退出的通体环境向好。

随着国内不断探索构建多层次资本市场，创业板、中小企业板以及新三板等产权交易市场建设的不断完善，也将为风险资本的退出提供更多的服务。

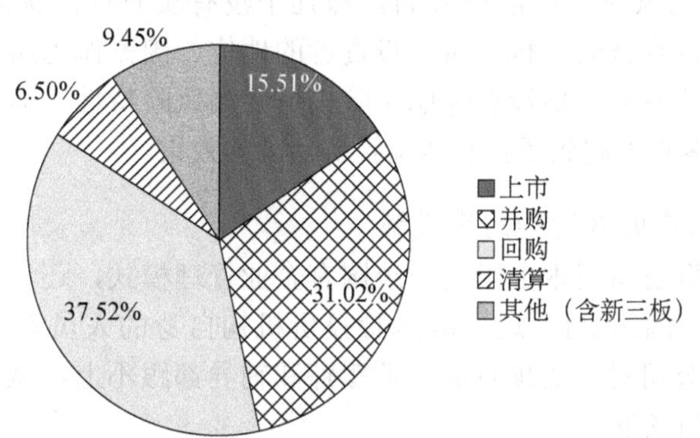

图 7-2　中国创业风险投资的退出方式（2015 年）

三、我国风险投资发展的约束条件

国内风险投资业尚处于起步阶段，许多相关问题尚未得到根本解决，风险投资的经营环境存在很多不足之处[①]。主要表现在：

（一）资金来源有限，资本结构单一

在大众创业万众创新政策推动下，各地投入大量资金建立了一批以政府为主要出资人的风险投资基金或公司，一定程度上缓解了高新技术产业发展的资金短缺问题，

① 刘曼红等：我国风险投资的发展状况，载《中国人民大学风险投资发展研究中心年度研究报告》，2001.

但从风险投资的总量上看，资金的缺口仍非常大，远远不能满足我国高新技术产业发展的需要。从风险资本的来源结构上看，我国国内风险投资公司的资本主要来源于政府部门的财政资金。风险投资公司资金来源大多有政府背景，这一方面限制了我国风险投资的资金规模，另一方面也使风险得不到有效分散。而目前西方各主要国家的创业资本中，来自公积金的占 24%，银行占 21.6%，公司企业占 16.9%，私人投资占 11.6%，股市投资者占 2.3%，大学及研究机构占 0.3%，其他来源占 3.9%，而来源于政府的只占一小部分，约 8.3%。

（二）风险投资的运作机制有待完善

风险投资在我国还处于起步阶段，虽然我国目前已有相当数量的风险投资公司，但运作上尚需完善。首先，投资方式需要调整。风险投资的投资方式通常是采取股权投资的方式，而我国有相当多的风险投资公司则以贷款的方式运作资金。其次，需完善评价机制。目前，我国风险投资项目评价体系带有浓厚的人为色彩，缺乏严肃性、科学性。虽然风险投资公司仍然可以找到项目，但蕴含的风险很大，限制了搜寻的范围。这些公司如果不在体制和运作机制等方面进行大胆改革，如果不能逐步转到政府引导、企业主体投资、运作市场化上来，这批资金将会不能有效地投入高科技，或不能持续健康地发展，从而不能带动高新技术产业持续稳定发展。

（三）缺乏对风险投资的政策支持

调查表明，尽管政府在促进科技成果转化方面做了许多工作，各地相继出台了许多有关政策，但在风险投资活动方面，却几乎没有实质性的优惠政策。突出的问题是，在对风险投资收益的征税、风险投资者的地位、国家作为所有者对国有风险投资公司的监督管理等方面，均没有考虑风险投资的高风险特性，而将其视同普通金融公司或实业公司，客观上起到了抑制风险投资活动的效果。

（四）缺乏相应的激励和约束机制

许多风险投资公司基本上沿用传统国有企业管理模式，还没有建立起适合风险投资运行的激励和约束机制。这造成风险投资机构自身的人员素质、管理经验都很欠缺，大部分投资公司对投资项目的后期跟踪和辅导都跟不上，从而无法与国际上有实力的风险投资机构竞争。

（五）被投资方与投资方在投资理念方面存在差异，投资效率较低

很多科研成果产权不清，有的企业资、权、利也不明晰；在企业管理及发展方向上，被投企业与投资方的目标，尤其是在参股方面要求相差较大，观念不统一，大多需要很长的磨合期，导致投资协商无法进行。

（六）风险投资退出存在着法律障碍

这主要是缺乏股份流通和转让方面的法律法规。由于风险资本进入和退出的核心是风险企业股权的交换，企业股份的制度安排和确立这种安排的法律地位则是实现股权交换不可或缺的基础。例如，按照有关法律规定，目前国有股和法人股不能上市流通，只能选择通过场外协议转让的方式实现其流通。而场外协议转让具有两个明显的

缺点：一是股权的流动性大大受限，风险投资人不能在合适的出让时机顺利出清手中所持有的股权；二是场外协议转让的价格通常要低于场内交易价格，在这种情况下，风险投资收回投资时所得到的投资回报就会大打折扣。再如，我国现行《公司法》第142 条明确规定：“公司不得收购本公司股份，但为减少公司资本、与持有本公司股份的其他公司合并、将股份奖励给本公司职工、股东因对股东大会作出的公司合并、分立决议持异议，要求公司收购其股份的除外”。很显然，按照这项规定，风险投资人无法要求被投资企业回购其持有股份。由此可见，风险投资人因被投资企业无法公开上市而无法出清其持有股权，难以收回投资。还有，如在美国普遍采用的“有限合伙制”和许多国家存在的“基金制风险投资”，目前在我国尚无法律规范；相关法律制度建设滞后等都严重制约了中国风险投资事业的发展。由于中国的风险投资起步较晚，大部分国内风险投资公司尚未有需要退出的项目，因而一些风险投资公司尚未考虑退出的方式，大部分风险投资机构把上市和股权并购作为退出的渠道。但是国内深、沪两个主板及创业板都难以及时满足大多数中小型科技创新企业的上市需求，因此，利用国外二板市场作为风险投资退出渠道也许将是比较现实的考虑。

（七）缺乏熟悉风险资本运作的高素质风险投资人才

首先，由于风险投资的退出涉及公司战略、经营管理、投资、财务金融及高科技等多方面综合专业知识，并要在相关投、融资过程中解决一系列实际操作问题，因而需要风险投资人才既具备专业素养，又要有丰富的实践经验。但在国内，这类高素质的风险投资人才少之又少。调查表明，目前国内近 200 家风险投资公司中，主要资金管理人中具有政府官员背景的占 36.7%；有金融背景的占 26.5%；有民营企业家背景的占 20.4%；有科技背景的占 8.2%；有海外留学背景的占 4.1%；而有基金管理公司经验的仅为 4.1%。已经成立的风险投资企业的管理者大多是由政府部门行政任命的。其次，科研体制的改革才开始起步，高校和科技研究单位的大量人才用科研成果去努力谋求商业利益的动力机制尚未形成，因此风险投资所需要的大量创业者群体还没有出现。最后，在现行体制下，风险投资者承担的高风险与能够得到的收益是不对等的，风险投资者往往趋于规避风险，满足于获取稳定收益，甘心做“井底之蛙”。

（八）知识产权与无形资产没有得到充分重视和保护

由于对知识产权的保护不够，风险投资不敢涉足风险较大的中试前期的投资，如果不放开无形资产在工商注册资金中比例的限制，将影响风险投资公司对技术价值的充分肯定，也将限制风险投资对企业无形资产的运作空间。此外，为鼓励外国公司、企业和其他经济组织或个人（以下简称外国投资者）来华从事创业投资，建立和完善中国的创业投资机制，对外贸易经济合作部等五国家部局于 2003 年 3 月 1 日颁布施行，显示风险投资领域全面对外开放的决心。但新经济的退潮以及与风险投资业相关政策不明朗，还是让境外投资者举棋不定。

四、我国发展风险投资的重大意义

风险资本市场是由私人权益资本市场和专门对中小高成长性企业设立的证券市场

（创业板市场）两个部分有机组成的，前者是风险资本一级市场，后者是风险资本二级市场。

风险资本市场是在投资主体、投资决策、运作方式、治理结构、监管模式等方面有别于一般资本市场的一个独特的市场体系。作为风险资本二级市场的创业板市场对风险投资的退出意义重大。创业板市场可把社会的巨额闲散资金变成资本投资，提高社会公众从事投资的热情和从根本上改变公司资本结构和经营机制，提高资源配置效率，进而加快资本的社会化取向和进程。同时，通过创业板市场的运作推动我国证券市场微观结构的创新，确立新的市场运行机制，也是必要的。目前世界各国越发重视市场微观结构对证券市场的影响，在进行市场设计时都慎重地评估微观结构决策，权衡其对证券市场各个属性的影响，以设计出符合实际需求的微观结构，使证券市场获得成功和发展。

当前我国经济发展面临的主要问题有以下四个方面①：一是需要大力发展具有长期竞争能力的中小企业；二是需要大力发展高科技型产业，加快结构调整的步伐；三是需要加快国有企业的改革，形成现代企业制度；四是需要迅速发展壮大一批大型企业集团。发展风险投资对解决这四个方面的问题都具有重要意义。

第一，通过设立风险投资，能够促进科技型中小企业的发展。当前中小企业发展的主要制约因素在于资金短缺，而中小企业竞争力不高的主要原因在于其科技含量不高。在有好项目的前提下，提高科技含量的关键在于大量的资金投入，而风险投资的发展有利于解决这一矛盾。

第二，有利于促进结构调整。当前的结构调整不仅需要我们进行水平式的资产优化组合，更需要我们大力发展高新技术产业，通过高新技术产业带动产业结构升级。发展风险投资显然有利于促进高新技术产业的发展。

第三，有利于建立现代企业制度。风险投资在支持中小企业的发展中，本身是作为股份投资于中小企业中的。这一方式有利于明晰企业的产权，优化企业的管理，形成充满创新活力的经营机制，因而符合当前国有企业改革的方向。

第四，有利于迅速壮大一批大型企业集团。可以从两个方面来看，一是通过扶植科技型的小企业，使其迅速壮大，成为大型企业集团，二是在现有的大型企业集团中，通过一个新项目，在风险投资的支持下，迅速形成新的经济增长点，保持现有大型企业集团的竞争力，壮大现有集团的实力。当前，绝大多数企业集团从产品上看比较单一，且大多是全国竞争很激烈、供过于求的商品。一旦这些商品失去了竞争能力，这些集团就会垮下。通过发展风险投资，有利于大型企业集团重新焕发活力，使大型企业集团在市场上不断保持竞争优势。

从当前国际竞争的趋势和经济全球化分析，谁掌握了科技的制高点，谁就掌握了发展的主动权。我国目前正处于科教兴国、迎接知识经济挑战的时代，风险投资业对推动经济快速发展的作用正在被国人所认识。可以预见，风险投资将为我国发展资本市场、推动技术创新和产业升级提供有力保障，同时风险投资作为一种新兴的投资方式和工具，作为一种新的企业成长方式，及作为一种新的市场，将对促进国家（或地

① 董化礼，吴久会，王海彦．当前发展风险投资的意义和建议［J］．决策咨询，1999（5）．

区）的科技、经济和社会发展发挥重要的作用。我国大力发展风险投资市场的意义和作用集中表现如下：

1. 发展风险投资是适应世界经济发展趋势的需要

几十年来，风险投资以举世瞩目的业绩开创了美国等国家的高新技术产业，成为牵引这些国家经济、科技发展的“火车头”、“创新、创业、创造奇迹”的化身，也使世界经济发展呈现出新的特征。先进工业国家的经验告诉我们，发展高新技术及其产业是提高综合国力的关键所在，而高新技术及其产业的发展又依赖于科技风险投资事业的活力。因此，中国必须加紧发展风险投资事业，使中国经济汇入世界经济潮流，参与全球范围的科技与经济竞争，否则仍会处于被动的局面。

2. 发展风险投资是促进科技成果转化的需要

一个科研成果从最初构想到形成产业，一般要经过研究、开发、试点和推广四个阶段。风险投资支持的重点是开发和试点这两个阶段。通常研究与开发所需资金量的比例是 1∶10，开发与试点所需资金量的比例也是 1∶10。由于这两个阶段风险较大，收效较慢，资金需求量又较多，故银行通常不愿提供贷款，一般投资者也不愿出资支持，因此科技成果的转化迫切需要风险投资给予支持。在我国科技成果转化率十分低下，国家科技部和国家统计局提供的有关资料表明，我国每年仅专利技术就有 7 万多项，但专利技术的实施率只有 10%左右，科技成果转化为商品并取得规模效益的比例为 10%～15%，而发达国家这一比例一般为 60%～80%。虽然造成这一结果的原因很多，但缺乏风险资金的支持不能说不是一个重要原因。据原国家科委“科技成果转化的问题与对策”课题组所作的调查表明，在已经转化的成果中，风险投资只占 2.3%，而在美国却占到 50%以上。因此大力发展风险投资是加快我国科技成果转化，实现科技经济一体化的需要。

3. 发展风险投资有助于发展社会主义市场经济

长期以来，我国的投资始终体现了政府行为，而风险投资则使投资由政府行为转变为市场行为，风险投资公司必须独立承担风险，投资决策必须坚持市场导向，并善于在风险和回报之间作出优化抉择，对被投资企业的筛选体现了市场竞争和优胜劣汰的准则，不仅如此，风险投资也有利于提高全社会资源的利用效率，因为风险投资家通过综合评价，力求降低风险，取得最佳效益，这就会促进资源向优势产业流动，从而也有利于经济结构的调整。

总结与复习

风险投资，又称为创业投资，是一种以权益资本方式存在的私募股权投资形式，所针对的目标企业主要为新兴的、迅速发展且具有巨大竞争潜力的企业，通常以占有被投资公司的股份为手段，以在恰当时候增值套现为目标。

风险投资的概念包括广义和狭义的。广义的风险投资泛指一切具有高风险、高潜在收益的投资；狭义的风险投资则是指把资本投向蕴藏着失败风险的高新技术及其产品的研究开发领域，促使科技成果尽快实现商品化，以取得高资本收益的投资行为。

风险投资四个特点：高风险、高收益；循环投资；权益投资；分阶段中长期投资。

我国风险投资的三个特点：

（1）VC 募资规模大幅增长，人民币基金占绝对主导地位；

（2）风险资本的投资重点仍集中在高新技术行业；

（3）IPO 退出仍是主流，并购退出日渐升温，投资重点仍集中高新技术行业。

国内风险投资业尚处于起步阶段，许多相关问题尚未得到根本解决，风险投资的经营环境存在很多不足之处。

第 7 章　即测即练题

思考与练习

1. 风险投资与传统投资有哪些区别和联系？
2. 我国风险投资行业的特点有哪些？
3. 试分析我国大力发展风险投资的意义。
4. 课外查找资料，了解国内有哪些著名的风险投资公司，有哪些经典的风险投资案例。
5. 课外查找资料，分析国际国内风险投资的最新发展趋势。

本章案例分析

风险投资与硅谷

说起高新技术和技术创新，人们自然会想起“硅谷”，因为当今世界上许多著名的高新技术公司总部都设在硅谷，如全球 IT 领跑者惠普（HP）、世界上最大的互联网设备制造公司之一思科（CISCO），微电子领域的霸主英特尔（INTEL）等。硅谷作为信息技术革命最早的产业核心，在科技创新的历史上具有无可争辩的领导地位。

为什么一个小小的硅谷能取得举世瞩目的成就？许多专家学者从不同的角度来解析它成功的内因和外因，把硅谷成功的经验归纳起来得出了这样的观点：首先，硅谷的成功归结于以斯坦福大学为首的科研院所和硅谷聚集的大量技术精英；其次，硅谷有自主创新和创业的制度环境；再次，硅谷有不断促进创新和创业的风险投资市场，NASTAQ 为硅谷技术产品提供了良好的定价机制与风险资本的退出机制；最后，硅谷有完善的市场机制，以及高效而专业化的技术市场服务体系。

在硅谷成功的因素中，专家学者尤其强调风险投资机制在硅谷发展中的重要作用，认为风险投资是硅谷科技创新和产业化的前提，正因为硅谷有了世界上最完备的风险投资机制，有上千家风险投资公司和 2000 多家中介服务机构，有以斯坦福大学为首的科研院所与充裕的风险资本的结合，才缔造了今天硅谷发展的辉煌。我们可以从硅谷发展的历程和影响硅谷发展的重要事件来说明这一点。

硅谷的形成可以追溯到 1955 年，肖克利（William Shockly）在帕洛阿托（Palo Alto）地区成立肖克利半导体公司，随之也引来了大批半导体和电子公司，如 IBM、施乐公司也先后进入该地区，使该地区成了半导体和电子产品的聚集地。1973 年，《电子信息报》（*Electronic News*）命名该地区为“硅谷”。1959 年进入硅谷的科研人员在 6000 人左右，而到了 1989 年，美国硅谷从事研究与开发的人员增加到 33 万人，其中自然科学家和工学博士达到 6000 多名。1997 年硅谷研究中心的数量为 861 个，每百万人口中拥有研究中心的数量为 132 个，居全美首位。由于跨国公司的集中和研究与开发中心的建立，硅谷 1998 年取得专利数量为 8280 项，也居全美首位，并超过了第二名波士顿所获专利数 3687 的 2 倍。1999 年，硅谷首次公开上市的企业达到 72 家，有 130 亿美元的风险投资涌向这一地区，占美国风险投资总额的 1/3，今天，硅谷聚集了大约 7000 家高科技公司，其发展最快的时期，每星期诞生 10 多家公司。硅谷共有 40 多个诺贝尔奖奖金获得者，有上千名科学家和工程院院士。在硅谷，造就了大批世界上科技领袖型的公司，从而最终形成创业者创新和冒险的文化，即人才、资金和鼓励创新的文化，硅谷成为世界上绝无仅有的地方，成为人类有史以来单位土地面积和单位大脑创造财富最多的地段，成为全世界 IT 人瞩目的焦点。而促成硅谷发生这一巨变的一个重要事件就是风险投资型企业苹果电脑公司的上市。

在 20 世纪 70 年代之前，风险投资在硅谷与高科技公司很少接触，更不用说进行风险投资了。而开创这一先河的就是美国著名的投资银行——摩根士丹利。1980 年摩根士丹利将苹果电脑公司推荐在 NASTAQ 上市，使最先介入的风险投资获得了巨额的投资回报：在最初以 5.75 万美元进行风险投资所获得的苹果公司的股票，在不到 3 年的时间内，市值达到了 1400 多万美元，风险投资获得了巨大的成功。这一风险投资与高科技公司结合产生的成功典范，掀起了风险投资进入硅谷的浪潮。摩根士丹利 1983 年在靠近硅谷的地方建立了一个永久性的分支机构，高盛公司等其他著名的投资银行也接踵而至，纷纷开展了硅谷的风险投资业务。到了 20 世纪 90 年代，在硅谷进行风险投资业务的投资银行数量急剧增加，形成了几个投资群体。第一个群体是以摩根士丹利、高盛、美林等为代表的美国本地的大型投资银行；第二群体是专门从事兼并收购或融资业务的小型投资银行；第三个群体是一些国外大型跨国投资银行，如德意志摩根建富、瑞士联合银行等。这些投资银行在硅谷进行风险投资或融资几乎到达了疯狂的程度。如德意志摩根建富在硅谷不到 10 年的风险投资中，股权交易金额高达 180 亿美元，并购交易高过 140 亿美元。

风险投资如潮水般涌入硅谷，极大地满足了高新技术公司对资金的需求，使高新技术公司迅速发展壮大，很多原有的小型袖珍公司，不到几年就发展成为市值数十亿、百亿甚至上千亿的大中型公司。而在这些公司发展壮大的同时，也需要更多的金融服务，包括公开发行股票、私募、收购、发行债券等一系列金融服务。如德意志摩根建富在 1997 年 13 项最大的高新技术并购中独揽了其中的 8 项，涉及攀登通讯公司 37 亿美元收购瀑布公司、路森特 18 亿美元收购奥科托尔。摩根士丹利通过 23 次股票发行为一些高科技公司上市融资，筹集资金高达 46 亿美元。

在硅谷，一方面，风险投资为高新技术公司融资，使其迅速壮大，风险投资也在其发展壮大过程中获得高额的投资回报；另一方面，高新技术公司发展壮大后，又为投资银行提供更多的业务，帮助投资银行发展壮大。硅谷就在这种风险投资和高新技术产业相互需要、相互促进的良性循环中不断走向巅峰。

资料来源：高成亮．风险投资运作［M］．首都经济贸易大学出版社，2008.

问题：

请结合材料简要总结风险投资在硅谷获得成功的经验，并讨论中国应如何发展风险投资，风险投资公司如何合理选择投资项目。

第八章 风险投资的运作

学习目的

- 了解风险投资运作的基本要素；
- 掌握风险投资运作的程序；
- 掌握风险投资运作的关键；
- 了解企业如何介入风险投资。

引 言

风险投资运作机制具有集成性、综合性、多样性和互动性的特征，同时作为一种独立的资本形式，风险投资的运作还存在着区别于其他资本形式的相对突出的机制，包括多头博弈机制、股权弹性机制、外部协同机制、价值变换的灵敏反应机制、要素资源联结和整合机制、市场多重筛选和过滤机制以及风险叠加与放大机制等。正因为风险投资所具有的投资特殊性，使风险投资的筹资、投资、收益与一般投资存在明显的差别，并形成了自己特有的运作模式。

21 世纪，科技创新和金融创新已成为经济发展的重要因素和先导力量，以技术创新带动经济增长，以及金融创新与经济增长的良性循环，是一个国家和地区经济持续快速增长的重要保证，而风险投资正是技术创新与金融创新良性互动的产物。风险投资的促进作用主要表现在可以促进企业技术创新，促进产业结构调整，促进资本市场完善，带动国民经济迅速增长等。尤其对于一些高科技，高成长型的中小企业来讲，风险投资可以解决棘手的企业融资问题，但我国的风险投资业尚处于起步阶段，风险投资运作不规范，缺乏成功经验，有关这方面的理论和实践都还不成熟。面对我国风险投资业的现状，这就需要我们在实践中继续摸索以外，更重要的是积极学习和有选择地借鉴国际上风险投资运作的成功经验，来促进我国风险投资业的发展和成熟，使其充分发挥作用，促进高新技术的发展。通过对国际风险投资运作特点的分析与总结，国际风险投资的成功运作对我国发展风险投资有以下重要的启示：第一，发展风险投资要充分发挥政府在其中的作用；第二，拓宽风险投资的资金来源，大力发展风险投资；第三，努力使风险投资职业化；第四，建立为风险投资提供中介服务的机构。

第一节　风险投资运作的基本要素

一、风险资本

风险资本是指由专业投资人提供的快速成长并且具有很大升值潜力的新兴公司的一种资本。风险资本通过购买股权、提供贷款或既购买股权又提供贷款的方式进入这些企业。

二、风险投资人

风险投资人是风险资本的经营者和管理者，主要有风险资本家和风险投资公司。

1. 风险资本家

风险资本家是向其他企业投资的企业家，他们通过投资来获得利润。但不同的是风险资本家所投出的资本全部归其自身所有，而不是受托管理的资本。

风险资本家在风险企业持有约 30%的股份，他们的利益与风险企业的利益紧密相连。风险资本家不仅参与企业的长期或短期的发展规划、企业生产目标的测定、企业营销方案的建立，还要参与企业的资本运营过程，为企业追加投资或创造资金渠道，甚至参与企业重要人员的雇用、解聘等事宜。

2. 风险投资公司/风险投资机构

风险投资公司/风险投资机构（venture capital firms），是具体运作和经营管理风险资本的组织。一般一家风险投资机构可能设立多个风险资本基金（venture capital fund，风险基金），对不同的行业和领域进行投资。

风险投资机构是风险投资过程中的关键环节，它直接关系到风险投资业的兴衰。一方面，优秀的风险投资机构以其卓越的经营业绩，给风险资本投资者带来丰厚的投资回报，从而吸纳更多的风险资本，促进风险投资的不断发展。另一方面，通过风险投资机构运作成功的风险企业，产生了一个示范效应，不断刺激着更多的风险企业产生，为风险投资业的发展奠定坚实的基础。

3. 风险投资机构的类型

风险投资机构要由一些具备各类专业知识和管理经验的人组成，同时其所有权结构要提供一种机制，使得投资者与提供专业知识管理技能的人得到合理的相应回报，并各自承担相应的风险。为适应风险投资体系的这种要求，经过国外几十年的发展和选择，目前，在西方发达国家有十多类风险投资主体的组织方式，在整个风险投资体系中发挥着不同的作用。

（1）主流模式——有限合作伙伴。在有限合伙制风险投资机构中，有两种合伙人，即有限合伙人和主要合伙人。这种合伙制的主要出资者称为有限合伙人，有限合伙人通常负责提供风险投资所需要的主要资金，但不负责具体经营；而主要经营管理者称为主要合伙人，主要合伙人作为风险投资机构的专业管理人员，统管投资机构的业务，同时也要对机构投入一定量的资金。

（2）大公司的风险投资（CVC）。许多主要的大公司都以独立实体、分支机构或部门的形式建立了风险投资机构。这些机构在运作方式上与私人风险投资公司相同，但目标迥异，这是由不同资金来源决定的。后者通过培育公司，使其成功上市而追求高额回报；前者在大公司资金的支持下为母公司寻求新技术。当大公司投资于一个新创公司时，是希望建立技术窗口，或希望以后把它变为一个子公司。

（3）政府引导基金投资的风险投资（GVC）。国家发改委于 2005 年发布《创业投资企业管理暂行办法》，指出国家和地方政府可以设立政策性风险投资引导基金，通过参股和提供中小企业融资担保方式，促进民间资金设立风险投资基金，并通过扶持发展产权交易市场等措施，拓宽创业投资退出渠道。

资料 8-1　风险资本的来源

风险资本的来源因时因国而异。在美国，1978 年全部风险资本中个人和家庭资金占 32%；其次是国外资金，占 18%；最后是保险公司资金、年金和大产业公司资金，分别占 16%、15%和 10%。到了 1988 年，年金比重迅速上升，占了全部风险资本的 46%，其次是国外资金、捐赠和公共基金以及大公司产业资金，分别占 14%、12%和 11%，个人和家庭资金占的比重大幅下降，只占到了 8%。与美国不同，欧洲国家的风险资本主要来源于银行、保险公司和年金，分别占全部风险资本的 31%、14%和 13%，其中，银行是欧洲风险资本最主要的来源，而个人和家庭资金只占到 2%。而在日本，风险资本主要来源于金融机构和大公司资金，分别占 36%和 37%，其次是国外资金和证券公司资金，各占 10%，而个人与家庭资金也只到 7%。按投资方式分，风险资本分为直接投资资金和担保资金两类。前者以购买股权的方式进入被投资企业，多为私人资本；而后者以提供融资担保的方式对被投资企业进行扶助，并且多为政府资金。

资料来源：财务顾问网/http://www.cwgw.com

三、风险企业

风险企业是风险投资的接受者、需求者，也称为创业企业。风险企业主要有以下几个特点：

第一，从规模上看，风险企业是中小规模。根据美国关于风险企业的界定，单从以雇员人数作为标准的话，为不超过 500 人的企业。从创立时期看，处于初创期。具备了这两个条件，才有可能在未来的高速成长期十倍甚至成百倍地扩张，从而满足风险投资的高额回报要求。据统计，美国风险资本投资的比例为：雇员人数在 100 人以内的公司占全部公司的 70%左右，其中雇员不足 50 人的公司占全部公司的 55%左右。

第二，从企业家的素质看，应具备有可能领导企业实现高速成长的风险企业家。在风险投资市场，一流的风险企业家所领导的二流项目往往比二流风险企业家领导的一流项目更具吸引力。在风险企业中，企业家的目标不仅仅为了生存，而是抓住任何机会进行有利可图的增长并最终为投资者提供丰厚的回报。

第三，从行业来看，风险企业必定处于高成长行业，其代表是高新技术产业，如信息技术和生物科技。现代社会的高科技力量使企业摆脱了传统企业缓慢的成长路径，而极有可能凭借领先的科技力量在一夜之间占有大部分市场份额，从而实现企业价值的急剧提升。

风险企业也是投资过程不可缺少的组成部分，它是风险投资的对象，是风险资本的载体，是整个风险投资业的基础，一个高质量的风险企业是风险投资成功的关键。

资料 8-2　投资教父沈南鹏：专注“下注赛道”27 年

沈南鹏进入大众视野，始于 2005 年底。这一年，他正式转入风险投资业，与张帆一同将硅谷最成功的风投公司红杉资本引入中国，创立红杉中国基金，首期募集 2 亿元。两年后，再筹 7.5 亿美元。这在当时是一个大数字，同年百度的市值为 36 亿美元。到 2017 年，红杉中国共计投资 200 多家企业，投资企业总市值高达 2.6 万亿元，沈南鹏被戏称拥有一个“2 万亿的朋友圈”。

1967 年出生的沈南鹏毕业于上海交通大学，后赴美在哥伦比亚数学系和耶鲁大学读 MBA。在此之前约 12 年里，沈南鹏在雷曼兄弟证券、花旗银行和德意志银行有过七年的投资经历，接着与梁建章等人创办携程网，还个人投资了如家和易居中国。这两份简历让他从一开始就显得与众不同。

沈南鹏投资的第一个企业是奇虎 360。2006 年，红杉中国向奇虎 360 投资 600 万美元，每股 50 美分；10 年后，奇虎 360 股价在 70 美元左右。周鸿祎评价说，他是一个饥饿的人，看到项目就像闻到了血腥味的狼一样，或者像鲨鱼闻到血腥味一样，听到一点风声就会去拼抢，会去追踪，是一个非常积极的人，表现特别符合乔布斯所说的保持饥饿感（stay hungry）。

2009 年，沈南鹏终于找到了一条无比重要的赛道。

这一年开春，红杉中国在京郊的长城公社召开年会，沈南鹏把主题定位“Mobile Only”。“这个主题我不知道怎么翻译合适，我们就是想给大家一个警醒，新的移动互联网时代要到来了。”

红杉中国是最早全力押注移动互联网的风投机构。沈南鹏和团队整理了一份移动互联网“产业地图”，上面有运营商、SP（Service Provider，电信增值服务提供商）、电商、游戏公司等产业链环节，并标明各个环节的关系。对着这张图，红杉中国开始研究有哪些点应该去看一看，有哪些点可能有机会。红杉在后来的投资中沿着这个图解不断深入和补充，提早布局，捕捉到一批今天从竞争中脱颖而出的互联网公司。

中国的移动互联网投资热潮，起始于 2007 年的 iPhone 面世，大风涌动于 2011 年的智能手机大爆发和微信诞生，终于 2016 年的共享单车。十年之间，赛道辽阔，细轨纵横，奇才异能之人蜂起，红杉中国无疑是其间最活跃的大赢家。美团的王兴曾感慨：“只要你还在创业，只要你还在这个大的行业里面，我相信大家绕来绕去都会遇到红杉，因为红杉总在那里，而且总是冲在最前面。”而唯品会的沈亚更认为：“沈南鹏至少通过电商的布局，已把整条赛道都买了。”

特别是在 O2O 一役，沈南鹏几乎投到了所有的独角兽，甚至还投资了整条产业链，包括采购、物流、数据等公司，这些公司犬牙交错，接连成壁。2015 年，行业进入最后的洗牌并购期，红杉中国是美团、大众点评、赶集网、滴滴的投资人，沈南鹏又是携程的创始人，因此在这几起艰难的巨型合并的幕后，始终隐现着他合纵连横的身影。

自1998年，VC、PE这两个概念进入中国之后，风险投资人成为新兴产业发展的重要推进力量。他们有的时候被视为“门口的野蛮人”，有的时候还要承担“脱实入虚”的罪名，不过，最终他们以自己超凡的勤勉和智慧，成为产业的推动者和利益分享人。

资料来源：吴晓波．激荡十年，水大鱼大［M］．中信出版集团，2017.

第二节　风险投资的运作流程

风险投资是投资者、风险投资公司和风险企业“三位一体”的有机结合。资金从投资者流向风险投资公司，风险投资公司再通过项目筛选流向风险企业，通过风险企业的运作，资本得到增值再回流至风险投资公司，风险投资公司再将收益回馈给投资者。周而复始的运转，形成风险投资的循环。

一、风险投资的运作程序

哈佛大学的Leaner和Compers提出了“风险投资循环模型”（venture cycle model），把风险投资运作程序分为筹资、投资和撤资三个阶段，其关系如图8-1所示。

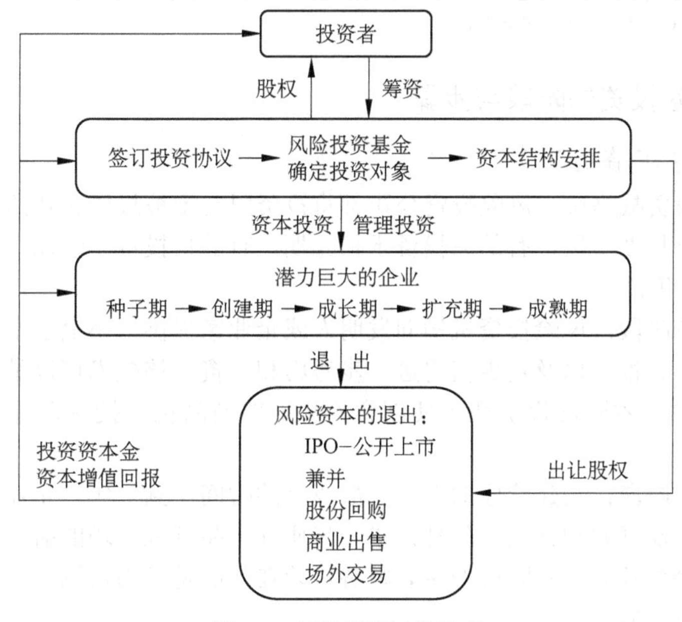

图8-1　风险投资运作程序

二、风险投资运作模式

国外风险投资模式可以概括为美国模式、欧洲模式、日本和台湾（中国）模式三种典型模式，见表8-1。国内风险投资兴起于20世纪80年代中后期，运作模式具体有：①“官办模式”，即政府出资设立，高层管理者由政府任命；②“合作模式”，即设立中外合作公司，中外共同管理；③“外资模式”，即海外注册，在中国设立办事处，如华登基金；④“内外联动模式”，即中外各设一家，有机结合，相互协作。

表8-1 国际风险投资模式

		美国模式	欧洲模式	日本、台湾（中国）模式
资金来源		养恤金，国外投资者，团体和个人，保险公司，捐赠等	人寿基金，保险公司，个人投资者，政府机构及其他	政府，公营机关，金融信托机构，保险公司，法人和个人等
组织形式		私营为主，如有限合伙制	银行，保险公司或大企业控股等	政府控股
目标产业		生命科学，软件，医疗，通信等高科技产业	计算机及相关产业，生物技术，医疗保健品，能源等	资讯工业，半导体工业，通信工业，非高科技传统行业，精密机械与自动化等
投资资金阶段	种子阶段	3%	1%	8%
	创建阶段	11%	12%	14%
	成长阶段	19%	25%	21%
	扩充阶段	44%	45%	42%
	成熟阶段	18%	13%	11%
	其他	5%	4%	4%

资料来源：EVCA年鉴，《亚洲风险资本》.

三、风险投资的阶段与步骤

（一）风险投资的阶段

在风险投资战略中，风险投资公司都将投资限定于被投资企业的某些发展阶段，有的只投资于早期阶段，有的只投资于扩充期，有的只投资于晚期等。风险投资阶段的具体划分如下：

（1）创意阶段：风险投资机构向发明人或企业家提供一小笔资金，以验证企业家创意构想的可行性，以及是否值得进一步考虑和投资。该技术可以是一项技术或开拓市场的新方法，本阶段投资在于使创意构想能够商品化，投资金额不大，但风险非常大。

（2）创建阶段：创建阶段的企业一般成立的时间不到一年，企业用风险资金进行样品测试、产品开发和试销。另外，进一步研究产品打入市场的潜力，组建企业管理班子和完善经营计划。本阶段的主要财务风险在产品是否为市场所接受，市场是否有足够的容量是关键。

（3）第一阶段：产品样品达到预计效果并开始生产。产品市场前景看好，已有确实可行的生产工艺。风险基金用于建设厂房，购置设备，进行产品营销宣传等。

（4）第二阶段：产品销量达到一定规模，并有明显增长，而且获得了市场反馈的确切信息。企业虽然还无法确定打入市场的速度，或最终能占有多少份额，但产品的数量关系到打入速度和份额的问题，企业因此需要新添设备、增加库存、招聘员工、扩大生产。此阶段仍然不盈利，或刚达到损益平衡点。

（5）第三阶段：产品销售增长较快，并开始盈利。但企业内部的现金流量满足不了企业快速发展的需要，本阶段的风险基金将用于扩建生产设施，开辟市场或改善产品。另外，如果以企业的固定资产作抵押，企业开始有资格向银行申请贷款。

（6）第四阶段：企业已基本成功并比较稳定，对投资者来说风险已大大降低，但仍需要外部资金来支撑其发展。本阶段距投资回收还有数年，回收的方式及时机还不知道。

（7）过渡性阶段：企业距上市还有 6～12 个月的时间。风险投资者对退出方式已有初步设想，并已知大概的时间，过渡性阶段可以使早期风险投资者或企业管理人员将部分股权变现，吸引有声望的投资者以增加企业的市场价值。

（8）回收退出：回收可以企业股票上市、并购或杠杆性收购的方式进行。如果上市，风险投资者所持股票在一定的时间后可交易。如果并购，风险投资公司的收益可以现金、股票和短期债券的形式实现。

上面这种划分方式比较详细，一般的划分粗略一些，通常将风险投资的阶段划分为种子阶段、创建阶段、成长阶段、扩充阶段和成熟阶段及其他。

（二）风险投资的步骤

风险投资一般有这样一个过程（见图 8-2）：

（1）首先是项目的来源，由此界定风险投资家潜在的投资方向；

（2）通过对项目审查和筛选把目标定在可行性较强的项目；

（3）对这些项目进行潜在收益和风险的评估；

（4）如评估合格，则风险投资家和风险企业家签署投资协议；

（5）投资后，风险投资公司要建立起资金控制系统，保护投资，并为风险企业进行管理咨询；

（6）最后风险投资将协助风险企业上市、兼并或清算，撤出风险资本。

在这个过程中，对风险企业的评估至关重要，因为它对投资决策具有决定性的影响。

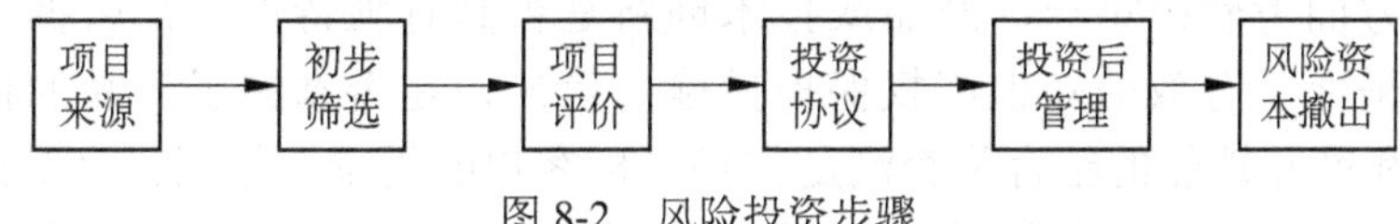

图 8-2　风险投资步骤

国内也有将风险投资过程分为五个步骤：第一步是交易发起（deal origination），即风险投资家获知潜在的投资机会；第二步是投资机会筛选（screening），即风险投资家在众多的潜在投资机会中选出小部分进行进一步的分析；第三步是评价（evaluation），即对选定项目的潜在收益与风险进行进一步的分析；如果评价结果可以接受，风险投资家与创业企业家一起进入第四步——交易设计（deal structure），交易设计包括确定投资的数量、形式、价格、相关补充协议等；第五步是投资后管理

（post-investment activities），包括设立控制机制保护投资，为企业提供管理咨询，募集追加资金，将企业带入资本市场运作以实现必要的兼并收购和发行上市。

第三节　风险投资运作的四个阶段

一、尽职调查

创业企业普遍存在规模不大、经营管理不够规范、技术不成熟、产品有待完善、市场风险较大的特点，因此，尽职调查就成为风险投资过程的最重要环节之一。它既是了解被投资企业或项目的商业计划书的真实性与可靠性的重要途径和方法，也是风险投资机构进行投资决策的关键所在。

风险投资家对投资企业或项目的尽职调查通常可分为财务尽职调查（FDD）、法务尽职调查（LDD）两大类，集中在以下四个方面。

（一）企业基本情况

调查内容包括注册资本及注册资本到位情况、注册资本中现金资本和无形资本的比例、股权结构及管理和技术团队的持股情况、财务内控制定的健全和落实情况、企业资产质量、资产管理效率、融资的投向和盈利潜力。重点考察的是企业的商业模式、盈利模式、财务管理制度和股权结构现状。

（二）创业团队

在创业团队中，人的因素所起的作用往往比技术本身更重要。而在创业团队中，创业企业家是核心，是重点考察的对象。对创业企业家的考察主要是对他的判断力、领导力、进取心、热忱度、诚信、人格魅力、创新能力等综合素质的全面观察。作为创业期企业，需要一个由管理、财务、技术、人力资源、市场、产品等各领域专业人士组成的管理团队来推动企业的发展。因此，对管理团队的调查应重在互补性方面的考察。

（三）产品或技术优势

产品或技术的优势是企业的核心竞争力，是企业快速发展和可持续发展的保证。应从五个方面考察：第一，产品或技术创新是否具有独特性，是否拥有自主知识产权，是否采取了有效的知识产权保护措施；第二，是否掌握了产品的核心技术；第三，技术和产品性能的结合是否满足市场目标客户的需求；第四，产品或技术的可替代性以及产品或技术的生命周期；第五，技术的储备情况以及产品或技术的可持续开发能力。调查侧重产品或技术的独特性、垄断性和成熟程度，以及企业的持续研发能力。

（四）行业发展前景

任何产品或技术如果没有广阔的市场前景，其潜在的增值能力就是有限的，因而不可能达到风险投资家追求的将创业企业培养壮大的成长目标。

调查一个企业所属行业的发展前景，应从宏观上把握其发展趋势，从技术上分析其发展潜力，侧重从行业发展水平、行业进入壁垒、未来市场容量、细分市场结构、国家政策导向等方面进行全面考察，并注重与国际同行业的技术水平和市场发展情况进行比较，对处于快速成长期的创新技术行业，应结合该行业已上市公司在证券市场上的表现和市盈率/市销率倍数进行对照分析。

二、风险控制

风险投资是高新技术产业资本和金融资本相结合的产物，是把高投入、高增长、高风险和高回报结合起来的创新投资方式。

风险投资机构在尽职调查阶段的一个重要工作内容，就是对投资的风险进行评估，在此基础上，划分出可控风险和不可控风险。对于可控风险，风险投资机构应制定一套严密的风险管理制度，必要时采取委派管理和财务监管人员，并辅之以增值服务方式，予以控制。对于不可控风险，首先，应分析不可控风险的来源以及对企业经营的最大负面的影响度，并在此基础上评估企业的投资价值；其次，综合运用金融工具、分阶段投资、分散和联合投资模式，转移或分散不可控风险，最大限度地规避。

在风险投资发展成熟的发达国家，已经形成一套成熟的规避和控制投资风险的方法，包括投资时的对赌协议、金融工具设计、分阶段投资、分散和联合投资、投资后的管理和财务监控等。

（一）签订对赌协议

对赌协议指出让方（包括融资方）在达成并购（或者融资）协议时，对于未来不确定的情况进行一种约定。风投机构与企业在达成投资协议时往往同时签订对赌协议，通过条款的设计，对赌协议可以有效风投机构利益。对赌协议中常见的条款包括：（1）财务业绩承诺。这是对赌协议的核心要义，是指被投资公司在约定期间能否实现承诺的财务业绩。因为业绩是估值的直接依据，被投资公司想获得高估值，就必须以高业绩作为保障，通常是以“净利润”作为对赌标的。（2）上市时间约定。关于上市时间的约定，即赌的是被投公司在约定时间内能否上市。（3）非财务业绩、关联交易、债权和债务、股权转让限制、竞业限制等。

（二）运用金融工具规避风险

大量的研究表明，风险投资的主要风险来源于风险投资机构和创业企业之间的信息不对称，因此，风险投资应当采取将股权和债权结合的混合证券投资形式，尽可能将风险转移给企业家，并使其感知和响应。风险投资机构经常运用的金融工具有可转换债券、可转换优先股等。

可转换债券投资方式，即风险投资机构委托银行贷款给拟投资企业，同时约定在一定的条件下委托方拥有将贷款本金（利息）转换为公司股权的选择权，并事先约定转股的时间、转股的价格或价格的计算方法以及其他的转股条件。

可转换优先股投资方式，即将风险投资机构投资的股份设定为可转换优先股，可以取得固定的股息，且不随公司业绩好坏而波动，并可以先于普通股股东领取股息，同时在被投资企业破产清算时，风险投资机构对企业剩余财产有先于普通股股东的要求权。此外，风险投资机构可以在适当的时候将优先股转换为普通股，分享企业快速发展时的资本增值收益。

（三）分阶段投资控制风险

尽管通过可转换债券、可转换优先股等金融工具设计，风险投资机构可以转移和弱化风险，但依然不能完全控制风险，特别是由于投资初期的金融工具设计是在一个不确定的环境中进行的，不可能做到尽善尽美，因此，将一些不确定因素留待日后通过重新签订投资契约来完善可能更有效率。所以，风险投资的一个显著特点是分阶段投资和保留放弃项目的选择权，而不是一次性提前向项目注入所有资本。分阶段投资允许风险投资家在做出再投资决定之前监控公司，通过这种监控，风险投资家获得关于项目发展前景的信息以避免将钱扔进一个没有前途的项目中，从而减少了由于无效率地继续投资而带来的损失，并为风险投资家提供了一种退出选择。项目的风险越高，这种权利对风险投资家而言价值越大。这种退出选择权同债权一样，从而控制了潜在的财务损失风险。

（四）分散和联合投资降低风险

在风险投资领域，分散投资和联合投资是相互结合的两种投资形式，并被大多数机构采用。风险投资具有极高的风险性，投资十个项目，一般有七个可能失败，两个不亏不赢，一个成功。因此，分散投资能极大地降低投资风险，提高成功率；而联合投资则正好弥补风险投资机构分散投资所带来的资金不足的难题，且通过联合投资形式，风险投资机构可以降低市场竞争风险，实现优势互补，减少投资决策失误的概率。

（五）投后管理

“投后管理”，这一概念早在30年前就被首次提到，但自2013年底才开始逐步被各投资机构重视起来。投后管理只参与使企业实现增值的过程，从而使得投后管理将成为基金的核心竞争力变成新的盈利模式。风投机构通过投后管理不仅可以带来绩效改善，进而通过企业的有机增长保值增值，还能反哺投前检验投资逻辑，在投前部门短期内完成企业投资后，投后人员通过长期的跟进回访，甚至于纠错打磨后，对当初投资人员的投资逻辑进行检验。投后管理具体方式有：派驻董事，并规定对涉及企业发展的重大决策有一票否决权；定期审查企业财务报表或直接派遣财务总监，实施财务控制；必要时向企业派驻管理人员，甚至撤换总经理。

资料 8-3　不要将鸡蛋都放在一个篮子里

深圳市同洲电子有限公司（以下简称“同洲电子”）在深圳第二届高交会上闪亮登场时，马上引来多家风险投资机构的目光，自然其价值也在市场的哄抬下明显出现了泡沫。深圳市达晨创业投资有限公司（以下简称“达晨”）敏锐地观察到这一点，通过与深圳市创新科技投资有限公司（以下简称“深圳创新投”）、深圳市高新技术产业投资服务公司（以下简称“深圳高新投”）和深圳市深港产学研创业投资有限公司（以下简称“深港产学研”）组成投资联盟，成功地与同洲电子达成了投资协议，最终推动同洲电子取得了快速发展。

（1）组成投资联盟。达晨通过观察，认为同洲电子是在等待一家既有资金资源，又有市场资源以及政府资源的投资机构出现。同时，达晨也从侧面了解到同洲电子同时与深圳创新投、深圳高新投、深港产学等深圳本地风险投资机构商谈投资事宜，但均因价格问题而搁浅。基于上面的了解，达晨迅速与深圳创新投、深圳高新投、深港产学进行了沟通，并达成合作协议，由达晨担当主投资商与同洲电子谈判，深圳创新投、深圳高新投、深港产学作为追随投资商参与投资。

投资联盟的结成，一下子将同洲电子可选择的风险投资商对象减少了 3 家。此时，同洲电子不得不面临只能与一家（达晨）商谈投资的局面。而达晨的背景将双方的信息不对称减少到了最低点。因此，在价格的谈判上，同洲电子已不再拥有信息优势。

（2）投资方的优势互补。同洲电子认识到达晨拥有巨大的市场资源，也了解到深圳高新投拥有为高新技术企业提供政策性贷款担保的金融资源，因而有利于公司后续融资；而深圳创新投与深圳市政府关系密切，有利于公司取得科技拨款和上市推荐；深港产学拥有的学校资源，能为公司提供科技人才和研究成果的便利。四家风险投资机构的资源正好实现了互补和互利，而且都是同洲电子急需的资源。这些资源也是无法用资金所能取代的。

（3）达成风险投资协议。2001 年 2 月，达晨及其三家追随投资商与同洲电子达成投资协议，由达晨及其三家追随投资商联合投资 2000 万元入股同洲电子，占公司股份 25%，同年 4 月同洲电子改制为股份公司。随后，深圳高新投为同洲电子提供了 2000 万元的贷款担保，深港产学为同洲电子提供了多项过桥贷款服务，由达晨牵线搭桥，四家创投机构共同投资的另一家企业与同洲电子互保 2000 万元，既解决了两个企业的资金短缺，又降低了成本。而深圳创新投也为同洲电子带来了政府资源。2004 年，同洲电子对机顶盒的研发投入达到近 2000 万元，一举奠定了机顶盒市场国内龙头地位。2006 年 6 月 27 日，作为深圳中小企业板全流通之后的 IPO 开闸第二单，同洲电子公开上市。按当日的收市价格计算，达晨创投所持有的股份市值为 2.31 亿元，账面盈利 2.2 亿元，增值 22 倍以上。

资料来源：成思危. 风险投资在中国［M］. 上海交通大学出版社，2007.

三、增值服务

增值服务发生在创业企业发展的每个阶段，甚至经营管理过程的每个环节，是风险投资机构辅助创业企业成长的重要管理形式。风险投资机构的增值服务内容是多方面的，主要包括以下方面：

（一）发展战略规划服务

很多被投资企业，特别是初创企业，通常不会制定中长期发展战略，而风险投资机构有着独特的优势，对企业发展有深刻的认识，拥有企业管理方面的专业高端人才，因此能够为被投资企业制定中长期发展战略，帮助企业对自身的市场定位、资源整合有一个比较清晰的认识，确立企业的发展目标，寻找并确定战略合作伙伴、帮助企业培育核心竞争力。

（二）公司管理服务

很多被投资企业多实行家族式管理，甚至是江湖式管理，缺乏一套规范的、适合自身运营特点的公司治理结构和管理制度。风险投资机构在投资时，尤其注意被投资企业的公司治理制度和管理制度，会向企业提供这方面的建议与意见，并帮助其逐步完善。主要是帮助企业建立现代企业制度，包括组建董事会，完善公司治理结构；协助企业招聘高级管理人才，建立并强化管理团队；帮助企业建立内部管理制度，完善管理机制。

（三）再融资服务

一般来说，被投资企业会经历不止一轮的融资，而每一次融资都需要专业化的团队进行运作。风险投资机构投资企业后，一般都会帮助企业进行接下来的融资。为企业提供再融资服务对于风险投资机构来说是驾轻就熟的事，利用其经验和市场资源，帮助被投资企业筛选并找到合适的投资者。有些 VC 甚至在投资后，要求被投资企业只能聘请其担任再融资顾问。

（四）并购顾问服务

企业获得投资后，除了用于内部发展之外，往往还通过并购实现企业发展。企业专注于自身业务经营，在并购等资本市场能力比较薄弱，而 VC 由于长期在资本市场打拼，并购是其专长能力。因此，为被投资企业提供并购顾问协议对于 VC 而言义不容辞。

（五）法律顾问服务

主要是帮助企业建立内部法律架构，协助企业办理知识产权注册和商标注册，帮助企业建立知识产权和商标保护制度。

（六）上市服务

上市是 VC 退出的首选方案，因此熟悉上市运作是 VC 必备的能力。而对于被投资企业来说，上市是一个陌生的领域，而 VC 能在上市方面给予企业大量实质性的帮助。VC 提供的上市帮助，有些是间接的，如帮助公司整合资源、提升企业价值、向企业提供一些增强自身规范运作的服务，其目的是让企业符合上市的标准；有些是直接的，如协助企业策划资本市场运作方案，选聘上市中介机构，决定 IPO 的时间和地点等。

当然，每家 VC 都有各自擅长的增值服务领域，因此企业在向 VC 融资时，除了考虑融资价格外，还必须考虑 VC 能否提供企业所急需的增值服务，以弥补企业的短板。

资料 8-4　大族激光：实操性增值服务

深圳市大族激光科技股份有限公司（以下简称大族激光）成立于 1996 年年底，主要从事激光焊接机、激光雕刻机等激光产品及相关机电一体化设备的生产和销售。成立之初，虽拥有核心技术，却苦于无资金支持而难以迅速壮大，为此大族激光于1999年4月3日引入风险资本深圳高新投，后者以438.6万元入主大族激光，占股51%，但不干预公司的日常经营管理。

深圳高新投投资大族激光后，为大族激光提供了增值服务，给予大族激光巨大的实质性帮助。增值服务主要包括以下四方面：

1. 融资担保服务

依靠自身的资金优势，深圳高新投为大族激光提供了大量的借款及经费申请担保，包括银行贷款担保、科技基金担保、政府三项经费担保等，担保金额累计超过了4000万元，使公司获得了充足的资金用于发展。

2. 融资顾问服务

深圳高新投利用自身的资源，帮助大族激光不断引进新的投资者，新的资金使得大族激光迅速扩大规模。深圳高新投帮助引进的投资者包括华洋科技、红塔集团、大连正源、东盛投资等。

3. 管理咨询服务

在公司内部管理方面，深圳高新投协助大族激光规范公司管理，完善公司治理结构和管理架构、建设管理团队、规范财务管理、制订市场策略，还提供了200万借款专门用于规范公司的管理。

4. 上市顾问服务

深圳高新投凭借自身对资本市场的熟悉，帮助大族激光对上市进行详细的策划，并推荐优秀的上市保荐机构确保上市的顺利进行。最终，大族激光于2004年6月在深圳中小企业板上市，成为第一批在深圳中小企业板成功的八家企业之一。

资料来源：黄嵩．资本的逻辑：一看就懂的融资实用指南［M］．北京大学出版社，2012.

四、退出之道

在风险投资的发展过程中，风险投资退出的途径和方式逐渐多样化，也更灵活。风险投资在不同情况下有不同的退出方式，如首次公开上市（IPO）、出售、回购等，若投资失败就只能采用破产清算方式。

（一）上市退出

上市退出，是指风险投资机构利用被投资企业在公开资本市场发行公众股份的机会，售出所持企业的原始股份，借此退出的一种方式。从国际经验来看，上市退出是风险投资最佳退出途径，具有低成本、高增值的优势，同时上市退出保持了被投资企业的独立性，因而受到了管理层的欢迎。根据《中国创业风险投资发展报告2017》数据显示，受多层次资本市场日益完善等利好因素影响，2016年创业风险投资项目退出总体表现良好，全年通过IPO方式退出的项目占比上升到17.32%。由此可见，随着资本市场的好转，上市退出已经成为风险投资机构退出的首选渠道。

（二）并购退出

并购（M&A）退出，是指风险投资机构将所持企业的股权通过并购出售给其他投资者，借此退出的方式。风险投资机构选择并购方式退出，主要是基于公开资本市场撤资时间的约束和上市标准的制约。尽管并购方式退出不如上市退出那样通过股票市值大幅上升获得极高的收益，但由于转让费用低，手续简便，可以完全退出，立即收回投资，对于受资本约束的风险投资机构而言，依然不失为一种很好的退出选择。

2006年年底，美国风险投资协会的一份调查报告显示，由于预期美国公开资本市场将继续疲软，有78%的投资家认为并购将提供更大的投资回报，因而是一个好的退出渠道。根据相关数据显示，2016年国内风险投资以并购方式实现退出日渐升温，通过并购方式退出的项目占比达到29.67%，退出笔数有大幅提升。随着我国非公开资本市场股权代办交易制度的进一步完善，相信并购退出渠道将更加顺畅，并会成为越来越多的国内风险投资机构的重要选择。

（三）回购股权退出

回购股权退出，是指创业家和企业管理层按照事先约定的时间和价格购回风险投资机构所持企业股权，借此实现风险资本退出的一种方式。有如并购退出方式，回购股权退出手续简便，可以完全退出，立即收回投资，且时间和价格预先设定，有利于风险投资机构控制收益和风险，对于受资本约束又对企业发展前景不十分看好的风险投资机构而言，也是一种不错的退出选择。通过回购风险投资机构的股份，创业家能重新获得企业的控制权，因而也乐于接受风险投资通过回购股权的退出方式。

目前，回购股权退出在国内实践的主要有管理层回购（MBO）和企业员工回购（EBO）两种形式。管理层回购是指创业企业的经理层利用个人融资、股权交换等产权交易手段收购风险投资机构所持企业股份；企业员工回购是指创业企业的广大员工集体将风险投资机构所持企业股份收购并持有。

（四）清算退出

破产清算方式是针对失败的投资项目而言唯一的退出方式，也是投资者和创业者不愿意看到的结果。虽然破产清算的退出方式是痛苦的，但在很多情况下是必须断然采取的方案，否则若不能及时抽身而出，一方面会给投资者带来更大的损失，另一方面沉淀在这类公司中的投资资本的机会成本也非常巨大。作为风险投资退出的一种方式，破产清算的结果与投资方式有很紧密的关系。不同的投资方式形成不同类型的产权或债权，若采取优先股形式的，破产清算时得到偿付的顺序仅仅优先于普通股；若采取股权和债权结合的方式投资，债权的支付优先于股权，所享有的权益保障程度在破产清算中各有不同。

但是，并不是所有投资失败的企业都会进行破产清算，因为申请破产并进行清算是有成本的，而且还要经过很长的法律程序，所以如果一个失败的投资项目没有其他债务，或有少量其他债务但债权人不予以追究，此时风险投资家和风险企业家不会申请破产，而是采取其他“自生自灭”的方法结束经营并通过协商等方式决定企业残值的分配。

上述有关风险投资退出的方式之间并不是相互独立的，而是紧密联系的，风险投资机构一般会综合运用这种方式进行投资退出的规划和决策。所以，风险投资退出之道，就是在正确投资决策的基础上准确把握投资退出的时机和方式，进而获得圆满的投资结果。

资料 8-5　分众传媒与聚众传媒：VC 全身而退

分众传媒和聚众传媒是中国楼宇视频媒体行业的领跑者，其基本盈利模式是在写字楼或公寓楼口提供媒体终端播放商业广告，并获得固定的广告费。两家公司都成立于 2003 年，分众传媒仅用了三年时间就成为中国最大的楼宇视频广告运营商，而连续多年 240%的增长率也让聚众传媒荣登 2005 年《中国企业家》评选的“未来之星——高成长企业”榜首。两家合计占据了整个市场 96%的份额，并在发展过程中，都曾获得风险投资机构的投资，从 2003 年到 2005 年，双方各自引入了三次风险投资，具体如下表 8-2 所示：

表 8-2　分众传媒和聚众传媒 2003—2005 年引入风险投资情况（单位：万美元）

融资过程	分众传媒			聚众传媒		
	融资时间	投资方	融资金额	融资时间	投资方	融资金额
一轮融资	2003-05	软银	4000	2004	上海信息投资有限公司	2 亿元人民币
二轮融资	2004-04	鼎晖 德丰杰	1250	2004-09	凯雷	1500
三轮融资	2004-11	高盛	3000	2005-05	凯雷	2000

2005 年 7 月，分众传媒成功登陆美国纳斯达克，成为海外上市的中国纯广告传媒第一股，并以 1.72 亿美元的募资额创造了当时的 IPO 记录。分众传媒的海外上市给聚众传媒留下一个难题：是紧跟着分众上市，还是选择其他的方式？从 2005 年下半年开始，聚众传媒与分众传媒间的竞争已相当惨烈。此时，凯雷通过两轮合计 3500 万美元的投资，已经成为聚众的第二大股东，其态度至关重要，尽管凯雷也希望聚众传媒上市以实现退出，但同时也认识到聚众上市未必带来同样的追捧，因此建议将聚众出售给分众，从资本市场的经验和权衡表明，如果两家公司整合，可以减少彼此的竞争消耗，得到资本市场的追捧，获益会更大。2006 年 1 月，分众传媒以 3.25 亿美元的价格取得分众传媒 100%的股权，支付方式包括 9400 万美元的现金，以及 2.31 亿美元的分众传媒股票。作为投资回报，凯雷分得约 2300 万美元现金和价值近 6000 万美元的分众股票，收购当日，分众传媒股价大涨 40%，凯雷所持有的股票又赚了 2000 多万美元。

由此看出，投资分众传媒的风险投资机构通过上市的方式退出投资获得回报，投资聚众传媒的风险投资机构则通过并购方式实现退出投资获得回报，在这一典型案例中，风险投资以不同的模式成功退出。

资料来源：新浪财经/https://finance.sina.com.cn

第四节　企业介入风险投资

一、企业介入风险投资需考虑的几个问题

企业介入风险投资活动的方式可以是直接参股投资，也可以是参与、经营风险投资基金。风险投资并不是要有巨额资产才可进行。一般来说，只要有好的项目，好的项目带头人，企业照样可以在自己所能承受风险的范围内直接参股投资。目前，国家正准备发起、创立创业投资基金，企业可以以小股东或大股东的身份参与、经营风险投资基金。

从运作思路上看，企业要介入风险投资，需考虑以下几个问题。

1. 风险分析

风险资本的运作一般要面临以下几种风险：

（1）技术风险。分为技术认定风险和技术转化风险。高科技是个模糊的概念，什么样的技术才是高科技很难判定。现在高科技很时髦，什么技术一出来都称自己是高科技，所以有一个认定问题，存在认定风险。另一个是技术转化风险，一个高科技项目从实验室走向市场，这期间的转化周期和成本有着很大的不可预见性，血本无归是常有的事情。

（2）市场风险。高科技、尖端科技，有时不一定适应市场的需要，企业的目标是追求利润，一种尖端科技如果不能给企业带来利润，不能造福于社会，它就没有任何价值，所以高科技项目带来的市场风险是巨大的。应当明确高科技只是手段而不是目的，我们的目的是要借助高科技的盈利潜力并将这种潜力转化为利润。因此，必须寻找高科技与市场的结合点。

（3）管理风险。管理风险分为操作风险和合作风险。从操作风险来看，随着企业的高速成长，企业领导人驾驭风险的能力受到了挑战，特别是一些民营企业，它们的创业家往往都是技术能手，对企业的驾驭能力不是很强，而在企业的高速成长期，对创业家驾驭能力的考验，远远大于对其技术开发能力的考验，因而带来管理的操作风险。管理的合作风险是指民营企业的两大股东：技术拥有者和资本拥有者之间由于各自的背景、立场、文化理念、经营思路不同而造成的风险。

（4）法律风险。高技术产品面临严重的知识产权侵权和盗版问题。我国保护知识产权的法律还不完善，执法力度也远远不够，导致知识产权法律保护方面的风险。

（5）退出风险。风险投资是一种权益投资，它通过股权的低价买进高价卖出来赚取回报。其股权一定要变现，一定要有资本市场。我国的主板市场不能变现，而企业在海外上市又受到各种限制，所以退出风险很大。

2. 很好地把握政策环境

这也就是要为高科技企业的发展寻找政策依据，用足政策。当前，风险投资的政策环境还是较为宽松的。一方面，风险投资基金发起人主体放宽了，既可以是金融机构，也可以是非金融机构，既可以是上市公司，也可以是非上市公司，既可以是法人，也可以是自然人。这是政府把风险投资向民间推进的一个信号。另一方面，国内

已推出创业板市场，二板上市公司的所有股份在一定期限后可以百分之百的流通，同时，在主板上市的公司，经国家批准的风险投资基金所持有的法人股允许上市一年后流通转让，这就为风险资本提供了一个很好的退出通道。

3. 及时进行风险控制或止损

风险控制的手段主要有：一是投资阶段的选择。风险企业发展的各个阶段（种子期、启动期、发展期、壮大期、成熟期），风险和收益大不相同，启动期和发展期的投资会获得较好的风险收益比。在美国，一般风险投资基金的投资结构是：种子期 5%，启动期、发展期是 80%～85%，壮大期是 10%～15%。若按这样的投资结构到中国投资是行不通的，因为中国投资者较为注重短期收益，中国的投资基金一般要将投资结构向后挪，大概是种子期 5%，启动期、发展期与壮大期各一半。二是分段投资。为避免一次性投资过大而导致风险过大，应以追加投资的方式进行。一旦经营环境恶化可及时止损。同时，追加投资在一定程度上起到了监督企业经营的作用，如果企业经营偏离原有的投资方向，投资人可以及时终止投资以保护自身利益不受更大侵害。三是考虑组合投资。企业应投资于自己擅长经营领域内的多家企业，或者多家企业联手投资某一项目。这种投资方式，不仅可以减少投资风险，而且可以为风险企业带来更多的管理资源。

4. 对风险企业持股，并不同程度地参与风险企业的决策和企业组织管理结构的改造

政府应很好地扮演引导者的角色，在政策上支持风险投资基金获得风险企业的优先股并享受附加优惠条件，一旦企业失败，基金有权优先获得该企业的资产和技术，允许基金拥有与投资额不成比例的表决权或重大问题的否决权，等等。中国风险投资政策变迁见图 8-3。

二、企业如何申请风险投资

风险投资在现实中是融资与投资相结合的过程。而风险这一概念不仅体现在投资上，也体现在融资上。投资和融资构成了不可分割的有机整体。积极申请风险投资，是企业有效融资的很好途径，是其作为风险企业为争取风险资金的过程，也是其介入风险投资活动的“逆运作”。

企业获得风险投资基金的方法有两种：一是直接向风险投资机构进行申请，由于目前国内尚未形成风险投资的有效机制，所有风险投资机构都是分散经营的，而且以国外机构占主要地位，因此直接申请的相对难度较大。二是获得风险投资的方法是通过中介机构进行，申请人的利益保障主要看中介机构的素质，并不是所有中介机构都能承担申请工作的，即使是著名的或经验丰富的中介机构也不见得都能满足每个申请人的要求。无论是直接申请，还是间接通过中介机构申请，获得风险投资基金必须经过以下步骤：①编制商业建议书；②递交申请文件；③与风险投资机构洽谈；④风险投资机构考察项目或企业；⑤签署法律文件；⑥取得风险投资基金。

首先，企业要能推出好的项目，项目本身有好的盈利预期和前景。这一点很重要。另外需注意的是项目要有一定的投入。许多人只是个想法，就去找风险投资家，要求投入多少资金，其实种子期、萌芽期风险资本的投入占整个风险投资的比例极小，纯粹的创业概念一般难以获得风险投资的青睐。如果企业自身对某一项目已有一定的投入，并积累了相当经验，获得风险投资的可能性将会大大增强。

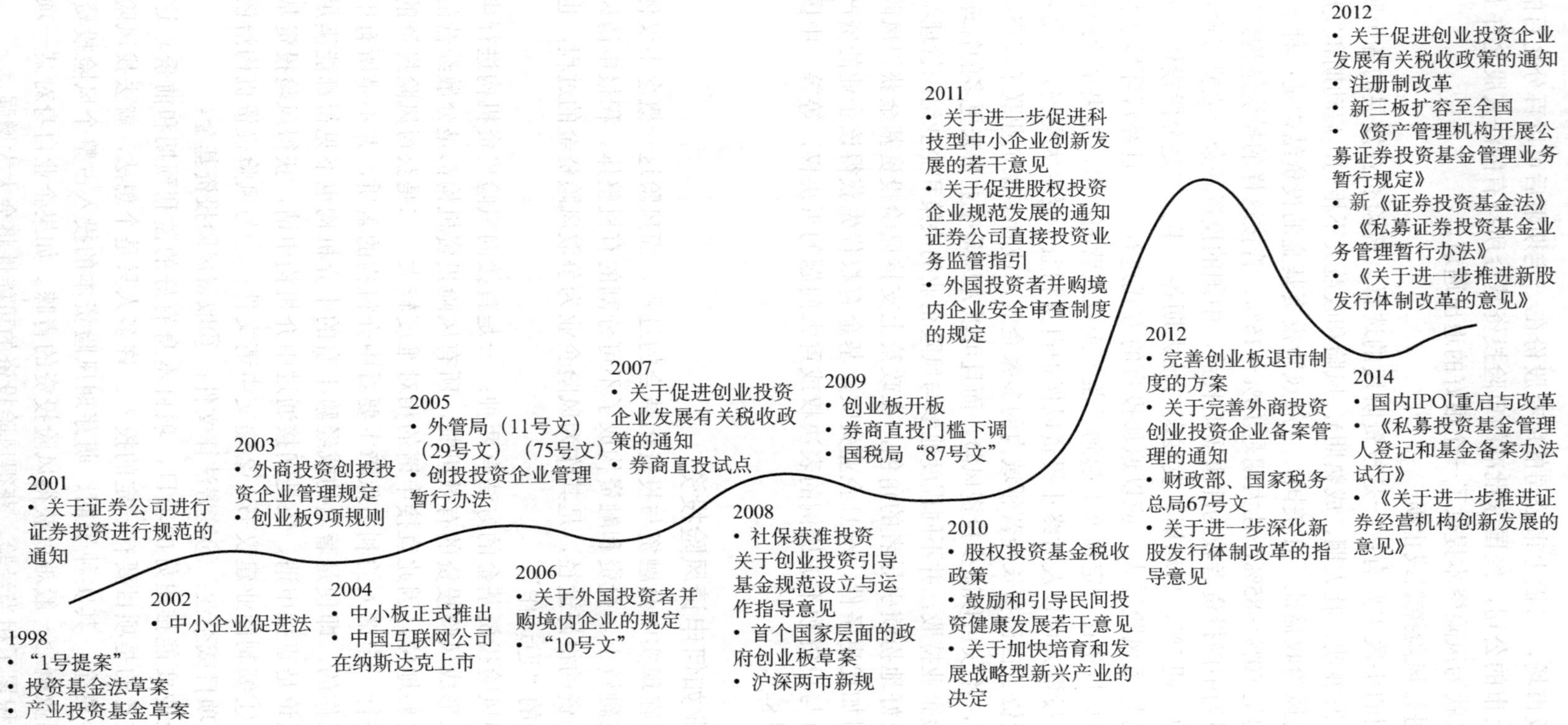

1998
- “1号提案”
- 投资基金法草案
- 产业投资基金草案

2001
- 关于证券公司进行证券投资进行规范的通知

2002
- 中小企业促进法

2003
- 外商投资创投投资企业管理规定
- 创业板9项规则

2004
- 中小板正式推出
- 中国互联网公司在纳斯达克上市

2005
- 外管局（11号文）（29号文）（75号文）
- 创投投资企业管理暂行办法

2006
- 关于外国投资者并购境内企业的规定
- “10号文”

2007
- 关于促进创业投资企业发展有关税收政策的通知
- 券商直投试点

2008
- 社保获准投资
关于创业投资引导基金规范设立与运作指导意见
- 首个国家层面的政府创业板草案
- 沪深两市新规

2009
- 创业板开板
- 券商直投门槛下调
- 国税局“87号文”

2010
- 股权投资基金税收政策
- 鼓励和引导民间投资健康发展若干意见
- 关于加快培育和发展战略型新兴产业的决定

2011
- 关于进一步促进科技型中小企业创新发展的若干意见
- 关于促进股权投资企业规范发展的通知
证券公司直接投资业务监管指引
- 外国投资者并购境内企业安全审查制度的规定

2012
- 完善创业板退市制度的方案
- 关于完善外商投资创业投资企业备案管理的通知
- 财政部、国家税务总局67号文
- 关于进一步深化新股发行体制改革的指导意见

2012
- 关于促进创业投资企业发展有关税收政策的通知
- 注册制改革
- 新三板扩容至全国
- 《资产管理机构开展公募证券投资基金管理业务暂行规定》
- 新《证券投资基金法》
- 《私募证券投资基金业务管理暂行办法》
- 《关于进一步推进新股发行体制改革的意见》

2014
- 国内IPO重启与改革
- 《私募投资基金管理人登记和基金备案办法试行》
- 《关于进一步推进证券经营机构创新发展的意见》

图 8-3　中国风险投资政策变迁

其次，包装好的商业计划书。在国外，企业寻求外部资金的途径是提出商业计划书，商业计划书勾画出企业发展的设想，反映出创业家对企业创业发展障碍的认识及对策，是风险投资公司筛选评估的主要依据。一个活跃的风险投资公司每年可收到上百份这样的商业计划书，而确定能够投资的仅 5～6 份，往往只有注重新技术思想、采取新的推销战略开拓市场的商业计划书才会受到青睐。一般说来，好的商业计划书应该包括：全面介绍企业的发展历程及发展目标；管理层简历；有关知识产权的法律文书；投资额及投资方向；产品或服务介绍，包括专利特点、价格以及业绩；市场分析，涉及深层次的市场规模、销售渠道、顾客来源以及竞争分析总述，包括三至五年规划，财务计划和实施方案等。写商业计划书时，特别要注意的是用规范化的设计使企业的三至五年计划有明确的思路和构想，投资回收期不要拉得太长，中国的风险投资家对投资回收期的要求比国外（5～7 年）高，一定要让他们看到希望的曙光（合适的投资回收期为 3～4 年之久）才行。

再次，通过中介机构进行风险投资基金申请时，一定要注意中介机构的个人和整体素质。高科技企业自己所拥有的资金很少，但又不得不聘用中介机构。这时可以在征得中介机构同意的情况下，自己负担申请过程中的主要工作，中介机构从中协助。中介机构的一般性开支，如差旅费、电话费、复印费等费用尽可能由企业实报实销，而中介机构的收入，企业应预先在申请风险投资基金时予以保留。保留中介机构利益的方法很重要，如果方法不当，会使中介机构得不到收入，进而可能会与申请人对簿公堂。这里介绍几种保留中介机构收入的方法：①直接在申请文件中列明中介费用，并说明中介费用是由申请人自行提供，而不是由被投资企业提供；②可被要求回购的股份，在合同中将中介费折算成被投资企业的股份，并由申请人保证在一定期限内，中介机构可以将股份按一定价格卖给申请人；③股票选择权，有些中介机构对中介费并不看重，他们可能会要求申请人将中介费转成股票选择权，一旦被投资企业可以公开上市了，中介机构可以从履行股票选择权上获得巨额收入；④可转换优先股，中介机构尽管不能立即收到中介费，但可以从被投资企业中长期收到回报。虽然有很多保护中介机构收入的方法，但毕竟要中介机构与申请人一起冒经营风险，对中介机构而言，这并不公平，他们已经完成了他们所需要完成的工作，没有道理让他们承受无法控制的风险。所以，只让中介机构从事申请人不能自己完成的工作，其他工作全由申请人自己完成，中介机构的收费就不会高，支付起来也就轻松一些。

最后，培育优秀的创业团队。这是关键中的关键。风险投资业内有这样一个形象的比喻：马（产品或项目）、赛马场（市场）和机会（财务指标）都不是最重要的，决定风险投资家是否下注的是骑手（创业家或创业团队）。统计数据表明，大约只有 1%以下的项目能通过风险投资家的初步筛选。可见，优秀的创业家及其创业团队的品性、创新能力至关重要。因为环境与市场的变化不可预见，也无法控制，只有优秀的创业团队才能克服困难，迎接挑战，确保成功。

三、构建促进企业发展的风险投资支撑体系

企业要想成功的运作风险投资并从中受益，支撑体系的构建与完善是必不可少的，因为它关系到风险投资的成败。这种支撑体系包括如下几个方面。

（一）创业文化

创业文化的核心是鼓励创新、容许失败、宽容背叛、专家至上以及敢于冒险。可以说，这种创业文化是新企业源源不断诞生、高技术企业迅速分裂繁衍、企业新陈代谢加快的重要前提条件。美国硅谷、中国台湾新竹的成功，都离不开这种创业文化的支持。

（二）健全的法律制度

保证风险投资活动的法律制度包括知识产权制度、保证资本市场“公开、公平、公正”原则的制度、信用制度以及有关企业运作和破产的制度等等。这些制度的核心在于保护风险投资活动中交易各方的合法权益，保证交易活动的顺畅进行。

（三）高效运作的风险资本市场

资本市场是风险资本退出的最重要渠道，风险资本无论从支持风险企业公开上市的“二板市场”还是通过私募方式退出，都离不开具有足够深度和广度、运作规范有序、结构合理、监管有力的资本市场。

（四）多样化的中介服务机构

风险投资中介机构是运用各种金融工具为筹集者和投资者服务的专业性机构，包括财务顾问公司、投资银行、会计师事务所、律师事务所、投资顾问、资产评估机构、技术咨询机构、专业市场调查机构、基金托管人等。与风险投资公司的一个主要区别是，中介机构既不代表投资者参与企业管理，也不进行投资，只提供各类专业服务。这种专业服务的特点有两点：一是由于中介机构的独立性和专业性，使得这种专业服务具有一定程度的权威性，在投融资者之间出现利益矛盾时可以发挥公正裁决的作用；二是这种专业服务有助于投融资双方的信息沟通，减少投资项目的运作成本（包括机会寻找成本、谈判成本、运营成本、监督成本等）和道德风险。项目得到成熟的中介机构推荐也能传递出积极的质量信号。因此，无论对于风险企业、投资者还是风险投资家，无论在风险投资活动的哪个阶段，中介服务机构都是必不可少的。

（五）风险投资的自律组织

自律组织是联结政府与风险投资机构、国内风险投资家与外商和外国金融机构，沟通业内信息，规范同业经营行为的全国性行业组织。美国的风险投资协会与所有政府机构及新闻媒介都有工作往来，通过与政府机构和其他组织的积极合作，在很大程度上推动了美国风险投资业的发展。

需要特别强调的是，上述支撑体系的构建与完善离不开政府的重视与支持，政府在其中所扮演的重要角色是不可替代的。

总结与复习

风险投资是指由职业金融家投入到新兴的、迅速发展的、有巨大竞争潜力的企业中的一种权益资本。

风险投资的特点：高风险高收益、循环投资、权益投资、分阶段中长期投资。

风险投资运作过程的关键点：尽职调查、风险控制、增值服务、退出之道。

企业介入风险投资需考虑的几个问题：风险分析、很好地把握政策环境、及时进行风险控制或止损、对风险企业持股并程度不同的参与风险企业的决策和企业组织管理结构的改造。

第 8 章　即测即练题

思考与练习

1. 什么是风险投资（VC）？
2. 风险投资运作过程的关键点有哪几个？分别是什么？
3. 我国风险投资发展的约束条件有哪些？
4. 企业应该如何申请风险投资？
5. 课外查找资料，分析我国风险投资产业的最新发展态势。

本章案例分析

小肥羊引进风险投资

1999 年内蒙古小肥羊餐饮连锁有限公司（以下简称“小肥羊”）在包头开业，仅用了 7 年时间就在包括港澳台的中国以及日本、北美快速扩展了 720 家分店，扩张速度之快令人惊叹。2006 年 7 月 24 日，小肥羊同英国最大的创业及私募投资机构 3i 集团公司（以下简称：“3i”）和西班牙普凯基金公司（以下简称“普凯集团”）达成投资协议，规模达 2500 万美元，成了外资入股中国餐饮企业的第一例。

一、小肥羊的发展历程

1999 年 8 月 8 日，小肥羊的第一家店在包头开张了。一开业便受到消费者的欢迎。随后，小肥羊的发展犹如星火燎原之势，直营店、加盟店当年便开始向全国延伸。从 2003 年开始，小肥羊已经连续 3 年营业额仅次于拥有肯德基、必胜客等著名餐饮品牌的中国百胜餐饮集团，荣居“中国餐饮企业百强第二”。

2003 年，小肥羊的加盟店达到 660 家，并在美国开店，销售额达到 30 亿元的规模；2004 年，第 696 家分店开到香港。

2005 年 5 月 27 日，排位 718 的台湾松江店开业，小肥羊成功登陆台湾地区。10 月，小肥羊在香港开了第 4 家店，为小肥羊创造了 1.4 亿元的营业额。11 月 8 日，北美第一家直营店——多伦多小肥羊店试营业的当天流水就有 5 万元。2005 年年底，小肥羊店数达到 720 家，销售到达到 52.5 亿元。

2006 年，小肥羊还在日本跟一家上市公司合作开设了一家连锁店。目前，小肥羊正在进行的海外扩张行动目的地包括新加坡、韩国等亚洲市场以及美国市场。

二、风险资本家来了

嗅觉灵敏的风险投资家很快就发现了小肥羊的投资价值。在经过各种渠道对小肥羊了解后，王岱宗径直飞到小肥羊的总部——号称“稀土之都”“草原钢城”的内蒙古包头，提出对小肥羊最少投资2000万美元的意愿。然而，由于经营状况良好，小肥羊并没有融资的想法：“我们不缺钱”，这是王岱宗最初从小肥羊得到的答复。即便需要，1000万美元也足矣。投资人伸出的橄榄枝就这样被婉拒了。

不过，风险投资人没有那么容易被拒绝，经过对小肥羊的经营模式进行分析，特别是小肥羊兴起的法宝——连锁经营模式进行了周密的调研和分析，用投资者锐利的眼光看出了这一法宝同时也是小肥羊的心结。投资人再次上门洽谈，提出了经过自己调研后的法宝，列举了小肥羊在目前经营中的软肋所在，同时对小肥羊阐述了自己在这方面的优势，以及能给小肥羊带来的解决方案，终于说动了小肥羊决定引入战略投资者。到底是什么让小肥羊一改初衷呢，正是其赖以发展的法宝——连锁经营。

2000年至2002年，小肥羊为了追求规模效应和资金的原始积累，曾大面积发展特许加盟店，然而，扩张过快的特许经营带来了管理上的隐患，对加盟商的管理曾一度失控。加盟商追求利益和小肥羊追求规模效应之间出现了鸿沟，一些加盟商的不规范行为对小肥羊的业绩和品牌造成了恶劣的影响。小肥羊决定调整战略，收回加盟店，大力发展直销店来达到一石多鸟的目的，3i的资金就显得相当必要了。毕竟靠小肥羊自身的流动资金和银行贷款还不足以在短期内完成这一紧迫的任务。

在各方风投慕名涌来的时候，3i也不断与小肥羊进行谈判。各个公司的方案摆在小肥羊面前，其中也有让小肥羊非常动心的方案，但最终，小肥羊还是选定了最早到来、接触时间比较长，行事风格也比较合拍的3i做投资合作伙伴。小肥羊常务副总裁卢文兵解释道：“在接触过程中，3i对于餐饮行业的理解和深厚的国际网络让我感到有些吃惊。”事实也的确如此，在参股小肥羊之前，3i已经在全球投资了60多家食品企业，对餐饮连锁具有丰富的行业经验和网络关系。

双方谈判进入佳期后，另一家风投机构普凯集团也进入了小肥羊的眼帘。从2005年8月开始接触，经过一年时间的谈判后，2006年7月24日，小肥羊与3i和普凯集团最终签订了投资协议，后两者联手投资2500万美元，占合资公司20%的股份，其他股份为个人出资，而小肥羊创始人张钢及陈洪凯的股权稀释不足40%。3i以16%的股份成为位列小肥羊创始人张钢之后的第二大股东，普凯基金则获得了4%的股份。

除了股份之外，3i还获得了小肥羊董事会当中的两个董事席位，普凯获得一席，分别代表外资股东出任执行董事，在董事会的重大决议上拥有一票否决权。不过与大多数投资公司自己直接出马的做法不同，3i委托了两位餐饮行业内的专家：汉堡王前任国际业务总裁和肯德基中国香港地区现任行政总裁代表自己出任小肥羊独立董事。

至此，合资公司董事会成员增至11人，其中中方6名，分别是董事长张钢、副董事长陈洪凯、常务副总裁卢文兵，以及小肥羊上海、深圳、北京分公司的三名总经理。不过，从2006年开始的3年内，小肥羊承诺业绩符合增长率不低于40%，即小肥羊每年的利润和销售额同比增长40%以上。如果完不成约定目标，小肥羊将向两大集团提供补偿。

2008年6月小肥羊集团有限公司在香港联交所主板挂牌上市，成为中国“火锅第一股”。

资料来源：新浪财经/ https://finance.sina.com.cn

问题：

1. 以趋之若鹜来形容风险资本对小肥羊的青睐一点也不为过，因为主动上门要求投资小肥羊的投资机构超过了20多家。小肥羊作为一个传统行业的企业为何能引起国际资本的关注？

2. 从3i集团公司对小肥羊的风险投资，分析风险投资的成功要素是什么。

第五篇

公司治理

第九章
公司治理概论

学习目的

- 了解现代公司的特点；
- 掌握公司治理问题产生的根源；
- 理解公司治理的内涵与构成；
- 掌握各种公司治理模式的特征。

引　言

国外“安然”们的巨星陨落与国内“万福生科”们的神话破灭，无不凸显出完善上市公司治理结构的重要性，近些年出现的一些现象使其再度成为热点。这些现象主要包括：Google、Facebook、百度、京东等公司携双层股权结构、阿里巴巴携“合伙人制度”上市，对“同股同权”原则构成强劲挑战；资本市场上万科、南玻集团、南孚电池等公司频频遭遇“野蛮人”敲门，引发监管部门高度重视以及对财务资本的规制思考。

公司治理是当前国内外理论和实务界研究的一个世界性的课题，它伴随着企业制度逐步产生、发展和完善。现代企业制度，是企业制度适应经济、社会和技术的进步、不断自我完善的结果。

公司治理已经成为建立现代企业制度的着力点，公司治理的研究对我国市场经济体制的改革、现代企业制度的建立有着重要的意义。我国以市场为导向的渐进式改革已取得了一定的成功，但我国企业的产权制度改革和公司化改革还远远没有完成，深层次问题和矛盾还有待研究和解决。

第一节　公司治理问题的产生

一、现代公司

从企业制度的发展历史看，它经历了两个发展时期——古典企业制度时期和现代企业制度时期。古典企业制度时期主要以业主制企业和合伙制企业为代表，现代企业制度时期主要以公司制企业为代表。总体而言，企业制度从古典到现代的转变，经历了业主制企业、合伙制企业和公司制企业的发展过程。

业主制企业也称“独资企业”，是由单个个人出资，归个人所有和控制的企业，它在法律上为自然人独资企业。业主制企业是最古老也是最简单的企业制度形式，这种企业只有一个财产所有者，即业主，因此财产关系最清晰、简单，经营权与所有权合为一体，业主对企业的债务负无限责任，风险较大。

合伙制企业是由多个资本所有者共同投资、共同所有、共同经营、共担风险和分享收益的企业。由于是合伙人共同出资，合伙制企业的资本规模比业主制企业大，合伙人要用自己的全部财产对企业的业务承担全部责任或无限责任。所有合伙人都有权代表企业从事经济活动，重大活动都需要得到所有合伙人的同意。合伙制企业与业主制企业在本质上并无区别。

公司制企业是依据法律法规和公司章程等，通过股权融资把分散的资金集中起来的企业组织形式，是依法享有独立的民事权利、承担民事义务、负有民事责任、独立经营的法人组织，在独立的法人财产权基础上进行运营。股东是公司财产的所有者，有权分享企业的盈余，并以其向公司的出资额承担有限责任。公司制企业中有两个相对应的主体：投资者拥有财产的终极所有权，凭借股权获得收益；法人拥有企业法人财产权，拥有企业生产经营权。

现代公司制度是随着商品经济和社会化大生产的发展而形成的一种典型的企业财产制度。不同于古典企业，现代公司具有如下精神实质：

（1）公司是由市场经济关系链条构成的多角化经济组织。这样的链条大体包括股东与董事会的信任委托关系、董事会与经理的委托代理关系、经理与员工的聘用关系、债权人与公司的信用关系、公司与监管者（证券、工商、税务等）的依法诚信关系。任何关系链条的断裂都可能影响公司的正常运营。

（2）公司是各类生产要素的聚合体。公司聚合了生产经营所需的物质资源、技术资源、人力资源、信息资源和资金等，是社会各类资源进行有效配置的微观和基础组织。

（3）公司是多种利益主体交织和平衡的结合体。公司股东（资本）、经营管理人员（企业家）、员工（人力资本）、债权人、供应商、消费者、社区、税务等主体的利益都以相应公司为依托，各参与者根据自身所提供的资源和承担的风险获取在公司中应得的收益，并通过市场机制的作用逐步形成均衡。公司已不仅仅是股东的公司，而且是参与各方利益平衡的结合体。

（4）公司是市场契约的联合体。各类经济主体的活动、各种经济利益关系、各种经济关系链条的衔接、各投资人的权利与义务等都是靠数量众多、各式各样的契约维系的，公司是非人力资本、人力资本等缔结的合约，公司体现的是现代市场经济的法治精神。

从现代公司的精神实质可以看出，现代公司相对古典企业而言规模较大，具有经济与社会职能复杂、经营区域广、股权趋于分散、资本的所有者与企业经营者分离等特点。

二、两权分离与公司治理问题的产生

随着公司制企业的发展，现代公司出现了产权制度和治权制度的两次分离。一是公司出资人拥有的股权和法人所有权的分离，公司的终极所有者不能干预法人对其财产所有权的行使；二是抽象的公司法人所有权与具体的经理人经营权分离。正是在两次两权分离的基础上，公司治理问题才得以产生，并使得公司治理问题成为现代公司的焦点与核心。

一般地，公司主要依靠两种基本关系维持运转，即股东与董事会的信任托管关系和董事会与经理层的委托代理关系。信任托管关系容易产生公司治理顽症——大股东侵占小股东的利益；委托代理关系容易产生公司治理另一顽症——内部人控制现象。

美国著名经济学家伯利与米恩斯在20世纪30年代就观察到了经营权与所有权分离的问题，揭示了现代公司在产权安排和内部控制上的特征，为公司治理的基本理论——代理理论——奠定了基石。代理理论认为，当一个或多个人（委托人）为获取某种服务而雇佣另一人或多人（代理人）代为决策实施时，也就是说当一方将决策的权力和责任授权给另一方，并对另一方提供相应报酬时，代理关系就产生了。在公司治理过程中，代理问题体现在由于所有权与控制权两权分离，失去了控制权的所有者该如何监督制约拥有控制权的经营者，使经营者能够以实现所有者利益最大化作为经营的目标。

代理理论将两权分离的公司制度下的所有者与经营者的关系概括为以下三个特点：一是不完全一致的经济利益；二是承担大小不对等的风险；三是在公司经营和资金运用上的信息不对称。经营者在日常的经营活动中掌握了绝对的信息，为了追求自身利益的最大化，很有可能与公司所有者的利益不一致，甚至会损害公司和所有者的利益，从而产生风险。为了规避这一风险发生，确保资本的安全和投资回报最大化，引入公司治理这一机制势在必行，能够实现对经营者一定程度上的监督和约束。代理理论的基本思想是，公司的所有者是公司的股东，也就是委托代理理论中的委托人，而经营者则是代理人。怎样解决代理风险的问题是公司治理的核心问题，具体来说就是怎样让经营者忠实地履行其应尽的职责，建立怎样的激励约束机制才能有效地督促经营者为所有者的利益最大化服务。

20世纪70年代中后期，福特等公司出现的治理危机拉开了美国有关公司治理问题讨论的序幕，而在80年代的英国，由于不少著名的公司相继倒闭，引发了英国对公司治理问题的讨论，产生了一系列的公司治理委员会和治理准则。国际经济、金融组织积极推动公司治理，经济合作与发展组织（OECD）制订了公司治理准则，国际证监会组织也成立了新兴市场委员会并起草了《新兴市场国家公司治理行为》的报告。在中国，上市公司的治理问题也越来越引起各界的重视，在这方面已出现了很多案例，如“兰州黄河”、“ST慧球”等典型的严重的内部人控制事件；“猴王股份”等大股东大量占用上市公司资金，从而侵占中小股东利益的问题。对于此类事件和问题，中国证监会也多次强调健全公司治理结构，改善公司治理，并和国家经贸委联合颁布了《上市公司治理准则》。2018年，中国证监会对《上市公司治理准则》（以下简称《准则》）进行修订，《准则》增加了上市公司治理一系列新要求，如加强了对控股股东、实际控制人及其关联方的约束，规范了上市公司控制权变动中公司治理相关问题，增加了机构投资者参与公司治理有关规定。

三、公司治理相关理论

自 20 世纪 30 年代初美国学者 Berle 和 Means①提出公司治理的概念以来，众多的学者从不同角度对公司治理结构进行了研究，形成了丰富多样的公司治理理论，其中包括两权分离理论、古典管家理论、委托代理理论、不完全契约合同理论、现代管家理论、资源依赖理论、利益相关者理论和剩余控制权、剩余索取权理论等，这些理论之间紧密联系、互为补充，不仅为公司治理结构的研究提供了一般的理论框架，也为各国建立公司治理结构的实践奠定了理论基础。

（一）两权分离理论

Berle 和 Means 在《现代公司与私有产权》中首先提出两权分离即公司所有权与控制权分离的概念和理论。这一理论是随着股份公司的产生而产生的，是对股份公司主要特征的描述。在业主制或合伙制这样传统的企业制度下，企业的所有权与控制权是合一的，所以，企业经营管理的动力机制得到了很好的解决。而在股份公司这种现代企业制度中，所有权与控制权是分离的，公司不是由所有者——股东经营，而是由股东大会选举产生的董事会经营管理，股东不直接参与公司的生产过程、经营过程以及资本运作过程。股东所要做的只是参加股东大会，行使自己的投票权，选出董事会，以此来间接地影响公司生产经营活动。这时企业经营管理的动力就成为一个重要的问题，所有者必须对经营者进行制约，同时又必须对经营者给予足够的激励使他为自己创造更多的利益，它使得公司治理结构的构建成为必要。因此，公司治理结构的实质就是所有者与经营者之间的利益制衡机制。

（二）古典管家理论

在新古典经济学中，企业被看作是具有完全理性的经济人。与此相对应的是古典管家理论，该理论认为，所有者和经营者之间是一种无私的信托关系。这方面与治理相关的观点有：①在新古典框架下，不存在代理问题。原因是，在新古典关于信息完全的假设下，经营者没有可能违背委托人的意愿去管理企业。②在完全信息的假设下，公司治理模式不再重要②。③基于完全信息假设下的管家理论对于研究现代公司治理基本上不具有任何意义。如果有，那也只能说是公司治理理论的一个最初的萌芽。在此意义上，公司治理表现为股东主权至上，以信托为基础的股东与董事会、总经理间的关系，使经营者亦会按照股东利益最大化原则行事。

（三）委托-代理理论

信息经济学是 20 世纪 60 年代以来经济学的一个重要研究领域，其对新古典经济学的根本性突破表现在放弃对信息完全和无私性的假设。因此，对古典管家理论提出了质疑：一是由于经营者对自身利益的追求，没有任何理由或证据可以表明他们是无

① Berle A，Means G.The Modern Corporation and Private Property［M］. London：Macmillan，1993.
② Hart O. Firm，Contracts，and Financial Structure［M］. Oxford：Oxford University Press，1995.

私的，或者会天然地与股东的利益保持一致。二是信息完全的假设违背了客观现实，这又表现为两个方面，一方面由于人的有限理性，人不可能拥有完全的信息；另一方面，信息的分布在个体之间是不对称的。这两方面的修正，产生了委托代理理论，并在过去20多年的发展中真正占到主导地位。该理论的前提是，人是理性的和自利的。因此，在股东与经理人员之间形成的委托代理关系中，经理人员作为代理人被推断为具有机会主义倾向。在进行战略决策和选择时，他们将以股东利益为代价谋求自身利益的最大化，即出现委托代理关系中的道德风险或机会主义行为问题。从委托人的立场看，他必须设计一种契约或机制，给代理人提供某种激励或制约，使代理人的决策倾向能够有利于委托人效用的最大化。委托代理理论认为，法律规章制度、产品和要素市场、资本市场和由董事会领导的内部控制制度是形成经理人员有效约束的主要控制力量。所以，委托代理理论中的公司治理结构，是对管理人员的机会主义和推卸管理责任进行控制，使其决策符合委托人的利益。相对来讲，市场的作用在委托代理理论中得到了更多的重视。

（四）不完全契约理论

以哈特（Hart）和摩尔为代表的不完全契约理论对委托代理理论提出了质疑。虽然委托代理理论为现代企业管理理论奠定了基础，但是，其前提是不存在任何谈判、实施和制定契约的交易成本。在这样的状态下，契约就还对所有可能经营情况下的经营者的义务进行规定。但是，现实中由于人们无法预见所有可能的状况，并且人并不是完全理性，而是有限理性，因此会出现缔约成本、不完全信息和机会主义行为，从而导致委托人与代理人之间的契约是非完全的，必然会存在各种交易成本。因此，委托代理理论存在很大的缺陷。哈特[①]认为不完全契约理论的存在主要有三个原因：人们不可能估计到所有偶然性的发生；即使估计到了，也难以签署一份完全契约；即使契约双方能够预计并讨论将来事宜，他们亦很难签订一份这样的契约，因为对于签署外部权威很难知道交易双方签订条款的各种背景，外部权威很难理解契约的内容而履行其职责。并且，他还指出要解决不完全契约的负面效应，需要同时赋予经营决策者剩余控制权和剩余收益权，这样才能让最有动力作出好决策的人去做决策，使决策者在短期和长期行为之间平衡他们的活动。根据不完全契约理论的分析，剩余收益权是依赖于剩余控制权的，因此，现代产权理论认为产权的真正内涵应当是剩余控制权，它可以等同于所有权。狭义的公司治理结构，就是在主要的利益相关者——股东、董事和经理之间分配剩余控制权，同时分配相应的剩余索取权。不完全契约理论进一步补充和完善了对于企业代理问题的认识。为了解决代理问题，就必须在承认不完全契约的前提下，设计出与委托代理契约性质相匹配的产权关系契约——治理结构，通过剩余控制权的分配对委托代理契约的承诺实行有保障的约束。

（五）现代管家理论

基于完全信息假设下的古典管家理论，显然不符合现实，不完全信息的存在使该理论无法解释现代企业中所存在的两职分离与合一的现象。虽然委托—代理理论的提

① Hart O. Firm，Contracts，and Financial Structure［M］. Oxford：Oxford University Press，1995.

出有助于解释两职分离及其绩效的关系，但是，现代组织理论和组织行为方面的研究表明，代理理论的前提假设是不合适的，而且也有许多实证结果与代理理论是截然相反的。在此基础上，Donaldson[①]提出了一种与代理理论截然不同的理论——现代管家理论。他认为，代理理论对经营者内在机会主义和偷懒的假定是不合适的，而且经营者对自身尊严、信仰以及内在工作满足的追求，会促使他们努力经营公司，成为公司资产的好“管家”[②]。现代管家理论认为，在自律的约束下，经营者和其他相关主体之间的利益是一致的。

（六）资源依赖理论

资源依赖理论（RDT）是经营策略中一个重要的方法，它是一个基于经济租金的概念。对 RDT 来说，公司是能力的聚集地。不同于传统的策略模式，传统模式注重公司的外部竞争环境却往往忽视其内部运作及资源，RDT 强调互利合作关系的外部环境和公司内部的能力。

RDT 的主要思想是，一个企业在做战略决策时，其内部环境（包括它的资源和能力在内）比外部环境更加重要。企业的独特资源和能力是战略决策的基础，在市场中相对于机会更要充分利用其核心竞争能力[③]。因此，RDT 解释了为什么中小企业在治理和其他资源的缺乏方面处于不利的战略地位。尤其是中小企业在管理方式上存在不足，这可以通过独立董事来解决，他们可以在必要时向总裁和经理提供意见。

（七）利益相关者理论

西方古典公司治理理论是以古典管家理论（董事会由于有信托的责任，而会以公司的利益最大化为重）或者更为现代的概念——代理理论（董事会与股东之间就他们的利益签订了契约）为基础的，这些思想日益受到批评，因为它们把更为广泛的相关者的利益排除在外[④]。利益相关者理论的中心思想是：公司是由不同要素提供者组成的一个系统，他们提供的要素有许多是公司的专用资产（如专用性人力资本）。他们是公司的利益相关者，公司经营是为公司利益相关者创造财务服务，而不仅仅是为股东利益最大化服务。为此，应当让利益相关者享有公司所有权并参与公司治理。虽然关于如何确定相关利益主体在公司治理中的地位和作用，还远未形成完整的理论体系，但有许多实践已经在这方面做了有益的尝试。例如，员工持股计划、员工进入董事会和监事会、董事会结构的重构以及机构投资者和债权人的作用等。

（八）剩余控制权与剩余索取权理论

现代产权理论是在不完全合同的基础上，进一步揭示了所有权的本质。该理论认为：所有权就是在合同对决策权没有规定的时间和地方实施剩余控制权的权利，以及

① Donaldson G. Voluntary restrueluring：The Case of General Mills［J］. Journal of Financial Economics，1990（27）：117-141.

② Boyd B K. CEO Duality and Firm Performance：A Contingency Model［J］. Strategic Management Journal，1995（16）：301-312.

③ Hamel G，Prahald C K. The Core Competence of The Corporation［J］. Harvard Business Review，1990.

④ Moon C J，Otley M. Corporate Governance in The Asia Pacific Region：Mechanism for Reconciling Stakeholder Interest［J］. Euro-Asia Journal of Management，1997（12）.

在合同履行之后取得剩余收益的权利，即所有权是剩余控制权（residual rights of control）和剩余索取权（residual claim rights）的统一。

因为公司治理的一系列合同是不完全的，难免会有一些未涉及的资产使用或处置等事项需要决策，所以，所有者就拥有了这些权力，即在不违背法律、法规、合同等规定的情况下，对合同未规定的事项作出决策。由于这种权力是合同未明确的，相对于已经规定的特定权力来讲，它就成了"剩余控制权"。因为这是所有者的重要权力，所以格罗斯曼和哈萨克特就把剩余控制权作为所有权的定义。

同样，由于合同的不完全性，公司会存在合同规定分配程序之外的收益，该收益也应归所有者获得，这种合同未规定的收益权就称为"剩余索取权"。

所有权是剩余控制权和剩余索取权的统一，这种理论的优点之一是在实践中具有较强的可操作性。只要将企业的剩余索取权与剩余控制权授予企业的出资者，那么企业追求利润最大化或股东财富最大化的财务管理目标即剩余索取权和剩余控制权的对应，便可以轻而易举地实现，而且企业出资者的身份也容易确定，并不需要付出太高的成本。然而，越来越多的事实表明，出资者单方面享有企业所有权的观点，并不符合企业所有权结构发展变化的现实。非人力资本所有者与人力资本所有者及其他利益相关者共享企业所有权的制度安排，已被很多企业认可并付诸实施，例如，高层管理人员多元化的激励机制。在新古典产权学派看来，最有效率的莫过于出资者与经营者合二为一。在股份公司中，不仅所有者与经营者的职能已经分开，而且不少公司为了激励管理人员兼顾企业的长期利益与短期利益，实行了股权的多元化激励机制，即高层管理人员与出资者共同享有剩余索取权的利益安排。种种事实表明，拥有企业剩余索取权和剩余控制权的主体，不再仅仅是出资者，企业管理人员、一般员工和其他利益相关者同样也参与了这些权利的分享，从而成为影响公司财务管理目标的利益集团。

第二节　公司治理的内涵及构成

一、公司治理的含义

"公司治理"最早的概念源于西方。其英文原文 Corporate governance 是一个很难准确翻译的词汇，国内有法人治理、公司治理、企业治理等多种译法。

公司治理理论的提出及对其进行系统性研究始于 20 世纪 80 年代。而西方关于公司治理结构的专著，大多是在 20 世纪 90 年代才出现的，自"公司治理"概念诞生之日起，它就是一个颇有争议的话题。到目前为止，学术界对公司治理还没有一个统一的定义。下面是国内外比较流行的几种观点。

美国经济学家威廉姆森对其定义为：公司治理就是限制针对事后产生的准租金分配的种种约束方式的总和，包括所有权的配置、企业的资本结构、对管理者的激励机制、公司接管、董事会制度、来自机构投资者的压力、产品市场的竞争、劳动力市场的竞争、组织结构等。

Blair[①]认为，公司治理有狭义和广义之分。狭义地说，公司治理结构是指有关公司董事会的功能、结构、股东的权力等方面的制度安排。广义地讲，公司治理则是指有关公司控制权或剩余索取权分配的一整套法律、文化和制度性安排，这些安排决定公司的目标，谁在什么状态下实施控制、如何控制、风险和权益如何在企业不同的成员之间分配这样一系列问题。

吴敬琏[②]认为，所谓公司治理结构，是指由所有者、董事会和高级执行人员即高级经理人员三者组成的一种组织结构。在这种结构中，上述三者之间形成一定的制衡关系。通过这一结构，所有者将自己的资产交由公司董事会托管；公司董事会是公司的最高决策机构，拥有对高级经理人员的聘用、奖惩以及解雇权；高级经理人员受雇于董事会，组成在董事会领导下的执行机构，在董事会的授权范围内经营企业。

钱颖一[③]认为，公司治理结构是一套制度安排，用以支配若干在公司中有重大利害关系的团体——投资者（股东和贷款人）、经理人员、职工之间的关系，并从这种联盟中实现经济利益。公司治理结构包括：①如何配置和行使控制权；②如何监督和评价董事会、经理人员和职工；③如何设计和实施激励机制。一般而言，良好的公司治理结构能够利用这些制度安排的互补性质，并选择一种结构来降低代理人成本。

李维安等[④]认为，公司治理是指通过一套包括正式或非正式的、内部或外部的制度或机制来协调公司与所有利益相关者之间的利益关系，以保证公司决策的科学化，从而最终维护公司各方面利益的一种制度安排。这种公司治理是公司利益相关者通过一系列的内部和外部机制实施的共同治理。

张维迎[⑤]指出，公司治理结构是所有企业参与人及其利益相关者之间的关系；公司治理的核心问题是如何在不同的企业参与人之间分配企业的剩余索取权和控制权；公司治理结构的有效性主要取决于四个方面的制度安排，即企业所有权安排、国家法律制度、市场竞争和信誉机制、经理人的薪酬制度及企业内部的晋升制度。

国际经济合作与发展组织（OECD）[⑥]指出，公司治理是一种据以对上市公司进行管理和控制的体系。公司治理明确规定了公司的各个参与者的责任和权利分布，诸如董事会、经理层、股东和其他利害相关者，并且清楚地说明了决策公司事务时所应遵循的规则和程序。同时，它还提供了一种结构，使之用以设置公司目标，也提供了达到这些目标和监控运营的手段。

从以上各学者和组织给出的公司治理的基本含义出发，结合现代公司在新经济环境下的特点，我们应把握住公司治理的本质特征：

（1）公司治理的目的应是在维持公司所有参与主体利益基本平衡或不失衡的前提下，追求股东利益最大化。如果仅仅强调股东利益最大化，而忽视公司所有参与者的

① Blair M. Ownership and Control-Rethinking Corporate Governance for The Twenty-first Century［M］. Washington DC：The Brookings Instilution，1995.

② 吴敬琏．现代公司与企业改革［M］．天津人民出版社，1994.

③ 钱颖一．转轨经济中的公司治理结构［M］．北京：中国经济出版社，1995.

④ 李维安．公司治理学［M］．北京：高等教育出版社，2005.

⑤ 张维迎．产权激励与公司治理［M］．北京：经济科学出版社，2005.

⑥ OECD 公司治理特别委员会．OECD 公司治理准则．http://www.oecdchina.org，2016.

利益平衡，将不可能取得治理的圆满成功。

（2）公司治理就是为了确保公司的各参与者一方面获取自身利益，另一方面又要保障利益的平衡而进行一系列法律法规和财务制度安排。

（3）人力资源、资本市场、债权人等因素都能对公司治理产生重要影响。

二、公司治理的基本原则

公司治理实际上是一种涉及股东、管理者和其他利益相关者之间关系的制度安排，不同的环境和模式下公司治理的标准和原则不可能“千人一面”，但毕竟具有趋同性，还是可以抽象出一些共同的原则。

公司治理的原则在国际最有代表的就是经济合作与发展组织（OECD）于 1999 年推出的“OECD 公司治理原则”，并先后于 2004 年和 2016 年进行了两次修订。第二次修订吸收了 2008 年国际金融危机中暴露的公司治理教训，继承了既有原则，新增了机构投资者、证券交易所等中介机构等内容，反映了经济竞争环境的变化及对公司治理的新需求。原则包括六个部分：

第一章，确保有效公司治理框架的基础；

第二章，股东权利和平等待遇及关键所有权功能；

第三章，机构投资者、证券交易所和其他中介机构；

第四章，利益相关者的作用；

第五章，信息披露和透明度；

第六章，董事会责任。

中国的公司治理起步较晚，且有着明显的“传统计划经济”和“东方文化”的烙印，其治理难度较大，并注定了要从中国的国情出发。2002 年年初，国家经贸委和中国证监会联合颁布了《上市公司治理准则》，该准则从中国的国情出发，参照“OECD 公司治理原则”，阐明了我国上市公司治理的基本原则、投资者权利保护的实现方式，指出了上市公司董事、监事、经理等高级管理人员所应遵循的基本的行为准则和职业道德等内容，并在“OECD 公司治理原则”五项基本内容的基础上增加了以下内容：规范控股股东行为和关联交易；强调上市公司独立于控股股东（人员、资产、财务分开，业务、机构独立）；要求董事会设立战略、审计、提名、薪酬与考核等专门委员会，并明确了各自的职责和运作方式；建立公正透明的董事、监事和经理人员的绩效评价标准和程序等。2018 年，证监会对其进行修订，《准则》进一步强化了约束，在诚信义务、承诺履行、保持上市公司独立性等方面提出了新要求。比如控股股东、实际控制人不得利用特殊地位谋求非法利益，还对投票权、提名权等进行了一定约束；强化了中小投资者合法权益保护，突出了中小投资者作为股东享有的权利保障，如要求上市公司积极回报股东，在公司章程中明确利润分配办法尤其是现金分红政策；对独立董事强化职权并规范要求，明确了独立董事针对相关事项的特别职权，对独董履职行为提出了新要求。

三、公司治理体系及构成

公司治理体系包括公司治理机制、公司治理的主体与客体、公司治理结构、公司治理的形式和公司治理的界限等。

（一）公司治理机制

公司治理机制主要包含以降低代理成本和代理风险为目的的内部制衡制度、以保障股东利益最大化为目的的激励和决策制度、以维护公司参与各方权益为目的的监督和督导制度。这种机制实际上是由一系列的制度和合约来运转的。

（二）公司治理的主体和客体

公司治理的主体和客体即谁要求治理和治理谁。

按照利益相关者理论，所有对企业有投入或从企业的行为中获利或受到损害的人，都应有权参与公司治理，企业在公司治理中也应考虑所有这些利益相关者的利益。因此，公司治理的主体就不能局限于股东，而应该包括股东、债权人、员工、顾客、政府、社区等在内的公司利益参与者。

公司治理的客体是经营者和董事会，对经营者的治理主要来自董事会，关键看公司的经营管理和业绩，对董事会的治理主要来自股东及其利益相关者，关键看公司的重大战略决策是否恰当，股东的投资回报率、公司参与人利益的保障程度。图 9-1 为公司治理的一般模型。

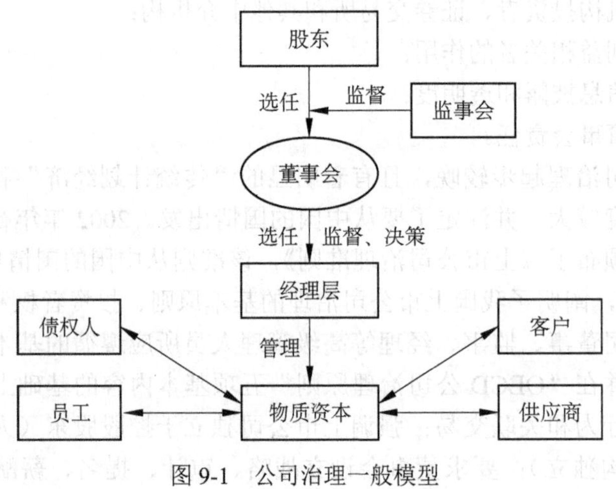

图 9-1　公司治理一般模型

（三）公司治理的构成

基于对公司治理的客体与主体的分析，公司治理过程按照公司治理权力是否来自公司出资者所有权与《公司法》直接赋予，可分为公司内部治理和外部治理。

公司内部治理即通常所说的治理结构，是股东及其他参与者利用公司内部的机构和程序参与公司治理的一系列法律、制度安排。内部治理结构由股东大会、董事会、经理层三大机构之间的权力、责任及制衡关系组成。按我国《公司法》的规定，股东大会拥有最终控制权，董事会拥有实际控制权，经理拥有经营权，监事会拥有监督权，这四种权力相互制约，构成公司内部治理机制。

公司外部治理主要来自市场，除此之外也包括政府和社区。其中市场对公司的治理包括产品市场、资本市场、经理人市场和劳动力市场。每一个市场都是企业不同参与者行使企业治理权力的场所。其中，消费者主要利用产品市场，债权人和股东主要利用资本市场，员工主要利用劳动市场。

第三节　公司治理模式及评价

虽然各国公司治理的目标与原则相近，但由于各国的历史、文化、法律、制度以及惯例的不同，造成各国资本市场发育程度以及公司资本结构和融资方式的差别，进而形成不同的治理模式。

一、公司治理的三大模式

国际经济合作与发展组织（OECD）将公司治理的模式大体分为三大类：英美治理模式、德日治理模式、东南亚家族治理模式。各类治理模式均有其赖以生存的政治法律制度、文化传统，有各自的优点和不完备的地方。

（一）英美治理模式

每一个企业的资本结构都有其形成和存在的主客观原因，并由此影响着公司治理模式。英国和美国公司在融资方式上比较相似，都是从资本市场上直接融资，资本结构以股权为主，股权具有高度分散性和高度流动性，而且英美两国的资本市场相当发达和完善，有较健全的法规体系和有力的执法体系。这些都对英美治理模式的形成产生了重大影响。

英美模式的公司治理结构由股东大会和董事会组成，是“一元制”的公司治理结构。股东大会作为公司的最高权力机构，是非常设机构。董事会是公司的常设机构，公司不设监事会。为了保证董事会较好地履行股东大会的职权，英美公司的董事会大都附设提名委员会、薪酬委员会、审计委员会和执行委员会等分支机构，行使董事会的部分决策、监督职能。董事会由内部董事与外部董事构成，其中外部董事占主导，美国约占3/4。在执行方面，英美公司普遍采用CEO体制，而且许多公司的首席执行官兼任董事会主席。为了对CEO及其他高级管理人员提供激励，英美公司也普遍实行股票期权制度。图9-2为英美公司的内部治理结构。

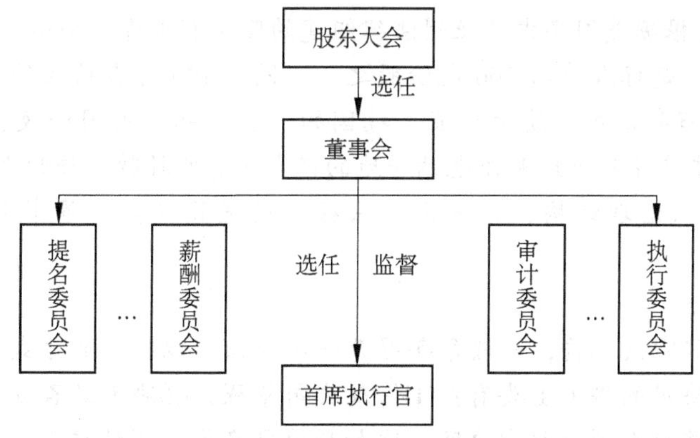

图9-2　英美公司的内部治理结构

英美公司治理效率的提高主要是靠外部的监督机制，因此，英美治理模式也称为外部监控型的公司治理模式。英美模式的公司治理有五道防线：

第一，董事会制度，董事会在公司治理结构中居于特殊的地位，董事会的存在及其活动使股东和公司之间架起了一座桥梁。一方面，董事会受股东信托管理公司资产，决定公司法人事项，聘用和监督经理层；另一方面，董事会是企业经营的最高决策机构，但又不管理公司日常经营活动。这样的制度安排，既保证了股东的最终控制权，使公司经营目标集中于创造价值和股权权益，也杜绝了股东对公司经营的直接干预和无序影响，使公司管理层得以放手经营管理。

第二，经理报酬制度，把经理的个人利益与股东的利益（公司价值）挂钩，让经理在追求个人利益时，为公司和股东创造财富，并通过股票期权等制度让经理人兼顾公司的短期和长期利益。

第三，股东大会制度，即股东在大会上行使表决权，更换或改选不合适的董事或董事会，始终保持对董事会、经理班子的压力。

第四，资本市场的购并和接管机制。当公司出现治理问题时，小股东会“用脚投票”，公司价值可能会被低估，此时，投资银行家和机构投资者可能会启动资本市场的购并和接管机制，纠正市场的无效率，并从中获取利润。其主要做法是，收购公司并对公司实施有效治理，从而提升公司价值。

第五，舆论与监管机构的监督机制。即严格的监管制度和强大的舆论监督、强制性的信息披露，公司是在“阳光下进行有规则的游戏”。

英美治理模式的弊端主要有：股权分散，弱化了股东对公司的监控，容易导致经营者的短期行为；银行在公司治理中的作用小。

资料 9-1　美国菲利普·莫利斯烟草公司的治理结构

美国菲利普·莫利斯烟草公司（以下简称 PM 公司）是目前世界上除中国烟草总公司以外的最大烟草制造商，同时也是世界上第二大食品制造商，在 2005 年《财富》杂志世界 500 强中居第 50 位。公司主要经营烟草、食品、酒、金融和房地产业务，拥有五大主要经营公司及其在世界各地的 430 多家公司，业务遍及世界 180 多个国家和地区。

PM 公司是根据美国弗吉尼亚州法律组建的股份有限责任公司，PM 在纽约证券交易所挂牌上市，是标准普尔 500 成份股之一。同时 PM 还在荷兰的阿姆斯特丹、比利时的安特卫和布鲁塞尔、澳大利亚、德国的法兰克福、英国伦敦、卢森堡、法国巴黎、瑞士、日本东京及奥地利维也纳等地的证券交易所挂牌。作为上市公司，PM 具有一套完整的法人治理结构，按美国的法律，设置股东会、董事会和管理当局三级机构。

（1）股东会

股东会为非常设机构，一般每年召开一次会议，以投票的方式决定公司的重大事项。股东大会决定的事项主要有：①修改公司章程；②决定是否发行新股、改变股权结构；③对一些重大事项做出决定，比如公司更名等；④批准下一个财政年度负责监督和审查公司财务的独立会计师；⑤批准由董事会提出的公司高级主管的薪酬计划；⑥对一些股东提出的建议进行表决；⑦选举公司董事会成员。

（2）董事会

董事会共有成员15名，主席1人，副主席1人，公司以外兼职董事13人。他们分别为大学教授、投资银行家、证券交易所主席、公司总裁、新闻公司主席、航空公司总裁。董事会下设7个专门委员会：行政委员会、财务委员会、审计委员会、员工待遇委员会、公共事务及社会责任委员会、提名及公司治理法规委员会、公司员工及发展计划委员会。

董事会负责制定公司整体性政策和发展战略，对公司重大事项做出决策，确定公司利润分配方案以及决定公司管理当局高层人员任免等。董事会并不处理日常事务，因此不需要采取集中办公的方式维持运转，董事会成员主要是通过各种文件和报告来了解公司的运行情况，决策在董事会会议上做出。董事会的议事会议包括：由主席召集的每月一次的例会（3月、6月、7月和11月除外）、股东大会结束后的组织会议以及审视公司5年规划的年会（会期2～3天）；除此以外，特殊情形下，还可根据需要临时召集紧急会议。

公司内部董事（同时为公司所雇佣）为董事会工作没有额外报酬。为了吸引和留住高素质的人才，PM为独立董事支付较高的报酬。

（3）公司运行机制与管理模式

管理当局是执行机构，具体负责执行董事会所确定的战略。从历史上看，管理当局的首脑——首席执行官（CEO）一般都是由董事会主席兼任。

与很多大型跨国公司相似，PM公司在组织结构上采用分权程度很高的事业部与矩阵制，即按产品和地域划分事业单位（经营单位），各事业单位采取全资子公司和控股子公司的形式。

PM公司的内部控制及监督内容包括长远规划、预算、投资审批。控制方式主要通过从股东到董事会再到行政人员的途径实现。公司遵循公平交易原则，包括在商业、财务、资本活动中，在兄弟公司、母子公司之间。公司内部的信息交流渠道包括直线管理的报告和职能部门的报告。公司的财务控制主要通过财务部、内部审计部门、独立审计员三方面实现。财务部门每月、每季、每年都要有财务报表，逐级上报；内部审计部门向PM公司集团全球财务主管和PM公司集团董事会的审计委员会报告工作。PM公司独立审计员由永通会计公司担任，对PM公司股东、董事及管理人员负责。PM公司对员工的管理主要是建立内部激励机制，在工资制度上采用计时工与固定工不同的工资形式，计时工资取决于工作时间，工会的制约及公司的经营情况；固定工的工资取决于个人表现及业务单位的经营情况。对公司管理人员，公司每年都有一些激励性的补偿，包括中层以上管理人员享有认股权：对一般员工有一些奖励政策的奖金。

资料来源：中国烟草在线/http://www.tobaccochina.com

（二）德日治理模式

德日治理模式是以德国、日本和其他欧陆国家的公司治理为代表的一类公司治理模式。与英美治理模式有所不同，德日治理模式以内部治理为主。在德日治理模式中，法人股东、银行和内部经理人员的流动在公司治理中起到了主要的作用。德国和日本公司的资本结构与英国和美国公司有明显的不同，主要特征是通过金融机构进行间接融资，银行在企业融资和治理中具有极其重要的作用。德国与日本的公司治理有许多类似之处，但也有不少的差异。

1. 德国公司治理模式

双重委员会制度是德国公司治理模式的一个重要特点。德国公司的业务执行职能和监督职能相分离，并成立了与之相应的两种管理机构，即董事会和监事会，亦称双层董事会。依照德国法律，股份有限公司必须设立双层董事会。监事会是公司股东、职工监督机构，实际上发挥着类似于英美治理模式中董事会的职能，其中一个十分重要的职能就是任命、监督和激励管理委员会的成员。公司日常运作的执行机构是管理委员会，相当于英美治理模式中的经理班子。另外，为了保证监事会的独立性，监事会成员与管理委员会成员不能兼任。

德国公司治理的另一特色是强调职工的参与。在监事会中，根据企业规模和职工人数的多少，职工代表可占到 1/3 到 2/3 的席位。这种员工通过选派代表进入监事会和执行理事会参与公司决策的共同决定制，使得企业决策比较公开和民主，既有利于股东和员工对经营者的监督，减少失误和腐败，降低代理成本，也有利于调动各方面的积极性，减少摩擦和冲突，保持企业的稳定与持续发展。从某种意义上讲，德国公司治理机制是由股东和公司员工共同治理的模式。

在德国，最大的股东是公司、创业家族、银行等，所有权集中程度较高。我国《银行法》明确禁止银行向其他非金融行业进行投资，与我国银行截然不同的是，德国的银行是全能银行，可以持有工商企业的股票，公司间交叉持股的限制也比较松，只有持股超过 25%才有义务披露，超过 50%才有进一步通知监管机构的义务。银行通过控制股票投票权和向董事会派出代表来监督所控公司。

2. 日本公司治理模式

日本式治理模式的主要特点有：

第一，法人相互持股的股权结构。法人相互持股或交叉持股从而形成长期、稳定和“沉默”的股东，是日本公司股权结构有别于英美公司最显著的特征。财阀家族私人网络关系引起财阀关系企业的重新组合，战后美军占领当局“解散财阀”的不彻底，日本政府于 1949 和 1953 年两次对原有《禁止垄断法》的修改和日本 1964 年加入 OECD 后公司经营者为抵制外国投资者敌意收购而作出的努力等原因，造成日本公司的股份迅速由个人向法人（银行、非银行金融机构和实业公司）的集中，形成了以“稳定股东”为主体，以相互持股或交叉持股为特征的相对集中的股权结构。

第二，主银行的突出作用。主银行一般有三个特点：提供较大份额的贷款，拥有一定的股本（5%以下），派出职员任客户企业的经理或董事。主银行监督公司运转的方式根据企业经营状况而定，银行几乎不持有与自己没有交易关系公司的股份，持股目的基本上是实现和保持企业的集团化。主银行相机的治理机制，参与控制权的转换，发挥了与在美国和英国比较典型的“公司控制权市场”类似的作用。

第三，以代表董事为主导的董事会制度。日本公司的董事会成员一般由公司内部产生，通常是经过长期考察和选拔升迁上来的，大多数董事由各事业部长或分厂的领导兼任。日本公司中普遍设立由主要董事组成的常务委员会，作为总经理的辅助机构，具有执行机构的功能，这样，以总经理为首的常务委员会成员，既作为董事参与公司的重大决策，又作为公司内部的行政领导人掌握执行权，即决策与执行相统一。

日本公司的监督和约束主要来自两方面，首先是来自交叉持股的持股公司。一个企业集团内的企业相互控制。总经理会（社长会）就是大股东会。如果一个企业经营绩效差或者经营者没有能力，大股东会就会对该企业的经营者提出批评意见，督促其改进工作，直至罢免经营者。其次是来自“主银行”。由于主银行对企业的资金流动密切关注，所以能及时发现财务问题，采取行动。比如事先通知相关企业采取对策，如果公司业绩仍然恶化，主银行就通过大股东会、董事会更换经理人员，包括董事等。借助于这些手段，主银行就成了相关公司的一个重要而有效的监督者。

与德国公司相同的一点是，日本也很重视公司员工的治理作用。在日本公司中，经营者的选拔、连任以及工作业绩都需要得到员工的支持和认可。日本企业内部员工的终身雇佣制、企业工会组织的存在为从业人员发挥治理功能提供了良好基础。

德日治理模式的弊端是导致了证券市场的疲软和大企业的过度扩张，利益相关者的冲突加剧等。

资料 9-2　德意志银行的公司治理机制

德意志银行公司治理是典型的双层制，即监事会和董事会共同治理，监事会由股东大会和职工大会选举的董事组成，有权对董事会成员进行任免，董事会向监事会负责，监事会下设各专门委员会负责对具体领域进行管理。

1. 监事会

监事会负责董事会的成员人名、监督和咨询，并直接参与银行的重大决策。监事会的主席担任监事会的协调工作，监事会的职责、程序和专门委员会的设置根据具体授权范围决定。

监事会的股东董事由股东在股东年会上选举产生，职工董事由职工选举产生。德意志银行监事会总共有 20 名董事，其中职工董事 8 名，股东董事 12 名。

2. 董事会

董事会负责公司的管理事务，其成员共同为公司的管理负责。董事会的职能、责任和管理程序及专门委员会的设置根据其授权范围而定。董事会由 4 名成员组成，任期 4 年。为了避免利益冲突，德意志银行董事会成员承诺不担任本银行之外公司的监事会主席职务。

3. 集团执行委员会

集团执行委员会的成员包括董事会成员、集团各部门、各子公司和地区业务经理，向董事会负责。执行委员会通过以下行动来协调地区间的业务：向董事会提供当前业务发展和特定业务的信息；就战略决策向董事会提供咨询和建议，为董事会的决策提供支持。

资料来源：李维安．公司治理学［M］．高等教育出版社，2016.

（三）东南亚家族公司治理模式

家族企业是指资本或股份主要控制在一个家族手中，家族成员出任主要领导职务的企业。美国学者克林·盖克尔西认为，判断某一企业是否是家族企业，不是看企业是否以家庭来命名，或者是否有好几位亲属在企业的最高领导机构里，而是看是否有家庭拥有所有权，一般是谁拥有股票以及拥有多少。这一定义强调企业所有权的归属。学者孙治本将是否拥有企业的经营权看作家族企业的本质特征。他认为，家族企业以经营权为核心，当一个家族或数个具有紧密联系的家族直接或间接掌握一个企业的经营权时，这个企业就是家族企业。可见，家族企业的一个核心特征是：家族所有和家族控制，即企业所有权和经营权的两权合一。家族企业主要出现在东南亚国家的华人企业中，由此产生了独特的东南亚家族治理模式。

家族治理模式主要特征如下：

（1）所有权和控制权配置家族化，企业所有权与经营权没有实现分离，企业与家族合一，企业的主要控制权在家族成员中配置。虽然很多大型家族企业都建立了股东大会、董事会、监事会和总经理办公会等组织和相应的制度，但家族控制特征仍很突出，董事会成员、经营管理人员的来源具有家族化的特征，且企业决策方式以业主个人决策为主，董事会决策功能并没有得到很好的发挥。

（2）公司决策家长化。公司的决策被纳入了家族内部序列，公司的重大决策如创办新公司、开拓新业务、人事任免及决定公司接班人等都是由家族中的家长一人作出。家族中其他成员做出的决策必须经过家长的同意，即使家长已经退出公司经营的第一线。这种权威代代相传。

（3）经营者激励约束双重化。经营者受到来自家族利益与亲情的双重激励和约束。与非家族公司经营者相比，家族公司经营者的道德风险、利己和个人主义倾向发生的可能性较低，但这种激励约束机制使家族公司经营者所承受的压力更大。

以东南亚地区为代表的家族治理模式有其一定的优点：代理成本低；剩余索取权与控制权匹配程度较高，责、权、利高度一致；交易成本较低。

家族治理模式的弊端在于：家长制个人决策存在局限性；难以实施制度化管理；人才选拔机制存在局限性；任人唯亲可能带来较大经营风险；家族内部矛盾易导致公司分裂、解体甚至破产；忽视小股东利益。

资料 9-3　杨协成集团的继承与控制权转换

杨协成有限公司于 1955 年在新加坡成立，由杨天恩和他的四个兄弟创办。杨协成公司通过生产迎合华人口味的软饮料，得到了快速的发展，在短时间内占领了软饮料市场相当大的份额，而这种口味一直被他的主要竞争对手——英国的花莎尼有限公司（F&N）所忽视。数十年后，杨协成公司发展成为新加坡继花莎尼有限公司最大的食品与饮料集团，生产销售种类繁多的罐装食品、蔬菜和调味料。到 90 年代初期，尽管杨氏家族仅拥有集团股本的 39%，但他们通过占据公司大多数关键的管理职位从而保持了对公司的控制。

当公司董事长杨至耀试图利用永泰控股公司在中国的市场来扩张杨协成在中国大

陆的业务，而邀请另一个华人企业永泰控股有限公司入股公司时，杨氏家族内部产生了矛盾。一场杨氏家族内部的长期内讧随之产生，最终1994年在法庭上做了个了断。家族所有的39%的股份被分割成两部分。这次杨氏家族的内讧直接导致另一位华人商人——新加坡房地产巨头、远东集团的黄廷芳成为杨协成的最大单独股东，取得了公司的控制权。之后，马来西亚丰隆集团的郭令灿取得了大约23%的杨协成股份，并取得了杨协成的控制权。

资料来源：李秀娟．从杨协成的兴衰看家族企业［J］．东方企业文化，2005（10）：9-14.

综上所述，国际上各种公司治理模式都有其生产的特殊历史背景和文化、法律和市场环境，因此都有存在的合理性。但是，自20世纪80年代以来，种种迹象表明，不同的公司治理模式正在取长补短，显示出趋同化倾向。具体表现在以下几个方面：①OECD准则正逐渐成为公司治理的国际标准；②机构投资者作用加强，相对控股模式出现；③财务报告准则趋同；④利益相关者日益受到重视；⑤法律趋同。

国际上各种公司治理模式正在相互借鉴，相互学习。英美公司收敛股票的过度流动性，寻求股票的稳定性，以利于公司的长远发展；德日公司则收敛股票的过度安定性，借助股票市场的流动性，来激活公司的活力。不过，受不同模式形成的背景的长期影响，在相当长的时期内，各种治理模式还会保留各自的特点，完全趋同是不可能的。

二、中国的公司治理

“公司治理”作为一个完整的概念引入中国是近十几年的事情。在宏观层面上，我国正在借鉴新加坡的国有资产管理模式，改革中国的国有资本和国有企业的管理体系；在微观层面上，我们建立现代企业制度，完善公司的控制体系，夯实企业发展的基本制度。以公司化和所有权多元化等为主要内容的现代企业制度改革，使公司治理成为中国企业改革的核心问题。政府管理机构、经济学界、法学界、投资者以及企业对于公司治理问题日益关注，相关各方也采取了一定的措施来推动公司治理向良性方面发展。

资料9-4　新加坡国有资本管理的“淡马锡控股模式”

新加坡政府管理国有企业采用的是建立国家控股公司代行出资者权力，这种模式是政府不直接管理国有企业，而在政府与众多国有企业之间设立国家控股公司，国家控股公司代表国家持有国有企业股权并行使股东权利。国家控股公司负责管理国家拥有的股份，代行国家所有权，是法人管理机构。其主要职责：一是充当隔离层和保护层，使企业免受不必要的政治干预，实现政企分开；二是对所有权进行专业化管理，如提供比政府专业部门更有效的战略指导和实行完善的财务纪律；三是协调政府管理国有企业的有关政策，防止各部门之间政策相互矛盾；四是督促下属公司和企业执行上级的指示和决策，保护所有者利益不受侵害。

淡马锡就是这样一个由新加坡财政部全资拥有的、新加坡最大的国家控股公司。

专门经营和管理新加坡政府投入到各类企业的资本，公司以控股方式直接管理着23家国有企业，间接管理或控制的企业达到2000多家，在金融、电信、传媒、能源、公共事业、基础设施与工程、运输与物流等产业领域，都取得了较大的发展。淡马锡管理着国有资本对新加坡以外的国家和地区进行投资。它自1974年成立以来，年均净资产收益率超过18%，标准普尔和穆迪均给予其AAA的信用评级。

新加坡国有企业管理之所以如此成功，是因为新加坡解决了一般国有企业管理的四大弊端：国有企业的惰性；国有企业经营者素质及积极性问题；政府对国有企业干涉过多问题；政府对国有企业监督不到位问题。

1. 国有企业的惰性问题。新加坡对国有企业并没有什么特殊的优惠或保护政策，强调国有企业必须市场化运作，并对国有企业有明确的盈利要求，对其经营者的考核也主要考核利润指标。国有企业一旦不能赢利，或盈利能力变差，政府就会果断将其卖掉。

2. 国有企业经营者素质及积极性问题。新加坡国有企业经营者的选拔完全市场化运作，强调要从国际人才市场上选拔人才，同时，薪酬水平同样也与国际接轨，保证了国有企业能够获得高素质的管理者，并保证经营者有足够的积极性。

3. 政府干涉过多问题。在政府与国有企业之间设立像淡马锡这样的控股公司本身就减少了政府对国有企业的干预。（1）国有企业人事任免。对于淡马锡控股的管理，由新加坡财政部部长牵头成立董事会任命委员会，董事会任命委员会由财长及各部部长及行业专家组成，委员会内的各部部长与财长是平级关系，没有隶属关系。（2）政企关系的“一臂距离”原则。政府一般不干涉企业的正常经营管理，无论是政府与淡马锡之间，还是淡马锡与下属企业之间，都贯彻“一臂距离”原则，其根本的精髓是将企业推向市场。政府在不干预企业日常经营管理的同时，参与企业的重大投资、并购决策，对企业董事会进行提名、任命，依据淡马锡的经营业绩对企业高层进行考核、奖惩。淡马锡的经营层对利润指标负责，一旦政府要求国有企业协助实现政府的某些举措，则政府必须给予淡马锡及相关企业一定的补偿。新加坡政府另外一点比较开明的地方是：很多情况下并不谋求控股地位，等于搭私人股东们的“便车”，借助私人股东的监督积极性和监督机制，来降低投资风险，并避免国家的不当干预，保证公司完全按照非常规范的市场游戏规则运作。

4. 政府对国有企业的监督问题。新加坡政府对国有企业的监督主要体现在对淡马锡这种控股公司的监督。淡马锡再按照市场规则，监督下属企业。淡马锡董事会成员中有几位是政府公务员，这些人代表政府对企业的日常经营管理进行监督，这几个人不在淡马锡领取薪酬，其薪酬由政府支付，这在一定程度上保证了监督的公正性。新加坡政府根据公司经营状况，对委派的董事实行奖惩，经营业绩好的，董事可以升迁，担任更重要的职务，获得更多的薪金。如果公司经营实绩不佳，董事将不再被委任为管理人员。如果董事不按政府的意图办事或者经营效益不佳、不能对下属子公司的经营活动进行有效监督管理以保证资产增值的责任，政府可以随时予以撤换。

淡马锡定期向财政部报送财务报表，使财政部随时了解淡马锡的经营状况。政府作为所有者，也可以随时对国有企业进行检查。社会公共监督也是非常有效的，新加坡规定：国有企业无论上市与否，其经营状况都应当公开，任何机构或个人，只须交纳很少费用，都可以在注册局调阅任何一家企业的资料，这样，公众舆论对国有企业有一定的监督作用。

资料来源：新浪财经/ https://finance.sina.com.cn

2000 年 11 月，上海证券交易所率先发布《上市公司治理指引（征求意见稿）》，提出“良好的公司治理，是按照所有者和利害相关者的最佳利益运用公司资产的保证，是实现公司价值最大化这一根本性公司目标的前提，是投资者进行投资决策的重要依据，是单个公司和单个国家降低成本，提高它们在资本市场上的竞争力的基础，是增强投资者信心，增加单个国家及全球金融市场稳定性的必要条件”。

2001 年 8 月，中国证监会发布了《关于在上市公司建立独立董事的指导意见》。

2002 年 1 月，中国证监会又发布了《上市公司治理准则》。该准则分别从“平等对待所有股东，保护股东合法权益”，“强化董事的诚信与勤勉义务”，“发挥监事会的监督作用”，“建立健全绩效评价与激励约束机制”，“保障利益相关者的合法权利”，“强化信息披露，增加公司透明度”六个方面对上市公司治理提出了原则要求并做出了具体的制度安排。

2006 年 1 月 1 日起，新修订的《公司法》和《证券法》的正式实施为改善公司治理提供了法律保障。中国证监会修订了《上市公司章程指引》，制定了《上市公司股东大会规则》、《关于加强社会公众股股东权益保护的若干规定》等与上述法律实施相配套的数十件行政法规，对资本市场法律规则体系进行了一次全方位的清理和重构。

2015 年 4 月，《证券法》修订草案在全国人大常委会进行一审，修订草案在推进股票发行注册制改革、健全多层次的资本市场、完善投资者保护制度、推动证券行业的创新发展、加强事中事后监管等多个方面进行了完善。

2018 年 6 月，中国证监会对《上市公司治理准则》（以下简称《准则》）进行修订，向社会公开征求意见，新准则最大亮点即引入机构投资者参与公司治理，约束控股股东权力，强化独董权责并规范要求以达到平衡公司内部治理的目的。

股权分置改革重构了中国证券市场的基础制度，对上市公司和股东的行为模式、监管体制、资本市场的运作和市场的操作都会产生深刻的影响。同时，我国国有资产管理体制改革也取得了重大突破，大型国有公司董事会的试点工作逐步展开，对国家所有权委托代理关系的有效性进行了新的尝试，为国有控股上市公司治理机制的完善奠定了基础。

然而，近年来中国公司治理改革也逐步进入“深水区”、遇到新挑战，如完善资本市场的监管、深化国有企业改革的重任、移动互联网时代治理变革的需要等，逐步出现治理事件推动治理完善和深化的态势。从国美控制权之争引发对提升董事会治理能力的思考，到阿里巴巴海外上市引发对境内外治理规则差异与创新的探讨，再到近来发生的万科控制权争夺战推动对外部治理能力、公司章程建设等的关注，无一不是推动制度创新、催生公司治理变革的典型事件。尽管各方采取的措施改善了中国公司治理的环境，但依然存在许多突出的问题。

第一，产权基础和股权结构方面。我国上市公司大部分是由国有企业改制而来的，国家股、法人股所占比例较高，但与此相悖的是，国家所有者主体缺位带来了上市公司治理效率低下、所有者权益得不到保障等诸多问题。另外，国有股股权的高度集中，导致政府对企业管理层的行政干预过多，易造成上市公司内部人控制或出现上市公司与母公司之间存在产权关系不清、管理关系不顺的问题。且股权过于集中容易使中小股东的利益受损。

第二，公司组织结构方面。一方面，董事会的独立性不强，公司内部控制情况比较严重。由于控股比例较高，经常导致公司控股股东占据了公司的重要岗位，常常是集控制权、执行权与监督权于一身。董事会的功能和程序不规范，独立董事不“独立”。另一方面，监事会的作用得不到发挥。我国公司采用的单层董事会制度，与董事会平行的公司监事会只有部分监督权，而无控制权和战略决策权，无权任免董事会和经理班子的成员。监事会大多受制于董事会或管理层，成为“鸡肋”。另外，监事会与独立董事的职能从某种程度上的重合亦使监事会处在一个尴尬的地位。

第三，信息披露和制度建设方面。上市公司诚信意识不强，信息披露质量不高，隐瞒、误导甚至虚假信息时有发生，公司内部制度建设有待完善。此外，大多数公司林林总总的“规章”、“制度”立了不少，但大多只做表面文章。

第四，经理层缺乏长期激励和约束机制。薪酬结构比较单一，不能对董事和高级管理人员起到足够的激励作用。缺乏一个公开、公平的经理人才市场，良好的选聘机制无法发挥作用。

资料 9-5　国美“控制权之争”与美的集团职业经理人接班

（一）国美“控制权之争”

国美“控制权之争”表现为以黄光裕为代表的创始大股东和以陈晓为代表的经理层之间的利益冲突。陈晓曾是令黄光裕头疼的竞争对手，他创立的永乐电器一度是中国第三大家电零售企业。2006 年永乐被国美收购之后，陈晓成为国美 CEO。对这位昔日对手，黄光裕从不吝赞美之词，评价其是出色的实战者，陈晓也谦虚地说：“我是以职业经理人心态到国美工作的。”然而，职业经理人角色对于颇具行业理想与抱负的陈晓似乎不太适应，更大分歧在于他们对国美发展战略的设计。有了永乐快速扩张的前车之鉴，陈晓希望国美能走精细化发展道路，但黄光裕却认为门店扩张才是巩固行业地位的核心，这让陈晓深感受挫。

2008 年 11 月，时任国美电器董事局主席黄光裕因非法经营和内幕交易被捕入狱。突如其来的变故，让国美一时陷入混乱。28 日公司委任总裁陈晓代理董事会主席。面对银行信贷收紧、供应商缩短结算周期，加上长期扩张导致的资金链紧绷，陈晓开始寻求外资帮助。狱中的黄光裕对此并无异议，但强调必须确保其控股权。2009 年 6 月 22 日，国美向全球私人股权投资公司贝恩资本发行 18.04 亿港元可转债，这为国美带来了急需的现金，但黄光裕股权也面临被稀释风险。特别是融资协议还包括一系列在黄氏家族看来类似丧权辱国“马关条约”的苛刻附属条款。这直接导致创始股东对以陈晓为代表的职业经理人产生了信任危机。随后，国美董事会又决定公开发售不少于 22.96 亿股股票。虽然黄光裕可按 18%比例等额配售认购，但狱中的他正面临资金短缺，而且留给他的时间也不多。2009 年 7 月 7 日，国美推出“管理层股权激励方案”，包括陈晓在内的105位管理层获得总计3.83亿股股票期权，约占已发行股本3%。借此，黄光裕股份和权力被进一步摊薄，引发黄氏家族极大不满。2010年5月11日，股东周年大会上，持股33.98%的黄光裕一怒之下在12项决议中连投5项否决票，包括否决贝恩资本三名代表进入董事会；否决董事会对董事薪酬的厘定，表现出对董事会的整体不信任。当晚，陈晓紧急召开董事会，重新提名三位贝恩代表加入国美董事会，并称黄的决定不代表所有股东意见。

大股东黄光裕提请于2010年9月28日召开特别股东大会，对重要问题投票表决，这也使得"控制权"争夺达到高潮。9月16日，贝恩资本结束模棱两可态度，决定执行股权转换获得国美9.98%股份，此举也令黄氏家族股份被摊薄至32.47%。此外，贝恩还拒绝了黄光裕抛来的橄榄枝，表态支持以陈晓为核心的管理层，股东大会让"控制权之争"暂告段落，但却无法真正化解创始大股东与管理层之间的矛盾。随后，"国美分裂"、"非上市门店分拆"等传闻喧嚣尘上，彼此阵营私下角力仍在持续。2011年3月9日，国美发布公告，任命原大中电器创办人张大中为国美董事会主席及非执行董事，现任主席陈晓以私人理由辞去董事会主席及执行董事职务。旷日持久的"控制权之争"终于尘埃落定！

（二）美的集团职业经理人接班

2000年年初，由美的集团的管理层和工会出资组建成立了美托投资公司。美托投资公司的注册资本为1036.87万元，法定代表人何享健为第一大股东持股25%，美的集团执行董事陈大江持股10.3%，为第二大股东。在美的，持有美托股份的管理层大约有20多人，约占美托总股本的78%，剩下的22%为职工持股会所有，还可用于符合条件的人员新持或增持。2000年4月10日，美托投资以每股2.95元的价格，协议受让了美的控股持有的9243.03万股中的3518万股，占总股本的7.25%，由此拉开了美的MBO的序幕。2000年12月20日美托投资有限公司与美的公司原第一大股东顺德市（现顺德区）美的控股有限公司签订股权转让协议，美托投资以每股3元的价格受让美的控股7243.0331万股（占总股本的14.94%）。股权转让完成后，美托投资公司正式成为美的的第一大股东，所持股份上升到22.19%，而美的控股退居为第二大股东。完成MBO后的美的在一定程度上解决了体制问题，并走上了职业经理人治理的道路，进一步完善了现代企业制度，促进了美的集团职业化管理。

2009年8月，美的创始人何享健辞去上市公司美的电器董事局主席及董事职务，由职业经理人方洪波接任董事局主席。2012年8月26日，新一届美的集团董事会成员为：方洪波、黄健、蔡其武、袁利群、黄晓明、栗建伟、何剑锋、陈劲松、胡晓玲、李飞德。十人中除何享健儿子何剑锋、工银国际投资银行部董事总经理陈劲松、鼎晖投资基金管理公司董事总经理胡晓玲之外，其余七人在20世纪90年代就加入美的，可谓是美的长期以来培养的职业经理人团队。这标志着这家位于广东顺德、资产超过千亿元的家电巨头正式全面迈入了职业经理人掌控的时代，开了中国现代企业传承的先河。

创始人何享健强调："将企业寄托到某一个人身上并不理智，企业要持续稳健发展，靠老板、靠感情、靠物质激励迟早会出问题。美的集团要建立一套科学的企业管理制度，通过对职业经理人的培养、放权、激励和约束，实现企业做大做强。"因此他很早就给美的制定了“集权有道、分权有序、授权有章、用权有度”的16字方针，并印发了《分权手册》，明确规定了整个美的经营管理流程中所有重要决策权的归属，为美的的分权提供了制度化的保障。这些规章使美的在分权和集权之间寻求到制衡点。通过构建完善的分权授权制度，美的突破了管理“瓶颈”，每个事业部的主要产品都做到了全国的前三强，而且在这个过程中，众多优秀的职业经理人不断成长起来。与此同时，除了建立完善的分权授权机制之外，美的集团还构建了完善的约束机制，主要体现在四个方面：一是目标约束，二是审计约束，三是纪律约束，四是法律约束。这样既能防止权力过度集中，又可杜绝放权后的权力滥用和失控。

资料来源：新浪财经/ https://finance.sina.com.cn

总结与复习

现代公司是指随着商品经济和社会化大生产的发展而形成的一种典型的企业财产制度，是依据法律、法规和公司章程等通过股权融资把分散的资金集中起来的企业组织形式，是依法享有独立的民事权利、承担民事义务、负有民事责任、独立经营的法人。

随着公司制企业的发展，现代公司出现了产权制度和治权制度的两次分离。一是公司出资人拥有的股权和法人所有权的分离，公司的终极所有者不能干预法人对其财产所有权的行使；二是抽象的公司法人所有权与具体的经理人经营权分离。正是在两次两权分离的基础上，公司治理问题才得以产生，并使得公司治理问题成为现代公司的焦点与核心。

“公司治理”最早的概念源于西方。到目前为止，学术界对公司治理还没有一个统一的定义。

公司治理可分为公司内部治理和外部治理。

虽然各国公司治理的目标与原则相近，但由于各国的历史、文化、法律、制度以及惯例的不同，造成各国资本市场发育程度以及公司资本结构和融资方式的差别，进而形成不同的治理模式，主要有英美治理模式、德日治理模式和东南亚家族治理模式。

第9章　即测即练题

思考与练习

1. 什么是现代公司？现代公司有哪些基本特征？
2. 什么是代理问题？其产生的原因是什么？请举例说明。
3. 什么是公司治理？为什么需要公司治理？良好的公司治理应该是什么样的？
4. 公司治理有哪些模式？这些模式各自有什么特点？
5. 试分析新加坡国有资产管理的“淡马锡模式”对中国国有企业管理体制改革的借鉴意义。

本章案例分析

"商界 9 · 11"——安然破产大事记

2001 年 10 月，美国 500 强中排名第七的商业巨擘，曾是世界上最大的天然气和最大的电力交易商的安然公司突然宣告破产。安然公司的破产不仅使其职工的就业和养老金受到重大冲击，而且冲击了各有关的主要金融机构，包括投资银行、商业银行、养老基金和共同基金。这一假账破产丑闻对华尔街股市的影响和压抑直至 2002 年 2 月底，严重妨碍了美国经济在"9 • 11"事件以后衰退的结束和复苏的进程，对美国的经济运行和经济管理制度都形成了阶段性的重大冲击。

一、安然公司崩塌时刻表

2001 年 10 月 17 日，安然公司公布季度财务报告，其利润由 2000 年的 1000 亿美元突降到亏损 6.38 亿美元。随后，《华尔街日报》一篇文章披露安然公司利用合伙公司隐瞒巨额债务。10 月 22 日，美国证券交易委员会介入安然事件调查。11 月 8 日，安然公司被迫承认做了假账：自 1997 年以来，安然虚报盈利共计近 6 亿美元。接着，标准普尔将安然公司的债券调低评级至"垃圾"，并且将其从代表美国经济的标准普尔 500 种股票中拉出；穆迪公司也将安然公司的信用等级调至最低。11 月 21 日，休斯敦的达力智（Dynegy）能源公司取消了原定收购安然的计划，进一步加速了安然覆灭的速度。12 月 2 日，美国安然公司根据美国《破产法》第十一章规定，向纽约破产法院申请破产保护，其在破产申请文件中开列的资产总额为 498 亿美元。12 月 8 日，安然的 29 名高级行政人员被以纽约为基地的联合银行起诉，索赔金额高达 250 亿美元。指控缘由是明知公司的前景欠佳，乘机出售数以百万的股票。这其中包括公司主席和总裁肯 • 莱和得克萨斯州参议员格兰姆和妻子。12 月 12 日，美国众议院一个特别委员会开始对该公司破产案展开调查。

2002 年 1 月 9 日，美国司法部正式开始对安然案进行刑事调查。随后，负责安然公司审计工作的安达信公司承认，其内部员工已经毁坏了司法调查所需的有关安然的重要资料。1 月 12 日，根据美国政府两家监督机构公布的调查报告，258 名国会议员（其中既有民主党人也有共和党人）曾接受安然公司的政治捐款，至少 15 名布什政府高官拥有安然公司的股份。1 月 16 日，纽约证交所正式取消安然股票和相关交易，并取消其上市资格。

二、安然神话的破灭

安然公司前身是成立于 1930 年，拥有跨美国和加拿大的天然气输送网络的英特诺思（InterNorth）公司。1985 年 InterNorth 公司以 24 亿美元收购了实力超过自己的 HNG 公司，并改名为安然公司。作为世界最大的能源交易商，公司营运业务覆盖全球 40 个国家和地区，共有雇员 2.1 万人，资产额高达 620 亿美元。公司掌控着美国 20% 的电能和天然气交易，业务包括能源批发与零售、宽带、能源运输以及金融交易。2000 年，在财富杂志美国 500 强评选中位列第七，并连续 6 年被该杂志评为美国最具创新精神的公司。安然股票是所有的证券评级机构都强力推荐的绩优股，股价高达 70 多美元，并且仍然呈上升之势，成为众多投资者的追捧对象。在如此耀眼的光环下，究竟是什么因素使安然公司这个庞然大物轰然崩塌呢？安然事件又为什么在美国社会产生如此大的震动呢？

（一）财务造假埋下祸根

1. 公司财务舞弊，掩藏债务

安然事件最主要的问题就是公司的财务舞弊行为。上市公司有几种财务舞弊方式，最普遍的就是通过关联企业、分公司隐瞒债务。在美国你只要拥有一个公司不超过50%的股份，即使你是实际的控股股东，你也不需要把该公司的债务记到自己的公司下，从20世纪90年代中期以后，安然通过资本重组，建立复杂的公司体系，其各类子公司和合伙公司数量超过3000多个，形成一个典型的金字塔式的关联企业集团。安然公司就是强迫这些处于金字塔下层的关联企业借债用于顶层资金储备，这些负债在总公司财务报表上根本反映不出来，而其利润却能反映到总公司的财务报表中，这样就使公司在账面上看回报不断增多，而且由于美国法律规定不同的组织形式的企业负担不同的税收，一般的独资公司、合伙企业、有限责任公司只由其股东缴纳个人所得税，而不必缴企业所得税，安然公司就是利用这一点将控股公司改为有限责任公司的形式，逃避了高额的税收。

除此之外，安然还利用自我交易进行舞弊。安然公司将出卖资产的收入作为业务收入，虚构利润，而出卖资产多在关联企业中进行，价格明显高于市场正常价格。此外，安然公司为了增加股民的投资量，还不断制造概念，使投资者相信公司已经进入高增长、高利润的领域，而且将可能给公司带来的未来期间收益记入本期收益，但未披露其不确定性，严重地误导了投资者。

2. 以兼并掩盖问题

利用兼并手段，安然可以通过会计处理的手法改善业绩数据，欺骗投资者，抬高股价。在其他情况下，公司要建立一笔与并购相关的储备金，用于诸如预期中的裁员等事宜，这笔费用会在随后几年中逐渐开支，并且并购双方也可以在兼并过程中大做文章。

3. 虚报销售收入

虚报销售收入是最常见的造假手段之一。在商务往来中，给客户延期付款的做法已有几个世纪的历史，所以会计准则应承诺这种销售的灵活性。安然公司就经常利用虚报销售收入对账目进行技术处理，但他们把实际上已不可能获得的现金收入的款项也列入其中。

4. 利用特殊目的实体

安然公司使用了特殊目的实体（SPE）复杂的金融工具和其他资产负债表外融资工具，此类工具允许像安然公司在资产负债表上不必报告债务的情况下增加负债率。

5. 信息失真

安然高层主管的持股计划不仅没能解决企业的内部人控制问题，反而形成了一个特权阶层。公司管理层为追求自身利益，通过发布虚假信息，把公司股价做高，套现获利，失去了企业家应承担的掌握公司庞大资产并不断实现增长的相关责任，给公司员工养老金计划的实施和普通投资者利益带来了严重损失。

（二）安达信审计失真

美国是世界上市场经济最发达的国家之一，市场经济的实质是契约经济、信用经济，以及基于这种信用为基础的发达的市场经济。美国各大公司一般是依靠会计师事务所以及其他信誉等级机构、投资银行进行评估审计的，政府对这种市场监管制度很放心，所以很少干预。

安然舞弊丑闻发生后，人们开始怀疑负责安然公司审计的著名会计师事务所安达信公司与安然公司之间也许发生了什么不可告人的勾当。事实上正是安达信公司违规操作，帮助安然公司虚报利润，隐瞒巨额债务，误导投资者投资。从 20 世纪 80 年代至九十年代，安达信公司在负责安然审计工作的同时，还为其作账、提供咨询服务。2000 年，安达信公司从安然公司获得的 5200 万美元收入中咨询服务收入就高达 2700 万美元。由于怕得罪这些大客户，安达信公司面对安然的弄虚作假睁一眼闭一眼，加上顾及巨额的咨询收入，在财务审计方面自然是网开一面，而且安然公司的许多高级管理人员也有不少来自安达信，两者的关系牢不可破。就在这种自己人审自己人的关系中，安然舞弊的行为更加肆无忌惮，甚至在丑闻暴露后，还要求安达信审计师将造假的账目销毁。

安然事件结束后，美国联邦行政、立法和司法机构立即启动了应对危机的应急程序。2002 年 7 月 25 日美国国会参众两院通过了《萨班斯奥克斯利法案》，法案主要是围绕如何有效确保上市公司财务报告的真实性、公正性的问题，对原有法律进行了必要的补充与修改，为加强对上市公司内部财务风险的责任管理与注册会计师事务所的审计风险管理，法案明确规定，上市公司制作公司定期报告时，其首席执行官、首席财务官以及负责该项工作的其他人员应对发行人提交的财务报告内部控制是否达标签署书面证明。另外，法案要求外部审计师对上市公司提交的财务报告内部控制效力评估报告的签字证明。审计师在审计过程中要严格履行职责，预防并发现在财务报告内部控制中存在的重大不足与材料缺陷。对不履行职责甚至采用欺诈等手段欺骗监管机构与社会公众的相关机构与人员，法案也采用了新的犯罪法律规定，加大了对违法违规机构与个人的处罚力度。可以说，2002 年《萨班斯奥克斯利法案》对加强上市公司财务风险防范、保护投资者利益发挥了积极的作用，但是由于在实施财务报告内部控制过程中存在着执行成本过高等问题，相当一部分有在美融资意愿的国内企业推迟赴美上市或者最终选择了其他地区的资本市场进行融资。例如，中国国航股份就是由于法案中的苛刻条例决定将上市地点从原先的中国香港和美国修改为中国香港和英国。而原计划在纽约上市的中行和建行最终也都放弃了美国市场。

安然事件给全世界的人上了一课，美国、欧洲、亚洲，在所有的地方都一样，如果市场不能争取投资者的信任，最终将被投资者所抛弃，安然的教训告诉我们投资者很脆弱，要想保护他们，法规、监管者和市场自律缺一不可，无论是中国证监会还是美国证监会都应该以安然事件为教训，避免下一个安然事件的发生。

资料来源：百度文库/https://wenku.baidu.com

问题：

1. 借鉴相关材料，你认为造成安然公司加速崩塌的关键因素还有哪些？

2. 在安然破产案中受到损失的权益方有哪些，各自受到什么方面的损失？

3. 请结合上述材料，讨论安然公司破产案给我国政府监管部门、企业和企业相关服务机构带来的深刻教训及影响。

第十章
内部治理结构

学习目的

- 掌握股东大会、董事会与监事会的职能；
- 了解股东大会的决议方式；
- 掌握独立董事的含义、职责及作用；
- 明确监督机构设置的差异及原因。

引　　言

现代公司制企业的基本特征是，公司由众多的股东共同出资组建，股东以其投入资本对公司的债务负责，也以投资额作为利润分配的依据，公司作为具有民事权利义务主体资格的组织以其法人财产对公司所有债务负责；股东所有权与公司法人财产权相分离，股东所有权与公司的经营管理权相分离。

公司治理通过对公司内部各种权力的分配和运用来发挥作用。公司最基本的权力有股东权力、董事会权力、经理人员权力和监事会权力等。公司权力的作用体现在其对公司发展方向和经营管理的影响上。公司权力的运用具体表现在以下几个方面：选举公司董事；确定董事的报酬津贴；公司的投融资决策；有效配置公司内部资源（财务、人事、行政管理、生产、市场营销和研究开发）；收购兼并其他公司；任免公司高层经理人员；确定经理人员的报酬津贴；监督和控制经理人员的行为。

建立有效的公司治理结构的宗旨是在所有者与经营者之间合理配置权力，公平分配利益以及明确各自职责，建立有效的激励、监督和制衡机制，从而实现公司的多元化目标。

第一节　股东大会

一、股东

（一）股东的定义

公司股东是公司资本的出资者，也是公司股份的持有人。股东是公司法人的组成成员，是公司法人财产的所有者，按其出资股份的数量享有权利，并承担相应的义务。参与公司设立和组建，并在公司章程上签字的原始股东是公司的发起人。只要是在民法上具有权利义务主体资格的个人或组织都可以作为股东，不论是自然人、法人，还是政府。

（二）股东的权利与义务

股份有限公司的股份认购人一旦缴清应缴股款，就取得股东资格，享有权利，并承担相应的义务和风险。

1. 股东的权利

股东的权利又称为股东权，是指股东基于其出资在法律上对公司所享有的权利。根据我国《公司法》第 4 条规定，公司股东依法享有资产收益、参与重大决策和选择管理者等权利。具体而言，公司股东享有以下权利：

（1）股东身份权：股东享有股权是股东与公司之间法律关系和股东法律地位的集中体现。有限责任公司成立后，应当向股东签发出资证明书，并应当置备股东名册，记载股东的姓名或者名称及住所、股东的出资额和出资证明书编号。公司应当将股东的姓名或者名称及其出资额向公司登记机关登记，登记事项发生变更的，应当办理变更登记。记载于股东名册的股东，可以依股东名册主张行使股东权利。但是，未经工商登记或者变更登记的，不得对抗第三人。因此，股东应当重视股东名册的登记和工商登记，这些是主张股东权利的直接证据。

（2）资产收益权：凡是以自己的利益为目的而行使的权利是自益权，主要包括发给出资证明或股票的请求权；股份转让过户的请求权；分配股息红利的请求权；分配公司剩余财产的请求权等。

（3）参与重大决策和选择管理者等权利，其规定的股东权利包括：①出席或委托代理人出席股东（大）会行使表决权；②选举权和被选举权；③依法转让出资或股份的权利；④知情权；⑤建议和质询权；⑥股利分配请求权；⑦公司发行新股时的新股认购优先权；⑧提议召开临时股东（大）会的权利；⑨股东（大）会的召集和主持权；⑩临时提案权；⑪异议股东股份收买请求权；⑫特殊情形下申请法院解散公司的权利；⑬公司终止后对公司剩余财产的分配请求权；⑭向人民法院提起诉讼的权利；⑮法律、行政法规、部门规章或公司章程规定的其他权利。

2. 股东的义务

（1）遵守法律、行政法规和公司章程；

（2）依其所认购的股份和入股方式缴纳股金；

（3）不得抽逃出资；

（4）不得滥用股东权利损害公司或者其他股东的利益；公司股东滥用股东权利给公司或者其他股东造成损失的，应当依法承担赔偿责任；

（5）不得滥用公司法人独立地位和股东有限责任损害公司债权人的利益。公司股东滥用公司法人独立地位和股东有限责任，逃避债务，严重损害公司债权人利益的，应当对公司债务承担连带责任；

（6）法律、行政法规及公司章程规定应当承担的其他义务。

二、股东大会的类型与职权

根据我国《公司法》规定，公司实行权责明确、管理科学、激励和约束相结合的内部管理机制。公司设立由股东组成的股东会（股东大会）。

股东大会既是一种定期或临时举行的由全体股东出席的会议，又是一种非常设的由全体股东所组成的公司制企业的最高权力机关。它是股东作为企业财产的所有者，对企业行使财产管理权的组织。企业一切重大的人事任免和重大的经营决策一般只有在都得到股东会认可和批准的情况下方才生效。

一般来讲，股东大会可以分为年会和临时会两种。

股东大会定期会议又称为股东大会年会，一般每年召开一次，通常是在每一会计年度终结的 6 个月内召开。由于股东大会定期会议的召开大都为法律的强制，所以世界各国一般不对该会议的召集条件做出具体规定。

股东大会临时会议通常是由于发生了涉及公司及股东利益的重大事项，无法等到股东大会年会召开而临时召集的股东会议。关于临时股东大会的召集条件，世界主要国家大致有三种立法体例：列举式、抽象式和结合式。我国采取的是列举式，《公司法》第 100 条规定，有以下情形之一的，应当在两个月内召开股东会：①董事人数不足本法规定人数或者公司章程所定人数的 2/3 时；②公司未弥补的亏损达实收股本总额的 1/3 时；③单独或者合计持有公司 10%以上股份的股东请求时；④董事会认为必要时；⑤监事会提议召开时；⑥公司章程规定的其他情形。

股东大会的职权可以概括为决定权和审批权。根据我国《公司法》与《上市公司章程指引》的规定，股东大会行使下列职权：

（1）决定公司的经营方针和投资计划。

（2）选举和更换非由职工代表担任的董事、监事，决定有关董事、监事的报酬事项。

股东大会选举董事、监事，可以依照公司章程的规定或者股东大会的决议，实行累积投票制。累积投票制是指股东大会选举董事或者监事时，每一股份拥有与应选董事或者监事人数相同的表决权，股东拥有的表决权可以集中使用。

（3）审议批准董事会的报告。

（4）审议批准监事会或者监事的报告。

（5）审议批准公司的年度财务预算方案、决算方案。

（6）审议批准公司的利润分配方案和弥补亏损方案。

（7）对公司增加或者减少注册资本作出决议。

（8）对发行公司债券作出决议。

（9）对公司合并、分立、解散、清算或者变更公司形式作出决议。

（10）修改公司章程。

（11）对公司聘用、解聘会计师事务所作出决议。

（12）审议公司在一年内购买、出售重大资产超过公司最近一期经审计总资产30%的事项。

（13）审议股权激励计划。

（14）审议批准以下担保事项：①本公司及本公司控股子公司的对外担保总额，达到或超过最近一期经审计净资产的50%以后提供的任何担保；②公司的对外担保总额，达到或超过最近一期经审计总资产的30%以后提供的任何担保；③为资产负债率超过70%的担保对象提供的担保；④单笔担保额超过最近一期经审计净资产10%的担保；⑤对股东、实际控制人及其关联方提供的担保。

（15）审议批准变更募集资金用途事项。

（16）审议法律、行政法规、部门规章或本章程规定应当由股东大会决定的其他事项。

三、股东大会的运行

（一）股东大会的召集

根据我国《公司法》第101条的规定，股东大会会议由董事会召集，董事长主持；董事长不能履行职务或者不履行职务的，由副董事长主持；副董事长不能履行职务或者不履行职务的，由半数以上董事共同推举一名董事主持；董事会不能履行或者不履行召集股东大会会议职责的，监事会应当及时召集和主持；监事会不召集和主持的，连续90日以上单独或者合计持有公司10%以上股份的股东可以自行召集和主持。

股东可以亲自出席会议，也可以委托代理人代为出席和表决，但股东应以书面形式委托代理人，代理人应当向公司提交股东授权委托书，并在授权范围内行使表决权。如果委托人为法人，应加盖法人印章或由其正式委任的代理人签署。

股东大会审议的事项，一般由董事会提出。但是股东有时也会有一些较为重大的事项提交股东大会审议而没有被董事会提出来。根据我国《公司法》规定，单独或者合计持有公司3%以上股份的股东，可以在股东大会召开10日前提出临时提案并书面提交董事会，董事会应当在收到提案后2日内通知其他股东，并将该临时提案提交股东大会审议。

（二）股东大会的议事规则

股东大会作出决议，必须经出席会议的股东所持表决权过半数通过。但是，股东大会作出修改公司章程、增加或者减少注册资本的决议，以及公司合并、分立、解散或者变更公司形式的决议，必须经出席会议的股东所持表决权的三分之二以上通过。

股东大会投票的基本原则是一股一票原则，也称为股票平等原则。即股东原则上以其持有的股份数享有与其股份数同等的投票权。一股一票原则是股东平等原则的具体体现，已成为当今世界各国公司立法的通例。我国《公司法》也规定：“股东出席股东大会会议，所持每一股份有一表决权。但是，公司持有的本公司股份没有表决权。”

股东大会的表决制度通常有三种。

第一种是举手表决制度。股东会议议案的表决在多数情况下是采用一人一票的举手表决制，获多数票的议案得以通过。举手表决制也称按人头表决，与股权的占有状态没有联系，就是说不论股本的持有量是多少，一律一人一票。采用这一表决制度，委托投票的受托人不论其受委托的票数有多少，也只能投一票。这种表决制度将股权的多少与议案的表决割裂开来，也就是说议案的通过与否与股权的占有多少没有关系，使大股东的表决权限难以发挥作用，从产权配置的效率标准来讲既有失效率，也有失公平。它的优点是操作简单，省时间，所以只适用于那些无关紧要的象征性的表决，或比较琐碎、不大容易引起争议的议案。

第二种是投票表决制度。投票表决又可以细分为两种：法定表决制度与累加表决制度。

法定表决制度是指当股东行使股票表决权时，必须将与持股数目相对应的表决票数等额地投向它所同意或否决的议案。累加表决是指股东可以将有效表决总票数以任何组合的方式投向他同意或否决的议案。与法定表决制度相比，累加表决制度体现了权力制衡的理念，有利于调动小股东投票的积极性，限制或弱化控股股东权力的滥用。在欧洲，法定表决制占主导地位。在北美，法定表决制度和累加表决制度并存，但大公司多半采用累加表决制度，累加表决制度呈逐渐流行的趋势。我国《公司法》规定，股东大会选举董事、监事，可以依照公司章程的规定或者股东大会的决议，实行累加投票制。

资料 10-1　法定表决制度与累加表决制度的区别

假设某公司要选举 8 位董事，参与投票的总股份数为 1000 万股，有效表决票数等于持股数目与法定董事人选的乘积即 8000 万张。某股东持股 100 万股，那么他的有效表决票数为 800 万票。在法定表决制度下，该股东只能为自己的候选人的每位均投 100 万股。而在累加表决制度下，该股东可以按任何组合方式将其持有的有效表决票数投向他所选定的董事，例如，将 800 万张表决票全投向一名董事，或者以 600 万票与 200 万票的方式投给两名董事。可以看出，在法定表决制度下，该股东很可能得不到一个董事席位，若大股东持有公司 50%以上的股份，便可绝对操纵董事人选；而在累加投票制度下，该股东至少可以保证一个董事席位，以提高自己在公司决策过程中的参与影响力和公司决策民主化的程度。

第三种是代理投票制度。代理投票制度是现代公司会议表决的一个重要组成部分。按常规，参加会议或投票表决必须股东亲自出席股东大会，但是，由于时间、距离、不熟悉公司事务等多方面原因的限制股东不能或不愿参加股东大会时，可指定他人代表行使自己的表决权。早期的代理投票大多是股东间相互委托，而且许多公司的章程中都规定，这种委托只能发生在本公司的股东间，也就是说代理人也必须是本公司的股东。随着公司规模的不断扩大，股东越来越分散，包括地域上的分散，股东间的相互委托越来越困难。而且当大多数股东对会议议案持赞同态度时，少数持反对意见的股东很难找到“志同道合”的代理人。所以，董事会逐渐成为不愿参加股东大会的股东们行使投票表决权的代理人。起初，代理投票权实行的是“单项选择”，只有当股东们同意董事会的提议时才委托董事会行使投票表决权。为了削弱董事会利用这种方式强化其地位，英国的股票交易所规定，上市公司寄发的委托书必须采取双选择制，即股东既可以委托董事会对某项议案投赞成票，也可以对该项议案投反对票。

随着时代的发展，一些国家开始充分利用现代通信技术为股东提供利用互联网行使自己权利的平台，采用诸如虚拟股东大会、网络会议、可视电话、电子投票等方式，鼓励股东远程参与股东大会并投票。

资料 10-2　格力电器董事会换届选举

格力电器 2012 年 5 月 25 日的董事换届选举爆出冷门，珠海市国资委代表、格力集团党委书记兼总裁周少强因得票率不足，未能进入格力电器董事会。会议以累加投票制表决《公司董事会换届选举的议案》，本议案除子议案“选举周少强先生为公司第九届董事会董事”被否决外，其他子议案均获得通过。具体表决情况为：出席会议的表决权总数为 1995391682 股，其中各董事候选人的得票数和通过率如下表。

表 10-1　格力电器董事候选人得票数及通过率情况

	董事候选人	得票数	通过率
1	董明珠	2515105800 票	126.05%
2	周少强	730345048 票	36.60%
3	鲁君四	1951141658 票	97.78%
4	黄　辉	1953467335 票	97.90%
5	张军督	1951351409 票	97.79%
6	冯继勇	2268056760 票	113.66%
7	朱恒鹏	1923991571 票	96.42%
8	钱爱民	1924080296 票	96.43%
9	贺小勇	1923991571 票	96.42%

九名董事候选人中，周少强得票数占出席会议所有股东所持表决权 36.6%，未达到出席会议所有股东所持表决权 50%，未能获得股东大会审议通过。

资料来源：新浪财经/ https://finance.sina.com.cn

第二节　董事会

董事会是公司治理的核心，因此董事会组织结构对于公司治理意义重大。董事会是由股东大会选举数名董事所组成的公司决策机关，是所有权和公司治理之间最重要的联结点。

一、董事会的构成

董事会是由股东大会选举产生的，由符合法律规定人数的董事组成。我国《公司法》规定，股份有限公司董事会成员为5～19人，有限责任公司的董事会成员为3～13人。

由于董事会是由数名董事组成的，其职能的发挥自然与董事的素质、能力以及不同身份的董事在董事会所占的比重有十分密切的关系。

（一）董事的资格与产生

董事是股东的受托人，由股东大会选举产生，对内管理公司事务，参与重大决策，对外代表公司进行业务活动。

董事既可以由自然人担任，也可以由法人担任。对于这个问题，不同的国家（地区）给予了不同的规定。例如，美国、德国等国家规定，董事必须是自然人，法人不能担任董事，而英国、比利时以及中国香港地区、中国台湾地区规定，法人可以担任董事，但须指定一名有行为能力的人做其常任代表。

我国的《公司法》规定，公司的董事为自然人，并对董事的任职资格作了一定的限制，有以下情形者，不得担任股份有限公司的董事：（1）无民事行为能力或者限制民事行为能力的；（2）因贪污、贿赂、侵占财产、挪用财产或者破坏社会主义市场经济秩序，被判处刑罚，执行期满未逾5年，或者因犯罪被剥夺政治权利，执行期满未逾5年；（3）担任破产清算的公司、企业的董事或者厂长、经理，对该公司、企业的破产负有个人责任的，自该公司、企业破产清算完结之日起未逾3年的；（4）担任因违法被吊销营业执照、责令关闭的公司、企业的法定代表人，并负有个人责任的，自该公司、企业被吊销营业执照之日起未逾3年的；（5）个人所负数额较大的债务到期未清偿的。

（二）董事的分类

董事按照其与公司的关系可分为执行董事（内部董事）和非执行董事（外部董事）。

执行董事执行业务并从事内部经营管理工作，主要指担任董事的本公司管理人员，如总经理、常务副总经理等。非执行董事一般指不在本公司任职的董事，主要由其他公司执行董事或前董事担任，他们大都具有丰富的专业知识、其他行业或公司的经营管理经验和相对独立的判断力。一方面，执行董事对公司自身的业务和行业背景极为了解，能够为董事会提供重要的决策信息；另一方面，非执行董事能够带来外部经验，有利于促进公司从整体和更加长远的角度考虑问题，二者相辅相成。

独立董事是非执行董事的一种特殊形式。独立董事就是真正具有独立性的董事，独立于公司股东且不在公司内部任职，与公司或公司经营管理者没有重要的业务联系或专业联系，并能对公司事务做出独立判断。

资料 10-3　执行董事、非执行董事与内部董事、外部董事

在北美一些国家所称的内部董事，是指那些同时也是公司职员的董事；外部董事则指那些不属于公司职员的董事。而在英国及英联邦国家所讲的执行董事是指同时兼任公司高级管理人员的董事，他们既参与董事会的决策，同时也在其管理岗位上执行董事会的决策。显然，执行董事都是内部董事。非执行董事是指公司从外部聘请的在战略管理、金融、投资、财务、法律、公关关系等方面具有专长的知名人士，他们通常是某一方面的专家、学者或其他公司的总裁、董事长，只参与董事会决策而不参与高层管理和决策的执行。非执行董事明显包括了外部董事。除此之外，那些兼任公司中低层管理人员或一般职员的董事，也视作非执行董事。不过，在实践中，由于中低层管理人员或一般职员担任董事的情况比较少见。因此，一般而言，内部董事与执行董事、外部董事与非执行董事含义几乎一致。

资料来源：席酉民，赵增耀．公司治理［M］．高等教育出版社，2004.

（三）董事的权利与义务

1. 董事的权利[①]

我国《公司法》对董事会的职权有集中的规定，但对董事的权利无集中规定。此类内容，可散见于有关董事的条款。主要是：其一，出席董事会会议。依《公司法》规定，董事会会议，应由董事本人出席。董事因故不能出席，可以书面委托其他董事代为出席董事会，委托书中应载明授权范围。其二，表决权。董事在董事会议上，有就所议事项进行表决的权利。其三，董事会临时会议召集的提议权。《公司法》只规定董事会可以召开临时会议，而未规定如何召集。当然，董事长可视其情况主动召集，也可以根据一定人数的董事的提议召开，由后者产生了董事对召集董事临时会议的提议权。其四，通过董事会行使职权而行使权利。无疑，董事会的职权不是董事个人的职权，因而不能由董事分别行使。但是没有董事的参与，董事会便无法行使其职权。并且，董事作为董事会的成员，可以通过行使决议权而影响董事会的决定。

2. 董事的义务

根据《公司法》与《上市公司章程指引》，董事具有忠实义务与勤勉义务。

（1）忠实义务。忠实义务指董事应当遵守法律、法规和公司章程的规定，忠实履行职责，维护公司利益，不得自营或者为他人经营与其所任职公司有竞争关系的公司或者从事损害本公司利益的活动。具体来说，包括以下几个方面：①不得利用职权收受贿赂或者其他非法收入，不得侵占公司的财产；②不得挪用公司资金；③不得将公司资产或者资金以其个人名义或者其他个人名义开立账户存储；④不得违反本章程的规定，未经股东大会或董事会同意，将公司资金借贷给他人或者以公司财产为他人提供担保；⑤不得违反本章程的规定或未经股东大会同意，与本公司订立合同或者进行交易；⑥未经股东大会同意，不得利用职务便利，为自己或他人谋取本应属于公司的商业机会，自营或为他人经营与本公司同类的业务；⑦不得接受与公司交易的佣金归

① 李维安．公司治理学［M］．北京：高等教育出版社，2005：91-92.

为己有；⑧不得擅自披露公司秘密；⑨不得利用其关联关系损害公司利益；⑩违反对公司忠实义务的其他行为。董事违反本条规定所得的收入，应当归公司所有；给公司造成损失的，应当承担赔偿责任。

（2）勤勉义务。勤勉义务是指董事在处理和安排公司事务时，以一个普通正常人的合理、谨慎的态度，恪尽职守，维护公司的利益。具体包括以下几个方面：①应谨慎、认真、勤勉地行使公司赋予的权利，以保证公司的商业行为符合国家法律、行政法规以及国家各项经济政策的要求，商业活动不超过营业执照规定的业务范围；②应公平对待所有股东；③及时了解公司业务经营管理状况；④应当对公司定期报告签署书面确认意见。保证公司所披露的信息真实、准确、完整；⑤应当如实向监事会提供有关情况和资料，不得妨碍监事会或者监事行使职权；⑥法律、行政法规、部门规章及公司章程规定的其他勤勉义务。

二、董事会的职能及其运作

（一）董事会的职能

作为公司治理的核心，总的说来，董事会具有战略管理职能以及选择和监督总经理的职能。具体说来，我国《公司法》对董事会的职权有明确的规定：①召集股东会会议，并向股东会报告工作；②执行股东会的决议；③决定公司的经营计划和投资方案；④制订公司的年度财务预算方案、决算方案；⑤制订公司的利润分配方案和弥补亏损方案；⑥制订公司增加或者减少注册资本以及发行公司债券的方案；⑦制订公司合并、分立、解散或者变更公司形式的方案；⑧决定公司内部管理机构的设置；⑨决定聘任或者解聘公司经理及其报酬事项，并根据经理的提名决定聘任或者解聘公司副经理、财务负责人及其报酬事项；⑩制定公司的基本管理制度；⑪法律、法规及公司章程规定的其他职权。

（二）董事会的议事规则

董事会会议是董事会行使职权的主要方式。

1. 董事会会议的召开

董事会设董事长 1 人，可以设副董事长。董事长主要职权有主持股东大会和召集、主持董事会会议，督促、检查董事会决议的执行等。

与股东大会类似，董事会会议也分为年度会议与临时会议两种。年度会议是董事会一年中必须定期召开的会议，而临时会议是不定期的，为应付紧急情况、在必要时临时召开的会议。我国《公司法》规定：董事会每年度至少召开两次会议，每次会议应当于会议召开 10 日前通知全体董事和监事。代表 1/10 以上表决权的股东、1/3 以上的董事或者监事会，可以提议召开董事会临时会议。董事长应当自接到提议后 10 日内，如召集和主持董事会议董事会召开临时会议，可以另定召集董事会的通知方式和通知时限。若董事长不能履行职务或者不履行职务时，由副董事长履行职务。副董事长不能履行职务或不履行职务时，由半数以上董事共同推举 1 名董事履行职务。

2. 董事会决议

为了保证董事会会议所形成的决议代表大多数股东的利益，各国公司立法一般都明确了参加董事会会议的法定人数。根据我国《公司法》规定，董事会会议应有过半数的董事出席方可举行。董事会作出决议，必须经全体董事的过半数通过。董事会决议的表决，实行一人一票制。而上市公司董事与董事会会议决议事项所涉及的企业有关联关系的，不得对该项决议行使表决权，也不得代理其他董事行使表决权。该董事会会议由过半数的无关联关系董事出席即可举行，董事会会议所作决议须经无关联关系董事过半数通过。出席董事会的无关联关系董事人数不足 3 人时，应将该事项提交上市公司股东大会审议。

董事会应当对会议所议事项的决定做成会议记录，出席会议的董事应当在会议记录上签名。董事应当对董事会的决议承担责任。董事会的决议违反法律、行政法规或者公司章程、股东大会决议，致使公司遭受严重损失的，参与决议的董事对公司负赔偿责任。但经证明在表决时曾表明异议并记载于会议记录的，该董事可以免除责任。

3. 董事会秘书

公司董事会秘书是公司尤其是上市公司里不可或缺的重要角色，代表公司的内在素质和外在形象。公司董事会秘书的工作内容多，责任重，维系着公司运作程序的合法性、公正性、完整性。

董事会秘书是对外负责公司信息披露事宜，对内负责筹备董事会会议和股东大会，并负责会议的记录和会议文件、记录的保管等事宜的公司高级管理人员，董事会秘书对董事会负责。在公司规范运作上，董事会秘书要起到重要作用，如提供法规咨询、监督有关程序、及时做出提示、协调治理间的关系等。

董事会秘书由董事长提名，经董事会聘任与解聘。公司董事或者其他高级管理人员可以兼任公司董事会秘书，但如某一行为需由董事、董事会秘书分别作出时，则该兼任董事及公司董事会秘书的人不得以双重身份作出。公司聘请的会计师事务所的注册会计师和律师事务所的律师不得兼任公司董事会秘书。

我国的《公司法》明确规定，上市公司设董事会秘书，负责公司股东大会和董事会会议的筹备，文件保管以及公司股东资料的管理，办理信息披露事务等事宜。

三、董事会的模式

总的来讲，董事会制度有三种模式[①]。第一种是单层董事会，即董事会由执行的独立董事组成。这种董事会模式是股东导向型，董事会直接对股东负责并且必须定期向股东汇报公司的运作情况，也称盎格鲁-撒克逊治理模式。美国、英国、加拿大和澳大利亚等国都采用这种模式。

第二种是双层董事会，即在董事会之上设立监事会，其中监事会成员全部是由非执行董事组成，董事会成员则全部由执行董事组成。这种模式是社会导向型的，也称欧洲大陆模式，德国、奥地利、荷兰和法国部分公司都采用这种模式。

第三种模式是日本模式。日本商法规定，所有公司都必须设立法定审计人。它既不是公司外部的独立审计人，也不是公司内部的审计人，通常由几人组成，习惯上称为法定审计人会。法定审计人由股东大会选举，其职责主要是对董事会和经理层进行

① 席酉民. 公司治理［M］. 北京：高等教育出版社，2004：129-131.

监督。中国台湾、东南亚一些国家和地区采用类似的模式。中国公司的监事会在很多方面也借鉴了这一模式，二者的职能十分接近。

在实行单层制董事会制度的国家，如英、美等国，董事会往往是由几个具有特定职能的委员会组成。常见的职能委员会有执行委员会、提名委员会、薪酬委员会、审计委员会。

（1）执行委员会。主要负责对集团公司中长期发展战略、年度经营计划、重大投融资决策、利润分配、基本管理制度等事项，以及以集团公司所投资公司、直属企业的有关重大事项进行研究并提出建议，同时监督、指导经理层执行董事会决议的情况，并根据董事会特别授权，在授权范围内行使决策权等。

（2）提名委员会。主要负责提名公司的总经理、董事会秘书等高级管理人员、所投资公司的董事、监事以及直属企业的法定代表人；对公司总经理提出的公司副总经理、财务负责人、部门正职负责人等人选进行考察，向董事会提出考察意见。

（3）薪酬委员会。负责制定公司总经理、董事会秘书等高级人员的薪酬、考核与奖惩方案；听取并评审公司总经理制定的公司副总经理、财务负责人以及部门正职负责人的薪酬、考核与奖惩方案并提出独立意见；根据公司总经理的建议，审订公司委派或聘任的所投资公司董事长、董事、监事及直属企业法定代表人、财务负责人的薪酬方案、考核与奖惩方案；审订集团公司职工收入分配方案并提出建议等。

（4）审计委员会。该委员会是公司内部的财务监督和控制部门。其职责包括：经股东会批准，负责提名公司的会计师和审计人员；聘请外部的审计机构，并确定审计范围、评审审计结果；在每年财务报表和其他会计报表公布之前，对其进行审计；监督公司会计核算和内部控制程序；在公司董事、注册会计师、内部审计人员和财务经理之间建立通畅的交流渠道。主要负责监督公司内控和风险管理体系的有效运行，指导和监督公司内部审计部门工作，向董事会提出建议等。

在董事会下设立若干职能委员会的目的是使董事会内部分工明确，责任与义务明晰，保证董事会运作的独立性和有效性。各个公司的具体情况可能差别较大，在董事会内部设立哪些职能部门应根据各企业的自身情况来定。

四、独立董事制度

独立董事制度是英美模式公司治理的重要制度，它对于提高公司效率，保护中小股东利益，防止大股东和管理当局侵害公司利益具有重要作用。近年来，许多原先采用双层治理模式的国家和地区（如日本、韩国和中国台湾等）纷纷引入独立董事制度。2001 年，中国证监会发布《关于在上市公司建立独立董事制度的指导意见》，要求上市公司建立独立董事制度。2006 年起实施的《公司法》规定，上市公司董事会需要设立独立董事一职，具体办法由国务院规定。这标志着独立董事制度在法律上正式确立了自身的地位。学术界普遍认为，独立董事的引入有利于公司绩效的提高。

（一）独立董事的定义

所谓独立董事（independent director），是指独立于公司股东且不在公司中内部任职，与公司或公司经营管理者没有重要的业务联系或专业联系，并对公司事务做出独立判断的董事。也有观点认为，独立董事应该界定为只在上市公司担任独立董事之外不再担任该公司任何其他职务，并与上市公司及其大股东之间不存在妨碍其独立做出客观判断的利害关系的董事。中国证监会在《关于在上市公司建立独立董事制度的指导意见》中认为，上市公司独立董事是指不在上市公司担任除董事外的其他职务，并与其所受聘的上市公司及其主要股东不存在可能妨碍其进行独立客观判断关系的董事。

资料 10-4 独立董事的起源

独立董事制度最早起源于20世纪30年代，1940年美国颁布的《投资公司法》是其产生的标志。该法规定，投资公司的董事会成员中应该有不少于40%的独立人士。其制度设计目的也在于防止控制股东及管理层的内部控制，防止损害公司整体利益。20世纪70年代“水门事件”以后，许多著名公司的董事卷入行贿丑闻，公众对公司管理层的不信任感加剧，纷纷要求改革公司治理结构。1976年美国证监会批准了一条新的法例，要求国内每家上市公司在不迟于1978年6月30日以前设立并维持一个专门的独立董事组成的审计委员会。由此独立董事制度逐步发展成为英美公司治理结构的重要组成部分。据科恩——费瑞国际公司2000年5月发布的研究报告显示，美国公司1000强中，董事会的年均规模为11人，其中内部董事2人，占18.2%，独立董事9人，占81.1%。时至今日，美国一些著名大公司如美国通用电气公司，独立董事在16席董事会中占15席，可口可乐公司在15席中独立董事占13席，新型高科技公司董事会中独立董事占比要低一些，但均过半数。微软公司是11席中占8席。

独立董事制度的迅速发展，被誉为独立董事制度革命。

资料来源：MBA智库/https://www.mbalib.com

（二）独立董事的特征

独立董事最根本的特征是独立性和专业性。

所谓独立性是指独立董事必须在人格、经济利益、产生程序、行使权利等方面独立，不受控股股东和公司管理层的限制。根据我国相关法规，下列人士不得担任独立董事：①在上市公司或者其附属企业任职的人员及其直系亲属、主要社会关系（直系亲属是指配偶、父母、子女等；主要社会关系是指兄弟姐妹、岳父岳母、儿媳女婿、兄弟姐妹的配偶、配偶的兄弟姐妹等）；②直接或间接持有上市公司已发行股份1%以上或者是上市公司前十名股东中的自然人股东及其直系亲属；③在直接或间接持有上市公司已发行股份5%以上的股东单位或者在上市公司前五名股东单位任职的人员及其直系亲属；④最近一年内曾经具有前三项所列举情形的人员；⑤为上市公司或者其附属企业提供财务、法律、咨询等服务的人员；⑥公司章程规定的其他人员；⑦中国证监会认定的其他人员。

所谓专业性是指独立董事必须具备一定的专业素质和能力，能够凭自己的专业知识和经验对公司的董事和经理以及有关问题独立地作出判断和发表有价值的意见。一般认为，独立董事应由注册会计师、律师或高校教授担任，当然具有丰富企业管理经验的权威人士也是适当的人选。

独董选聘方式包括董事会提名、持股一定比例股东提名以及监事会提名三种。中国内地与香港的情况又各有不同：与欧美市场一致，香港上市公司董事会均下设提名委员会，董事由提名委员提名产生；在中国内地上市公司中，提名委员会并不是必须的，因此通过提名委员会提名独立董事的方式并不多见。实践中，大部分独立董事都是通过朋友或中介推荐，或是在公司IPO过程中，因工作接触结识相关方人员，如券商和上市公司管理层等，进而建立人脉关系，担任上市公司独立董事。

（三）独立董事的职责

独立董事对上市公司及全体股东负有诚信与勤勉义务。独立董事应认真履行职责，维护公司整体利益，尤其要关注中小股东的合法权益不受损害。独立董事应当独立履行职责，不受上市公司主要股东、实际控制人或者其他与上市公司存在利害关系的单位或个人的影响。独立董事原则上最多在5家上市公司兼任独立董事，并确保有足够的时间和精力有效地履行独立董事的职责。

独立董事的职权除了前文所述的董事职权外，还有以下特别职权：

（1）重大关联交易（指上市公司拟与关联人达成的总额高于300万元或高于上市公司最近经审计净资产值的5%的关联交易）应由独立董事认可后，提交董事会讨论。独立董事作出判断前，可以聘请中介机构出具独立财务顾问报告，作为其判断的依据；

（2）向董事会提议聘用或解聘会计师事务所；

（3）向董事会提请召开临时股东大会；

（4）提议召开董事会；

（5）独立聘请外部审计机构和咨询机构；

（6）可以在股东大会召开前公开向股东征集投票权。

独立董事行使上述职权应当取得全体独立董事的1/3以上同意。如上述提议未被采纳或上述职权不能正常行使，上市公司应将有关情况予以披露。如果上市公司董事会下设薪酬、审计、提名等委员会的，独立董事应当在委员会成员中占有1/2以上的比例。

独立董事除履行上述职责外，还应当对以下事项向董事会或股东大会发表独立意见：①提名、任免董事；②聘任或解聘高级管理人员；③公司董事、高级管理人员的薪酬；④上市公司的股东、实际控制人及其关联企业对上市公司现有或新发生的总额高于300万元或高于上市公司最近经审计净资产值的5%的借款或其他资金往来，以及公司是否采取有效措施回收欠款；⑤独立董事认为可能损害中小股东权益的事项。

（四）公司对独立董事的承诺

为了保证独立董事有效行使职权，上市公司应当为独立董事提供必要的条件。

（1）上市公司应当保证独立董事享有与其他董事同等的知情权。凡须经董事会决策的事项，上市公司必须按法定的时间提前通知独立董事并同时提供足够的资料，独立董事认为资料不充分的，可以要求补充。当2名或2名以上独立董事认为资料不充分或论证不明确时，可联名书面向董事会提出延期召开董事会会议或延期审议该事项，董事会应予以采纳。

上市公司向独立董事提供的资料，上市公司及独立董事本人应当至少保存5年。

（2）上市公司应提供独立董事履行职责所必需的工作条件。上市公司董事会秘书应积极为独立董事履行职责提供协助，如介绍情况、提供材料等。独立董事发表的独立意见、提案及书面说明应当公告的，董事会秘书应及时到证券交易所办理公告事宜。

（3）独立董事行使职权时，上市公司有关人员应当积极配合，不得拒绝、阻碍或隐瞒，不得干预其独立行使职权。

（4）独立董事聘请中介机构的费用及其他行使职权时所需的费用由上市公司承担。

（5）上市公司应当给予独立董事适当的津贴。津贴的标准应当由董事会制订预案，股东大会审议通过，并在公司年报中进行披露。

除上述津贴外，独立董事不应从该上市公司及其主要股东或有利害关系的机构和人员取得额外的、未予披露的其他利益。

（6）上市公司可以建立必要的独立董事责任保险制度，以降低独立董事正常履行职责可能引致的风险。

资料 10-5　独立董事责任保险制度

董事责任保险是一种特殊的职业责任保险，全称为董事高管责任保险（Directors' and Officers' Liability Insurance），是指由公司或者公司与董事、高级管理人员共同出资购买，对被保险董事及高级管理人员在履行公司管理职责过程中，因被指控工作疏忽或行为不当而被追究其个人偿责任时，由保险公司负责赔偿该董事或高级管理人员进行责任抗辩所支出的有关法律费用并代为偿付其应当承担的民事赔偿责任的保险。广义的董事责任保险，保险公司除了承担上述保险责任外，还应当负责赔偿公司根据董事责任和费用补偿制度，对有关董事作出的补偿。

董事责任保险是舶来品，发端于20世纪30年代的美国；60年代以后得到了较快的发展。在欧美等国家，绝大多数的上市公司都为自己的董事及高级管理人员购买了董事责任保险。美国 Tillinghast-Towers Perrin 公司的一份调查报告显示，美国市场投保率约为97%，某些行业的投保率甚至达到100%，加拿大市场投保率亦高达86%，香港市场投保率约76%。

中国证监会《关于在上市公司建立独立董事制度的指导意见》提出"上市公司可以建立必要的独立董事责任保险制度，以降低独立董事正常履行职责可能引致的风险"。可见，该责任保险并不是监管强制要求。根据德勤中国2018调研显示，独立董事所接触的上市公司中，58%的公司有独立责任保险，并且绝大部分发挥了积极作用，对独董放心大胆履职起到了正面激励和保护作用。例如，多位接受调研的独董表示，这可以令他们"感到被保护，安心放胆作负责决定，更加积极的履职，减少资讯不足的顾虑，内心更加平和"等。

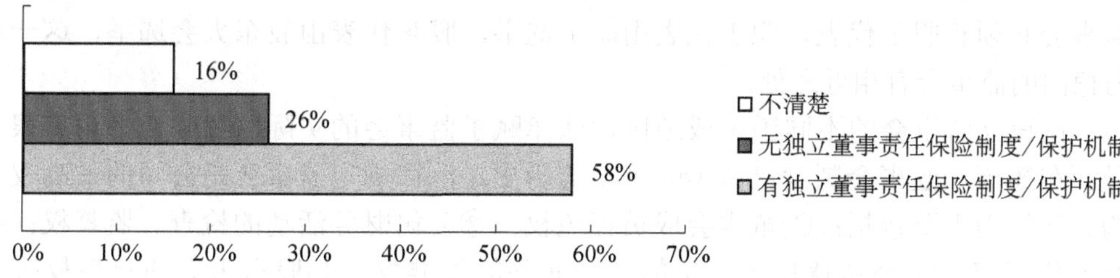

资料来源：《2018 德勤中国上市公司独立董事调研报告》/https://www2.deloitte.com/cn/zh.html

第三节　监事会

一、监事会设置的国别差异

虽然各国公司治理结构中都有履行监督职能的机构或人员，但这些机构或人员是设在董事会内部，还是在董事会之外另设专门的监督机构，在国际上并无统一的模式。是否设立这一机构，与一国董事会的模式和构成有十分密切的关系。依据董事会的模式，监事会的设置在国际上有以下三种类型①。

（一）公司内部不设监事会，相应的监督职能由独立董事行使

这种董事会模式即单层制董事会，以美国为代表。在这种模式下，董事会既有监督职能又有决策职能。董事会下设的主要由独立董事构成的审计委员会、报酬委员会及提名委员会，可以看成是公司内部履行监督职能的机构。从对管理层的监督来看，由于独立董事在董事会中占多数，他们不参与决策的执行，相对于管理层的独立性强，因此能够从制度上保证董事会履行其监督职能。在这种情况下，就没有必要在董事会之外再设专门的监督机构来对董事会和管理层进行监督，否则会引起机构职能的交叉和重叠。

（二）设立监事会，且监事会的权力在董事会之上

这种董事会模式即双层董事会，以德国为代表。德国主张员工参与公司治理，法律规定员工在 2000 名以上的大企业，监事会成员由股东代表和员工代表构成，各占一半，其中员工代表由员工选举，股东代表由股东大会选举。在这种模式下，监事与董事不能兼任，从而使监督权与执行权从机构上明确分开，而且监事会具有任命和监督董事会成员的权利。

（三）设立监事会，但监事会与董事会是平行机构，也叫复合结构

这种董事会模式以日本最为典型。在我国大陆和台湾地区、韩国以及东南亚的一些国家也采取此模式。这种模式下的董事会具有决策职能，但由于董事会大都由执行董事构成，因此同时它还具有执行职能。为了避免监督者监督自己，法律规定由股东大会选举法定审计人或监事，对董事和经理层进行监督，其中审计和财务监督是其主要职责。中国内地在这方面的不同之处在于，公司法要求股份公司设立监事会，而且

① 李维安. 公司治理学［M］. 北京：高等教育出版社，2005 年 5 月第 1 版.

监事会必须有职工代表。职工代表由职工选举，股东代表由股东大会选举，这一点又与德国的监事会有相近之处。

在设立监事会的不同国家或地区，法律赋予监事会的实际职能和权力也有很大差异。在德国，监事会制度已有140多年的历史，法律规定监事会是公司的最高权力机构。其权力主要包括：①董事会成员任免权；②公司财务活动的检查、监督权；③公司的代表权；④公司章程中规定的某些业务的批准权；⑤股东大会的召集权等。可见，德国公司监事会实际上与英美国家的董事会履行着相似的职能，与日本和我国公司中专司监督职能的法定审计人会或监事会有本质的不同。

日本商法规定，所有上市公司都必须设定法定审计人。他不是公司外部的独立审计人，也不是公司内部的审计人，通常由几个人组成，习惯上称为法定审计人会。法定审计人会作为股东委托的对董事进行监督的机构，具有以下职能：①确保公司的经营符合法律、公司章程和股东的利益；②向股东大会报告公司的经营是否正常，以及由董事会向股东大会提出的议题是否合适；③参加董事会和其他重要的会议，并从公司经营层得到经营报告和财务报告，对公司包括公司的运作进行实地检查；④接受独立审计人会和内部审计机构审计报告；⑤如果发现董事做出有损于公司的决策，必须立即向董事会提出建议，并要求停止这类活动。中国的监事会与日本的法人审计人会在职能上十分接近，都是专司监督职能的机构。

二、我国的监事会制度

（一）监事会的构成

股份有限公司的监事会是由监事组成的、对公司业务和财务活动进行合法性监督的机构。监事会成员不得少于3人，监事会的人员和结构应确保监事会能够独立有效地行使对董事、经理和其他高级管理人员及公司财务的监督和检查的权力。

监事会由股东代表和适当比例的公司职工代表组成，其中职工代表的比例不得低于1/3，具体比例由公司章程规定。监事会中的职工代表由公司职工通过职工代表大会、职工大会或者其他形式民主选举产生。

监事应具有法律、会计等方面的专业知识或工作经验。此外，董事、高级管理人员不得兼任监事。监事的任期每届为3年。监事任期届满，连选可以连任。监事任期届满未及时改选，或者监事在任期内辞职导致监事会成员低于法定人数的，在改选出的监事就任前，原监事应当依照法律、行政法规和公司章程的规定，履行监事职务。

（二）监事权利与义务

1. 监事的权利

监事的权利包括：①出席监事会，并行使表决权；②报酬请求权；③签字权；④列席董事会的权力，并对董事会决议事项提出质询或者建议；⑤提议召开临时监事会会议权。

2. 监事的义务和责任

监事的义务和责任包括：①遵守公司章程，执行监事会决议；②监事除依照法律规定或者经股东大会同意外，不得泄露公司秘密，不得擅自传达董事会、监事会和经理办公会会议的内容；③对未能发现和制止公司违反法律、法规的经营行为承担相应的责任；④监事在工作中违反法律、法规或者公司章程的规定，给公司造成损害的，应当承担相应的责任；⑤监事应当依照法律、行政法规和公司章程的规定，忠实履行监督职责。

（三）监事会的职权和议事规则

1. 监事会的职权

监事会履行下列职权：①检查公司财务；②对董事、高级管理人员执行公司职务的行为进行监督，对违反法律、行政法规、公司章程或者股东会决议的董事、高级管理人员提出罢免的建议；③当董事、高级管理人员的行为损害公司利益时，要求董事、高级管理人员予以纠正；④提议召开临时股东会会议，在董事会不履行《公司法》规定的召集和主持股东会会议职责时召集和主持股东会会议；⑤向股东会会议提出提案；⑥依照《公司法》的规定，对董事、高级管理人员提起诉讼；⑦公司章程规定的其他职权。监事会行使职权所必需的费用，由公司承担。

2. 监事会的议事规则

监事会设主席 1 人，可以设副主席。监事会主席和副主席由全体监事过半数选举产生。监事会每年度至少召开一次会议，监事可以提议召开临时监事会会议。

监事会的议事方式和表决程序由《公司法》与公司章程规定。

监事会主席召集和主持监事会会议；监事会主席不能履行职务或不履行职务的，由监事会副主席召集和主持监事会会议；监事会副主席不能履行职务或者不履行职务时，由半数以上的监事共同推举 1 名监事召集和主持监事会会议。

监事会作出决议，应当经半数以上监事通过。监事会应当对所议事项的决定作成会议记录，出席会议的监事应当在会议记录上签名。监事会决议致使公司、股东和员工的合法权益遭受损害的，参与决议的监事负相应责任；但表决时曾表示异议并记载于会议记录中的，该监事免责。

（四）独立董事与监事会

在我国现有治理结构下，独立董事与监事会既存在职能交叉或替代的一面，也存在互补的一面。其中互补性是指独立董事制度作用的发挥，需要一系列的条件和保证，诸如有一支素质较高的独立董事队伍并形成独立董事市场，董事会中必须有足够数量的独立董事，企业内部的决策体系及有关独立董事的法规比较健全，诸如此类的条件不可能在短期内一应俱全，从而使独立董事制度从引入到健全有一个过程。在这个过程中，独立董事制度不可能完全替代监事会制度。相反，如对监事会加以改进，如强调其独立性和素质，赋予其在审计监督方面的更大权限，监事会就有可能对独立董事的监督职能起到互补作用。如前所述，独立董事大都是公司的外部人士，他们很可能没有足够的时间去收集公司的信息，主要靠管理层提供，信息的真实性、全面性和及时性难以保证，进而影响他们作出正确的判断和决策。而监事会则不同，它是公司内部的常设机关，监事通常是公司的内部人员，对信息的掌握一般要优于独立董事。因此，监事会的监督，可以在一定程度上弥补独立董事在信息上的不足。另外，在国有股占主导地位的股权结构下，监事会中员工代表对于填补国有出资人监督虚置，实现企业与员工之间的信息沟通，发挥员工对管理层的监督作用，以及保护员工的利益和调动员工的积极性，有着独立董事无法替代的作用。当然，从长期来看，在独立董事制度所需的一系列条件具备后，独立董事将发挥更大的作用，那时独立董事与监事会之间将出现职能的交叉或替代。独立董事将删去代替由监事会履行的审计监督职能，从而使现有监事会的基本职能丧失。独立董事对执行层报酬的制约和监督，以及对关联交易的监控，也将代替监事会在这些方面的监督职能。

总结与复习

规范的公司治理结构由股东大会、董事会、经理人员和监事会组成。

公司股东是公司资本的出资者，也是公司股份的持有人。股份有限公司的股份认购人一旦缴清应缴股款，就取得股东资格，享有权利，并承担相应的义务和风险。

股东大会既是一种定期或临时举行的由全体股东出席的会议，又是一种非常设的由全体股东所组成的公司制企业的最高权力机关。它是股东作为企业财产的所有者，对企业行使财产管理权的组织。企业一切重大的人事任免和重大的经营决策一般都得到股东会认可和批准，方才有效。一般来讲，股东大会可以分为年会和临时会两种。股东大会的职权可以概括为决定权和审批权。

股东大会的表决制度通常有三种：举手表决、投票表决和代理投票制度。其中，投票表决制又可分为法定表决制度和累加表决制度。

董事会是公司治理的核心，因此董事会组织结构对于公司治理意义重大。董事会是由股东大会选举数名董事所组成的公司决策机关，是所有权和公司治理之间最重要的联结点。

董事按照其与公司的关系可分为执行董事和非执行董事。

董事会制度有三种模式：单层董事会、双重董事会和日本模式。

独立董事是指独立于公司股东且不在公司内部任职，与公司或公司经营管理者没有重要的业务联系或专业联系，并对公司事务做出独立判断的董事。独立董事最根本的特征是独立性和专业性。

监事会的设置在国际上有以下三种类型：公司内部不设监事会，相应的监督职能由独立董事发挥；设立监事会，且监事会的权力在董事会之上；设立监事会，但监事会与董事会是平行机构，也叫复合结构。

第 10 章　即测即练题

思考与练习

1. 股东大会有何职能？股东有何权利与义务？

2. 法定表决制度与累加表决制度有何区别？二者对中小股东有何影响？

3. 高效的董事会需要怎样的架构，如何运作？

4. 什么是独立董事？它在公司治理中发挥何种作用？

5. 独立董事与监事在功能上有何异同？

6. 课外查找资料，了解国际上公司治理的最新发展趋势，并分析其对我国公司治理发展可能产生的影响。

本章案例分析

中国联通董事会提前换届：BATJ 高管集体入驻

作为混合所有制改革标杆的中国联通，完成了一次力度极大的董事会改选：董事会成员由 7 人扩编至 13 人，8 名非独立董事中，有 4 人来自 BATJ 四大民营互联网企业。

1. 混改方案

2017 年 8 月，联通公布了混改方案，腾讯、百度、京东、阿里巴巴、苏宁云商等 14 家战略投资者认购了 90 亿股联通新股。民营战略投资者中，腾讯投资 110 亿元，占 5.21%；百度 70 亿元，占 3.31%；阿里巴巴 43.3 亿元，占 2.05%；京东 50 亿元，占 2.36%；苏宁 40 亿元，占 1.88%。2017 年 10 月底，公司完成约 90 亿股的定增发行工作，成功引入中国人寿、腾讯信达、百度鹏寰、京东三弘、阿里创投、苏宁云商、光启互联、淮海方舟、兴全基金等投资者；11 月底，联通集团完成向国有企业结构调整基金转让所持约 19 亿股的公司股份。

在此背景下，为进一步落实混改目标，中国联通董事会、监事会拟提前进行换届，结合战略投资者情况等，适当引入新的国有股东和非国有股东代表担任公司董事或监事，优化调整董事会、监事会结构，建立健全协调运转、有效制衡的混合所有制企业公司治理机制。

2. 董事会换届

2018 年 2 月 7 日，中国联通发布公告，宣布公司临时股东大会审议通过了《关于公司董事会换届暨选举第六届董事会董事的议案》，而据了解，中国联通目前的这届 7 人董事会任期原本应该到 2019 年 5 月。根据议案，联通此次新增了 13 名董事会成员，其中 8 人为非独立董事，有 3 人来自中国联通，包括董事长王晓初、总裁陆益民、集团副总经理李福申。另外 5 人，则都是联通混改引入的战略投资者，分别是百度董事长兼首席执行官李彦宏、阿里巴巴资深副总裁胡晓明、腾讯高级执行副总裁卢山、京东集团首席战略官廖建文、中国人寿副总裁尹兆君。以所有制衡量，这次联通拟更新的董事会名单中，8 名非独立董事中，有 4 人来自国企，另外 4 人均来自民企，BAJT 占据中国联通非独立董事的“半壁江山”。除了这 8 名非独立董事，联通新一届董事会还有 5 名独立董事候选人他们分别是：冯士栋、吴晓根、吕廷杰、陈建新、熊晓鸽。

新入股联通的几大股东获取的董事会席位如下：中国人寿入股最多，在董事会及发展战略委员会、提名委员会、审计委员会获得了一个位置；腾讯在新入股股东中位居第二位，民营第一位，除董事会外，在发展战略委员会、薪酬与考核委员会各获得一个位置；百度在新入股股东中位居第三位，民营第二位，除董事会外，百度董事长李彦宏仅出现在发展战略委员会中；京东在新入股股东中位居第四位，民营第三位，除董事会外，也仅出现在发展战略委员会中；阿里巴巴虽然在新入股股东中仅位居第五位，民营第四位，但除董事会外，和腾讯一样，在发展战略委员会、薪酬与考核委员会都各获得了一个位置。

新的治理机制，是成功的重要因素。一方面，引入的战略投资者与公司主业关联度高、互补性强，有助于将公司的网络、客户、数据、营销服务及产业链影响力等方面的资源和优势与战略投资者的机制优势、创新业务优势相结合，实现企业治理机制现代化和经营机制市场化。另一方面，联通内部的董事减少，丧失决策控制权，可能会强化经营管理的力度。混改的重点现在进入"改"的阶段，外部资本力量首度进入董事会，中国联通面临新的考验。董事怎么发挥作用，还有待于观察。

资料来源：中国证券网/ http://www.cnstock.com

问题：

1. 从背景来看，中国联通的混改有何意义？
2. 混改后联通首届董事会如何实现各方权力与利益的平衡？
3. 符合中国国情的公司治理建设应注意些什么问题？

第十一章
外部治理机制

学习目的

- 掌握信息披露在外部治理中的重要性；
- 了解市场监控机制在外部治理中所发挥的作用；
- 把握利益相关者监督机制与外部治理之间的关系；
- 掌握机构投资者的含义、种类、特点等；
- 明确机构投资者在外部治理中的地位与作用。

引　言

自20世纪80年代开始，随着企业兼并浪潮及机构投资者的兴起，公司治理问题重新受到国内外学者的重视，公司治理问题已经成为理论界和实务界研究的一个世界性难题。

目前，国内外众多学者对内部治理的研究较为广泛，主要强调公司产权明晰和激励机制等措施对完善公司治理的重要性。但从全球资本市场和公司治理机制发展趋势的整体角度来看，外部治理机制正日益受到重视，外部治理在公司治理体系的中的地位也日渐提升。我国国内有不少专家学者对公司治理这一课题也展开了大量研究，但有些领域还没有触及，甚至还存在不少误区，比如对利益相关者参与外部治理的意义认识不足等。鉴于此，从外部市场体系的角度，分析公司治理的外部机制，将为我国公司治理的研究提供前瞻性启示。

公司外部治理系统与内部治理结构是互相依赖、相辅相成的，片面强调任何一方都会影响公司治理效率。公司治理作为现代企业理论的重要组成部分，涵盖了企业制度、公司管理和政府规制等研究领域，应用了定量分析、比较分析和案例分析等研究方法，跨越管理学、经济学、社会学等多个学科，是一个由主体和客体、边界和范围、机制和功能、结构和形式等诸多因素构成的体系。对公司治理这一领域的全面系统研究将推动管理学的学科建设和管理教育的发展。

本章我们将结合我国公司外部治理的实践，分别从信息披露、市场监控机制、利益相关者监督和机构投资者治理四个角度，探讨外部治理在公司治理机制中的地位和作用。

第一节 信息披露管理

一、上市公司信息披露制度

信息披露是上市公司的法定义务，是投资者了解上市公司、证券监管机构监管上市公司的主要途径，是维护证券市场秩序的必要前提。信息披露制度在各国证券法律制度体系中都占有重要的地位[①]。

（一）信息披露制度的含义与意义

1. 信息披露制度的含义

信息披露制度，也称公示制度、公开披露制度，是上市公司及其信息披露义务人依照法律规定必须将其自身的财务变化、经营状况等信息和资料向社会公开或公告，以便使投资者充分了解情况的制度。它既包括发行前的披露，也包括上市后的持续信息公开。信息披露是上市公司的法定义务，是投资者了解上市公司、证券监管机构监管上市公司的主要途径，是维护证券市场秩序的必要前提。

信息披露制度是证券法"三公原则"中公开原则的具体要求和反映。在各国法律中，公开原则被具体化为信息披露制度。公开原则是"三公原则"的基础，是公平、公正原则实现的保障。没有公开原则的保障，公平、公正便失去了衡量的客观标准，也失去了得以维持的坚实后盾。只有公开，才能有效杜绝证券市场的舞弊行为，保障证券市场的健康运转。美国大法官布兰迪斯（Brandies）在其 1933 年的著作中提出："公开原则被推崇为医治社会和企业弊病的良药，犹如阳光是最好的消毒剂；犹如电灯，是最棒的警察。"

2. 信息披露制度的意义

信息披露制度的重要意义主要体现在以下几个方面：

首先，有利于约束证券发行人的行为，促使其改善经营管理。公开性原则要求发行人严格按照法定的程序、格式和内容真实、准确、完整地公布与投资者决策密切相关的资料，可促使发行人严格财务制度，规范其内部管理；同时，增加发行人内部状况的透明度，将其置于广大投资者和社会公众的监督之下，还可以激励发行人全面加强经营管理，以不断自我完善提高经济效益。

其次，有利于证券市场上发行与交易价格的合理形成。以股市价格为例，其价格的形成固然与社会经济、政治形势等公司外部环境有关，但从根本上说，是由公司自身经营状况来决定的。经营的好坏，决定了公司的盈利高低，从而也影响股票预期收益高低。因此，有必要将发行公司经营状况、财务状况和发展趋势公开化，以便于投资者在全面了解情况的基础上作出投资决定，促使证券供求关系自然形成，市场可根据供求关系形成合理价格。

---

① 中国证券监督管理委员会. 上市公司高级管理人员培训教材［M］. 北京：中国金融出版社，2007.

再次，有利于维护广大投资者的合法权益。证券市场的繁荣发展来源于投资者的信心。信息披露制度可以确保广大投资者在接触和了解证券市场信息面前，一律平等，根据公开化了的信息作出自己的投资决策，既可防止盲目投资，以减少或避免不应该有的风险，更有利于扼制内幕交易、证券欺诈、过度投机行为，有利于保护广大投资者的知情权，进而有助于增强其对证券市场的信心。

最后，有利于进行证券监管，提高证券市场效率。公开的信息是证券监管部门进行管理的重要依据，同时，也是其监督证券市场各方依法活动的重要法律手段。依据公开原则，监管部门既可及时有效地查处违法信息披露制度的证券违法犯罪活动，又可根据高度透明化的证券市场信息，及时防范、预警和化解金融风险，调控、引导证券投资及筹资行为。

信息披露制度保障了交易的安全，维护着投资者的信心，也维持了证券市场的稳定秩序。

鉴于此，公开原则成为各国证券法律制度的重要原则，信息披露制度在各国证券法律制度体系中都占有重要的地位。

（二）信息披露制度的基本原则

我国《证券法》第 63 条规定，“发行人、上市公司依法披露的信息，必须真实、正确、完整，不得有虚假记载、误导性陈述或者重大遗漏。”因此，上市公司信息披露应遵循以下原则。

1. 真实原则

真实原则，是指公开的信息必须具有客观性、一致性和规范性，不得作虚假陈述。客观性，是指公开的信息所反映的事实必须是公司经营活动实际发生的，禁止为了影响市场价格而编造虚假信息；一致性，是指公开的信息依据的标准，应保持历史的一贯性，如有变动应作出说明；规范性，是指公司所公开的信息必须符合证券法所规定的对不同性质信息的真实性的不同判断标准。

证券投资者将公司信息作为对公司证券进行价值投资判断的依据，必然要求公司所公开的信息能够真实地反映其经营状况。证券投资者判断的准确性，首先以投资判断依据的真实性为必要条件。没有真实的公司有关信息，投资者就会处于极其不利的地位，公开性原则便是一纸空文，毫无意义。

真实原则，应适用于公司所公开的全部信息，包括描述性信息、评价性信息和预测性信息。只是由于信息的性质不同，对其真实性的判断标准也不同。

（1）描述性信息，反映的是上市公司经营活动中的既存事实，应以客观事实为依据，检验其真实性。其中，对“计划事实”的真实性，不应以计划实现的充分性来判断，而应以计划实施的充分性来判断。如果计划未得到充分的实施，上市公司必须对此作出合理的说明。如果上市公司没有合理的原因而不充分实施计划，则可以认定其所公开的计划为虚假计划。

（2）评价性信息，反映的是已公开信息中的事实与其他事实之间的联系性，是对既存的事实的性质、结果或影响的分析和价值判断。它往往是在公开上市公司经营状况的同时，又加入了信息发布者自己的判断。评价性信息的真实实际上是一种逻辑真实。在检验评价性信息的真实性时，应在确定描述信息所反映的既存事实的基础上，对评价依据的真实性和评价方法的合理性进行判断。

（3）预测性信息，是对上市公司未来的经营状况（主要是盈利状况）所作的预测，反映的是上市公司经营状况中的既存事实和将来事实之间的联系性。由于上市公司的经营活动具有持续性，其经营状况处于不断变动的过程中，其经营状况不仅包括经营现状，也包括经营潜力和经营风险，因而证券价格的确定便含有预测的因素。上市公司公开的信息中可以包括赢利预测，尽管这种预测一般并不可靠，而且常常被用来作为误导市场的工具，但为了便于投资者作出投资判断，各国现行的证券法规和证券监管机构的规范性文件往往允许上市公司公开盈利预测，并给予规制以防止其弊端。规制往往从对盈利的界定、预测假设的合理性及可靠性、重大差异的说明等来进行。

2. 准确原则

准确原则，是指公司公开的信息必须准确无误，不得以模糊不清的语言使公众对其公布的信息产生误解，不得有误导性陈述。

公开的信息是通过语言文字的表述来实现的，而语言内容的多义性与语言表达方式的多样性，使证券法在规定公开的信息时，必须贯彻准确原则。信息的准确性是投资判断准确性的前提。实践中由于虚假陈述与重大遗漏具有显现性，而“使人误解”则利用了语言的多义性并可能把责任推给投资者，因而，“使人误解”便成为公司信息公开活动中较为多见的违法行为。

准确原则，不是强调已公开信息与信息所反映的客观事实之间的一致性，而是强调信息发布者与信息接受者，以及各个信息接受者之间对同一信息在理解上的一致性。一个虚假的信息固然是不准确的信息，但不准确的信息未必是虚假的，因为对不准确的信息人们可依表面文意作出多种理解。而只有一种解释的不准确信息，则构成违反真实原则。不准确信息往往具有非显现性，不易被人察觉，因此，更应对此作出明确的规定，以防误导投资者。

首先，准确原则要求在有法律明确标准的前提下，应按法定标准以语言文字的通常意义进行信息公开。由于公司与各投资者之间，成分极为复杂，行业归属、知识水平、语言习惯、检验能力等各不相同，对于公开的信息内容的判断也会有所不同。但由于信息公开的目的是为方便投资者进行投资判断。因此，对公开信息内容的理解与解释，应以一般投资者的素质为标准。

其次，准确原则要求处理好表述准确与易于理解之间的关系。公司所公开的信息应容易被理解，即信息公开的篇幅、使用的术语及叙述方式，能被具有一般文化知识和经营知识的投资者所理解，而不只是使投资专家理解。但公司公开的经营活动是一种专业性活动，专业术语或行业术语往往有不可替代的作用。为了兼顾信息公开的准确性与易于理解性，公司在公开信息时，对所使用的术语或行业术语应进行必要的解释，以便于一般投资者的理解。

最后，准确原则要求处理好正式信息与非正式信息的关系。投资者对经营状况的理解并不完全通过依法正式公布的公司信息，公司非正式发布的信息（如广告促销等活动），或者不是公司发布的但与公司有关的信息（如媒体有关公司的报道），也能作为投资者进行投资判断的依据。但是，正式信息与非正式信息内容的差异，有时也能导致使人误解的结果，因此不能将公司保证信息公开的义务局限在正式信息方面。法律应规定公司有责任保证自己发布的非正式信息与正式信息的一致性，对于不是公司发布的但与其有关的信息，如果足以有影响众多投资者的判断投资，公司则应附有说明的义务。

3. 完整原则

完整原则，是指公司必须依照法律规定或证券监管机构和证券交易所的指令将有关信息予以公开，不得有重大遗漏。如果公司在公开信息时有“重大遗漏”，即使已公开的各个信息具有个别的真实性，也会在已公开信息的总体上造成整体的虚假性。

证券的市场价格是由公司经营状况整体决定的，证券投资者的判断，是对特定公司所公开的全部信息进行的综合判断。尽管投资者在作出投资决定时，对各种公司信息重要性的认识与有用性的选择各有不同，但对于投资者整体而言，公司将各种可能影响证券市场价格的重大信息都予以公开，是投资者判断公平性与准确性的前提条件。

信息披露的完整性，有质与量两方面的规定性。

首先，应充分公开的信息，在性质上必须是重大信息。重大信息，是指能够影响公司证券市场价格的信息。将那些对证券市场价格并无影响的信息予以公开，一方面，会增加公司信息公开的成本；另一方面，不仅无助于投资者作出投资判断，还会着增加投资者信息选择的难度。因此，应以“重大”性来达到公开信息的简约性。

其次，应充分公开的信息，在数量上必须达到一定的标准，以足以使投资者在通常市场情况下能够据此作出适当的投资判断。

4. 及时原则

及时原则，是指公司必须在合理的时间内尽可能迅速地公开其应公开的信息，不得有延迟。无论怎样正确的信息，如果其公开的时间迟滞，作为投资判断依据的有用性将必然减退。所以，公司信息公开的内容应具有现时性的条件：首先，公司应以最快的速度公开其信息，即公司经营和财务状况发生变化后，应立即向社会公众公开其变化；其次，公司所公开的公司信息应一直保持最新的状态，不能给社会公众以过时和陈旧的信息。

生产经营的连续性与信息披露的间断性是信息披露制度的固有矛盾。公司的经营活动是持续进行的，处于不断的变动状态之中。只要经营状况正常，其信息的产生就必然是连续的、不间断的。但由于受到技术手段和信息生产成本、传递成本的严格限制，信息披露只能是间断的。生产经营的连续性和信息披露的间断性之间的矛盾，使信息披露的及时性受到了严重的挑战，其结果是：一方面，当投资者得到消息时，许多信息已是“遥远的历史”而失去了相关性。该信息反映的经营状况对证券市场价格的影响作用已被新的尚未公布的经营状况所抵消，或者早已被变动的证券市场所吸收，以致不能起到价格信号的作用。另一方面，那些占据信息优势的内幕人员可利用信息披露的时间间隔进行内幕交易，导致了投资者之间的非公平竞争，使证券市场的有效性大打折扣。

信息披露的及时性，不仅可保证投资依据的相关性，还可以最大限度地缩小内幕人员利用内幕信息进行内幕交易的时间差。内幕人员能进行内幕交易，不仅在于内幕人员有途径掌握更多的信息，更重要的在于内幕人员能够比投资者提前掌握信息。进行内幕交易，首先是要预先掌握内幕信息，并据此买卖证券；其次是要待内幕信息公开后导致证券价格发生相应变动时，作相反买卖以牟利或避损。可见，内幕信息既包括那些一旦公开就可能影响证券市场价格的信息，也包括那些迟早会公开的信息。如果某一内幕信息永远都不会公开，那么该信息就不会成为价格信号，证券的市场价格就不会因此发生内幕人员所期望的变动，利用该信息牟利或避损的期望就不会实现。所以，内幕人员与公众投资者在掌握信息上的时间差，正是内幕交易得以存在的"温床"。公司信息的公开越及时，这种时间差就越小，内幕信息被内幕人员利用的机会相应地就会越少。

（三）信息披露的内容

鉴于信息披露对公司治理的主要影响，中国证监会颁布了《上市公司信息披露管理办法》。该法规的第 5 条规定，我国上市公司信息披露文件主要包括招股说明书、募集说明书、上市公告书、定期报告和临时报告等。

1. 招股说明书与募集说明书

招股说明书是股份公司公开发行股票时，就募集事宜发布的书面公告。发行人编制招股说明书应当符合中国证监会的相关规定。凡是对投资者作出投资决策有重大影响的信息，均应当在招股说明书中披露，主要包括发行股票的类型、股数、每股面值、发行价格、主承销商等。有关招股说明书等规定适用于公司债券募集说明书。

2. 上市公告书

上市公告书是公司上市前重要信息披露资料，它需要披露发行人的情况、股票发行与股本结构、董事、监事、高管人员和核心技术人员、同行业竞争与关联交易和财务会计资料等信息。

3. 定期报告

定期报告包括年度报告、中期报告和季度报告。年度报告应当在每个会计年度结束之日起 4 个月内，中期报告应当在每个会计年度的上半年结束之日起 2 个月内，季度报告应当在每个会计年度第 3 个月、第 9 个月结束后的 1 个月内编制完成并披露。第一季度季度报告的披露时间不得早于上一年度年度报告的披露时间。

4. 临时报告

发生可能对上市公司证券及其衍生品种交易价格产生较大影响的重大事件，投资者尚未得知时，上市公司应当立即披露，说明事件的起因、目前的状态和可能产生的影响。

招股说明书和上市公告书为公司上市前的信息披露内容，帮助投资者对股票发行人的经营状况和发展潜力进行细致评估，以利于投资者更好的做出股票认购决策；定期报告和临时报告为公司上市后的持续性信息披露内容，以确保及时、迅速披露那些可能对该上市公司股票的价格走势产生实质影响的信息。

（四）信息披露方式

信息披露主要采取定期披露和不定期披露的方式，在信息披露内容构成上采取定量和定性相结合的方式。

1. 定期信息披露

信息披露一般有年报、中标和季报，年度报告中的财务会计报告应当经具有证券、期货相关业务资格的会计师事务所审计。

2. 不定期信息披露

为了及时、有效地与公司利益相关者进行沟通，根据公司发生重大事件的情况可能影响到利益相关者决策时，应采取不定期（临时）信息披露。

（五）信息披露渠道

1. 上市公司

上市公司的信息披露渠道如下：证监会指定的报刊（俗称的“七报一刊”，其中有《上海证券报》、《中国证券报》、《证券时报》等）；证监会制定的网站；证监会同意的新闻媒体；公司网站或网页；还应在公司所在地、挂牌交易的证券交易场所和有关证券经营机构及其网点备置供公众查阅等。

2. 非上市公司

非上市公司的信息披露渠道一般有：互联网；公司网站或网页；地方媒体（报刊、电视专访、电视新闻发布会等）；公司宣传手册。

资料 11-1　上市公司造假频繁

（1）蓝田神话。曾经创造绩优神话的蓝田股份一度是上市公司的标榜，而中国证监会的查处结果表明，蓝田股份在股票发行申报材料中，伪造有关批复和土地证，虚增公司无形资产；伪造三个银行账户 1995 年 12 月的银行对账单，虚增银行存款 2770 万元；将公司公开发行前总股本的 8370 万股改为 6696 万股，对公司国家股、法人股和内部职工股的数额作相应缩减，隐瞒内部职工股在 1995 年 11 月 6 日至 1996 年 5 月 2 日在沈阳产权交易报价系统挂牌交易的事宜。

（2）银广夏事件。银广夏公司通过伪造购销合同、伪造出口报关单、虚开增值税专用发票、伪造免税文件和伪造金融票据等手段，虚构主营业务收入，虚构巨额利润 7.45 亿元。其中，1999 年为 1.78 亿元；2000 年为 5.67 亿元。深圳中天勤会计师事务所及其签字注册会计师违反有关法律法规，为银广夏公司出具了严重失实的审计报告。

（3）绿大地造假。绿大地是行业内首家上市公司，也是云南省第一家上市的民营企业，拥有国家园林绿化工程一级资质、园林绿化设计二级资质；公司为达到上市要求在 2004 年至 2007 年 6 月间，使用虚假的合同、财务资料，虚增资产共计 7011.4 万元。还采用虚假苗木交易销售，编造虚假会计资料，或通过绿大地控制的公司将销售款转回等手段，虚增营业收入总计 2.96 亿元。上市后在 2007 年至 2009 年间，绿大地虚增资产共计 2.88 亿元，虚增收入共计 2.5 亿元。

（4）万福生科造假。万福生科在 2012 年半年度报告中，虚增营业收入 1.88 亿元，虚增营业成本 1.46 亿元、虚增净利润 4023.16 万元，前述数据金额较大，且导致该公司 2012 年上半年财务报告盈亏方向发生变化。而随着监管部门调查的深入，万福生科以往的“恶行”终于被揭露出来。据万福生科3月2日公告称，经公司自查发现2008年至2011年定期报告财务数据存在虚假记载，初步自查结果如下：2008年至2011年累计虚增收入7.4亿元左右，虚增营业利润1.8亿元左右，虚增净利润1.6亿元左右。

在我国，像上面这样的事件还非常多，但仅从这几个事例中，我们就可以看出我国在上市公司的财务报告上已经是千疮百孔了。

资料来源：新浪财经/ https://finance.sina.com.cn

（六）信息披露报告要求

1. 审计独立性。增强注册会计师的独立性，提高他们的质量审计标准和职业道德服务能力，是确保审计独立性的前提条件。

2. 信息披露报告要经过公司内部和外部双重审计方可对外发布。

3. 强化管理层对信息披露的责任，加强审计委员会对信息披露的监管。

二、信息披露的主体与客体

（一）信息披露的主体[①]

成熟的信息披露制度是以发行人和上市公司为主，其参与人分为信息披露主体和信息披露参与人。信息披露的主体指发行公司和上市公司，他们是依法承担信息披露义务的信息发源人。其中上市公司对外披露的信息一般由董事会负责，一些公司的章程还规定信息披露的具体工作由董事会秘书具体负责。信息参与人是信息披露主体以外参与信息的制作、披露和监督的机构或个人，如证券主管机构和信息文件的制作者以及审查者等中介机构。

（二）信息披露的客体

一般来说，公司治理的信息包括财务会计信息、审计信息和非财务会计信息。

（1）财务会计信息。包括财务状况、经营成果、现金流量、股权结构及其变动等。反映公司财务状况和经营业绩的报告主要有资产负债表、损益表、现金流量表、财务情况说明书、股东权益增减变动表、各种财务会计报告附注、各种会计政策运用的说明、合并会计报表、审计报告和其他财务会计信息。对于上市公司，需要在年报、半年报中披露的会计信息包括会计报表、报表注释、补充报表、董事长或总经理业务报告、董事会报告等。财务会计信息是信息披露的核心内容，也是投资者最关注的内容。这部分信息的披露是投资者评价经营者业绩和公司获利能力的最根本依据，也为市场评估股票价值提供基础，同时引导资本流向，保证资源的合理配置。

（2）审计信息。反映审计会计信息的报告有注册会计师的审计报告、监事会报告、内部控制制度评估等，这类信息主要用于评价财务会计信息的可信度及公司治理制衡状况。为了保证公司披露的财务报表的真实性和可靠性，国际上通常要求“双重审计”。所谓“双重审计”是指公司披露的财务会计信息在经过监事会（或董事会的审计委员会）的审查后，还要经过注册会计师的审计，并且年度报告不能长期由同一家

① 席酉民. 公司治理［M］. 北京：高等教育出版社，2004：230-231.

会计事务所和注册会计师进行审计。

（3）非会计信息涉及的方面较多，包括公司概况及治理原则，公司目标，经营状况，董事会、董事、经理等人员情况，与员工和其他利益相关者有关的重要问题，风险预测等。这些信息主要用来评价公司治理的科学性和有效性。

三、信息披露法律依据

世界各国的信息披露主要依据《OECD 公司治理原则》《公司法》《证券交易法》和公司治理原则及有关财务会计准则等相关法律、法规文件而制定的公司治理结构信息披露管理制度。

中国信息披露的法规体系主要由基本法律、行政法规、部门规章、自律准则和行业准则五个层面构成，如表 11-1 所示。

表 11-1　信息披露法规体系

项　目	内　容
基本法律	《公司法》《证券法》《刑法》《破产法》《会计法》《抵押法》等
行政法规	《股份有限公司境内上市外资股的规定》《股份有限公司境外募集股份及上市的特别规定》《可转换债券管理暂行办法》等
部门规章	《公开发行股票公司信息披露实施细则》《禁止证券欺诈行为暂行办法》《公开发行股票公司信息披露的内容与格式准则》《公开发行证券的公司信息披露编报规则》《公开发行证券的公司信息披露规范问答》等
自律性规则	主要为《上市规则》等
行业准则	财务会计准则、财务管理制度等

四、对上市公司信息披露的监管

信息披露的监管通常有内部制度监管和外部制度监管两种。内部制度是指公司治理对信息披露的各种制度要求。外部制度是指国家和有关部门制定的相关法律、法规等。两种制度在信息披露的内容、时间、详细程度等方面可以一致也可不完全一致。

从美国证券市场信息披露的具体实践来看，在信息披露的监督体系中包括有四类参与人：一是上市公司的董事会、监事会、专业委员会中的审计委员会，他们负责企业内部监督机制的建立与完善；二是证券市场上的中介机构如会计师事务所、律师事务所，他们负责检查监督公司内部监督机制的运行；三是政府监管部门如美国注册会计师协会、财务会计准则委员会、证券监督委员会、公众监督委员会、司法部、审计总署等，他们监督中介机构职责的履行；四是社会公众和新闻媒体，新闻媒体的舆论监督为虚假信息的治理提供信息，唤起公众对虚假信息披露的关注。这样便形成各参与主体之间协作和相互制衡的信息监督系统。

目前，我国对上市公司信息披露进行监管的部门主要是中国证监会、上海和深圳证券交易所以及中国注册会计师协会。

（1）相对来讲，中国证监会享有最为广泛的权力，也是最权威的监管者。对上市公司信息披露，我国《证券法》第 71 条规定："国务院证券监督管理机构（证监会）

对上市公司年度报告、中期报告、临时报告以及公告的情况进行监督，对上市公司分派或者配售新股的情况进行监督，对上市公司控股股东和信息披露义务人的行为进行监督。”从历年证监会对上市公司信息披露违规处罚的统计资料来看，我国目前对上市公司信息披露监管的力度在不断加大，具体表现在：其一，被处罚的上市公司数增加；其二，处罚的力度有所加大，在加大行政处罚力度的同时，逐步引入了刑事处罚。

（2）与证监会相比，证券交易所处于上市公司信息披露一线监管的地位，但其享有的权限相对较为有限，其主要监管手段就是公开谴责。

（3）中国注册会计师协会对上市公司的信息披露的监管则较为间接，主要是通过为上市公司提供审计、会计、评估服务的会计师事务所的监督和管理来实现的。

资料 11-2　707 家公司违规挨罚

根据 Wind 数据对沪深两市 1994—2017 年 4 月的上市企业违规案件进行了深度梳理，所涉及上市公司 707 家，案件 1264 起。其中，证券监管部门共处理违规案件 1139 起，处罚金额 13.0881 亿元；其他监管部门共处理违规案件 125 起，处罚金额 13.5839 亿元。

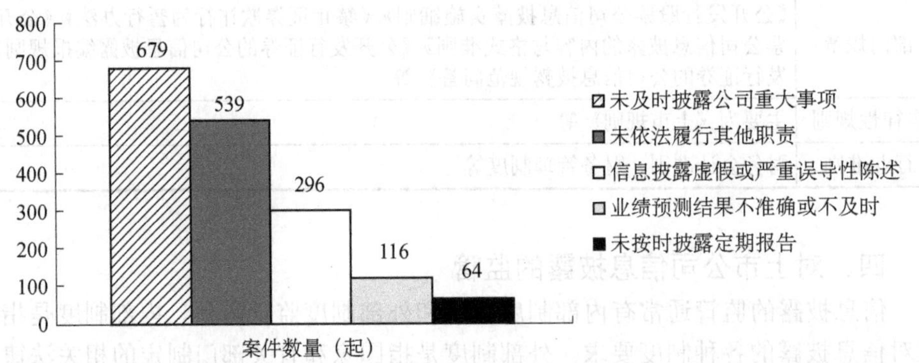

资料来源：wind 资讯/http://www.wind.com.cn

第二节　市场监控机制

传统市场经济条件下，市场在资源的配置中起着基础性作用，按不同的方法可以对市场做出不同的分类。在公司治理外部机制研究中对市场的划分也没有统一的意见，为方便起见，可以将市场分为产品市场、经理人市场和资本市场三个方面①。

一、产品市场

充分竞争的产品市场和生产要素市场是指不存在产业壁垒和地区封锁，企业准入和产品的定价是自由的。那么如何来衡量或评估企业和经营者的经营绩效？最直接的

① 赵月华. 母子公司治理结构［M］. 北京：东方出版社，2006：156-164.

方式就是通过产品市场来反映企业的要素配置效率，也就是通过以下四个方面来直接表现出来。

（一）适销对路

产品就是为了满足群体的物质和精神需求而生产制造出来的，那么产品是否适销对路这对企业来讲是首要而且又是至关重要的问题。如果生产的产品不能完全满足或部分功能不能满足消费者需求，这将对企业和社会构成巨大的资源浪费，而且直接影响企业未来的生存和发展。如果企业技术创新、营销创新、市场创新能力不强，将直接影响产品的生命周期，进而影响企业的经济效益。所以，产品适销对路是反映企业经营管理者团队经营决策、管理素质和能力及对市场敏感度的“显示器”。

（二）产品价格

随着科学技术的快速发展，同行业同功能的产品愈来愈趋向同质化，那么企业间最直接的竞争方式就是产品价格的竞争。理性的消费者是按照自身效用最大化原则来选择或消费产品的，用货币来给企业经营者“投票”，只有赢得消费者货币选票的企业才能获得丰厚的利润，从而使股东受益，经营者留任，企业得以生存、发展和壮大。消费者为什么给经营者投票？因为同质化的产品，谁为消费者省钞票，谁的产品就畅销，市场份额就高，企业经济效益就好；反之则不然。既然如此，哪些因素决定产品的价格？实际上，决定产品价格就是企业综合成本，那么构成企业综合成本的因素有哪些？企业综合成本主要包括研发成本、原材料成本、生产成本、财务成本、营销成本、管理成本、人力资本成本等，以上这些费用大部分是显性成本，而决定产品价格的主要因素在于隐形成本，其中最重要的隐形成本是“两权分离”的代理费用。如果一部分企业由经理人控制，而另一部分企业不存在“两权分离”，而是由企业所有者直接管理和控制，那么后者无形之中就降低了代理费用，反映在产品价格上就比其他企业低（在其他费用相同的前提下），产品在市场上表现出较强的竞争力，这对“两权分离”的职业经理人形成压力，迫使其努力降低成本。如果产品成本居高不下，销售受阻，企业经营业绩不佳，经理人就会被解雇，甚至导致企业破产倒闭。由此可见，产品价格不是企业间简单的产品竞争而是企业和经营者管理活动是否优劣的“市场信号”的表现形式。

（三）产品质量

企业由于客户群体定位的不同，其产品质量表现形式也不同。有的企业以前卫的发展理念、技术创新的研发实力，领航行业的发展，定位于高端客户群体；有的企业以追随者的身份，定位于中高端客户群体；还有的企业根据自身的经济、技术实力，人力资本素质和能力而定位于中低端客户群体。不论企业为哪一类客户群体服务，其产品质量必须满足消费者需求，形成较高的产品性价比，否则产品就没有市场，直接影响企业的经济效益，也直接关系到经理人的去留问题，所以，企业经营者不仅关心产品价格而且还要关注产品质量。此外，产品质量不仅仅指使用功能上的满足，更重要的是产品安全，不得出现因产品安全问题而给消费者带来人身伤害，否则企业或经营者将同样面临灾难性问题。

（四）服务

服务是企业形象和员工素质的综合体现。一是企业在产品销售环节、市场推广、售后服务及对外沟通和宣传等方面要标准化、规范化、制度化管理，要与企业形象、客户群体定位相吻合或一致，否则企业的品牌价值得不到提升或增值，长此以往会影响消费者的满意度、信任度和忠诚度；二是企业在内部管理流程（研发、市场、采购、生产、质量检验、行政管理等）方面要标准化、规范化、制度化，保持作业质量的一致性。同时要形成良好的企业文化氛围，将企业的发展理念、目标、经营计划、作业目标融入企业员工日常的工作中，使企业与员工的个人价值目标相一致。因而，服务是企业品牌价值的“浮标器”。

总之，产品市场是企业最灵敏的“温度计”，经营者的决策和管理能力在产品市场即可反映出来。因而，在“两权分离”的市场环境下，产品市场为董事会考量经理层的经营管理能力提供了前提条件和基础，也为公司利益相关者（股东、债权人、供应商、消费者、潜在投资者、员工等）考评经营管理者提供了“航标器”。根据财务指标的反映，通过不同的投票方式（“用手投票”、“用脚投票”或“用货币投票”等）来决定经营管理者去留。所以说，产品市场是对经营管理者最直接、最有效、最便捷的约束。

二、经理人市场

经理人市场是职业经理人供求关系的交易市场，它的发达和完善标志着人力资本价值的市场化程度，也映射出职业经理人的整体素质和能力水平。经理人市场对经营管理者产生的约束作用，主要通过两个方面表现出来：一是经理人市场本身是企业选择经营者的重要来源，在经营不善时，现任经营者就存在被替换的可能性。这种来源于外部乃至企业内部潜在经营者的竞争将会迫使现任经营者努力工作；二是市场信号显示和传递机制会把企业的业绩与经营者的人力资本价值对应起来，促使经营者为提升自己的人力资本价值而全力以赴改善公司业绩。因而，成熟的经理人市场能有效促使经理人勤勉工作，激励经理人不断创新，注重为企业创造价值。

（1）从经济发展史和市场经济环境来看，传统工业经济注重土地、劳动力、资本、技术等生产要素，而在新经济市场环境下人们更加关注人力资本、管理、信息等生产要素（见图 11-1），开始由物质资本价值向人力资本价值转变。企业经营管理者恰恰是人力资本最重要的代表，他们的价值和地位得到了社会的广泛关注和认可。随着现代企业制度的构建，人力资本的价值取向、表现形式、增值模式、绩效评估、薪酬设计等方面成了理论界、企业界探讨和研究的中心课题。

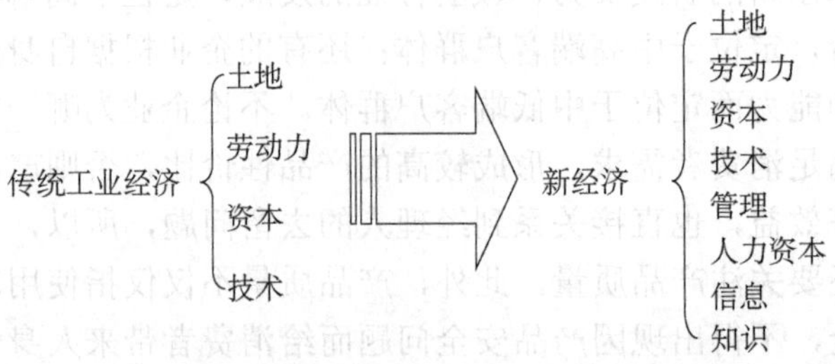

图 11-1　传统工业经济与新经济生产要素构成

（2）从公司制发展来看，随着企业规模的不断发展壮大，公司的管理复杂程度不断增大，市场的不确定因素又给企业带来更大的经营风险，企业所有者和经营者分离已成为世界各国企业界不争的事实，这就产生了具有专业化管理水平的职业经理人。公司的委托—代理关系不仅要求经理人接受董事会、监事会的监督管理和评审，而且还要接受产品市场、资本市场和经理人市场的约束。

（3）从经理人价值表现来看，经理人通过职业化管理和创新能力的发挥，将个人私人信息转化为公共信息，在企业管理的讨价还价中，获得更多的企业所有权，使经理人与企业所有者之间的激励由不相容变为相容；在经营环境的博弈中，经理人市场价值得到重新定位，有的经理人的人力资本价值得到提升，有的经理人的人力资本价值反而下降，这主要取决于经理人为企业创造多少利润，为股东创造多少收益，一方面通过证券市场股票价格“晴雨表”反映出来；另一方面通过社会公众对经理人的认可程度表现出来。

（4）从竞争性市场来看，一个发达、完善的经理人市场能够促进经理人才在企业之间或企业内部不同职位间合理自由流动，一方面给经理人提供了发展机会；另一方面也给经理人造成了一种压力，迫使他们勤勉努力工作，否则就会被“潜在”经理人所替代，可能造成自身“人力资本”的贬值乃至身败名裂。尽管我国职业经理人市场还没有成熟，更谈不上职业经理人市场管理问题（职业经理人认证制度、测评、聘任和解聘条件、转移价值、职业准则等），然而民营企业职业经理人经营已日趋成为发展趋势，有力推动了职业经理人市场的形成和发展，无形中给在职经理人带来一定的职业危机。

（5）从绩效薪酬来看，经理人的薪酬是由经理人在市场竞争中所表现出来的经营能力和经营业绩决定的。从经理人短期经济利益来看，经理人的薪酬是通过定期的绩效考核来调整其薪酬收益的，即“完全事后清偿”。从长期动态效果来看，即使不考虑直接薪酬对经理人的激励作用和监督约束作用，经理人自身也会考虑如何给市场留下好印象，以保持和提高个人人力资本市场价值。所以，在存在经理人市场条件下，那种偏离利润最大化的经营者不可能被长期委托代理经营管理企业。

理论上，经理人市场具有很强的约束力，但从中国现状来看，还不存在有效的经理人市场。从上市公司样本调查来看，董事、监事和高层管理人员的选聘主要在控股股东和公司内部产生（见表 11-2 和表 11-3），而且在国有企业中还存在“商而优则仕”现象，职务的升迁主要依靠政治关系而非企业家才能，这完全与股东和社会公众对高层管理者的期望相悖（见表 11-4）。

表 11-2　新董事来源　（单位：%）

	样本调查一	样本调查二
样本数/名	250	246
股东大会提名	56.8	79.3
董事会提名	34	10.6
大股东决定	8.6	8.5
董事长决定	1.6	1.6

资料来源：根据上海证券交易所研究中心《中国公司治理报告》第 167 页相关资料整理.

表 11-3　董事和监事来源情况　（单位：%）

		所占比例
股东单位委派		60
其中	国有股和法人股委派	87.7
	职工选举（监事）	16.7
	招聘或选聘	12

资料来源：根据上海证券交易所研究中心《中国公司治理报告》第 167 页相关资料整理.

表 11-4　选聘董事和高层经理标准前六位重要因素及所占比例　（单位：%）

序号	选聘董事	所占比例	序号	选聘高层经理	所占比例
1	管理技能	58.8	1	管理技能	68.6
2	专业技能	17.9	2	专业技能	22.3
3	行业经验	11.5	3	行业经验	5.6
4	社会声望	6	4	社会声望	1.7
5	持股数	1.9	5	与公司领导熟悉	0.5
6	股东单位领导或代表	0.4	6	给公司带来长远发展和效益	0.4

资料来源：根据上海证券交易所研究中心《中国公司治理报告》第 167 页相关资料整理.

在家族式民营企业中，公司为一个家族或几个家族所有，往往企业所有权与经营管理权合二为一，表现在高层管理人员选聘上，依据的标准主要看是否为家族成员或与企业创始者的家族保持紧密的私人关系。

从企业经营者角度来看，不论国有企业还是股份有限公司、有限责任公司及外资企业，经营者们根据经济环境的变化和发展，对政府和社会提出了更大的希望和要求。

由此可见，中国的经理人市场还没有完全形成，相关的法律制度还不健全，人力资本价值还没有统一或被市场接受的评判标准，经理人市场的流动性还不充分，也就是说，中国规范化、市场化的经理人资源配置机制还没有建立起来，因而，经理人市场的约束力相对较弱。

如何构建职业经理人市场化平台？如何完善职业经理人管理体系和运作机制？这是需要理论界、企业界、政府等方面的共同努力才能完成的系统工程。

首先，我们必须明确职业经理人的市场定位和职业特点。职业经理人就是以专业化的企业管理技术为资本，从事企业资源配置的优化组合，完成企业所有者的经营业绩和战略目标，并以此为职业的特殊社会群体。他们利用自己创新的智慧与献身精神为社会创造财富，为企业相关利益者创造价值，通过市场选择机制获得相应的物质报酬和社会地位、声望等精神激励，他们将经营活动视为职业生命，承担着更大的社会责任和企业经济责任。

其次，建立市场供求机制。市场的供给来源于市场的需求，没有市场需求无所谓供给，因而，欲建立经理人市场的供给市场就必须解决其需求市场，打破公司高层管理者单一来源渠道问题。怎么能做到这一点？第一，理论界要构建经理人市场框架或模型，突破制度化发展“瓶颈”；第二，政府要积极倡导，舆论引导，法律规范，创造市场发展环境；第三，企业界一方面建立代理权竞争制度，促进经理人市场的培育和发展，另一方面经理人市场建立丰富的人才资源库、信息查询系统、人才市场交易制度、经理人诚信或信誉管理制度、标准化考评和薪酬制度；第四，建立经理人信息鉴定筛选制度，随时收集和跟踪经理人经营活动，建立信息完善的个人档案，并将其业绩及时向外界披露，使经理人在“阳光下”从事自己的职业，避免信息不对称带来的“道德风险”和逆向选择问题。

最后，要积极承认经理人的市场价值。经理人是社会特殊的稀缺资源，应引起社会的广泛关注，给予相应的政治地位、社会荣誉，为其创造更好的事业平台，同时给予股权、红利、薪金、福利等物质奖励，充分调动他们的积极性和创造性。

因而，在经理人市场发展方面我们要走的路还很长，需要各方面的共同努力，才能构建完全市场化的经理人市场，才能真正起到对公司经理人的约束作用。

三、资本市场

资本市场是公司治理结构互补性制度安排，应服从于投资者筛选和监控企业目标。投资者欲实现对企业的最佳筛选和监控，资本市场原则上应具有如下两个约束功能：一是正确地反映并评估企业的经营绩效；二是具有一种内在的机制使得劣质企业一旦被发现就能够被逐出市场竞争，并将其资源转交给真正的优质企业，由此不断促进企业制度的创新与完善。现实中，资本市场对企业的上述作用及影响主要通过股价机制和接管机制来完成对企业的筛选和监控[①]。

（一）股价机制

所谓股价机制，就是资本市场上通过股票价格的高低及其波动情况，来反映股票发行公司的经营状况和变动情况，并以此引导或影响投资者（股东）“用脚投票”对企业进行筛选与监控。资本市场股价机制的监督作用主要体现于两个方面：一是用股票价格反映经营者的经营能力，并决定其去留；二是将经营者的薪酬与股价相联系，以激励和约束企业家。也就是说，当证券市场处于法律制度健全、股权足够分散、市场规模足够大的市场环境下，股票价格中的泡沫和噪声就比较小，股票价格的涨落就能真实地反映企业的运营情况，其变动的大小完全反应企业利润水平，使市场参与者更能客观真实地对公司潜力（未来收益能力）和现状（企业运营状况、经营者才能和努力程度等）进行评估，并以较小的监控成本获得合理的投资收益，这无形中对经营者带来巨大的外在压力。

股价机制与接管市场有所不同，对经营者不是采取非此即彼的惩罚。一方面，股价的变动对经营者形成长期的压力，使其不敢长期懈怠。另一方面，与股价挂钩的薪酬——股票期权通过股票价格来提取公司发展潜力信息，对经理人长期激励[②]。

---

① 李承友. 资本市场与企业制度创新［M］. 北京：企业管理出版社，2001.

② 封文丽. 上市公司治理实践与体系构建——兼论国有资产运营与管理［M］. 北京：经济管理出版社，2005.

（二）接管机制

当法律和内部控制机制无法促使经理层为公司价值最大化而努力时，公司控制权市场将成为约束经理层的“最后武器”。因此，高效而富有活力的公司控制权市场，对于公司治理、提高资源配置效率均具有积极作用。

由于世界各国所有制结构、股权结构及资本市场的差异化，其相应的控制权市场也存在很大的不同，如表 11-5 所示。中国控制权市场基本类似于欧洲大陆（德国、法国等）和新兴市场（韩国和东南亚国家）的情况，而且存在国有股和法人股不流通的客观现实，这直接影响控制权市场的发展和完善以及对经营者的约束作用，造成控制权市场运作存在很多投机主义行为，为收购后的公司带来很多的后遗症，如表 11-6 所示。

表 11-5　世界主要国家控制权市场差异化对比

项目	英美国家	欧洲大陆（德国、法国）和新兴市场（韩国和东南亚国家）
所有权结构	分散化	集中化
控制权	竞争型	锁定型
控制权获取方式	敌意收购	协议转让
对公司治理作用	① 英美国家主要以绩效较差公司为收购目标，收购后管理层常常被解雇；②收购后，目标公司收益显著为正，收购公司收益显著为负，总体考虑显著为正，并购创造了价值；③在控制权发生作用的条件下，即使仅仅存在被接管的可能，低股价也会对管理层施加压力，使其忠于股东利益	

表 11-6　中国控制权市场情况

项目	内　容
动机	① 改善业绩是控制权转让的主要动机； ② 获得“壳资源”为公司创造价值
目的	① 为了获得控制权的私人收益； ② 通过收购上市公司可提升公司知名度和信誉度； ③ 享受资本市场以配股、增发、发债等形式获得直接融资的便利； ④ 借“壳”上市，节省直接上市所需的高额成本，获取直接融资可能性
转让方式	①协议转让；②无偿划拨；③间接控股；④司法裁定；⑤公开拍卖；⑥二级市场拍卖；⑦二级市场收购
存在主要问题	① 国有股和法人股不流通阻碍了公司控制权市场的真正形成； ② 控制权转让主要以绩差上市公司为中心、以价值转移和再分配为主要方式； ③ 非市场化的动因左右控制权市场； ④ 控制权交易缺乏融资机制，上市公司并购主要以资产置换和股权置换为主，并购融资工具单一且发展很不成熟； ⑤ 控制权转让常常与内幕交易和股权操纵等违法行为相关联

总之，在“两权分离”的公司治理结构中，资本市场是解决企业内部治理失灵（董事会、经理层的经济行为发生偏差，而法律赋予股东的权利受到削弱时）的次优选择方案，一方面中小股东通过高度流动的股票市场的抱怨机制对经营者进行治理；另一方面外部股东通过股份或依附于股份上的、潜在的控制权的争夺而形成公司控制权市场（接管市场）对经理层更换。也就是说，在管理层操纵董事会，使单一股东仅用

“用脚投票”无法对公司经理层构成约束的条件下，公司控制权市场就成了克服这一缺陷的制度安排。

综上所述，产品市场、经理人市场和资本市场所构成的市场监控约束机制，通过信息显示机制和优胜劣汰机制显性表现出来，从而更加直观地对经营者进行考评，从而达到监督约束的目的，如表 11-7 所示。

表 11-7　市场竞争机制对经营者约束作用表现形式

项　目	信息显示机制	优胜劣汰机制
产品市场	企业财务会计指标	盈亏、破产机制
经理人市场	声誉显示	竞争选聘机制
资本市场	企业市场价值指标	股价机制、接管（并购）机制、破产机制

资料来源：陈佳贵，杜莹芬，黄群惠．国有企业经营者的激励与约束——理论、实践与政策．北京：经济管理出版社，2001.

第三节　利益相关者监督

传统企业理论认为，企业目标是追求股东利益的最大化，企业治理结构是“资本雇佣劳动”型的单边治理结构，企业的剩余索取权和控制权全部归股东所有，这就是所谓的“股东至上”理论。然而，在现代社会，特别是在知识占据经济发展主导地位的时代，随着物质资本社会化及证券化程度的不断提高、人力资本的专用性和团队性的不断增强，以及企业之间战略伙伴关系的不断发展和人们对企业社会责任的日益关注，“股东至上”理论受到了越来越强烈的挑战。利益相关者理论由此应运而生，并受到了人们越来越普遍的关注。

一、政府监督

企业、消费者和政府是市场经济主体，其中企业是最主要的市场经济主体。在完全市场化经济条件下，市场这只“看不见的手”主要通过价值规律来调节企业的经营行为，政府这只“看得见的手”则通过行政政策来诱导企业的经营决策。在不完全市场化经济条件下，政府对企业经营行为的干预和影响更大。尤其在发展中国家和经济转轨国家，政府的作用更加突出。因而，中国经济由粗放式经济增长向集约式经济增长方式转变时期，现代企业制度的建立更需要政府的直接参与，否则很难构建起有效的公司治理结构。①

政府在市场经济中主要承担管理职能和监督职能。首先根据国家经济发展史、经济发展史和市场经济主体的现状构建适合国情的市场经济体系，其次根据市场经济运行体系构建规范的法律体系，最后宏观指导并参与制定市场运行机制体系，在此基础上建立市场经济监管体系。那么在公司治理方面也需要政府的直接参与，并行使其宏

① 赵月华．母子公司治理结构［M］．北京：东方出版社，2006：165-167.

观管理和监督职责。这里，我们主要研究政府在公司治理结构法规建设和实施监管方面的作用。

（一）制定法规

尽管世界各国公司治理结构日益趋同，但由于各国政治、经济、文化等因素的不同，其公司治理结构还存在一定的差异。欲确保其运行的有效性就必须通过法律途径加以规范，明确各利益关系人的责、权、利，强化对各利益关系人特别是经营管理人员的约束，并通过法律的最终威慑力达到公司治理的目的。

政府应致力于为企业提供一个规范、有序、有利的市场环境，制定市场规则，建立法制秩序，完善市场运作机制；强化资本市场上的竞争机制，培育竞争性的市场环境。因而，从某种意义上讲，一国公司治理水平的高低最终决定于该国法律、法规的完善程度与质量水平。在公司治理结构中，其主要的法律、法规包括基本法律、行政法规、部门规章、自律性规则和行业准则等；其次还有相关联的法律法规为：《产品质量法》、《反垄断法》、《反倾销法》、《消费者保护法》、《劳动法》、《税法》、《银行法》、《环保法》等。

（二）实施监督

对于上市公司而言，政府监督由管理机构监督和行业监督组成。

1. 管理机构监管

我国证券法确立了中国证券监督管理委员会（以下简称证监会）作为对证券市场进行统一宏观管理的主管机构。证监会及派出机构依照法律法规对我国证券业实施集中统一监管，而且与银监会、保监会之间召开定期或不定期三方联席会议，对监管的重合领域进行及时沟通和协调，杜绝监管漏洞和真空，确保法律法规执行的有效性和运作机制实施的规范性。

为了确保证券市场持续、公平、透明地健康发展，证券会加强了执法力度，在其内部设立了稽查二局，处罚操纵市场企业。还实行了摘牌机制，依照《公司法》连续3年亏损的企业将被摘牌等。

2. 行业监管

上海证券交易所、深圳证券交易所和证券业协会是中国证券市场自律性管理机构，通过其章程及业务规则等规范券商的行为，并有权对券商的日常经营活动进行监督检查，对违规者进行处分。

尤其上海证券交易所、深圳证券交易所作为上市证券集中交易的场所，可以对整个交易活动实施监控，承担证券市场一线监控的职责，按照既定规则对交易所会员、上市公司、证券发行、上市及交易等方面相关活动进行监管。对弄虚作假者、违规操作者、信息披露不规范者等方面都进行了严格监管和处罚。因而，上海证券交易所、深圳证券交易所和证券业协会对行业监管起到非常重要的作用。

总之，证券监督管理委员会、交易所形成相互独立而层次分明的监管梯度，为中国证券市场和上市公司的健康持续发展起到了保驾护航的作用。中国证券业仅短短10多年的发展历史，监管体系、运作程序和经验还很不成熟，尽管如此，监管部门和机构只有积极吸收借鉴一些国家好的做法和经验，加强市场宣传和推广，真正将保护中小投资者利益作为工作出发点，将预防和处罚市场操纵或欺诈行为作为工作目标，将确保市场的流动性和透明性、市场信息的有效性作为监管重点，才能真正实现证券市场的公平、公正、公开和公信原则。

二、债权人监督

债权人是公司借入资本即债权的所有者。理论上讲，由于债权人要承担本息到期无法收回或不能完全收回的风险，因而债权人和股东一样，在公司治理上，有权对公司行使监督权。债权人可以通过给予或拒绝贷款、信贷合同条款安排、信贷资金使用监管、参与债务人公司的董事会等渠道起到实施公司治理的目的，尤其是当公司经营不善时，债权人可以提请法院启动破产程序，此时，企业的控制权即向债权人转移。因而，商业银行是公司治理除公司内部监督机关之外的主要微观主体，也是控制“内部人”监督激励除股权治理之外的重要因素。债权人参与公司共同治理已成为未来发展的必然趋势。从理论上讲，公司处于不同经营状态，其控制权应归属不同的利益相关者。当公司处于正常经营状态时，控制权一般由经营者掌握，而公司一旦陷入财务危机，某些权益将受损的利益相关者（如债权人）为实现保全，将会通过相关治理程序，要求重新分配控制权。

（一）债权人控制作用

债权人在参与客户公司治理方面，主要发挥两个方面的作用：一是抗衡企业内部人——经理人；二是防止控股公司的权力滥用。一般来讲，债权人控制比股东控制对经理人更加残酷，因为经理在债权人控制时比在股东控制时更容易丢掉饭碗。因而，债务可更好地约束经理。当债务人无力偿债或企业需要再融资以偿还到期债务时，债务人会根据债务合同对企业的财务状况进行调查，从而有助于揭示企业的真实情况并更好地约束和监督经理，以有效地缓解管理层的代理问题。

银行介入公司治理有助于克服众多股票持有者“用脚投票”造成的控制权虚置和普遍存在的代理问题与“内部人控制”问题，作为债权人实施经济控制是银行的实质性职能。在转轨经济中，资本市场的不完善导致其治理力量有限，商业银行在企业融资结构中的作用更加凸显。

（二）债权人控制优势

债权人在参与公司治理结构方面，与其他利益相关者相比具有净成本优势和信息优势。因为债权人最了解自己的客户（贷款公司）的经营状况，又具有专业的金融领域、财务领域的审计人员，可随时掌控客户的经营状况，必要时向客户提出预警信号。

（三）债权人控制动力

作为以市场为导向、实行企业化经营的银行必然极力监督和约束贷款企业的行为，以降低信贷风险。然而只有解决银行人格化所有者缺位问题，才能使银行有足够的动力来对银行中债券与股权风险负责，去选择好的经理和好的投资项目发放贷款。

因而，银行只有完全、彻底的商业化改革，才能使其更有动力、压力和能力对企业经营进行有效监控，成为公司治理最重要的构成部门。

1996 年 1 月，中国人民银行、国家经贸委、国家国有资产管理局联合发布了《关于银行向企业监事会派出监事任职资格的审查办法》。企业监事会银行方面的监事由被监督企业建立有基本账户的银行派出，且一人可能同时担任若干个企业的监事。这项措施的实行改变了银行消极参与公司治理的局面，也改善了银企关系中由于信息不对称而产生的“道德风险”问题。

三、中介机构

资本市场上的中介机构包括有会计师事务所、审计师事务所、律师事务所、投资银行、证券商、公证处、资信评级公司、税务事务所、专利事务所、产权交易所等。中介机构特别是资本市场的中介机构是“连接筹资者和投资者的桥梁”。他们或是纯粹的中介人，不参与投资；或是不仅沟通资金需求双方，还可参与投资。下面具体分析资本市场上的投资银行、会计师事务所、律师事务所等中介机构对公司治理事务的参与及其所发挥的作用①。

（一）投资银行

投资银行是证券和股份公司制度发展到特定阶段的产物，是发达证券市场和成熟金融体系的重要主体。

投资银行是美国和欧洲大陆的称谓，英国称为商人银行，日本则称证券公司。国际上对投资银行的定义主要有四种：①任何经营华尔街金融业务的金融机构都可以称为投资银行；②只有经营一部分或全部资本市场业务的金融机构才是投资银行；③把从事证券承销和企业并购的金融机构称为投资银行；④仅把在一级市场上承销证券和二级市场上交易证券的金融机构称为投资银行。

投资银行是资本市场上的重要金融机构，其角色多样，既是经纪人又是运营商。一方面它吸纳社会上的闲散资金；另一方面又以该资金进行投资。它既是资金的吸纳者，又是使用者。它为资金缺乏的企业在发行市场上发行证券，并为这些企业在交易市场上发售各种有价证券以筹资；为那些资金富余的企业的闲余资金寻找投资机会，为它们在交易市场上购买各种有价证券。具体来说，它主要从事证券发行、承销、经纪交易、证券私募、企业重组、兼并与收购、项目融资、基金管理、公司理财、投资分析、风险投资等业务，是业务最多元的中介机构。它不仅参与企业改组、并购活动的咨询、策划和组织，有时还通过对企业的参股或控股，参与企业的创业和投资，是集银行、券商和市场其他服务机构功能于一身的综合机构。在西方发达国家的资本市场上，投资银行体系很发达，目前美国的投资银行数量已有几千家，投资银行的组织形式也由私人合伙公司向股份有限公司甚至向控股公司转化。

下面我们再来看看投资银行与公司控制权相关的业务。

---

① 席酉民．公司治理［M］．北京：高等教育出版社，2004：234-239.

1. 兼并与收购

投资银行对公司控制权主要影响体现在它在企业兼并与收购中的重要角色。企业兼并与收购已经成为现代投资银行除证券承销与经纪业务外最重要的业务组成部分。投资银行参与企业并购活动的方式很多，如寻找兼并与收购的对象、向并购公司和目标公司提供有关买卖价格或非价格条款的咨询，帮助并购公司制订并购计划或帮助目标公司针对恶意的收购制定反收购计划、帮助安排资金融通和过桥贷款等。此外，投资银行还涉及并购中“垃圾债券”的发行任务，以及并购完成后公司改组和资产重组活动。

2. 证券承销

投资银行在公司并购的作用还包括为并购公司发行股票或债券以筹得资金实现并购。证券承销是投资银行最本源、最基础的业务活动，其承销的业务范围很广，包括本国中央政府和地方政府发行的债券、企业发行的股票和债券、外国政府和公司在本国和世界发行的债券、国际金融机构发行的证券等。投资银行通常采用的承销方式主要有四种：包销、投标承销、代销、赞助推销。

3. 证券经纪交易

在争夺公司控制权的三种方式（收购资产、收购股票、综合证券收购）中都少不了投资银行的身影。投资银行作为卖方或买方的代表，按照客户提出的价格代理进行买卖股票或资产的交易。同时，投资银行在二级市场上是一个集市商、经纪商、交易商于一身的重要角色。在证券承销结束之后，它有义务为该证券创造一个流动性较强的二级市场，并维持市场价格的稳定。作为经纪商，他要代表买方或卖方，按照客户提出的价格代理进行交易。作为交易商，投资银行受客户的委托，管理着大量的资产，他需要自营买卖证券以保证资产保值与增值。

4. 证券私募发行

杠杆收购中有很大一部分是通过夹层债券（垃圾债券）筹得的。该部分融资就是投资银行通过私募形式向养老基金、保险公司和风险投资企业发行各种优先股或次级债券实现。私募发行又称私下发行，就是发行者不把证券出售给社会公众，而是仅出售给数量有限的机构投资者，如保险公司、共同基金等。

5. 财务顾问与投资咨询

投资银行的财务顾问业务主要指投资银行在公司的股份制改造、上市、在二级市场再筹资以及发生兼并收购、出售资产等重大交易活动时提供的专业性财务意见。投资银行的财务顾问及投资咨询业务是连结一级市场和二级市场、沟通证券市场投资者、经营者和证券发行者的纽带和桥梁。

此外，投资银行还开展公司理财业务、项目融资业务、资产证券化以及风险投资业务。这些业务也对企业的经营管理产生重要的影响。

（二）会计师事务所

会计师事务所的重要职责是准确、完整地反映公司的财务运行状况，为资本市场上各方参与者的决策提供有效、有用的信息。

资本市场对公司披露信息的准确性和有效性的要求，有赖于注册会计师的客观公正审核。经会计师事务所审计披露的财务信息包括资产负债表、损益表、现金流量表、股东权益增减变动表、财务情况说明书、各种财务会计报告附注、合并会计报表、审计报告及其他财务会计信息等。

从会计师事务所的业务来看，其业务主要有如下几个方面：①审计业务，包括各类企业、银行金融机构年度会计报表审计，企业的合并、分立、破产、清算审计，企业出口及招投标审计，企业贷款审计等；②验资业务，包括企业的设立、分立、股权变更、企业改制等；③资产评估业务，包括单项评估（流动资产、固定资产、机器设备、房地产、无形资产等）和整体评估（资产总值、负债总值、净资产等）；④会计及税务服务，包括担任常年财务顾问及咨询、代理建账、记账、整理乱账、开展各种税务咨询、纳税申报、纳税筹划、税务登记、涉税文书；⑤相关的附加服务，包括企业战略管理咨询顾问、企业发展战略研究论证、企业管理诊断咨询、企业财务管理诊断评价、资产管理顾问、证券融资顾问等。但是进入21世纪后，资产评估业务呈现出从会计师事务所分离出来的趋势，越来越多的会计师事务所专注于审计业务。

传统上，会计师事务所的业务集中在会计及审计服务，然后延伸至税务咨询，管理咨询服务所占的比重并不显著，但在20世纪90年代情况大为改变。1993年美国五大会计师事务所的管理咨询服务收入约占32%。随着企业管理的变革及电子商务的蓬勃发展，1999年五大会计师事务所的管理咨询服务收入已经高达51%，审计服务收入则从45%降为30%，另外19%为税务规划与咨询收入[①]。作为安达信客户之一的环球通讯2000年向安达信支付的审计费为230万美元，但咨询等其他审计费用却接近1200万美元。安然的情况也类似[②]。同一家事务所既对同一家企业从事财务审计，又提供咨询服务，势必形成诚信和利益的博弈。当利益诱惑足够大时，信誉的堤防便被冲垮。

我国上市公司的造假风气与我国会计行业目前的职业道德约束和行业自律松弛，以及无序竞争和诚信危机密不可分。曾为银广夏造假的中天勤会计事务所，在审计过程中暴露出的问题，说明我国在对上市公司的审计监督方面还任重道远。

（三）律师事务所

律师事务所是整个证券市场法制化不可缺少的参与者。律师事务所主要以法律咨询的形式参与证券市场，向证券发行和交易的公司及其他证券市场参与者提供法律服务。对于证券发行人，律师是公司创立、并购、发行、承销、上市等几乎一切环节不可或缺的重要参与者，上市公司资产重组协议的签订、起草和审查，资产评估及重大的日常股权纠纷的处理等具体事务也离不开律师职业意见书。对于证券投资人，专业律师出具的法律意见书及律师审查、核实、制作的有关法律文件是其投资行为的决策基础，投资人在交易过程中产生的各种违规及不公平交易纠纷也需要律师介入解决；对于证券承销人，其承销证券的资格、能力、合同的有效性和资信状况都要经过职业律师的核查，职业律师还要对企业申报材料的内容是否完备、合法、真实进行审核；对于证券管理机关，需要律师在履行其职责时做到审慎、诚实和勤勉敬业，维护正常

① 李长安．股市的丑陋［M］．北京：经济日报出版社，2003．

② 黄文莉．安达信出局的三大警示［J］．上海证券报，2002（9）．

的证券市场秩序。

下面再具体介绍一下律师事务所与资本市场有关的业务。

（1）为公开发行上市股票的企业出具有关法律意见书。承办律师应依据法律规定、本行业公认的业务标准和道德规范，按照证券监管部门规定的标准格式，在审查有关事实和材料的基础上，草拟法律意见书初稿，经两位承办律师共同复核商定后，送律师事务所主管审批，并以公函发送委托人。律师及所在事务所对所出具的法律意见书的真实性、准确性及完整性负有核查和验证的义务。如果出具的法律意见书有虚假信息或者有严重误导性内容和重大遗漏，律师及律师事务所应承担相应责任。

（2）审查、修改、制作有关法律文件。此类文件包括：可行性研究报告、改组方案设计、公司章程草案等公司创立条件；招股说明书、企业债券发行章程等证券发行文件；证券承销协议等合同性文件；上市申请书、上市公告书等证券上市文件。在审查、修改、制作有关法律文件时，律师应对其内容的真实性、准确性、完整性和合法性进行核查、验证。

（3）对公司的并购业务和过程提供法律服务。律师事务所应参与处理公司在并购过程因违反《反垄断法》《证券交易法》《劳动法》《破产法》等法规而出现的法律纠纷。

四、其他利益相关者治理

（一）媒体治理

媒体作为一种兼具监管效率和效果的舆论载体，具备了吸引社会群体关注、形成社会规范的优势，从而能强化声誉机制保护投资者利益。此外，相比法律及管制存在监管成本高、举证责任重、监管顺序靠后的问题，媒体具有介入早且监管成本低的监管优势。

然而，由于媒体通常并不拥有上市公司的所有权，也不掌握这些公司的控制权，这就决定了媒体往往不会直接影响公司治理。媒体一方面作为信息中介，对资本市场中的信息进行收集、加工和传播，改善信息质量，另一方面则扮演着信用中介的角色，监督、记录着市场中的各种交易行为，为交易双方提供隐形承诺，降低交易成本，这两种角色与信息传播机制及声誉机制一一对应。媒体对市场中参与主体的影响具体如下：

1. 影响投资者

由于资本市场中存在信息不对称，投资者在获取和判断信息方面存在困难。媒体作为信息中介，正好能给予信息弱势群体“搭便车”的机会，缓解信息搜集难带来的问题。大多数研究认为，媒体通过传播、包装、新闻写作创造新的信息形成了公司的外部信息环境，有助于削弱知情交易者的信息优势，从而减少信息不对称程度。媒体不仅能依靠信息传播机制缓解信息不对称问题，同时能借助声誉机制为市场中的投资者提供对交易的外部承诺，作为隐性的信用保证，增强投资者信心，提高投资者的交易参与度。

2. 影响管理者

在投资者无法完全了解管理者行为的现实环境中，媒体一方面借助信息传播机制缓解投资者与管理者间的信息不对称问题，另一方面则通过声誉机制约束管理者遵从社会规范。当管理者的行为与媒体灌输的主流价值观相违背时，管理者将可能损失个人声誉以及社会声誉。前者主要与管理者在经理人市场中的交易结果直接相关，一旦管理者声誉受损，很可能引致未来就业以及薪酬待遇的黯淡前景。后者则为社会规范第三方建立的声誉机制，依靠“让别人知道”的声誉信息传递对经理人起约束作用。媒体报道管理者的丑闻不仅会摧毁管理者在亲朋好友眼中的形象，而且会让管理者在陌生的公众面前变得不堪，以此施加道德的舆论压力。调查显示，管理层将媒体的批评视为公司声誉最大的威胁。不仅如此，媒体的两种作用机制互相交融，能进一步强化约束管理者行为效果。媒体通过信息传播机制对管理者的信息进行确认、汇总和再传播，能够强化了声誉机制的惩罚效果。

3. 影响监管者

媒体对监管者的影响体现在如下两方面：首先，媒体通过声誉机制将增加监管者“不作为”的声誉成本，从而敦促监管者尽快采取监管措施，并修改、实施相关的法律；其次，媒体借助信息传播机制可以消除行政治理中上下级信息不对称的问题，从而引发更高级别监管机构的介入，保证行政链条的连续性，修正行政治理机制自身的某些内在缺陷。值得一提的是，媒体引发监管介入的方式颇具中国特色（见图 11-2）。

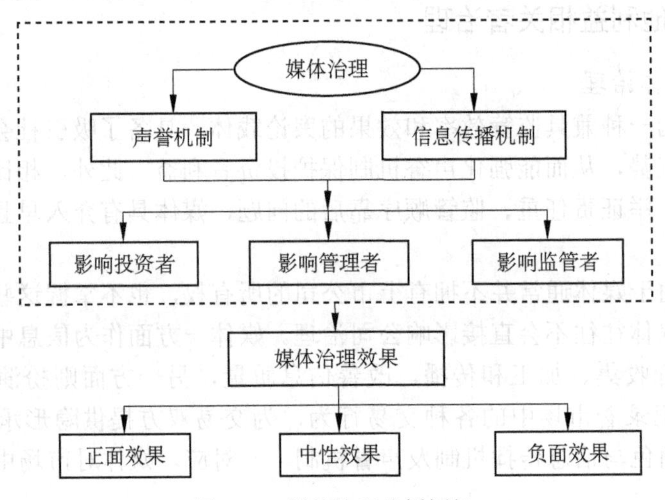

图 11-2　媒体治理分析框架

当然，媒体是否具有治理功能，还与媒体自身有关，具体来说，三个因素决定了媒体最终是否具有治理功能：第一，媒体是否有能力获得、并无偏向地报道一些有价值的信息，也就是媒体是否敢说真话的问题。第二，这些媒体报道是否会对信息使用者产生足够的影响。媒体报道影响读者的数量与程度，是影响媒体治理效率的重要因素。第三，在媒体报道对信息使用者产生影响后，媒体之外的治理机制（主要包括声誉机制与监督机制）是否有效，也是影响媒体治理功能形成的重要因素。

（二）员工治理

员工参与公司治理，已经成为各国公司运行实践中的普遍现象，各国的公司法也大多对员工参与公司治理加以肯认，并具体规定员工参与公司治理的途径和方式。员工参与公司治理，对于公司治理结构之变革和完善，及提高公司治理效率，有着积极和重要的意义。

员工参与公司治理，有着深厚的理论基础。劳动力产权是生产中的一个重要因素，应该和资本要素一样共同享有公司经营管理的权利，包括对公司重大决策的参与权和监督权。传统的公司股东所有理念基础上的公司治理结构中，权力分立制衡机制并没有从根本上解决公司权力的分配行使问题，而员工参与公司治理权力的确立及其行使，具有优化公司权力运行机制的功能。同时，员工参与公司治理是对员工劳动权保护的最高层次。

各国的公司治理体制大致可分为三种，即以德国为代表的双层制公司治理结构、以日本为代表的单层二元制公司治理结构和以英美为代表的单层一元制公司治理结构。在双层制公司治理结构中，员工主要是通过职工监事的形式参与公司经营的监督，但也不排除员工通过职工董事的形式直接参与公司的经营管理。双层制公司治理结构中员工参与公司治理，因过于追求民主和公平，一定程度上可能导致公司偏离利润导向，影响公司对运行效率的关注和追求。

单层一元制公司治理结构中，理论上员工可以通过独立董事的形式参与公司的治理，但实践中比较少见。员工主要是通过各种形式的员工持股计划的方式，通过股权的行使，参与公司的治理。这种员工治理方式对于改善公司的股权结构和公司决策机制，具有积极的作用。同时，员工持股计划的实施，使得劳动力资本所有者，能够与作为实物资本所有者的股东分享公司盈利，提升了员工在公司中的地位，有利于形成员工与股东之间的平等互利和合作关系。

单层二元制公司治理结构中，员工主要通过职工董事、职工监事，参与公司的治理。其中，日本主要是通过员工担任外部监事的方式参与公司治理，但也不排除员工担任公司董事。单层二元制公司治理结构中的员工参与公司治理，存在一些结构性的缺陷，甚至存在一些法律上的障碍，为解决这些问题，出现对单层一元制公司治理结构借鉴的发展趋势，即参照单层一元制引进独立董事制度。

欧盟各国由于国情和立法传统的不同，各国的公司治理结构存在较大的差异，要对其进行协调或统一，甚为困难。为解决此问题，欧盟采取了一种开放和弹性的态度，其相关的政策和指令允许各国自行选择公司治理结构和员工参与公司治理的方式。甚至一些欧盟成员国，如意大利的公司立法，允许公司自行选择公司治理结构及员工参与公司治理的方式。不过，对不同的公司治理结构，也存在一些共通性的规定，从而出现一定程度的公司治理结构融合的趋势。

我国的职工参与公司治理，有着坚实的社会经济基础和立法传统，但立法上也存在一定的缺陷，需要进一步完善和改进。一方面应坚持我国的立法传统；另一方面应在比较和借鉴各国员工参与公司治理制度的基础上，同时把握公司治理结构融合、趋同的国际发展趋势，形成我国多层次的、立体的，并具有一定灵活性和弹性的员工参与公司治理制度。

第四节　机构投资者治理

在发达的资本市场，机构投资者对其所投资企业会产生重要影响，尤其对股权相对分散的美国资本市场，其影响力更大。往往一个或少数几个大股东持有公司10%～20%的股份，他们就有动力收集信息并监督经理人员，从而避免中小股东普遍存在的"搭便车"现象。机构投资者对上市公司的监督约束作用，主要通过拥有足够的投票权对经理人员施加压力，甚至可以通过代理权竞争和接管来罢免经理人员，有效解决代理问题。

目前，我国机构投资者对上市公司的监督约束作用相对较小，造成这种局面的原因多种多样，主要根源在于我国上市公司国有股和法人股非流通股比例较高，致使机构投资者所持有股份不足以对公司形成控制，同时，我国对证券投资基金持有上市公司股份有限额的规定，致使机构投资者治理作用无法得到最大限度的发挥，并且我国资本市场发展不够完善，缺乏成熟的法律法规规范制度，机构投资者本身治理机制也不够健全等[①]。鉴于此，我国证券监管部门与机构投资者有责任、有义务加大在上市公司外部治理中的作用，从而保证上市公司的发展更加规范、有效、透明。

一、机构投资者的含义与种类

机构投资者，是指用自有资金或者从分散的公众手中筹集的资金专门进行有价证券投资活动的法人机构，包括证券投资基金、社会保障基金、商业保险公司和各种投资公司[②]。与机构投资者所对应的是个人投资者，一般来说，机构投资者投入的资金数量很大，而个人投资者投入的资金数量较小。

机构投资者有广义和狭义之分。狭义的机构投资者主要有各种证券中介机构、证券投资基金、养老基金、社会保险基金及保险公司。广义的机构投资者不仅包括这些，还包括各种私人捐款的基金会、社会慈善机构甚至教堂宗教组织等。以美国为例，机构投资者主要包括如下机构：商业银行、保险公司、共同基金与投资公司、养老基金等。

目前我国资本市场中的机构投资者主要有基金公司、证券公司、信托投资公司、财务公司、社保基金、保险公司、合格的外国机构投资者（QFII）等。目前可以直接进入证券市场的机构投资者主要有证券投资基金、证券公司、三类企业（国有企业、国有控股企业、上市公司）和合格的外国机构投资者等，其中证券投资基金的发展最为引人注目。据相关数据统计，截至2017年第二季度末，机构投资者（不含汇金持有的四大行股份）在A股持股60772.05亿，占自由流通股的比例约为29%，其中，公募基金7.99%、私募类（包括阳光私募基金和资管）4.16%、保险保障类7.06%、国家队6.82%、境外资金2.63%、券商自营0.52%。公募、私募、保险保障类及国家队资金是

① 赵月华．母子公司治理结构［M］．北京：东方出版社，2006：169.

② 李维安．公司治理学［M］．北京：高等教育出版社，2005：230-233.

目前市场上规模最大的四类资金。

二、机构投资者的特点

机构投资者作为资本市场中一个重要的市场主体，具有自己的特点：

第一，机构投资者在进行投资时追求的是具有中长期投资价值的股票。一般来说，作为机构投资者多是长期投资者，在进行投资时，追求的是具有中长期投资价值的股票，特别关注公司的经营稳定性和上市公司的未来业绩，因此，机构投资者更加重视上市公司基本面情况与长期的发展情况及公司所处行业的发展前景。

第二，机构投资者都拥有行业及公司分析专家、财务顾问等，具有人才优势。机构投资者为了在股票投资中取胜，特别重视对行业及其公司基本面的研究，因此，他们都相应的拥有行业及公司分析专家、财务顾问等，具有人才优势，利用这些专业人士对上市公司及其所处行业基本情况和发展前景进行分析研究，从而选择行业发展前景好、公司基本面好的上市公司作为他们的投资对象。

第三，机构投资者可以利用股东身份，加强对上市公司的影响，参与上市公司的治理。机构投资者，是所持股票公司的股东，因而就有影响上市公司的权利和义务，就可以利用股东身份，加强对上市公司的影响，参与公司治理。例如，机构投资者可以发起对所持股票上市公司的改革倡议和活动，也可以给公司出谋划策、提出建议，或者给上市公司施加压力促使其改善经营状况、提高管理水平，从而提高公司赢利能力，改善和提高公司的社会形象，最终实现公司价值最大化，作为股东身份的机构投资者的价值也得到提升。

资料 11-2　中兴通讯增发 H 股事件

在 2002 年中兴通讯增发 H 股的事项中，机构投资者的表现就显示出了我国机构投资者参与公司治理的积极性。

中兴通讯（000063.SZ）是深沪两市赫赫有名的蓝筹股，2002 年该公司准备增发 H 股的消息导致股票以 24 元多暴跌至 18 元以下，创一年来新低，流通市值为此蒸发 12 亿元之多。

2002 年 8 月 20 日，尽管遭到众多基金和中小股东的强烈反对，中兴通讯临时股东大会仍以 90%以上的赞成票通过了 H 股发行计划。会场上大股东与流通股股东针锋相对，股东大会在表决时曾一度中断。有机构投资者表示，如果公司以 15 港元的价格发行 H 股，他们不能接受，他们的心理价位是 30 港元。他们认为这是中兴通讯在贱卖公司的财产。以汉唐证券为代表的流通股机构投资者要求进行两次表决：到场所有股东表决和流通股股东表决，但是最终未能成事。不过虽是大局已定，汉唐证券、申银万国、长盛基金等数十家机构投资者联名上书证监会要求审慎看待中兴通讯发行 H 股，保护中小投资者的利益。众多的基金公司之所以反对中兴通讯的增发 H 股方案，是认为该公司增发 H 股会导致现有股东权利全面摊薄，从而侵害现有股东的权利。

机构投资者的这次发难并不是完全没有效力。事实上，中兴通讯新闻发言人曾表示："中兴这一次感受到到基金经理们的压力之大是前所未有的，中兴不能不考虑他们的态度，希望用股本转增方案补偿此前中兴暴跌给中小股东带来的损失。”

“中兴事件”大大改变了资本市场对机构投资者的态度。8月28日上港集箱（600018）召开了“上港集箱2002年上半年度业绩推介会”，就是主要针对证券公司、投资公司、基金公司等机构投资者所关心的问题进行面对面的交流。上港集箱高层领导在会上向40多家机构投资者详细介绍了公司上半年的经营状况，就公司目前是否需要筹集资金、公司周边港的竞争能力大小等热点问题进行了进一步沟通和交流。

“中兴事件”是大股东与流通股股东之间的博弈，传递出了一个积极的信号：机构投资者开始在公司治理中发挥作用。

资料来源：董华春．浅析机构投资者在改进公司治理结构中的作用［J］．金融法苑，2003，5（3）：79-83.

三、机构投资者参与公司治理的方式

机构投资者参与公司治理的方式有以下几种①：

（1）机构投资者会与被投资公司管理层进行私人谈判来表达不满②。20世纪90年代后，机构投资者开始试图通过对话的方式解决分歧，减少了股东提案的数量，有效避免了与目标公司正面冲突。

（2）机构投资者在私人谈判失败后，通常会使用股东提案表达自己对目标公司治理结构或治理机制的不满，以及通过媒体等公开途径迫使管理层接受提案。

（3）机构投资者通过舆论迫使董事会更换经营不善的公司总经理或其他关键人，从而彻底改变公司的发展战略。

（4）股东诉讼。这是机构股东积极主义的一种极端表现，是机构投资者股东针对公司管理层严重损害组织与战略管理公司利益的行为而发起的。美国于1995年专门颁布了《私人证券诉讼改革法》，鼓励机构投资者股东提起诉讼来维护广大投资者的利益。但是，鉴于股东诉讼的高成本和耗时性，机构股东较少采用该种方式。

四、机构投资者参与公司治理所需要的外部条件

当然机构投资者在公司治理结构中发挥作用还需要一系列外部条件，美国的经验说明至少需要如下条件：

首先，严格限制机构投资者参与公司治理的法律环境渐趋宽松。20世纪80年代中期，美国联邦政府决定鼓励持股人参加公司投票选举；1992年，美国证券交易委员会新准则允许持股人之间互相自由地串联、互通消息，这样就大大降低了机构投资者收集“选票”的成本，更容易取得对公司的控制权。

其次，机构投资者成长很快、规模不断扩大。由于机构规模很大，其被“搭便车”的成本降低，即使其他的持股人从机构的行动中免费搭车，机构投资者就整体而言仍是得大于失。机构投资者规模巨大导致的另一重要后果是，机构投资者作为整体持股量占整个资本市场的一半以上，因而无法像一般个人投资者那样方便地卖出持股，而只能在不同的机构之间相互转手。因而，对于经营管理不尽如人意的公司，不

① 席西民．公司治理［M］．北京：高等教育出版社，2004：242.

② 伊志宏，李艳丽．机构投资者的公司治理角色：一个文献综述［J］．管理评论，2013，25（5）：60-71.

再能够轻易地“用脚投票”卖出股票，只能积极地利用其大股东的身份介入公司管理，敦促企业家改善经营。

最后，以“股东至上主义”为核心的股权文化的盛行。股权文化是指公司具有的尊重并回报股东的理念。它包括公司重视听取并采纳股东的合理化意见和建议，努力做到不断提高公司经营业绩，真实地向股东汇报公司的财务及业务状况，注重向股东提供分红派现的回报等。这就要求加强对企业家的监督和约束、保障出资人的权益的客观需要。20 世纪 80 年代后期发达国家资本市场针对经营不善公司的敌意接管逐渐减少，但是公司治理依然问题重重，公司的企业家机会主义行为有增无减，客观上需要一个主体替补敌意收购留下的空白，加强对企业家的监督和约束，保障出资人的权益，而机构投资者正好可以填补这个空白。

机构投资者在公司治理结构中发挥作用正是在这样的大背景下应运而生的。

资料 11-3　双汇发展议案否决事件

河南双汇投资发展股份有限公司（以下简称双汇发展）是由河南省漯河市双汇实业集团有限责任公司（以下简称双汇集团）独家发起，以社会募集方式设立的股份有限公司。公司经营范围涉及畜禽屠宰、肉类食品的加工包装销售、食品行业的投资等。股东结构上，香港罗特克斯公司通过 100%控股双汇集团间接持有双汇发展 30.27%的股份，加上直接持有 21.18%股权，共控制双汇发展 51.45%的股份；公众股东持有 48.55%股份，而其中最大持股比例也不超过 5%。双汇发展股权结构为典型的“一股独大”。

2010 年 2 月 11 日，双汇发展公布了关于召开 2010 年第一次临时股东大会的通知，定于 3 月 3 日采用现场投票的方式就大会的唯一议案——《关于香港华懋集团有限公司等少数股东转让股权的议案》进行表决。议案涉及股权转让的公司有 10 家，包括漯河华懋双汇化工包装有限公司、华懋双汇实业（集团）有限公司等。双汇发展在其中的持股比例为 20.01%～63.35%不等。20 世纪 90 年代，双汇发展在自有资金短缺、融资困难的情况下，先后引进了 16 家外商企业，而香港华懋集团等少数股东近年有退出的意愿，希望转让其股权。根据法律规定，双汇发展对这部分股权享有优先受让权，而双汇发展“考虑到使该 10 家企业继续保持中外合资企业性质以及继续享受税收等优惠政策的因素，公司决定放弃优先受让权”，这也正是待审议议案的内容。值得注意的是，在股东大会审议对优先受让权“是否放弃之前”，公司却已经放弃了优先受让权，这些股权已经于 2009 年上半年以极为“低廉”的价格被转让给了罗特克斯公司——双汇发展的大股东，而这也为机构投资者的联合反对埋下了伏笔。

由于审议的为关联交易内容，大股东要回避表决，所以这一议案能否通过，主要看机构投资者的态度。根据 2009 年年报，前十大无限售条件流通股股东中，有 9 家基金公司持有的股份已占流通股 32.26%的比例。由于现场投票绝大多数小股东不会行使投票权，因此基金在这项议案上握有“生杀大权”。

2010 年 3 月 3 日，81 名股东及股东代表出席了双汇发展临时股东大会，其代表的股份为 1.29 亿股，占公司有表决权股份总数的 21.31%，其中多为基金的代表。在引人瞩目的议案投票中，1.08亿股对议案投了反对票，占出席会议所有非关联股东所持表决权的近84.83%，仅有6.79%投了同意票，另有8.38%弃权，议案最终遭到压倒性地否决。基金罕见地集体“倒戈”，造成了很大的反响。双汇发展于3月22日停牌，重新筹划重大资产重组事宜。

资料来源：新浪财经/ https://finance.sina.com.cn

总结与复习

信息披露是上市公司的法定义务，是投资者了解上市公司、证券监管机构监管上市公司的主要途径，是维护证券市场秩序的必要前提。

信息披露制度的基本原则：①真实原则；②准确原则；③完整原则；④及时原则。我国上市公司信息披露的内容主要有四大部分，即招股说明书（或其他募集资金说明书）、上市公告书、定期报告、临时报告。

市场监控机制可分为产品市场、经理人市场和资本市场三个方面。

资本市场原则上应具有如下两个约束功能：一是正确地反映并评估企业的经营绩效；二是具有一种内在的机制使得劣质企业一旦被发现能够被逐出市场竞争，并将其资源转交给真正的优质企业，由此不断促进企业制度的创新与完善。现实中资本市场对企业的上述作用及影响，主要通过股价机制和接管机制来完成对企业的筛选和监控。

资本市场上的中介机构包括会计师事务所、审计师事务所、律师事务所、投资银行、证券商、公证处、资信评级公司、税务事务所、专利事务所、产权交易所等。中介机构特别是资本市场的中介机构是“连接筹资者和投资者的桥梁”。他们或是纯粹的中介人，不参与投资；或是不仅沟通资金需求双方，还可参与投资。

机构投资者，是指用自有资金或者从分散的公众手中筹集的资金专门进行有价证券投资活动的法人机构，包括证券投资基金、社会保障基金、商业保险公司和各种投资公司。

机构投资者参与公司治理的方式有以下几种：①向公司管理层提出各种议案，以及通过媒体等公开途径迫使管理层接受提案；②当公司在资本市场上准备发行股东优先购买权的股票时，机构投资者可以拒绝参与增发股票的活动；③在公司的年会上作为股东行使他们的投票权；④通过股东大会免除经理职务。

第11章　即测即练题

思考与练习

1. 什么是信息披露？
2. 为什么要求上市公司进行信息披露？

3. 信息披露对公司与利益相关者有何益处？
4. 公司债权人如何参与外部治理？
5. 证券市场上的中介机构包括哪些？
6. 机构投资者有哪些特点？对公司治理有哪些影响？

本章案例分析

五粮液“调查门”事件

一、监管大棒砸向“白马股”

2009 年 9 月 9 日中午，五粮液（000858.SZ）发布公告称，当日收到证监会调查通知书，因公司涉嫌违反证券法律法规，证监会决定立案调查。该公告一出，即刻引起市场哗然，股价一度直撞跌停板，收盘时虽有所上升，但这个一向受市场青睐的热门股仍然成为当天 A 股大盘跌幅榜上的第一名。当日五粮液没有停牌，且交易量创历史新高，近 51 亿元。

9 月 23 日，中国证监会公布初步调查确定五粮液存在三宗违法行为后，五粮液宣布，自 24 日起临时停牌，待公司刊登相关公告后复牌。这是自被爆涉嫌调查事件以来五粮液首度停牌。

9 月 23 日下午收盘后，中国证监会对外宣布，经初步调查后，自 2009 年 7 月 28 日对宜宾五粮液股份有限公司涉嫌违法违规行为立案稽查至今，已发现五粮液存在三大违规违法的行为，即未按规定披露重大证券投资行为及较大投资损失、未如实披露重大证券投资损失、虚增利润，披露的主营业务收入数据存在差错等。

9 月 23 日，五粮液股票收报 21.6 元，跌幅达 4%。

二、虚假披露子公司主营业务收入 10 亿元

中国证监会根据调查掌握的证据认为，五粮液披露的经销子公司主营业务收入数据存在差错。2007 年五粮液控股子公司四川省宜宾五粮液供销有限公司主营业务收入 72.5 亿元，但五粮液在其 2007 年年报中，披露该子公司的主营业务收入为 82.5 亿元、合并报表后的主营业务收入为 73.28 亿元，导致财报中披露的主营业务收入数据与实际数据不符，但五粮液未对上述重大差错及时更正公告。五粮液上述行为，涉嫌违反了《证券法》第 63 条“发行人、上市公司依法披露的信息，必须真实、准确、完整，不得有虚假记载、误导性陈述或者重大遗漏”的规定。

三、避谈两违规，10 亿差错为“误录入”

2009 年 9 月 30 日，被中国证监会调查已有半月的五粮液发布公告首度作出回应。五粮液方面承认，在 2007 年年报中，所披露的下属子公司宜宾五粮液供销有限公司主营业务收入数据有差错，披露数据多了 10 个亿。不过五粮液对中国证监会此前公布五粮液涉及的其他两项违规行为未做任何说明。

中国证监会曾披露对五粮液调查结果，指出其存在三项违规：一是未按照规定披露重大投资行为及较大投资损失；二是未如实披露重大证券投资损失；三是披露的主营业务收入数据存在差错。但五粮液对前两项并未作出解释，只对第三项作了回应，声

称 2007 年度报告在披露主要控股子公司供销公司的“主营业务收入、主营业务利润、净利润”数据时，将供销公司的“主营业务收入”725066.15 万元误录入为 825066.15 万元，金额数据的确出现差错，但不存在虚假披露的情况。五粮液方面表示，虽然供销公司的主营业务收入数据出现差错，但不影响投资者正确使用。公司一定从中吸取教训，今后在编制定期报告时将更加认真、细致，防止出现类似差错和疏漏。

中国证监会已表示，五粮液的行为涉嫌违反了《证券法》第 63 条“发行人、上市公司依法披露的信息，必须真实、准确、完整，不得有虚假记载、误导性陈述或者重大遗漏”的规定。此前，五粮液董事长唐桥于 9 月 15 日曾对传言的偷漏税、与集团的关联交易、失陷亚洲证券三件事一一作了澄清。唐桥表示，公司不存在偷税漏税，与集团的关联交易已经解决，五粮液上市公司也没拿出一分钱给亚洲证券进行炒股，也没有任何一个高管涉嫌亚洲证券案。

四、愤怒的中小股东

把五粮液“调查门”事件比喻成“因未临时停牌而引发的‘血案’”一点不为过。在上周，资本市场争议最大、中小股东最气愤的，莫过于五粮液出了这么大的事竟然不停牌。

好在五粮液的股价没有继续下跌，否则，该事件真的可能会引发资本市场的一场“血案”。而连续几天，五粮液依然放出巨大成交量似乎也在暗示投资者：机构们正在以自己的“先知先觉”行动着。买入还是卖出？对于中小股东来说，永远后知后觉。

这并非中小股东的错，而是制度上的先天缺陷。不可否认的是，如今交易所对上市公司信息披露的严格甚至可以说是近乎苛刻。只要会引起较大股价波动的情况，通常都会要求上市公司停牌。

为什么这一次交易所却没有要求五粮液停牌？据五粮液方面称，是深交所不让，因为这件事对上市公司影响并不大。种种迹象表明，上到监管层、交易所，下到上市公司，大家对五粮液被调查原因心知肚明，要不然怎么知道影响不大？

“影响不大”的“调查门”却引来了公司上市 11 年来的最大交易量，相信交易所事先一定没料到。不过话说回来，既然“影响不大”，发公告时为什么就不能直接公布原因呢？当一次次传闻最终向事实靠近，监管层是否应该反思一下，在上市公司信息披露上，如何真正做到“真实、准确、完整、及时”。

随着监管力度的加强，如今上市公司被调查的案例越来越多。对于投资者来说，大家希望、也有权利在第一时间知道这家公司到底发生了什么事情。公开、公平、公正的“三公”原则不是用来在口头上说说的，我们不愿意看到“三公”原则一次又一次的苍白无力。

资本市场是个信息市场，投资者得到的信息准确与否，决定着他们的投资行动的成败，很多内幕交易也是因行为人先于信息披露掌握了重大信息而得以生成，因此，信息披露的真实、准确、完整、及时，对于一个市场的健康所起到的作用是不言而喻的。但是，信息披露不仅仅是上市公司的事，市场管理当局在这方面承担着更重要的责任，特别是类似一个上市公司被调查这种重大信息，其信息的源头发生在监管当局，更应由监管当局在不影响办案的前提条件下在第一时间发布，并应做到尽可能地详尽。按照现在的管理模式，上市公司被调查由上市公司自行公告，但如果公司对此有意推诿、遮掩，虽然事后也有可能受到查究，但却使市场的无序被进一步放大。因此，市场管理当局有责任改革现存的信息披露管理模式，建立起市场监管信息的公开制度，不能再让这种市场重大信息的“猜谜游戏”继续下去了。

资料来源：第一财经/https://www.yicai.com

经济观察网/http://www.eeo.com.cn

问题：

1. A 股在信息披露制度上较为严格，但素有“白马股”之称的五粮液也出现信息披露问题，这从侧面反映出我国证券市场信息披露监管方面的疏漏。你如何看待证券监管部门、上市公司、机构投资者等在信息披露方面的行为，并请你针对我国证券市场信息披露制度提出合理性建议。

2. 在我国证券市场监管措施较为薄弱，相关法律法规不完善的情况下，中小股东如何保护自身利益？

3. 结合案例，请简述信息披露在上市公司监管中的重大作用。

第十二章
经营者的激励与约束

学习目的

- 了解对经营者激励约束的重要性；
- 掌握经营者激励约束机制的构成；
- 把握经营者绩效考核的方法及其薪酬体系的构成；
- 明确股票期权的含义、构成要素及其操作方式。

引　言

“激励”是一个古老而具有普遍性的话题。激励作为调动人们积极性的一种手段，自古以来就存在，并且只要有人群的地方，就少不了激励手段的运作。“激励”一词在中文中有两种含义：一种是激发、鼓励；另一种是斥责、训导。在管理理论中，激励既包括从正面激发诱导一定群体和个人进行组织所需要的行为，也包括约束和惩戒组织所不希望发生的行为。广义上，激励具有正面激励和负面约束这两方面的含义。

公司治理中的激励与约束，对象是带有CEO、总裁、副总裁或总经理、副总经理头衔的高级管理人员，习惯上称他们为经营者。公司治理制度的核心内容之一就是经营者的激励与约束机制。

第一节　经营者激励与约束机制

公司的激励与约束机制实质是以公司经营状况为标准决定对经营者奖惩的制度，是搞活公司、保证所有者权益的重要机制。激励的目的是激发经营者的潜能，以提高公司治理的效率，提高公司经营约束的目的是降低公司的代理成本，减少股东与管理者信息不对称所导致的成本增大和效益降低。

一、建立经营者激励与约束机制的重要性

激励是企业管理的核心问题，企业经营者的激励更是重中之重。在所有权和经营

权合一的企业制度下，激励问题主要是如何激励和约束企业职工的行为，但随着两权分离的现代企业制度产生，在委托-代理关系中存在两个利益主体，由此产生了由于两者目标函数不一致的代理问题。即在经营者行使经营管理权的时候，有可能为了个人效用最大化而对股东利益造成损害。

经营者的企业家才能是决定企业经营发展的关键因素，而经营者的积极性唯有通过激励才能够调动。企业家才能属于人力资本，人力资本产权的特殊性在于，人力资本与其所有者不可分离，因而人的积极性只有通过激励才能够加以调动。美国通用食品公司总裁 C. 弗朗克斯说过："你可以买到一个人的时间，你可以雇到一个人到指定的工作岗位，你可以买到按时或按日计算的技术操作，但你买不到热情，你买不到创造性，你买不到全身心的投入。"对于企业员工来说是这样，对于高层管理者来说更是这样。企业高层管理者的工作努力程度决定于他受到的激励强度。如果由于薪酬结构不合理，辛勤工作并不能得到更多的回报，偷懒也不会减少报酬，那么，从效用最大化的角度加以考虑，管理者必然存在偷懒动机即"道德风险"问题。

因此，经营者的激励与约束是当前公司治理问题中的一个关键，可以说是提高公司治理效率的突破口。有效地实施激励约束机制，就是要在保证现代企业制度获得两权分离所具有的优势的同时，尽可能避免由于经营者和所有者利益不一致而产生的代理损失。

二、经营者激励与约束机制的内容

影响企业经营者行为的激励和约束的因素主要有报酬、经营控制权、声誉和市场竞争能力等，这些激励约束因素相互影响、综合作用于企业经营者。基于这些因素，经营者激励约束机制的内容主要包括外部激励约束机制与内部激励约束机制两大类。

（一）内部激励与约束机制

1. 报酬激励制度

影响企业经营者行为的激励与约束因素中，报酬是最重要的影响因素。报酬激励制度也是企业最为重要的一种激励约束机制。

与经营者报酬有关的理论认识是多方面的，由于人们对经营者角色的不同理解，不同的经营者理论对经营者报酬的来源、数量的认识存在着差异。例如，可以认为经营者报酬是承担风险和不确定性的收入，是创新的结果，是利用市场机会的投机收入等；从人力资本理论的角度说，经营者报酬是其人力资本投资的收益，是人力资本的价值体现；从公司治理的角度分析，报酬是调动经营者积极性、激励与约束其行业的一个重要手段，是对其做出的企业贡献的奖励。

按照赫茨伯格的双因素理论，经营者的工资报酬只是保健因素，不具有激励作用。如果报酬是固定的，报酬中没有风险收入，这一分析结论是成立的。但如果报酬是"多劳多得"式的，报酬的结构是多元化的，即除了满足经营者生存需要的固定报酬以外，还包括风险收入的部分，则报酬就会随着其数额的增加，特别是随着不固定的风险收入部分的增加而增加激励力量，成为调动经营者积极性的一个重要因素。另外，与经营者报酬密切相关的是经营者能力和努力程度的考核，即经营者的报酬应当与企业业绩等指标考核挂钩。

不同形式的收入对经营者起着不同的激励与约束作用，以保证经营者行为长期化和规范化。结合我国公司实际情况，加强报酬激励制度主要有两个方面的内容：实行年薪制和股票期权制度。

2. 经营控制权激励机制

按照产权理论的分析框架，企业的契约性控制权可以分为经营控制权和剩余控制权，经营控制权是指那种能在事前通过契约加以明确确定的控制权权力，即在契约中明确规定的契约方在什么情况下具体如何使用的权力。

经营控制权对企业经营者通常会产生激励作用。经营控制权能够满足经营者以下三个方面的需要：一是给予经营者施展企业家才能，实现自身价值的机会；二是满足控制他人或感觉优越于他人的权力需要；三是可以使经营者享有职位特权，享受“职务消费”，给其带来物质利益的满足。

3. 声誉激励机制

从管理学的角度来看，追求良好声誉是经营者成就发展的需要。如果认可马斯洛自我实现的需要是人的最高层次的需要，那么声誉就是一种最终的激励手段。现代企业经营者努力经营，不仅是为了获取更多的物质利益回报，还包括更高的社会地位，期望自己有所成就，并实现自我的心理满足；而单一的物质奖励并不能满足经营者自我实现的心理满足。

经济学从另一个角度来分析声誉因素。从经济人的假设出发，经济学认为经理人追求良好声誉是为了获得长期利益，是委托——代理双方长期动态重复博弈的结果。对职业经理人而言，声誉的重要性在于没有声誉会导致职业生涯的结束，而良好的声誉则增加了其在经营者市场上讨价还价的能力，这就是声誉因素对经营者激励约束作用的机理。但这种激励约束作用是动态变化的：在经营者的事业起步阶段，经营者会尽力工作建立自己的声誉；在经营者获得了良好声誉之后，其努力程度可能低于其事业初创时期。然而，在市场机制较为完善的条件下，激烈的市场竞争可以抵补经理人心态上的消极变化，促使经营者保持积极向上的进取精神。

（二）外部激励与约束机制

外部激励约束的动力主要来自市场竞争与国家法律法规的监督约束。

市场竞争因素包括产品市场、资本市场、经理人市场，三种市场对经理人行为约束的机制有所不同。产品市场的监督激励即通过商品市场竞争，反映出社会对企业经营的认同程度。企业产品销售增长，市场占有率提高，说明产品质量提高、价格合理、服务好、符合消费者偏好，这样企业就能够不断发展壮大；反之亦然。产品市场的良好评价是对经营者极大的激励和褒奖。

资本市场的监督激励是企业在融资方面受到的评价，包括银行监督和证券市场的监督激励。经营前景看好，现金流稳定的企业，银行信誉高，容易取得贷款。证券市场的监督激励是多方面的：一是股票价格的涨落。业绩优良、成长性高的企业，股票价格上涨，这为其日后的增资扩股创造了有利条件，同时也是对企业经营成效的广告宣传，是对经营者的成就、社会地位的认同，反之则相反；二是股票市场的收购兼并机制。当企业由于经营管理不善而股票价格大大下跌时，潜在的收购者会乘机收购企业股票而控制企业。收购兼并的直接结果是经营者被撤换，更致命的是，它使经营者的声誉受到损害，人力资本贬值，使经营者的长期利益和职业受到威胁。这些压力迫使经营者在工作中勤勉尽责。

经理人市场对企业经营者的监督激励是直接的监督激励。经理人市场实质是经理人竞争能力选聘的机制，在经理人市场上，经营者的能力、业绩决定其价格，而这些是通过经营者长期成功经营和管理企业显示出来的①。

三、我国经营者激励与约束机制现状

我国国有企业在传统体制下并非没有约束机制，在某程度上可以说对国有企业的监督还比较“完善”，既有来自政府、上级机关的监督，也有来自党委、纪检委、监察部门的监督，还有来自职代会的监督等，然而往往监督并不能真正落实。同时，缺少刺激的激励制度与这种约束机制形成明显的落差，难免会激励高层管理者的逆反心理与不规范的经济行为。问题具体体现在以下几个方面：

（1）薪酬水平普遍偏低，难以调动经营者积极性。一份对世界主要国家同类规模企业（销售额为2.3亿马克）的经营者报酬数量的调查显示，美国企业经营者年税后净收入平均为33.1万马克，而日本为20.2万马克，德国为18.1万马克。中国国有企业经营者的报酬水平无法与外国相比，薪酬水平太低是企业经营者激励不足的一个重要表现。

资料12-1　国内外薪酬水平对比

从下面几组数据（见表12-1和表12-2）可以看出，美国所有企业中收入最高的CEO的年薪是中国上市公司年薪最高的董事长的59倍。2016年福布斯美国公司CEO薪酬榜前十名的平均薪酬高达4323万美元，国内上市公司董事长薪酬前十名平均薪酬为854万元。

表12-1　2016年福布斯美国公司CEO薪酬榜

排名	姓名	公司	薪酬（美元）
1	托马斯·拉特利奇	特许通讯宪章通信	9800万
2	莱斯利·莫维斯	美国哥伦比亚广播	6860万
3	罗伯特·艾格	迪士尼	4100万
4	大卫·扎斯拉夫	探索通信	3720万
5	罗伯特·科蒂克	动视暴雪	3310万
6	布莱恩·罗伯茨	康卡斯特	3300万
7	杰弗里·比克斯	时代华纳	3260万
8	维吉尼亚·罗曼提	IBM	3230万
9	伦纳德·施莱弗尔	再生元制药	2830万
10	斯蒂芬·韦恩	永利度假村	2820万

① 曲卫彬. 国有股权管理与运营［M］. 北京：清华大学出版社，2005：131-132.

表 12-2　2016 年中国上市公司董事长年薪排名前 10 位

排名	姓名	代码	公司（代码）	薪酬（元）
1	闫奎兴	000818	方大化工	1056 万
2	王石	000002	万科 A	999 万
3	马明哲	601318	中国平安	968 万
4	陈启宇	600196	复星医药	890 万
5	潘刚	600887	伊利股份	826 万
6	刘学民	002797	第一创业	807 万
7	方洪波	000333	美的集团	766 万
8	何其聪	601901	方正证券	758 万
9	凌克	600383	金地集团	736 万
10	赵先明	000063	中兴通讯	734 万

资料来源：排行榜 123 网/https://web.phb123.com

（2）薪酬结构中缺乏股票期权等长期激励项目。目前企业经理薪酬一般都是由基本工资和年度奖金构成，西方企业普遍实行的与长期激励相关的经理持股和经理股票期权等薪酬形式在中国还处于起步阶段。从近几年沪深两市披露的经理持股情况来看，业绩较差的上市公司管理层持股较少，甚至为零，而业绩较好的上市公司的管理层持股数额非常大，所占比例很大。但是总体来讲，管理层持股的比例较小。而且，由于股票市场的不成熟，股票期权价值很难与股票市值挂钩，而是靠经营业绩，主要是会计指标来衡量。

（3）业绩指标选择方面还处于摸索阶段，公司经营状况与经营者业绩并不紧密相关。确定与业绩相关的薪酬指标是激励机制能否有效运行的重要基础，一般的业绩指标选择集中在股票价格指标和会计指标（包括利润率、市场占有率、净资产增长率、资产负债率等）。我国企业经营者报酬指标的选择也是个难点，一方面，证券市场很不成熟，股票价格与公司业绩脱节，不能作为有效的指标；另一方面，经营者素质不高，财会制度还有很多漏洞，会计报表中弄虚作假现象普遍，很难反映经营者的真实业绩。

（4）外部市场还不完善，导致我国企业经营者的声誉激励机制和市场竞争机制的作用还非常有限。因为这取决于外部市场环境的建设，只有市场体系完善、存在着充分的市场竞争，才能起到“标杆竞争”的作用。目前，在产品市场，很多行业还存在着垄断和不公平竞争；在资本市场，还存在着许多不规范的行为，市场的投机性过大，作为社会资源配置机制的功能远未发挥；对于经理人市场，则仅仅处在发育阶段，企业家人力资本的配置还没有完全市场化。

（5）在转轨过程中，政企关系、党企关系一直是一个很大的问题。国有企业经营者仍然是以政府主管部门任命为主，控制权授予机制还未理顺，经营者“控制权回报”的激励规则还不能完全由市场决定，这显然脱离了企业经营效率的目标，导致国企管理者收入呈现出正常收入水平不高，职位消费水平不低的扭曲状况。

第二节　经营者的薪酬体系与绩效考核

一、经营者的薪酬体系

年薪制是与现代企业制度相适应的经营者薪酬制度。

经营者的年薪收入一般由基本年薪、年度奖金等短期报酬、股票期权等长期激励，以及福利和津贴四部分组成。

1. 基本年薪

基本年薪是经营者薪酬体系中的最基本形式。其特点是具有相对固定性，一般由职位或个人资历决定，即在一定时间内和一定程度上与本公司的经营绩效不存在相关性，而受企业规模和经理人才市场的影响较大。

在实践中，基本年薪是很重要的。首先，它是企业经营者薪酬契约中的关键条款，薪酬契约中常常需要载明未来一定时期内每年工资的增长幅度；其次，薪酬的其他组成部分往往以基本年薪为衡量标准，如年度奖金、养老金、离职安排等都是以基本年薪为基数的。

企业是一个等级体系，内部的人员及其工资都处在不同的等级或岗位上。经营者的工作效率和业绩对企业的生存和发展具有举足轻重的作用，对于这一职位也就应支付与其重要性相符的高工资。为了激励经营者努力工作，经营者的基本年薪往往比一般员工的收入高出十几倍、几十倍甚至上百倍。

2. 年度奖金

年度奖金是对经营者的一种短期激励。年度奖金与公司的年度利润等短期效益指标挂钩，主要取决于经营者对公司特定年度目标的完成情况。通常公司每年会根据经营者的业绩考核情况来定年度奖金。在一定范围内，公司经营业绩越好，经营者可能获得更多的奖金。年度奖金最大的功效在于将企业经营者当年的工作绩效与其当年的收入有机地结合起来。

3. 长期激励

长期激励的功能是解决所有者与经营者利益一致性，主要作用是鼓励经理人员在任职期间努力工作。与短期激励相比，长期激励是给予经营者长于一年的薪酬方式，目的是克服短期激励可能造成的各种“短期行为”，使经营者能考虑企业的长远发展和持续生存，一切从长远利益出发。长期激励主要方式是经理股票期权（详见本章第三节）。

4. 福利与津贴

福利与津贴是经营者报酬激励机制的重要组成部分。它的作用主要在于：为经营者提供良好的工作条件，有利于提高经营者的工作效率；消除经营者的某些后顾之忧，使其全力以赴地致力于企业的生产经营活动；使经营者感受到与众不同的身份和地位，从而珍惜经营者这个工作；完善的经营者福利和津贴有利于规范经营者的在职消费行为，有利于经营者队伍的建设和培育。

资料 12-2　经营者年薪制

1993 年以来，国务院有关部委先后发布了对国有企业经营者工资收入进行改革的文件，试行“经营者年薪制”，也就是以年度为单位，根据经营者的生产经营成果及其承担的责任、风险确定其薪酬收入的工资分配制度，此后，国内各地结合当地的实际情况出台了年薪制的具体实施办法，归纳起来如下表所示：

表 12-3　国内出台年薪制具体实施办法

	准公务员性	一揽子型	非持股多元化型	持股多元化型
报酬结构	基薪+津贴+养老计划	固定年薪	基薪+津贴+风险收入（效益收入和奖金）+养老金计划	基薪+津贴+股权、股票期权等风险收入+养老金计划
考核指标	政策目标、当年任务指标	年度经营目标	资产规模、销售收入、净资产增长率、利润增长率等	销售收入、净资产增长率、利润增长率等
适用对象	董事长、总经理或党委书记	总经理或兼职董事长，其他领导班子成员	总经理或兼职董事长	总经理或兼职董事长，其他领导成员
适用企业	承担政策目标的大型国有企业	亏损国有企业	追求效益最大化的非股份制企业	股份制企业，尤其是上市公司
激励作用	主要激励时升迁机会、较高社会地位、体面的生活保证	招标承包式的激励作用，易引发短期行为	多元化报酬更具激励作用，但缺少激励经营者长期行为的项目	多种形式的报酬组合保证了经营者行为的规范化、长期化

二、经营者的绩效考核

经营者激励约束机制作用的发挥离不开对其绩效的考核，如果不能客观、准确地衡量他们的绩效，就无法确定其应得的报酬，从而失去对其的激励。

经营者的绩效考核是对经营者的工作行为与工作结果全面、系统、科学地进行考察、分析、评估与传递的过程。经营者绩效考核本身不是目的，而是一种管理手段，其实质就是从企业的经营目标出发，对经营者的素质、工作状况及对企业贡献程度进行评价，同时与经营者年度奖金挂钩，激励经营者提高工作绩效，进而提高企业绩效。

（一）经营者绩效考核的主体与目的[①]

从理论上讲，经营者绩效考核的主体是企业的所有者。而在实践中，一般由董事会来进行，其中由非执行董事组成的审计、提名和薪酬委员会，能从制度上保证对经营者的绩效进行独立、客观、公正的评价。

经营者绩效考核的目的在于：①为经营者的选拔提供依据；②为经营者薪酬与奖惩方案的制定和实施提供依据；③为经营者的自我诊断和培训提供依据；④为建立有

① 席酉民．公司治理［M］．北京：高等教育出版社，2005：176-177.

效的监督体系提供依据；⑤尽早发现潜在的问题或危机，促使经营者努力工作，以便更好地改善企业绩效；⑥向股东提供准确的信息；⑦加强董事会和经理层之间的沟通，显示董事会对总经理及管理层工作的监督和评价处于正常运作状态。

（二）经营者绩效考核指标体系

经营者绩效考核指标体系一般由财务指标与非财务指标两类组成。

财务指标是经营者绩效考核的基本评价指标，主要包括企业盈利能力、偿债能力、营运能力和发展能力四个方面。

（1）企业盈利能力。企业的盈利能力是指企业赚取利润的能力。盈利是企业的重要经营目标，是企业生存和发展的物质基础。反映企业盈利能力的基本指标有净资产收益率、总资产报酬率、销售净利率等。

（2）企业偿债能力。企业偿债能力反映了企业的财务实力及投资风险。通常评价企业的偿债能力的指标有流动比率、速动比率、资产负债率、已获利息倍数等。

（3）企业营运能力。企业的营运能力反映了企业资金周转状况、资产利用效率，体现了企业经营管理水平和效率的高低。高效率的资产运营是企业提高经营效益的保障。反映企业营运能力的指标主要有总资产周转率、存货周转率、流动资产周转率等。

（4）企业发展能力。发展能力是企业持续发展和未来价值的源泉，是企业的生存之本、盈利之源。通常用来评价企业发展能力的指标有销售增长率、净利润增长率、资本积累率等。

除了财务指标外，经营者绩效考核指标体系一般还用到了很多非财务指标来进行评价。

非财务指标主要有市场价值指标与经营者个人能力评价指标。市场价值指标主要是指公司股票价格。而经营者个人能力评价指标通常是对经营者自身素质进行评价，主要来自经营者绩效考核的主体的主观评价。

（三）经营者绩效考核的一般程序

（1）确定经营者绩效考核指标体系，并拟定指标的目标建议值。目标建议值原则上不能低于上年度实际完成值和前3年平均完成值。

（2）经营者签订经营业绩责任书。

（3）当出现特殊情况时，如相关产业政策、税收政策发生重大变化或新并购子公司等，对目标建议值进行适当调整。

（4）考核期结束后，依据经审计的企业财务决算数据，对考核期经营者绩效考核目标的完成情况进行总结分析。

（5）根据考核结果，计算经营者的年度奖金；对经营者实行相应的奖惩与任免措施。

第三节　股权激励

股权激励是一种通过经营者获得公司股权形式给予企业经营者一定的经济权利，使他们能够以股东的身份参与企业决策、分享利润、承担风险，从而勤勉尽责地为公司的长期发展服务的一种激励方法。

一、股权激励的产生与理论基础

20世纪50年代，美国辉瑞公司最早提出了股权激励，当时称为经理人股权激励计划。当时实施这一计划的目的是躲避高额的个人所得税，后来才演变成为公司对经营者管理人员的一种激励机制。虽然股权激励早在20世纪50年代就在美国出现，但直到90年代，随着美国股票市场的活跃，这种激励制度才逐渐显现出巨大的作用。从1998年开始，我国的部分城市开始了经营者持股的探索。

股权激励是经过发达国家资本市场多年的实践证明了的有效的长期激励方式，具有力度大、时效长等特点，而且有利于理顺委托代理链条中的利益分配关系，避免经营者的短期行为，因此在西方得到广泛运用。在美国，95%以上的上市公司都实行了股权激励计划，员工30%以上来自股权激励收入。我国企业经过多年的改革已取得了一定成效，但如何提高企业经营绩效仍是普遍影响企业发展的一个严重问题，企业激励机制的不完善是影响企业绩效的重要原因之一。2016年8月，中国证监会版公布《上市公司股权激励管理办法》使得股权激励制度越来越完善，实施股权激励的企业也越来越多。据统计，截至2017年7月，有1024家上市公司公告过股权激励，占总上市公司3531家的29.00%。实施股权激励的方式包括业绩股票、股票期权、虚拟股票、股票增值权、限制性股票、延期支付、经营者/员工持股和管理层/员工收购等多种形式。

股权激励的理论基础主要包括人力资本理论、委托代理理论和分配与风险理论等。

1. 人力资本理论——股权激励的前提

人力资本和物质资本一样，也是非常重要的生产要素，因此也应该拥有企业的剩余索取权，而且这种市场要素与其所有者不可分离，具有专有性，即人力资本的所有者能决定人力资本使用和发挥的状况，只有给予员工相应的剩余索取权以进行激励，才能使股东、经营者和普通员工的目标函数达到内在一致，减少股东和管理人员的监督成本。以企业家为载体的管理知识和经营才能是企业生产函数的必要组成部分，而且其影响程度与日俱增，相应地其对参与企业剩余价值的分配的要求也不断提高。成熟市场经济国家的经验表明，经营者持股和对企业经营者的股权激励是企业家收入的重要组成部分，是企业家价值实现途径中最为有效的模式。

2. 委托-代理理论——股权激励的动因

现代企业理论表明，企业生产的特征在于其交易属性，企业交易属性衍生出了企业的契约性质，企业契约又外化为企业所有权在利益相关者之间进行配置的制度安排。现代企业理论中的契约理论和委托代理理论是股权激励的理论基础来源之一。

契约理论认为，企业是一系列合约的组合，由于合约是不完备的，因此提高企业效率的途径是让资产所有者拥有剩余索取权和剩余控制权。由于所有权与经营权分离，导致了剩余索取权与经营控制权的分离，从而产生了“委托-代理”矛盾，即所有者和经营者之间的目标不一致的矛盾，以及相应的代理成本。委托代理理论认为产生代理成本的本质原因在于企业的人力资本产权主体未能获准参与剩余分配。代理成本主要分为两部分：一部分是由信息不对称产生的监督成本；另一部分是由信息不对称产生的道德风险成本。如果作为委托人的股东建立一套最适当的激励机制，使得作为代理人的经营者为他们的最大利益而行动，那么代理成本就将大大降低。只有给予经营者一定比例的企业利润，使经营者的经营业绩和企业收益相关联，才能达到经营者持有企业股份，目的是和股东一起分享企业剩余利润，从而把经营者个人收益和企业经营绩效相联系，促使其为公司利润最大化服务。

3. 分配理论和风险理论——股权激励的基础

经营者是人力资本的拥有者和投资者，根据分配理论，作为一种特殊资本——人力资本的投资者，经营者可以获得一定报酬。经营者可以通过多种方式获得报酬，如工资、奖金和股权等。固定工资是对经营者人力资本价值的肯定，是一种事前的契约安排，但是不能真实反映经营者的才能，也不能恰当反映人力资本与物质资本结合所创造的应属人力资本的价值。奖金是根据经营者当期的经营业绩来评定的，是一种短期激励机制，它容易使经营者更多关注企业的短期效益，在决策时做出不利于企业长期发展的决策，甚至诱使经营者造假，损害股东利益。

股权激励可以更好地激励经营者关注企业的长期发展，更多地分享企业的经营成果。但依据风险理论，这种激励方式对经营者来说也是有风险的。因为给予股权激励，就要相应降低其固定工资及奖金，经营者的收益则更多地依靠企业的经营成果，如果经营不善，其获得的报酬也相应减少。这样，就可以使经营过程中的风险归属和保持相对称。所以，以分配理论和风险理论为基础，实际是揭示了股权激励机制发生的直接结果，从这个结果中给予经营者实质性奖励。

二、股权激励方式及特点[①]

（一）股票期权

股票期权是给予管理层在未来某一特定日期内以特定价格购买一定数量的公司股份的选择权。持有这种权利的管理层可以按照该特定价格购买公司的股份，这一过程叫作行权，此特定价格叫作行权价格。股票期权是公司无偿赠予管理层的一种权利，而不是一种义务。管理层也可以选择不购买股票，但股票期权本身不可转让。股票期权实质上是公司给予激励对象的一种激励报酬，该报酬能够取得完全取决于以管理层能否通过努力实现公司的激励目标。在行权时，如果股价高于行权价，激励对象可以通过行权获得市场价与行权价两者之间的差额带来的收益，否则将放弃行权。

① 鲁桐，仲继银，孔杰. 公司治理：董事与经理指南［M］. 北京：中国发展出版社. 2008：301-335.

实施股票期权需要几个基本条件[①]：一是法律和制度允许，使期权的设计、授予、行权等环节都有法可依；二是有一个有效的证券市场，使公司股票的价值能够得到真实反映；三是企业本身要有较好的成长性，保证股票有较大的增值空间。

（二）虚拟股票

虚拟股票指的是公司授予激励对象一种"虚拟"的类似于股票的收益权，被授予者在任期内可以依据被授予"虚拟股票"的数量参与公司的分红并享受股价升值收益，是一种以收益分享和价值分享为指导思想的、典型的、复合式的岗位激励手段。虚拟股票没有所有权和表决权，不能转让和出售，离开企业自动失效。其好处是不会影响公司的总资本和所有权结构，但缺点是兑现激励时现金支出压力较大，特别是在公司股票升值幅度较大时。与股票期权相比，虚拟股票的激励作用受证券市场的有效性影响较小，因为当证券市场失效时，只要公司有好的收益，被授予者仍然可以分享到其中的好处。从本质上看，虚拟股票是一种递延现金支付方式。

虚拟股票的操作程序为：①虚拟股票由董事会与经理人员根据公司制定的激励机制在计划实行前签订合约。约定给予虚拟股票的数量、兑现时间和兑现条件等，以明确双方的权利和义务；②公司每年聘请专家，结合经营目标，选择一定的标准，对虚拟股票进行定价，从长远的角度模拟市场；③当约定的兑现时间和条件满足时，经理人员就可以获得现金形式的虚拟股票在账面上的增值部分。对于溢价型虚拟股票，经营者的收入等于虚拟股票单位数；对于股利收入型虚拟股票，经营者的收入等于股利与虚拟股票单位数的乘积[②]。

（三）持股计划

持股计划是指让激励对象持有一定数量本公司股票的有计划的股权安排，被激励者得到公司股票的途径可以是公司无偿赠予，也可以是由被激励者出资购买，公司有条件地提供补贴以及资金支持等。相对来说，持股计划是一种完全意义上的"所有权分享计划"，目的在于建立企业、所有者与职工三位合一的利益共同体。

（四）限制性股票

限制性股票是指上市公司按照预先确定的条件授予激励对象一定数量的本公司股票，激励对象只有在工作年限或业绩目标符合股权激励计划规定条件的，才可出售限制性股票并从中获益。在时间安排上通常是一次授予分阶段兑现，在规定的服务期限内被授予者不能出售其得到的限制性股票，而出售时还将受到业绩目标的一定限制。

（五）员工持股计划

员工持股计划（ESOP）是在美国得到广泛应用的、面向企业全体员工的福利性比较强的股权激励工具。在典型的 ESOP 中，员工购买公司股票的资金是靠银行贷款解决的，具体办法是银行按 ESOP 的计划贷款给公司，由公司转借给员工。还款方式则是由公司代员工直接分期向银行还款，公司代员工还款的数额作为员工薪酬福利的一

---

① 聂德刚．如何正确四爷期权激励［J］．财务管理与研究，2004（4）．

② 马力强．公司经营者两种股权激励方式的比较分析［J］．现代管理科学，2004（1）．

部分。员工根据归还银行贷款的数量得到相应数量股票的所有权。员工未还款部分的股票由 ESOP 的执行机构代管并行使所有权，而且参与 ESOP 计划的员工要行使对其已经拥有的公司股票的处置权要受到一定的服务时间的限制。

（六）分红权

分红权是在现有的法律政策框架下企业对经营者、管理层或业务骨干实施股权激励的一种有效的变通方法。分红权使不实际拥有企业股票（或股权）的被授予者能够参与企业收益的分配，从而产生类似于“虚拟股票”的激励效果。

（七）经理层收购

经理层收购（MBO）就是经营者自己出资购买企业的股票（或股权），从而达到控制企业所有权目的的行为。MBO 是一种极端的股权激励手段，其他激励手段都是所有者（产权人）对雇员的激励，而 MBO 则干脆将激励的主体与客体合二为一，从而实现了被激励者与企业利益、股东利益完整的统一。

（八）强制性股票

强制性持股是一种让激励者无选择地按规定拥有企业的部分股票（或股权），从而将被激励者的个人利益与企业利益和股东利益强行捆绑的行政色彩较浓的激励手段。

（九）股票增值权

股票增值权与虚拟股票相类似，是一种以数量来计算的权利。如果公司股价上升，被授予者可以通过行权获得相应数量的股价升值收益。与虚拟股票不同的是，股票增值权的被授予者不参与公司收益的分配，股票增值权的利益来源是公司。实施股票增值权的企业需要为股票增值权计划设立专门的基金，同时股票增值权的激励效果也要受到资本市场有效性的影响。

资料 12-3　万科的股权激励方案

2006 年 3 月 21 日，万科公布了首期高管激励计划，这是股改之后，第一家正式出台对管理层激励具体方案的上市公司。万科的限制性股票激励计划一经公布就受到广泛关注，接下来的一个多月时间里万科的股价增幅高达 20.63%。万科 2006 年的净利润较 2005 年增长 54.68%，年净资产收益率为 14.48%，达到 2006 年激励计划的业绩考核指标，虽然 2006 年的业绩为万科股权激励计划赢得了一个完美的开篇，然而由于 2007 年和 2008 年两个年度的相关指标未达到股权激励计划设置的标准，历经三年的深圳万科股权激励计划以遗憾和尴尬收场。2010 年 1 月 5 日，万科发布公告称此前推出的 3 年股权激励计划中，除 2006 年的激励计划已于 2008 年 9 月 11 日完成实施；2007 年、2008 年度激励计划均终止实施。

万科股权激励方案的失败是多方面因素造成的，受限于席卷全球金融风暴造成的全球股市动荡导致 2007 年股价指标未能实现，2008 年则受累于国家对地产行业的整体宏观调控以及金融危机的影响，业绩指标未达预定目标。而从内部因素来看，一是行权条件苛刻，王石曾说，方案“意味着管理层得去完成一项基金经理认为很难维持的连续增长目标之后才能分享”，方案本身存在的瑕疵导致了激励方案的失败。二是万科的股权激励方案计划时间短，容易导致短期化行为，一般的股权激励方案激励期限为5年以上，以避免激励对象行为短期化的影响。然而万科方案3年的激励期限，无法从根本上解决代理问题，降低代理成本，经营者可能会为一己私利而放弃企业利益。

资料来源：新浪财经/ https://finance.sina.com.cn

三、股权激励方案

当前阶段，我国广大科技型中小企业在相当长一段时间不可能上市，因此可以根据自己的发展策略和长短期经营目标借鉴国际经验，根据员工所在层次和岗位选择不同的股权激励方式。根据我国的经验，借鉴国外的做法，非上市公司实施股权激励方案有多种。

（一）期股激励方案

期股激励就是公司和经营者约定在将来某一时期内以一定价格购买一定数量的股权，购股价格一般参照股权的当前价格确定，同时对经营者在购股后再出售股票的期限作出规定。有的企业是按一定比例再配给经营者或员工一定数量的期股。它的特点有较大的灵活性，规模可大可小，通过延期兑现实现长期激励。这个方案的目的是股东让渡收益权和所有权，执行的期限和规模可以由企业自己定，由股东大会认可。该方案的缺点就是方案从设计到执行和评估容易出现内部化倾向，经营者长期收益风险很大，股权流动性差。目前国内不少国有控股企业和一些独资企业，将年薪制与期股计划结合起来，对经营者进行激励。

（二）持股方案

公司参照当前股价向主要经营者出售或奖励的方式，使主要经营者及时地直接获得股权，同时规定主要经营者在一定时期内必须持有股票，不得出售。不论是经营者还是普通员工持股计划都可以考虑作为一种激励机制安排，也可以作为一种福利计划来推行。科技型中小企业强调团队认同，在创业时所有员工都可以参与持股计划。广大员工的持股往往由预先成立的持股会或信托机构负责管理。该机构应有一定的融资能力和交易功能，包括当员工离开公司，要以适当的价格买回公司的股份。上市公司的员工持股计划是一次性的“一揽子”安排，而非上市企业员工持股计划更像一个福利计划。因为高新技术中小企业有高成长性，资产和收益结构时常在变动，公司要根据收益变动，股份额度变动对员工进行长期激励。企业“蛋糕”年年增大，企业将个人业绩与股权激励结合起来，实现了员工股份非线性同比例的再分配，起到有效激励的作用。这种方案执行起来较复杂，需要定期对企业资产和个人绩效做出评估。

资料 12-4　Intel 公司的股票期权

Intel 公司从 1984 年开始面向公司的高层管理人员授予股票期权，主要用于对高层管理人员的年度管理绩效的奖励。1999 年 Intel 对经过管理部门的推荐或者公司补偿委员会的批准对高级管理人员授予股票期权。股票期权授予数量取决于以下几个公司内部因素如：前一次赠与的数量、过去几年中的工作贡献和工作范围等。一般而言，最初授予的股票期权在授予5年后才可以行权。Intel公司在1984年的股票期权计划中提出公司会在非经常情况下对主要高级管理人员和其他高级员工赠予额外的股票期权，以认可他们在未来领导公司前进中的潜力。这类股票期权的授予等待期一般要长于普通股票期权的授予等待期。公司在1999年的股票期权计划中开始实施不仅包括其主要高级管理人员的股票期权制度，并且开始进行全体员工的股票期权计划。

资料来源：百度文库/https://wenku.baidu.com

四、股权激励方案的关键因素

企业的发展周期一般都会经历初创期、成长期、成熟期和衰退期，在每个阶段都要解决员工的短期激励和长期激励的问题，不同阶段有不同的策略，比如初创期，很难有现金奖励给员工，长期激励特别是股份就成了首选。激励对象最好是全体员工，使每一个员工都紧紧和公司捆绑在一起，特别是关键人才，更是要强调“我的就是你的，你的就是我的”，给予一定实股，这样才能留住人才。但是在衰退期，股份就不起太大的作用了，企业随时可能倒闭，员工对企业的信心不足，给予股份还不如现金来得实惠。所以要发挥股权的激励作用，一定要根据企业的发展状况来制定符合现状的方案。

一个成功的股权激励方案首先考虑企业的发展周期，选择适合企业的方法，然后才开始设计方案，而方案的设计主要应考虑以下七个关键因素[①]：

1. 激励对象

激励对象也就是股权的受益者，一般有三种方式。第一种是全员参与，这主要在初创期。第二种是大多数员工持有股份，这主要适用于高速成长期，以留住更多的人才支持企业的发展。第三种是关键员工持有股份，受益者主要是管理人员和关键技能人员。对于激励对象的选择也要有一定的原则，对于不符合条件的员工不能享受股权激励。

2. 激励方式

常用的中长期激励方式有三类：股权类、期权类和利益分享类。每一种方法都有它的优点和缺点，也有具体适用的前提条件。对于上市公司来说，期权类和股权类比较适合，对于非上市公司股权类和利益分享类比较适合。但是无论采取哪一种方法，都要考虑到激励机制和约束机制有机结合起来，这样才能真正发挥员工的积极性。如果只考虑激励机制，不考虑约束机制，股权方案就有可能失去效用。比如期权类，如果被授予者在行权时不行权，也就不会给被授予者造成损失。

3. 员工持股总额及分配

这一个因素主要解决的是股权激励的总量、每位收益人的股权激励数量、用于后期激励的预留股票数量。至于如何确定，因每个公司有其特殊性，可以根据实际情况来确定，特别是对于上市公司，要报中国证监会和股东大会通过。对于每位收益人的股权数量基本上是按照职位来确定，如果公司在职位评估上相对公平，年收入水平基本上考虑职位在公司的价值和体现个人的能力的话，就可以根据年收入来确定股权比例。

对于新就职的员工，特别是高管，一般进入公司就需要享受中长期激励方案，这

① HR管理世界/www.hroot.com

可以采取分步实施的方针，在试用期过后的一年里先享受50%的比例，一年之后再100%享受。

4. 股票来源

股票的分配上，主要是上市公司的股票来源比较麻烦，要证监所审核，股东大会审批。库存股票是指一个公司将自己发行的股票从市场购回的部分，这些股票不再由股东持有，其性质为已发行但不流通在外。公司将回购的股票放入库存股票账户，根据股票期权或其他长期激励机制的需要，留存股票将在未来某时再次出售。

5. 购股方式

购股方式也就是购买股票的资金来源，一般有员工现金出资、公司历年累计公益金、福利基金、公司或大股东提供融资、员工用股权向银行抵押贷款。这几种方式都好操作，有些方式会产生财务支出，要重复交税。股票投资不仅仅要交投资经营税，期权所得还要交付投资所得税，而且股票的回购是不能算作成本费用来抵消税负的。如果不考虑财务方面的因素，有些公司更多会采用员工出资购买的方式，每个月从工资按比例扣钱，这样不仅仅给公司创造了融资，节约了成本，还从一定程度上提高了员工的辞职成本，有利于对员工进行控制。

6. 退出机制

退出机制是对员工退出激励方案的一些约定，在以下三种情况下，往往会要求已享受股权的员工办理退出手续。第一种是正常离职，就是劳动合同期满，不再续约的员工，或者是退休、经营性裁员，或者是伤残、死亡。这种情况下，企业往往会按照合同继续让这些员工享受股权或者期权。第二种是非正常离职，劳动合同未满，员工主动离职的。如果员工的主动离职没有给公司造成损失，不违反保密协议，也没有跟股权激励方案的一些条款有冲突。一般来说，大部分公司还是能允许其拥有已经被授予的股权收益。第三种是开除。像这种情况，都是按照相关规定取消享受股权收益的权利。

7. 管理机构及操作

实施股权激励项目一般都需要设立一个专门的小组或者部门来管理方案实施的日常操作，这个常设小组或部门不仅仅要保证公开、公正、公平地实施股权激励制度，同时也要遵循共同分担风险、共同享受成果的理念。股权激励的目的是要调动员工的积极性和发挥主人翁精神，共同谋求企业的中长期利益，避免只追求短期利益，损害长期利益的错误。所以，一定不断的贯穿这一理念，才能激励和留住人才。

有的公司也采取信托持股的方式，这种方式一般是是上市公司采用比较多，就是指与信托投资公司签订协议，由信托投资公司代理操作股权转置这种方式。员工只要在信托投资公司开立账号，信托投资公司就把相应的股份转入员工的账户。当公司需要通过股票回购或增发来给员工派发股份的时候，也是由协议的信托投资公司来办理，信托投资公司按照要求把股票打入员工的个人账号。对于这种操作，信托投资公司要收取一定的手续费。

总结与复习

公司的激励与约束机制实质是以公司经营状况为标准决定对经营者奖惩的制度，是搞活公司、保证所有者权益的重要机制。激励的目的是激发经营者的潜能，以提高公司治理的效率，提高公司的经营约束的目的是为了降低公司的代理成本，减少股东与管理者信息不对称所导致的成本增大和效益降低。

影响企业经营者行为的激励和约束的因素主要有报酬、经营控制权、声誉和市场竞争能力等，这些激励约束因素相互影响、综合作用于企业经营者。基于这些因素，经营者激励约束机制的内容主要包括外部激励约束机制与内部激励约束机制两大类。

年薪制是与现代企业制度相适应的经营者薪酬制度。经营者的年薪收入一般由基本年薪、年度奖金等短期报酬、股票期权等长期激励及福利和津贴四部分组成。

经营者的绩效考核是对经营者的工作行为与工作结果全面、系统、科学地进行考察、分析、评估与传递的过程。经营者绩效考核本身不是目的，而是一种管理手段，其实质就是从企业的经营目标出发，对经营者的素质、工作状况及对企业贡献程度进行评价，同时与经营者年度奖金挂钩，激励经营者提高工作绩效，进而提高企业绩效。

经营者绩效考核指标体系一般由财务指标与非财务指标两类组成。

财务指标是经营者绩效考核的基本评价指标，主要包括企业盈利能力、偿债能力、营运能力和发展能力四个方面。非财务指标主要有市场价值指标与经营者个人能力评价指标。

经理股票期权是指公司经股东大会同意并根据特定的契约条件，授予经理在未来的某一段时期内以约定的价格购买本公司股票的选择权，通过经理人取得股票的代价与市场对该股票的预期价格差，形成一种经营者与股东共担风险的长期激励机制。公司给予其经营者的既不是现金报酬，也不是股票本身，而是一种权利，经营者可以以某种优惠条件购买公司股票。

第 12 章　即测即练题

思考与练习

1. 经营者激励与约束机制包括哪些内容？激励与约束机制在公司治理中起什么作用？
2. 经营者的薪酬由哪几部分构成？各有何作用？
3. 什么是股票期权？如何实施股票期权？
4. 股票期权和限制性股票各有什么优缺点？
5. 课外查找资料，了解我国企业经营者激励的相关制度及最新动态。

本章案例分析

微软放弃股票期权到底意味着什么？

美国微软公司在年度股东大会上正式通过了新的员工薪酬方案，允许公司给员工发放限制性股票，取代实行了 17 年之久的发放股票期权方式。业界观察家指出，微软是高科技产业的龙头，每双眼睛都在关注着它的一举一动，预计其停止发放股票期权的决定将会在业界掀起薪酬制度改革的风潮。

1. “金手铐”变“鸡肋”，改革迫在眉睫

微软总裁巴尔默向新闻界透露微软将取消股票期权制度，代以实施限制性股票奖励为主的长期激励方式，所奖励股票的所有权将在 5 年后转交到员工手中。虽然持有微软 5570 万股股票的大股东——加州公务员退休基金以股票发放标准不够严谨为由表示反对，但未获得多数股东的支持，最后此决定仍照案通过。

如果说被称为“以未来收益激励现在奋斗、以长远发展约束短期行为”的股票期权的主要功能是鼓励经营者创新和创造长期股东价值的话，那么限制性股票应是一种更为有效的留人手段。审视始于 1950 年的股票期权制度，会发现它更适用于创业型的高科技企业，因为这些企业的共同特征是，现金流短缺导致薪酬不尽如人意，但却有着无可限量的前景。股票期权的基本含义是：用事先设定的某一时期的股票价格，购买未来某一时期的该种股票。在高科技产业快速成长的年代，股票期权创造了使高科技企业高成长的奇迹，执行股票期权就意味着一夜暴富。仅 20 世纪 90 年代，微软就造就了 9000 多个百万富翁，因而股票期权就有了“金手铐”之称。

但是高科技产业渐入低迷，微软股价大幅下跌，以及安然、世通等“会计丑闻”频频，原本可以将员工和公司利益紧密联系在一起的股票期权制度受到了挑战。许多近几年加入微软的员工所持有股票期权的执行价格高于微软目前的股价，根据运作原理，只有当公司股价高于执行价格，股票期权才物有所值。“金手铐”无疑变成了“鸡肋”。与同行和对手们相比，微软的薪酬制度已魅力尽失，激励作用荡然无存。这不仅挫伤了员工的创造性和敬业度，还导致大量人才外流。正因如此，微软公司毅然决定放弃曾为缔造“微软帝国”立下汗马功劳的股票期权制度，转而发放限制性股票。

2. 高科技企业纷纷审视薪酬制度，股票期权是否日薄西山

微软的最新决定无疑是投向其追随者乃至整个硅谷和华尔街的一枚重磅炸弹。在微软刚刚透露其薪酬改革意图之后，欧洲的好几家公司，包括戴姆勒·克莱斯勒公司和德国最大的软件公司 SAP 在内，也表示正在重新考虑自己的薪酬计划。而在美国，据《亚洲华尔街日报》报道，德勤会计师事务所日前对 196 家美国高科技公司首席执行官的调查结果显示，65%的被调查者称正在寻找新的激励方式来代替股票期权。在上市高科技公司当中，83%的被调查者表示将放弃以股票期权的方式来奖励员工或公司领导层，63%的高科技公司称将采用新方式对员工进行奖励。

资料来源：市场报/ http://www.marketdaily.com.cn

问题：

微软放弃实行了 17 年之久的发放股票期权方式，到底是股票期权时代的结束，还是微软成熟的标志？是一种薪酬制度的死亡，还是薪酬制度多样化的开始呢？

参考文献

［1］鲍勃·加勒特．董事会绩效［M］．北京：机械工业出版社，2005.

［2］彼得·林奇等．彼得·林奇的成功投资［M］．北京：机械工业出版社，2007.

［3］布赖恩·科伊尔．公司治理手册［M］．北京：中国财政经济出版社，2007.

［4］陈志武．金融的逻辑［M］．北京：国际文化出版公司，2009.

［5］成思危．风险投资在中国［M］．上海：上海交通大学出版社，2007.

［6］德帕姆菲利斯．收购、兼并和重组．北京：机械工业出版社，2015.

［7］弗雷德蒙德·马利克．正确的公司治理［M］．北京：机械工业出版社，2013.

［8］费雷德·威斯通等．接管、重组与公司治理［M］．北京：北京大学出版社，2006.

［9］封文丽．上市公司治理实践与体系构建——兼论国有资产运营与管理［M］．北京：经济管理出版社，2005.

［10］高成亮．风险投资运作［M］．北京：首都经济贸易大学出版社，2008.

［11］郭雷．管理层收购的中国实践［M］．北京：电子工业出版社，2004.

［12］郭励弘等．高新技术产业：发展规律与风险投资［M］．北京：中国发展出版社，2000.

［13］勒纳．风险投资、私募股权与创业融资［M］．北京：清华大学出版社，2015.

［14］拉姆·查兰．高效的董事会［M］．北京：中信出版社，2006.

［15］李斌．私募股权投资基金：中国机会［M］．北京：中国经济出版社，2007.

［16］李承友．资本市场与企业制度创新［M］．北京：企业管理出版社，2001.

［17］李维安．CEO公司治理［M］．北京：北京大学出版社，2011.

［18］李维安．公司治理学［M］．北京：高等教育出版社，2005.

［19］李维安．公司治理手册［M］．北京：清华大学出版社，2015.

［20］李维安．中国公司治理：转型与完善之路［M］．北京：机械工业出版社，2013.

［21］鲁桐，仲继银，孔杰．公司治理：董事与经理指南［M］．北京：中国发展出版社，2008.

［22］梅林．并购估值：如何为非上市公司培育价值［M］．北京：机械工业出版社，2014.

［23］玛丽·奥沙利文．公司治理百年：美国和德国公司治理演变［M］．北京：人民邮电出版社，2007.

［24］马永斌．公司治理之道：控制权争夺与股权激励［M］．北京：清华大学出版社，2013.

［25］普赖斯·普里切特．并购之后［M］．杭州：浙江大学出版社，2017.

[26] 帕特·多尔西. 巴菲特的护城河[M]. 广州：广东经济出版社，2009.

[27] 帕特·多尔西. 股市真规则[M]. 北京：中信出版社，2006.

[28] 帕特里克·高根. 兼并、收购和公司重组[M]. 北京：中国人民大学出版社，2017.

[29] 曲卫彬. 国有股权管理与运营[M]. 北京：清华大学出版社，2005.

[30] 芮明杰，袁安照. 现代公司理论与运行[M]. 上海：上海财经大学出版社，2005.

[31] 苏琦，姜岳新. 公司治理经典案例[M]. 北京：机械工业出版社，2005.

[32] 王国成. 公司治理案例精选[M]. 北京：经济管理出版社，2005.

[33] 吴晓波. 激荡十年，水大鱼大[M]. 北京：中信出版集团，2017.

[34] 温元凯. 资产重组案例：来自中国千家上市公司的报告[M]. 北京：经济日报出版社，2000.

[35] 席酉民. 公司治理[M]. 北京：高等教育出版社，2004.

[36] 夏乐书，姜强，等. 资本运营理论与实务[M]. 大连：东北财经大学出版社，2013.

[37] 徐洪才. 中国资本运营经典案例[M]. 北京：清华大学出版社，2005.

[38] 杨葵. 风险投资的筹资研究[M]. 上海：上海财经大学，2007.

[39] 杨瑞龙，周业安. 企业的利益相关者理论及其应用[M]. 北京：经济科学出版社，2000.

[40] 于东智. 公司治理[M]. 北京：中国人民大学出版社，2005.

[41] 余颖，唐宗明，等. 公司治理：本土企业的解决方案[M]. 北京：经济科学出版社，2005.

[42] 约翰·戈登. 伟大的博弈[M]. 北京：中信出版社，2005.

[43] 张陆洋. 风险投资导论-科技企业创业与风险投资[M]. 上海：复旦大学出版社，2007.

[44] 仲继银. 董事会与公司治理（第三版）[M]. 北京：企业管理出版社，2018.

[45] 张维迎. 企业的企业家-契约理论[M]. 上海：上海人民出版社，2015.

[46] 张兆国. 中国上市公司资本结构治理效应研究[M]. 北京：中国财政经济出版社，2004.

[47] 赵月华. 母子公司治理结构[M]. 北京：东方出版社，2006.

[48] 中国证券业协会. 证券发行与承销[M]. 北京：中国金融出版社，2012.

[49] 中国证券业协会. 证券市场基础知识[M]. 北京：中国金融出版社，2012.

[50] 周春生. 融资、并购与公司控制[M]. 北京：北京大学出版社，2005.

[51] 周其仁. 产权与中国变革[M]. 北京：北京大学出版社，2017.

教师服务

感谢您选用清华大学出版社的教材！为了更好地服务教学，我们为授课教师提供本书的教学辅助资源，以及本学科重点教材信息。请您扫码获取。

教辅获取

本书教辅资源，授课教师扫码获取

样书赠送

财务管理类重点教材，教师扫码获取样书

清华大学出版社

E-mail: tupfuwu@163.com
电话：010-83470332 / 83470142
地址：北京市海淀区双清路学研大厦 B 座 509

网址：http://www.tup.com.cn/
传真：8610-83470107
邮编：100084

教师服务

感谢您选用清华大学出版社的教材！为了更好地服务教学，我们为授课教师提供本书的教学辅助资源，以及本学科重点教材信息。请您扫码获取。

教辅获取

本书教辅资源，授课教师扫码获取

样书赠送

财务管理类重点教材，教师扫码获取样书

清华大学出版社

E-mail: tupfuwu@163.com
电话：010-83470332 / 83470142
地址：北京市海淀区双清路学研大厦 B 座 509

网址：http://www.tup.com.cn/
传真：8610-83470107
邮编：100084